普通高等学校公共体育新形态教材

大学体育运动与健康教程
（第二版）

■ 主编 赵少聪 谢忠萍 闫艺

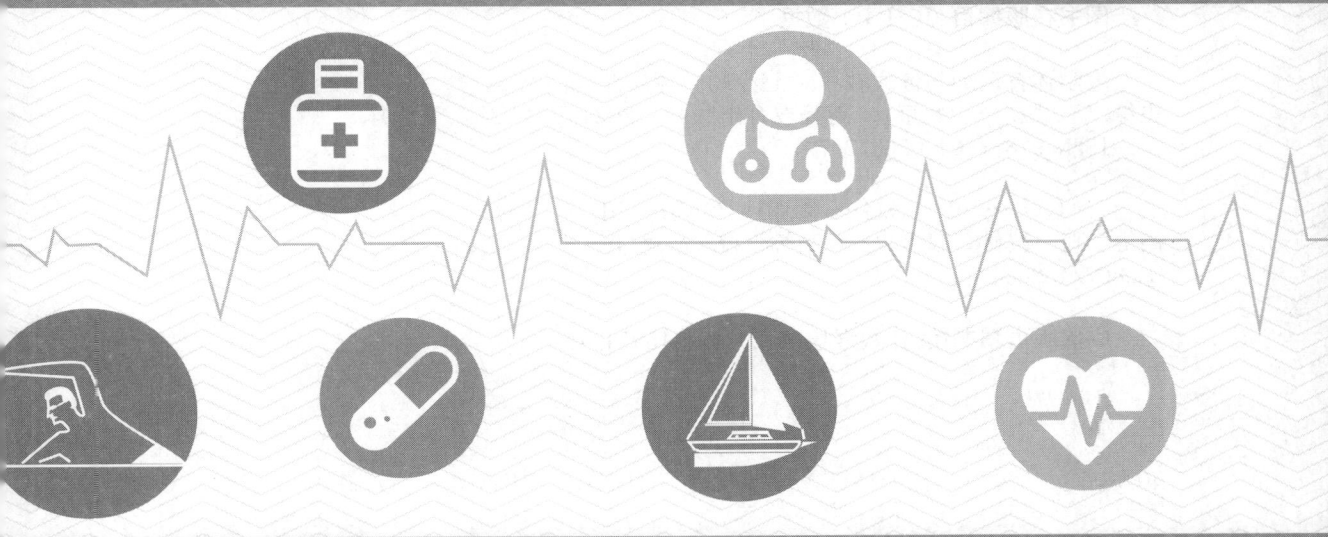

高等教育出版社·北京

内容提要

本书是一本集科学性、全面性、地域性、时代性于一体，涵盖面宽、难易度适中、指导性强的公共体育教材，突出地反映了"健康第一"和"终身体育"的指导思想。全书图文并茂，通俗易懂，配有丰富的教学资源，以二维码关联拓展内容和视频资源，可有效提升学生的学习兴趣和学习效果。全书分为基础理论篇和运动技能篇，内容既涵盖学生必须掌握的体育基础理论知识，也包含大学体育教学中涉及的基础实践部分内容，还介绍了海洋体育文化特色项目。

本书既可作为普通高等学校体育普修课、选修课的教学使用，也可作为综合素质拓展课的辅助教材，同时也可以作为广大健身爱好者的参考书。

图书在版编目（CIP）数据

大学体育运动与健康教程 / 赵少聪，谢忠萍，闫艺主编. -- 2版. -- 北京 : 高等教育出版社，2021.9（2023.7重印）
ISBN 978-7-04-056672-7

Ⅰ. ①大⋯ Ⅱ. ①赵⋯ ②谢⋯ ③闫⋯ Ⅲ. ①体育-高等学校-教材②健康教育-高等学校-教材 Ⅳ. ①G807.4②G647.9

中国版本图书馆CIP数据核字（2021）第159743号

策划编辑	汪 鹂	责任编辑 汪 鹂	封面设计 杨伟露	版式设计	于 婕
责任校对	吕红颖	责任印制 赵义民			

出版发行	高等教育出版社		网 址	http://www.hep.edu.cn
社 址	北京市西城区德外大街4号			http://www.hep.com.cn
邮政编码	100120		网上订购	http://www.hepmall.com.cn
印 刷	山东润声印务有限公司			http://www.hepmall.com
开 本	787mm×1092mm 1/16			http://www.hepmall.cn
印 张	26.5			
字 数	570千字		版 次	2016年8月第1版
				2021年9月第2版
购书热线	010-58581118		印 次	2023年7月第4次印刷
咨询电话	400-810-0598		定 价	48.80元

本书如有缺页、倒页、脱页等质量问题，请到所购图书销售部门联系调换
版权所有 侵权必究
物 料 号 56672-00

编 委 会

主　编：赵少聪　谢忠萍　闫　艺
副主编：吴建堂　李红梅　林剑峰　张丽蓉
编　委（按照姓氏笔画为序）：

　　　　王　杰　方　奇　叶　芳　吕巧专　刘小湘
　　　　许瑞奎　孙　英　李浚东　吴　强　邱冠寰
　　　　何杰明　宋　亮　陈秀平　陈　亮　林继宏
　　　　林　彬　林　琳　郑国荣　柯奕桢　赵双印
　　　　赵静茹　胡依琴　姚煜斌　贺灵敏　翁　薇
　　　　高庆琦　高　蕾　黄晓梅　黄辉杰　黄彩华
　　　　廖建媚　詹朝阳

前言

自2002年《全国普通高等学校体育课程教学指导纲要》颁布以来，我国普通高等学校体育课程在指导思想、课程性质、课程目标、课程内容、课程组织和课程评价等方面都有了许多新的变化。然而近年来，我国青少年的体质健康状况却呈逐年下降的趋势。针对这一严峻的形势，党和国家领导人高度重视，相继颁布了《中共中央国务院关于加强青少年体育增强青少年体质的意见》（中发〔2007〕7号）、《国务院办公厅转发教育部等部门关于进一步加强学校体育工作若干意见的通知》（国办发〔2012〕53号）、《国务院办公厅关于强化学校体育促进学生身心健康全面发展的意见》（国办发〔2016〕27号）《国务院办公厅关于印发体育强国建设纲要的通知》（国办发〔2019〕40号）、《关于全面加强和改进新时代学校体育工作的意见》（国办发〔2020〕）等一系列重要文件。党的十九大以来，我国正加速向体育强国的目标迈进，学校体育工作被置于一个前所未有的高度。

完全人格，首在体育。健康的体魄是报效祖国的基石。体育是学校教育的重要组成部分，是五育之基础。体育课程是大学生以身体练习为主要手段，通过合理的体育教育和科学的体育锻炼过程，达到增强体质、增进健康和提高体育素养为主要目标的公共必修课程，也是学生学习体育知识技能、养成体育意识行为、培养良好道德品质的主要途径。当前，如何推进高校体育课程改革，以适应社会发展的需要，促进学生体质健康水平的提高，是每个学校体育工作者需要认真思考的问题。教材建设作为体育课程改革的重要方面，也应该与时俱进。基于这样的认识，我们在第一版教材的基础上，启动了第二版教材的修订工作。

教材修订以《全国普通高等学校体育课程教学指导纲要》《教育部关于进一步加强高等学校体育工作的意见》《高等学校体育工作基本标准》以及教育部最新修订的《国家学生体质健康标准》为依据，以"育人为本、健康第一、终身体育"为编写宗旨，在保留第一版体育理论知识与运动技能知识介绍的基础上，结合普通高等学校体育教学改革的实际和课堂教学反馈，对陈旧的理论知识和观点数据进行了更新，使全书结构内容更加科学、实用、更具有针对性。

本书分为基础理论篇和运动技能篇。除了介绍体育运动与健康基础理论以及大学体育选项课教学方面的内容之外，还介绍了龙舟、帆船、桨板、赛艇等具有海洋体育文化特色的项目。同时，本书还配有丰富的数字教学资源，以二维码链接的方式，生动直观地展现出不同运动技能项目的技术要点，便于学生学习和掌握。

本书由赵少聪、谢忠萍、闫艺主编。在本书的编写过程中，我们得到了许多专家、同仁和朋友的关心和鼓励，得到了高等教育出版社体育分社的大力支持和帮助，也参考了许多前人的研究成果和著作，在此一并表示感谢！

由于水平有限，书中难免有疏漏之处，恳请广大读者和同仁批评指正！

编　者
2021 年 6 月

目 录

001 基础理论篇

003 第一章 体育文化概述
003 　第一节　中国体育文化概述
007 　第二节　海洋体育文化
015 　第三节　闽台民俗体育文化
023 　第四节　校园体育文化

027 第二章 奥林匹克运动
027 　第一节　古代奥林匹克运动
030 　第二节　现代奥林匹克运动

038 第三章 体育产业
038 　第一节　体育产业发展概况
041 　第二节　福建省体育产业发展现状

048 第四章 运动与健康
048 　第一节　健康概述
051 　第二节　运动的健康效应
059 　第三节　体育锻炼的基本原则
064 　第四节　体育锻炼的科学方法
071 　第五节　常见运动性疾病与运动损伤的预防和处理
079 　第六节　运动营养与保健

087 第五章 大学生体质健康测量、评价与锻炼
087 　第一节　大学生体质健康的测量与评价
093 　第二节　《国家学生体质健康标准》大学生测试项目及锻炼方法

101　运动技能篇

- 103　**第六章　田径运动**
- 103　　第一节　走、跑、跳、投基本技能
- 114　　第二节　田径竞赛规则简介

- 117　**第七章　篮球运动**
- 117　　第一节　篮球运动概述
- 118　　第二节　篮球基本技术与练习方法
- 128　　第三节　篮球基本战术
- 131　　第四节　篮球竞赛规则简介

- 134　**第八章　排球运动**
- 134　　第一节　排球运动概述
- 135　　第二节　排球基本技术与练习方法
- 144　　第三节　排球基本战术
- 147　　第四节　排球竞赛规则简介
- 149　　第五节　气排球

- 153　**第九章　足球运动**
- 153　　第一节　足球运动概述
- 155　　第二节　足球基本技术与练习方法
- 169　　第三节　足球基本战术
- 174　　第四节　足球竞赛规则简介

- 178　**第十章　乒乓球运动**
- 178　　第一节　乒乓球运动概述
- 179　　第二节　乒乓球基本技术与练习方法
- 192　　第三节　乒乓球基本战术
- 194　　第四节　乒乓球竞赛规则简介

- 198　**第十一章　羽毛球运动**
- 198　　第一节　羽毛球运动概述
- 199　　第二节　羽毛球基本技术与练习方法
- 208　　第三节　羽毛球基本战术
- 210　　第四节　羽毛球竞赛规则简介

第十二章 网球运动 — 213

- 213　第一节　网球运动概述
- 214　第二节　网球基本技术与练习方法
- 224　第三节　网球基本战术
- 231　第四节　网球竞赛规则简介

第十三章 游泳 — 234

- 234　第一节　游泳基本知识
- 237　第二节　熟悉水性练习
- 239　第三节　游泳基本技术
- 251　第四节　游泳竞赛规则简介

第十四章 武术 — 254

- 254　第一节　武术概述
- 258　第二节　武术基本功
- 264　第三节　初级长拳三路
- 276　第四节　简化太极拳
- 286　第五节　散打
- 293　第六节　实用防身术

第十五章 跆拳道 — 300

- 300　第一节　跆拳道概述
- 301　第二节　跆拳道基本技术与练习方法
- 307　第三节　跆拳道竞赛与裁判

第十六章 射箭运动 — 309

- 309　第一节　射箭运动概述
- 309　第二节　射箭基本技术
- 313　第三节　射箭比赛战术
- 314　第四节　射箭运动训练
- 318　第五节　射箭竞赛规则简介

第十七章 健美操 — 324

- 324　第一节　健美操概述
- 326　第二节　健美操的基本动作
- 341　第三节　健美操健身锻炼指导

344	第十八章 体育舞蹈
344	第一节 体育舞蹈概述
347	第二节 体育舞蹈基础知识
350	第三节 排舞

359	第十九章 瑜伽
359	第一节 瑜伽概述
361	第二节 瑜伽体位练习

371	第二十章 定向运动
371	第一节 定向运动概述
373	第二节 定向运动基础知识
382	第三节 定向运动基本技能
386	第四节 定向运动（越野）竞赛规则简介

389	第二十一章 海洋休闲运动
389	第一节 龙舟
394	第二节 赛艇
396	第三节 帆船
399	第四节 桨板
401	第五节 皮划艇
405	第六节 沙滩排球

410	主要参考文献

基础理论篇

第一章
体育文化概述

体育是一种文化。从人类、文化与体育的关系来看，体育文化在文化中的归属不仅是体育物质文化、制度文化、精神文化，更重要的是作为一个动态、开放系统的整体。一般文化具有的功能，体育文化也具备。体育文化是一种以各种身体活动改善人类身体素质、追求精神自由为特征的社会实践活动及其意识形态。

第一节　中国体育文化概述

一、中国古代体育文化

中华民族的祖先地处黄河流域，世世代代生活在一个自给自足的以小农经济为基础的闭塞环境中。

中国古代体育文化的雏形形成于奴隶时代。很久以来，中国古代哲学家宣扬的是忠恕之道、中庸之道，提倡礼让、宽厚、平和。这些思想落实到体育活动中，一方面表现为娱乐活动很难向竞技运动发展；另一方面，也使一些本来具有竞技性的活动形式本身的对抗性发生了实质上的变化。这种状况是由于中华民族长期以来不热衷激烈的竞争，强调相互之间的平衡和稳定所导致的，使得竞争精神很难成为民族精神的主流。

（一）养生术的发展

魏晋南北朝时期，社会混乱，特别是西晋以后，政治黑暗，战争频繁，统治者有的炼丹服食，求神拜佛；有的放荡不羁，以消极的态度对待现实世界。这些病态的生活方式，间接促进了养生术的发展。东晋的摄生术，葛洪的《抱朴子》等许多道教养生著作，都是在这一时代背景下产生的。

（二）武艺的发展

魏晋时期，轻武之风盛行。相反，隋朝和唐朝初期统治者比较重视武功。宋代以后，武术日趋成熟。到了明代，武术形成了完整的体系，技艺也更加成熟，无论在攻防、套路、基本功风格方面，还是在理论方面都有了长足的进步。

（三）竞技运动和娱乐活动的发展

从魏晋南北朝时期到明清时期，是中国的棋类、球类以及其他竞技和娱乐项目的发展和定型期。唐代，围棋活动开始传入民间，之后普及开来。而蹴鞠、马球以及捶丸这种类似现代高尔夫球的运动项目的兴衰，则反映了古代球类运动的命运。在中国古代封建时期，历朝统治者都十分重视通过长跑的方式来训练军人。游泳活动除在军中得到提倡外，在民间也广为流行。

二、中国近现代体育文化

1840年，中国沦陷为半殖民地半封建社会。到20世纪初，西方体育在不断东渐的资本主义势力的推动下逐步传入中国，这对中国近代体育的影响极为深刻。此时，中国近代体育的先驱们主动引进了不少西方的体育观念，他们直接从身体健康的角度提倡和实施体育。如体操、田径、游泳、球类项目等开始传入中国。同时，在中国农村，各种民俗民间体育活动依旧广泛开展。民族传统体育的代表项目——武术在此期间有了一定的发展，在与西方体育项目的竞争中，发挥了极大的作用。

1922年，民国北洋政府效仿美国，颁布新学制，开始把田径、球类项目引进到我国学校体育课程中，有的学校还修建了运动场馆、游泳池，组建了运动队。五四运动以后，随着田径、球类等项目在我国学校体育教学中的广泛开展，学校竞技体育有了一定的发展。1924年8月，"中华全国体育协进会"（全国体协）正式成立。在国际体坛，中国除了参加远东运动会及某些国际单项比赛以外，还于1932年、1936年相继两次出现在奥运会赛场上。

在中国共产党领导下，中国近代体育事业发展迅猛。五四运动之后，中国教育界出现了新的变化，许多共产党员和马克思主义者对包括体育在内的整个理论问题进行了系统的研究，并积极参加具体实践。例如，毛泽东发表了《体育之研究》，恽代英发表了《学校体育之研究》等。

新中国成立后，社会主义制度逐渐确立，这为中国体育的崛起与发展奠定了基础。经过几十年的发展，中国体育最终改变了近百年的落后面貌，走在了亚洲乃至全世界的前列。

三、中国体育文化的精髓

（一）武术

中国体育在几千年的发展中，产生了诸如养生术、武术等文化形式。先秦时期是中国古代武术理论的原创期。西周至春秋战国时期，中国武术逐渐从军事中分离出来，在其他文化的影响下，呈现出独特的文化形式。

秦汉到宋元时期是武术理论及其体系的发展时期，明清是中华武术发展的成熟期。明清时期，各类论著、拳谱大量涌现，如《阵记》《正气堂集》《手臂录》等。

中国古典哲学中的阴阳五行学说对天文地理和人事社会都具有极大的包容性，可以说是中华民族传统文化的核心。作为传统文化子系统的武术文化，也常常用阴阳五行学说来解释拳理。如在《太极拳论》中解释太极拳的拳理为"太极者，无极而生，阴阳之母者"；在《太极拳释名》中用五行和八卦与拳势动作相配，形成"太极十三势"，其中，"进、退、顾、盼、定"分别对应"金、木、水、火、土"。

明清关于武术训练的一些基本原则和观点已相当完善，许多的原则和做法沿用至今。当代武术继承中国传统武术以拳法为武技之源，在训练中又以套路为入门之法的精髓，集中体现了中国传统武术文化的特点和练习方式。

（二）导引

古代的康复体育活动称为导引，导引术是中国传统养生术和体疗方法之一。导，指宣导气血；引，本义是开弓，引申为展肢体之义。故导引蕴含着宣导气血、伸展肢体、治疗疾病之义，其最大的特点是行、意、气三者的结合。从广义上说，导引可理解为一般运动。实际上，导引是一种医疗、康复性质的体育活动，不等同于今天的"医疗体育"。

如今，导引术已经演变成气功的一部分。气功，是一种通过练气和练意，达到自我身心锻炼和强身健体目的的活动。其作用原理主要是通过对人体生命活动的基本因素——精、气、神的锻炼，以增强人体生命活力和自然抗病能力，从而达到防病治病的目的。从春秋战国到明清时期，出现过许多关于这方面的书籍和学说。

（三）民间传统体育游戏

民间游戏是指流传于广大人民生活中的嬉戏娱乐活动，俗称"玩耍"。有的民间游戏发展到最后形成了竞技项目或杂技艺术。民间游戏活动可分为儿童游戏、斗赛游戏、季节游戏、歌舞观赏游戏、杂艺游戏、智能游戏、驯化小动物游戏、助兴游戏和搏戏等。

民间游戏与民间竞技之间存在着千丝万缕的联系。在许多具体的民间游戏活动项目中，存在着不同程度的竞技特征，如我国民间传统的竞技活动——踢毽子，其基本技巧有4种，即两脚向内侧交替的踢法"盘"，屈膝弹毽的"磕"，用脚外侧反踢的"拐"，用脚尖正踢的"蹦"。另外，踢毽子还有花样技巧比赛，人们用肩、背、胸、腹及头等身体部位与两脚配合，做出各种姿势，使毽子经久不落地，缠身绕腿，翻转自如。这种民间竞技活动具有明显的游戏特征。首先，众人踢毽子比赛的过程，就是一个边竞赛边玩耍的过程；其次，人们可以在踢毽子的过程中获得许多乐趣。同样，民间游戏活动也具有明显的竞技特征。如，跳绳项目本是一种边跳边伴唱的游戏活动，其特征是自娱自乐，后来发展为竞技活动，但游戏的特征仍然存在。边竞赛边玩耍，这正是我国众多民间竞技游戏活动的基本特征。

民间游戏与民间竞技的密切联系，还可从两者之间传承变异的过程中表现出来。从传承关系上看，许多竞技活动是从游戏中变异而来的。例如，打陀螺这一民间活动在我国已有4 000多年的历史，它本是一种用绳索抽击圆锥体，使之在地上不停转动的游戏。后来，随着人们打陀螺技艺的不断提高，这一项自娱性的游戏逐渐演变为竞技活动，直至成为现代民族体育运动会中的一个项目。

传统的民间竞技活动与近代形成的体育竞技活动之间存在着差异。传统的民间竞技活动是玩耍与竞技的结合体，即竞技的过程始终充满玩耍的乐趣；而近现代形成的体育竞技活动则是严肃认真的比赛，其中游戏玩耍的成分几乎没有了。从我国古代盛行的竞技活动蹴鞠与现代的足球比赛来看，两者之间有着直接的传承关系，但比赛的气氛却大不相同。在古代蹴鞠比赛过程中，时时显现出玩耍、自娱的随意性特点，而在现代足球比赛中却没有这种特点。

（四）射箭（射艺）

射箭以崇德、重礼、尚武、弘文为理念，具有丰富多样的形式和内容，在悠久的历史发展进程中形成了中华民族特有的文化色彩。作为中国优秀传统文化的射箭项目，早在商周时期便已形成中国独有的礼射文化。射箭不仅仅是一项优雅的体育项目，更是中国优秀体育文化的典型代表。

周代贵族教育体系的主体是"六艺"，即礼、乐、射、御、书、数。孔子喜欢射箭，经常与弟子一起比射。孔子赋予了射礼更多的内涵，他强调，有德行者才能参加射礼。射礼中的宾，只有德行超群者，才有资格担任。这些要求，对于提倡正气、形成公众舆论、警示民众，具有重要意义。儒家以此重塑了射礼的灵魂。

传统射艺在形式上为竞技项目，内核却是精神道德的培养和文化礼仪的修习。从中可了解到中国传统礼仪及"谦虚、诚实、沉稳、专注、内省、进取"等美德。例如在"射礼"细节中，射箭前应朝主宾行礼、对靶行礼、对对手行礼及射箭后再对靶行礼等，这是一种对他人、外物的尊重。

1. 射以养德

射箭是修身的运动。《礼记·射义》中记载："射者，仁之道也。射求正诸己，己正而后发；发而不中，则不怨胜己者，反求诸己而已矣。"孔子曰："君子无所争，必也射乎。揖让而升，下而饮，其争也君子。"在孔子看来，射箭是要分胜负的，是一种"争"。但君子参加比赛，重视过程超过重视结果，这种"争"，与其说是展现射艺，不如说是展现礼仪和品格。古人通过射箭活动时时处处留心自己，修正自己，这也是所谓的养德。

2. 射以养身

射箭是柔和用力的运动，适合于男女老少，是可以终身从事的运动。射箭强调身体端正与直线对称用力，符合人体生理养生。射箭是非对抗性运动，以战胜自己为目标，不会因好狠斗勇而伤身。

3. 射以养眼

射箭讲求目光端正，要求静若无人，动若射（箭靶）。在野外射箭时，大自然是养眼的最佳环境，长期习射对眼力大有裨益。

4. 射以养气

射箭时要求声容静，气容肃，射箭动作过程要求柔和用力，故呼吸始终应深沉、顺畅。

5. 射以养胆

射箭动作要求一气呵成，不能停顿迟疑，长期练习射箭，可以培养人果断的品格。古语云：练兵自练胆始，练胆自练气始，练气自练射始。

6. 射以养神

射箭除了需要技术熟练、稳定外，更要求注意力高度集中，始终将精神专注于自身，并关注目标。中不喜，失不恼，诚心诚意射出每一箭。长期诚心习射，自然会气定神闲。

7. 射以养智

射箭只要有一把弓一支箭就可以练习，简便易行。练习射箭能直观而深刻地体会出抽象的道理，培养自觉、自律、自修、自正的良好习惯，继而启发智慧，学以致用，身心受益。

8. 射以养美

射箭运动具备多种美：动作简单而自然之美、柔和用力之美、身体端正挺拔之美、气定神闲之美、从容果敢之美、坚毅之美、恭敬礼让之美、自觉互助之美、尊重生命之美、积极向上之美和"学而时习之，不亦说乎"的精神愉悦之美等。不仅习射者能感受到这些美，旁观者亦会为这些美所感动。

9. 射以养和

通过射箭，个人可以练就诚意、慎独的功夫，培养自觉、内省、坚毅、果敢、恭敬和礼让等品德，达到身心合一、安详大雅的境界。

10. 射以养正

射箭能养身、养眼、养气、养胆、养神、养智、养德和养美，则人自然身正、心正。身正、心正，则自然为人中正，做事正直。

第二节　海洋体育文化

一、海洋体育文化概述

（一）海洋体育的概念

海洋体育是指人类基于对海洋的认识，利用海水、海湾、海岛、沙滩和滩涂等海洋资源，以人的身体活动去感受和体验海洋自然环境带来的刺激、惊险等为主要特征，融竞技、休闲、健身、娱乐、冒险及游戏于一体，以达到身心休整、娱乐放松、强身健体、欢度余暇为目的的体育活动。

学者鲍明晓认为："海洋体育是人们利用海洋资源和环境，有目的地开展运动休闲活动的总称。"滕海颖认为："海洋体育是人类依据海洋资源而发展起来的一组（套）锻炼身心并使其健康的运动项目。"这两个概念的核心内容是依托海洋资源和环境，为增进身心健康而进行的具有生态性、娱乐休闲性和海洋特色的体育运动。郑婕将海洋体育定义为：以海洋生态系统为活动空间，以满足大众休闲娱乐和健康需求为目的，依托海洋资源而进行的促进身心和谐发展的一种社会文化活动。梳理海洋体育的构成要素及其相互关系，应包含自然环境、时间、设施、经费、人员与制度6大要素，其中，自然环境是不为人的主观意识所改变的，它对海洋体育活动起决定性作用，而其他要素需通过体育组织起作用。

（二）海洋体育文化的相关概念

体育社会学家卢元镇教授认为："体育文化是关于人类体育运动的物质、制度、精神文化的总和。"体育文化作为文化的下位概念，依据文化的相关定义而引申，从文化的普遍性过渡到体育文化的差异性，存有类似和特有的文化要素。

海洋体育文化是体育文化与海洋文化相互结合的产物，是新文化在形成时的选择与重构，表现出包含和被包含关系。体育文化与海洋文化同属文化空间中两个并存的文化体系，在文化共性的作用下，海洋文化在与体育文化碰撞、交融的过程中形成了海洋体育文化。从广义上讲，海洋体育文化泛指与海洋有关的体育文化，是人类受海洋影响逐步孕育、创造、形成的具有海洋特性的体育物质财富和精神财富的总和；从狭义上说，海洋体育文化指人类以海洋环境为依托，在长期与海洋生态相互作用的体育实践活动和历史发展进程中，形成的一种以海洋精神为主要特征的体育文化意识形态。例如，福建泉州在宋元时期成为海洋民俗文化特色鲜明之地，被认为是"海上丝绸之路"的起点之一。

（三）海洋体育文化的基本形式

体育文化作为一个有机的整体，其所有构成都处于互涵共摄、互观互照的状态之中，因此，人们直观看到或感知到的往往只是它的状态和基本形式。体育物质文化、制度文化、精神文化就是体育文化的三个基本形式，也是体育文化系统的构成要素或者子系统。这是由人与自然存在和社会存在关系的三个基本层次决定的。体育物质文化系统是体育文化系统的基础，是体育制度文化子系统和体育精神文化子系统的前提条件；体育制度文化系统是体育文化系统的关键，只有通过合理的体育制度文化才能保证体育物质文化和体育精神文化的协调发展；体育精神文化子系统是体育文化系统的主导，保证和决定体育物质文化和制度文化建设和发展的方向。因此，海洋体育文化根据体育文化的基本形式可划分为海洋体育物质文化、海洋体育制度文化和海洋体育精神文化三种形式。

1. 海洋体育物质文化

海洋体育物质文化由海洋体育自然物和海洋体育人造物所组成。自然环境是海洋体育赖以生存的载体，是一切海洋体育活动的前提条件，它由海水、海滩、海礁、海岛、海空与海洋气候等基本要素组成。当人类以体育运动的形式参与其中并与之互动时，海洋自然环境便承载了体育之功能。如冲浪运动靠的是海浪的起伏，赛艇运动靠的是海水的流动和海风的劲力，沙排运动必须满地铺满黄金沙。因此，海洋体育运动只有合理运用海洋自然资源，与海洋自然环境相融合，才能有海洋体育文化的禀赋。

海洋体育人造物是彰显海洋文化理念，使之具有海洋运动特色的海洋公共体育场馆设施，是海洋体育文化符号的标记物。例如，停泊在我国海南省三亚市卧龙湾和厦门市环岛路的各类赛艇、帆板、帆船、桨板，丰富多彩的海上运动设施、垂钓器具、沙滩体育用品、海洋民俗体育特制品，琳琅满目的航海设备、器械、工具以及海洋体育服饰等，均呈现出海洋体育的文化特质。

2. 海洋体育制度文化

自古以来，中国沿海渔民崇拜、信仰海龙王及海上诸神而自发形成了"祭海"风俗。例如，在福建闽南一带流行纪念海神妈祖的海洋民俗文化活动，此活动在我国福建沿海各地以及台湾地区都非常普及。在每年的谷雨前后人们往往会选个吉日，从上午9时开始，海滩上鞭炮齐鸣，礼花喧天，搭台唱戏三天三夜，秧歌、龙灯、旱船、腰鼓及各种民俗表演纷纷登场，祈求神灵保佑以海为生的人们。传承至今，一些有体育属性的民俗活动也相继亮相，如帆船、帆板、独木舟、爬桅等赛事的竞赛规则、规程随参与者的文化认同逐渐形成。可见，带有浓厚沿海地域色彩和行为准则的海洋体育运动，具有民众参与广、影响大、娱乐性强、延续历史长的特征，集传统的渔民生活、劳动技能和祭祀内容，其竞赛活动依赖于当地的历史背景、地理风貌、社会形态以及渔民的心理意识所形成的民俗民风。

从文化学视角审视，海洋体育是建立在海洋自然环境与海域人文环境基础上的行为活动方式，其活动形式与内容的形成、扩充与流变得益于不断进化的渔业生产劳动、商贸、军事以及祭祀活动，是人们与海洋融合，寻求和谐相处的长期实践过程中的创新行为。从原始的、单一的身体动作演变成为科学系统的复合型运动技能，特别是海上帆船、风浪板、海钓等无动力操作项目，更是脑体并用、体智相兼的智能型运动项目。海洋体育为促进各国各民族文化相互交流、碰撞、选择、吸收和创新构建了平台，开辟了通向文化繁荣、经济发达、国家富强的新途径。当前，海峡两岸间的海洋体育交流活动不断升温，从官方到民间，厦金横渡、海峡两岸高校帆船赛、海峡两岸龙舟赛、独木舟赛和帆板滑板赛层出不穷，加深了两岸民众的情感交流，推进了两岸关系的友好发展。

3. 海洋体育精神文化

海洋体育精神文化是五彩缤纷的，它由海洋体育情感、海洋体育意识、海洋体育态度、海洋体育认知和海洋体育品质等具有不同色彩的元素构成，其中，"蓝色""绿色""红色"是海洋体育精神文化的主色调。

（1）"蓝色"海洋体育理念："蓝色"是海洋色彩的外在表现，"蓝色海洋文化"象征着宽阔、自由、洒脱和希望，即无穷的奥秘有待探寻、无尽的乐趣有待体验、雅致的心境需要舒展、美好的蓝图需要描绘。人类在与海洋的互动关系中形成了广泛的"蓝色"认同，即由陆地向海洋延伸，为理想而奋斗，心向目标而前行，无论风大浪高暗流险滩，航海人总是凭借坚韧不拔的意志与团队合作精神，挑战变幻莫测的海洋环境并与之相适应，直至胜利到达彼岸。"蓝色"体育理念是潜藏在物质文化深处的精神结晶，诠释了创造者、参与者挑战自然、勇于拼搏与超越自我的观念和态度。

（2）"绿色"海洋体育意识：绿色代表蓬勃生机、旺盛活力和绵延生命，象征着理解、宽容、善意、友爱和美好，是人与自然和谐发展的代名词。绿色体育彰显的是人与自然的亲近与融合，讲求自然生态、经济生态和人文生态的和谐发展。从文化意义上讲，是以一种不断进化与完善的渠道通向可持续发展，它要求生产力发展的同时必须保全生存环境，倡导无公害、更公正、更纯洁、更人性、更进步、更科学和更团结的社会行为，是空气清新、环境优美、生态良好的现代化沿海区域的发展目标，更是现代体育追求健康，达到人与自然、人与人、人自身和谐发展的文明诉求。

（3）"红色"海洋体育思想：红色是健康、热情、朝气、欢乐的象征。红色海洋体育思想使现代社会中的人们反对一切封建迷信，顺应自然，主张指导思想上的唯物论、文化取舍态度上的辩证法以及方法上的实践观，正确认识和反映海洋运动的内在本质及其发展规律，体现追求真理、实事求是和开拓创新的科学精神，体现政治、经济、文化、社会发展的主流和方向，是新时期面向世界、面向未来，融会世界各民族优秀文化成果的窗口。

二、海洋体育文化的基本特征与价值

（一）海洋体育文化的基本特征

1. 海洋性

人们常说海洋文化是"蓝色文化"，"蓝色"的色彩属性就是海洋文化的属性。海洋体育文化可以划分为"爱琴海"——海洋体育文化产生、"地中海"——海洋体育文化复兴、"大不列颠"——海洋体育文化确立三个阶段。海洋体育文化依附在海洋文化之中，因此，海洋体育文化的内容和形式中孕育着"蓝色"的色彩属性。海洋体育文化是伴随着人类长期以体育手段与海洋互动、相互关系的产物，因此，海洋体育文化在形成和发展的过程中必然会刻上海洋的印记。毋庸置疑，这一独特的文化形成过程预示着海洋性将成为海洋体育文化区别于一般体育文化特征的特有属性和特征。

2. 开放性

海洋体育文化对内往往表现出内容和形式的多样性，这里的多样性由其对外的开放和包容程度决定。海洋体育文化依托于全球化语境往往比较容易在对外开放过程中加大自身的开放程度。东西方海洋体育项目的相互交流以及海洋文化产业间的相互合作更是印证了开放性在发展海洋体育文化中的重要性。因此，在全球化语境中，海洋对于开放性的独特地位被凸显出来，它不仅作为海洋体育文化的源泉，更多的是对外联系、对外交流的纽带和平台。因此，海洋体育文化离不开海洋的对外联系，海洋体育文化的发展速度取决于海洋的开放程度。

3. 交融性

海洋体育文化与其他文化区别的重要原因体现在它的海陆交融性。海洋不是一个孤立的存在，它与陆地界线上的密不可分，决定了海洋文化不仅停留于沿海一带，它还与内陆文化相互交织、相互影响。已形成的海洋体育文化，以自身的魅力、感染性和活力吸引着多元文化影响下的陆地文化。以海洋体育运动项目为例，无论是海上运动项目、沙滩运动项目或海空结合的运动项目，都可以从中找出陆地运动项目的影子，如沙滩体育运动项目中的沙滩足球、沙滩排球、沙滩跑步，这些运动项目可以看作陆地体育文化向海洋体育文化的输入。正是因为海陆文化的相互交融与碰撞，才使得海洋体育文化变得更加繁荣，这种交融也必然成为发展海洋体育文化的内在动力。

（二）海洋体育文化的价值

1. 经济价值

海洋体育文化不仅是推动海洋体育发展的软实力，更是市场经济环境中发展海洋经济的无形资产。一般来说，海洋经济迅速崛起的推动力来源于海洋文化产业的快速发展，而海洋体育文化产业也正是这条产业链上的重要环节。海洋体育文化产业的发展依赖于海洋体育文化这种群体意识的指导。在海洋体育文化产业日趋成熟的今天，海洋体育文化更是彰显出其经济价值，经济效益的获得渠道来源于对海洋体育文化资源的充分开发和利用，其中包括运动项目资源、体育器械工具资源、体育旅游休闲资源等。由于海洋丰富的文化资源为海洋体育产业附加了经济价值属性，因此，海洋资源不仅决定了海洋体育文化产业未来的发展和生存空间，同时也决定了海洋体育的发展前途。

2. 人文价值

体育原本就是由人创造的一种文化活动，将这种活动回归到对于人的关心、关爱，进而促进人的全面、协调、健康发展的本质也是理所当然的。人本观念、个人观念、自由观念是现代人文精神的三大方面，同时，也是体育文化的精神内核所在。海洋体育文化作为体育的一种表现形式，不仅仅继承了体育的运动属性，更是继承和弘扬了体育文化的内核精神，即人文精神。从可持续发展的角度来说，人文精神是推动海洋体育文化持续发展、更加繁荣的内在动力。

3. 健康价值

众所周知，体育运动不仅仅可以改善人体的生理机能，同时，对于调节心理压力、磨砺意志品质、增加记忆和智力水平、增强社会适应能力等心理层面的作用也不可忽视。以龙舟运动为例，由于龙舟运动具有较大的负荷强度，必然会对人体各器官系统造成一定刺激，使得生理机能发生适应性改变，从而对人的机体产生良好的影响。同时，龙舟运动需要团队每个人齐心协力、团结拼搏，对人团队精神与协作配合能力的培养也具有积极作用。因此，经常从事龙舟运动可以发展人的体能、增进身心健康和良好的心理品质。由此可见，海洋体育文化给予人类的是积极向上的健康精神，是促进身心和谐发展的健康理念。

三、海洋体育运动在我国的发展

（一）我国海洋体育的发展现状

我国是一个海洋大国，海域面积约 300 万平方千米，拥有长达 1.84 万千米的大陆海岸线和 1.4 万千米的岛屿海岸线，面积在 500 平方米以上的岛屿 7 372 个，既有中温带、暖温带的海上景致，更有热带、亚热带的海洋风光，具备了发展海洋体育旅游的良好资源。近几年，我国的海洋旅游开发一直处于比较积极的状态，其中海洋旅游景点约 2 000 处、海洋沙滩 100 多处。国务院批准的 11 个国家级旅游度假区内，就有大连金石滩、青岛石老人、上海横沙岛、福建湄洲岛、北海银滩和三亚亚龙湾 6 个海洋风景区，其他沿海城市也在陆续进行海洋体育的开发或改造。海洋旅游地还成为外商竞相投资开发的热点，如海南琼海万泉河旅游区、秦皇岛海洋花园、金石滩海洋娱乐中心、青岛水晶城等，都是投资少则数亿元、多则几十亿元的旅游开发项目。这些都标志着我国正迎来全方位、大规模开发海洋旅游的新阶段。我国海洋体育的发展刚刚起步，主要集中在海洋体育旅游，即在海洋旅游度假区内设置以休闲为主的体育项目，如高尔夫、潜水等。在海南，已建有 16 家营业的高尔夫球场（另有 8 家已获批筹建），每家年收入约 1 000 万元；潜水也是非常受旅游者青睐的休闲项目，三亚现有潜水基地 6 个，每天接待潜水的游客达万余人，节假日更是高达 10 万余人。体育休闲产业利润非常惊人，丰厚的回报使投资者看到了海洋体育旅游的光明前景，不少其他海洋城市也加大了对休闲体育项目的开发，各地着力推出冲浪、帆板、水橇、游钓、海上快艇、高空跳伞、海滩球类和伞翼滑翔等一批富有特色、新奇刺激、参与性强的现代海洋娱乐项目，使游人能够一享大海带来的无穷乐趣。

厦门是我国著名的沿海城市，全市包括厦门岛、鼓浪屿和众多小岛屿，陆地面积达 1 699.39 平方千米，海域面积大约 300 平方千米，全岛海岸线约为 234 千米。厦门属于亚热带季风气候，温和多雨，年平均气温在 21 ℃左右，冬无严寒，夏无酷暑。这种得天独厚的气候条件，为厦门的海洋体育产业提供了优越的环境，使得其蓬勃发展。但是，厦门体育服务业目前主要依靠体育彩票、体育健身俱乐部支撑，呈现出与其他一般城市发展同质化的格局，没有充分利用厦门滨海休闲城市的自然禀赋，发展海上运动休闲产业。

近年来，国家和政府大力发展体育产业，并提出 2025 年我国体育产业总规模超出

5万亿元的目标。一时间,体育产业成为各方角逐的"金矿"。与此同时,厦门也已有意识地加大了海上运动休闲产业的发展力度。从2015年起,厦门开办了水上运动及户外休闲用品交易会,将帆船帆板、皮划艇、水上摩托、潜水、滑水和赛艇等滨海体育旅游项目紧密结合,力求推动和促进旅游、体育、海洋三大产业融合发展。至2020年11月,中国(厦门)国际游艇展览会已连续举办了13届。

(二)我国主要水上运动项目介绍

水上运动项目是奥运会的金牌大项,但中国的水上项目起步较晚,直到2004年雅典奥运会,孟关良、杨文军获得男子双人划艇500米金牌,才为中国水上项目实现了奥运金牌"零"的突破。为推进中国水上运动的发展,国家体育总局实施了重点突破田径、游泳和水上三个大项的"122"工程,各地也在为水上项目的发展贡献力量。地处黄海之滨、距离青岛仅100多千米的山东省日照市,凭借其得天独厚的水域资源,在20世纪90年代末就从城市发展战略的高度提出了打造"水上运动之都"的设想,由此,一项全新的赛事——"中国水上运动会"(简称"水运会")诞生。中国首届水上运动会于2007年8月28日—9月8日在山东日照举行,由国家体育总局、山东省人民政府主办。水运会是中国继全运会、城运会、大运会之后创立的又一项国家综合性体育赛事,大会设有赛艇、皮划艇(静水、激流)、帆船、帆板等奥运会和全运会比赛项目,也有摩托艇、滑水、蹼泳、龙舟等非奥运会项目,共8个大项,近100个小项。比赛项目也随着举办届数的增多而不断完善,不仅是水上项目奥运战略的重要组成部分,同时对普及和推广群众性水上运动也有着重要作用。以下是水运会的部分项目介绍:

1. 半潜观光船

半潜观光船一次可容纳60人同时观看。坐在船舱里,通过船舱的特制观察窗口,观看海底的各类海洋生物,通常可以看到形态各异的软、硬珊瑚,各式各样的热带鱼、海参、海胆等海洋生物。

2. 拖伞

这是一项极富刺激性的海上运动。在拖伞船上自由起落,在浩瀚无限的天空中随意翱翔,把自己融入碧海蓝天之间。起飞前,需穿好降落伞,系好拖绳,拖绳和高速快艇相连。随着快艇加速,穿着降落伞的你会因空气阻力而升空,最高可达20米,降落伞在空中绽开,可单飞也可双飞,并可蜻蜓点水1~2次。

3. 动力伞

动力伞,也称为动力滑翔伞,是飞行伞的一种,是个人休闲飞行器的一种。20世纪70年代起源于欧洲,80年代末传入我国。动力伞主要由滑翔伞与发动机两大部分组成,是风靡世界的极限运动之一。

4. 摩托艇

摩托艇起源于19世纪末,是驾驶以汽油机、柴油机或涡轮喷气发动机等为动力的机动艇在水上竞速的一种体育活动。摩托艇运动集竞技、刺激、欣赏于一体,它同时也是一项富有现代高科技特征的水上速度运动。其比赛场面壮观激烈、精彩纷呈、惊心动魄，赛艇马达轰鸣、浪花飞溅、扣人心弦。摩托艇是近年来日渐流行的一项水上休闲娱乐活动。

5. 帆船

帆船运动是依靠自然风力作用于船帆上，由人驾驶船前进的一项集竞技、娱乐、观赏和探险于一体的体育运动项目。帆船运动具有较高的观赏性，备受人们喜爱。现代帆船运动已成为世界沿海国家和地区最普及和喜闻乐见的体育运动之一，也是各国人民进行海洋文化交流的重要渠道。经常从事帆船运动，能增强体质，锻炼意志，培养战胜自我的拼搏精神。

6. 帆板

20世纪60年代末，帆板运动起源于冲浪圣地夏威夷。它是利用一块狭长板体上的三角帆，借助风力作用于帆，形成动力而进行的一种水上运动。帆板运动集娱乐性、观赏性、竞技性于一体，是世界上沿海国家和地区最普及和为人们所喜闻乐见的运动项目之一。

帆板需在冲浪板上装置帆具，借助风力推动行驶。控制帆板可高速行驶，可做技巧动作。这项玩法多样、引人入胜、妙趣横生的运动，有很高的锻炼价值，能发展人的力量、耐力、平衡和灵敏，使人全面发展。参加者始终在搏击风浪，能培养顽强的意志品质。帆板运动一直以其独特的魅力吸引着人们踊跃参与。

7. 冲浪

冲浪是以海浪为动力的极限运动。冲浪时，冲浪者等待合适时机，在有适宜海浪的地方俯卧或坐在冲浪板上，当海浪逐渐靠近的时候，冲浪者调整板头方向，俯卧在冲浪板上顺着海浪的方向划水，给冲浪板足够的速度使冲浪板保持在海浪的前面。当海浪推动冲浪板滑动时，冲浪者起身，两腿前后自然站立，两膝微屈，利用身体重心、肩膀和后腿控制冲浪板的走向。冲浪可以让人们忘却烦恼，体验一次次与海浪搏击、驰骋在海浪上的快感。

8. 独木舟

独木舟是一种由塑料做成的小艇，样子扁平，由传统的独木舟改进之后适合单人、双人出海探险的新式独木舟，较容易控制，不容易翻覆。

9. 香蕉船

香蕉船是惊险、刺激的海上娱乐活动之一，因这种橡胶皮筏形状类似香蕉而得名。坐在香蕉船上由一艘快艇牵引，约以50千米/小时的时速在海上飞驰，随着海浪的起浮，香蕉船犹如一匹脱缰的骏马自由穿梭在碧蓝的大海之中。

10. 海钓

海钓是钓鱼爱好者的主要垂钓方式，在海岸线长的一些工业发达国家尤为盛行。海钓的方法较多，钓场则有深场、浅场之分，深场水深50米以上，皆采用船钓，浅场在50米以内，有船钓和岸钓两种形式。

11. 潜水

潜水的原意是指为进行水下查勘、打捞、修理和水下工程等作业而在携带或不携带专业工具的情况下进入水面以下的活动。后来，潜水逐渐发展成为一项以在水下活动为主要内容，达到锻炼身体、娱乐、放松目的的休闲运动。

12. 自由潜水

自由潜水是指不携带空气瓶，只通过自身肺活量调节呼吸屏气尽量往海洋深潜的运动。自由潜水包括以娱乐、体验、摄影、狩猎为目的的自由潜水活动以及带有竞赛性质的极限屏息深潜。

自由潜水被美国《福布斯》杂志称为仅次于高楼跳伞的世界第二危险运动。因存在危险性，加之适合潜水练习的透明度高的开放水域不多、练习者及其同伴都应具备专业急救知识等多方原因所限，从 20 世纪 70 年代开始，这项运动仅作为水下极限运动，未向民众广泛推广。后来由于《碧海蓝天》这部电影，激发了许多人对潜水这项运动的热情。经过了几十年的发展，自由潜水发展成为自由潜水比赛，活动场所主要分为室内（泳池）和室外（大海）两地。

13. 滑水

滑水运动是人借助动力的牵引在水面上"行走"的水上运动。滑水者通常要穿着"水鞋"，即水橇在水面上完成各种动作。根据滑水者所使用的水橇种类或不使用水橇，滑水大致可以分为花样、回旋、跳跃、尾波、跪板、竞速和赤脚等项目。

第三节　闽台民俗体育文化

一、闽台民俗体育文化概述

民俗体育是指在民间风俗、民间习俗或民间文化以及民间生活方式中即定俗成流传的体育形式，是顺应和满足人们需要而产生和发展起来的一种文化形态。它由广大民众创造、享用和传承，主要依托民俗或风俗发展，是民族传统体育的子分支，是较为原始的体育文化形式，也是中华民族宝贵的文化遗产。如踢毽子、舞龙、舞狮、划龙舟、荡秋千和放风筝等都属于典型的民俗体育。

地理环境是闽台民俗体育文化产生共性的一个重要因素。闽台两地的地理环境具有相似的特征，都是濒海而居，境内山地丘陵较多，水文复杂，地形多样，古时交通十分闭塞，闽台两地的移民文化以及长期以来同受海洋民俗文化影响，构成同一风俗区，使得闽台两地人们民俗活动的空间具有一定的共性，在民间民俗体育文化方面，主要表现为小区域、同源性、频繁性、多元化的特点。

（一）小区域

闽台民俗体育"小区域"化现象较为普遍。它是指在包含一定体育形式的众多民俗活动中，一种民俗活动往往局限于某一个地域范围，超出这个范围，就鲜有开展或无人问津，甚至无人知晓。例如"挖大旗竹"这一祭祀清水祖师"迎春巡境"程序中的一个习俗环节和民间体育形式，只是农历正月时在泉州安溪县蓬莱镇一带开展的民俗活动；具有上千年历史的民间体育形式——"汉族泼水"，只是农历正月期间在漳州市九湖镇林前村流传；用于消灾解厄的民间体育形式——"中元抢孤"在台湾地区也只流行于宜兰县头城镇和屏东县恒春镇的农历七月中元节。

（二）同源性

台湾很多人都有大陆移民或闽南人的历史血缘背景，由此形成的割舍不掉的血亲、姻亲、族亲关系，使得闽台两地人们保持着深厚的"原乡意识"和"祖籍观念"。这种意识和观念也促使他们在人格品质和个人行为上依然保持着与迁出地的同源、相似和延续的关系。闽台民俗体育"同源性"特点也是比较典型的，例如以祭祀福建同安白礁乡（今龙海角美白礁村）保生大帝吴真人信仰活动中常出现的一种名叫"抬阁"（"蜈蚣阁"）的民间民俗体育形式，这种民俗体育形式除在厦门海沧、漳州等闽南地区流行外，在台湾地区祭祀保生大帝信仰活动中也必然会存在。福建泉州、闽南地区古闽越族原住民舞蹈遗风的民间体育形式——"拍胸舞"在台湾、金门等地区的民间迎神赛会和踩街活动中也会经常看到。

（三）频繁性

台湾岛内的民俗活动相当频繁，几乎天天都有各式各样的民俗活动在不断开展和进行。闽台民俗体育作为闽台民俗文化众多类别当中的一种表现形式，虽达不到每天都能出现的程度，但全年进行、开展或涉及的数量也不在少数，仅从岁时年节习俗中的民俗体育形式开展情况就能窥见一斑。

春节期间，常开展的民俗体育形式的活动有"舞龙舞狮""龙艺""板凳龙""稻草龙""矮子龙""开口狮""闭口狮""北狮""醒狮""采茶灯""莲花灯""攻炮城""上刀山、下火海""走古事""红龙缠柱""游花灯""打船灯""玩鱼灯""拔烛桥""汉族泼水"等。

端午节期间，常开展的民俗体育形式的活动有"龙舟竞渡""抓鸭子""抓金猪""海上泼水"等。七夕节期间，常开展的民俗体育形式的活动有"赛穿针、比引线""赛蛇神"等。中元节期间，常开展的民俗体育形式的活动有"抢孤"等。中秋节期间，常开展的民俗体育形式的活动有"中秋会饼搏状元"等。重阳节期间，常开展的民俗体育形式的活动有"登高""赏菊""放风筝"等。

另外，在南平城关2月21日举行的蜡烛会活动中有名为"赛佛"的民俗体育活动；

宁德畲族每年在传统节日中,均举行"登高盘歌"的民间体育活动,尤以每年农历六月初一登白云山最具规模。

(四)多元化

从民俗体育形式存在的重要载体——民间信仰、宗教等方面可以看出,闽台民俗体育还具有多元化的特点。众所周知,闽台民俗民间信仰和宗教种类繁多。在民间信仰上,福建民间神祇就包括何九仙、马天仙、开漳圣王、灵安尊王、广泽尊王、扣冰古佛、清水祖师、三平祖师、临水夫人、保生大帝和天上圣母妈祖等;动植物信仰包括蛇、蛙、龟、榕树、虎和狮崇拜等;台湾民间神祇包括妈祖、关公、王爷、城隍、土地公、有应公、保生大帝和玉皇大帝等。在宗教方面,闽台教派众多,佛教、道教、天主教、基督教和伊斯兰教均能在此觅到踪影。

在具有民间信仰习俗的体育形式中有以祭祀三平祖师的"过火"、以祭祀张天师的"踩火"、以祭祀清水祖师的"挖大旗竹"、以祭祀妈祖的"摆棕轿"和"耍刀轿"及以祭祀保生大帝吴真人"吴夲"的"抬阁"等。

在具有纪念节日习俗的体育形式中有为了纪念南宋抗元名臣文天祥、张世杰、陆秀夫为国捐躯的"三公落水操";为纪念郑成功,以迎神赛会化妆操舞表演形式的"宋江阵";为纪念戚继光的"大鼓凉伞";为纪念隋代谏议大夫、开山大祖黄鞠公的"霍童线狮";为纪念畲族英雄蓝凤高演化而成的"打尺寸";为纪念先辈们在郑成功收复台湾战争中的英雄壮举,并为壮士传宗接代祈福的"建瓯挑幡"等。

在具有农业节日习俗的体育形式中有"竿球比赛""斗茶""劈蔗""赛大猪""斗牛阵""舞香龙""舞龙灯"等活动,这些都是表现闽台民俗体育多元文化特点的重要民间体育形式。

二、闽台民俗体育的文化遗产价值

闽台民俗体育是闽台地区非物质文化遗产的重要内容之一,是促进闽台同一风俗区民俗文化传承,维护民俗文化多样性,联结民众情感纽带、增进闽台两地人民团结、社会稳定、维护国家统一的重要文化基础。闽台民俗民间体育具有重大的文化遗产价值,主要包括:

(一)历史文化价值

闽台民俗体育是在福建、台湾特殊地理区域内,在一定历史条件下产生并发展的民俗遗迹,反映了福建和台湾两地当时的自然生态状况和社会发展状况,具有反映闽台历史文化的价值;闽台民俗体育所烙上的时代印记,亦是证实福建和台湾两地历史文化的确凿资料;闽台民俗体育作为闽台历史文化遗留下来的产物,本身包含着真实、丰富、具体存在的历史文化信息和客观、特有、形象的历史文化记录,是全面、详尽补全闽台历史文献、史籍和史料的记述缺失，一定程度上是对闽台历史文化片面或错误认识过失的弥补和纠正；闽台民俗体育可作为人为接受、模仿、学习、感悟和实践的活态性遗产，可承载传承闽台历史文化中的有声形象和鲜活记忆，具有传承闽台历史文化的价值。

（二）艺术审美价值

艺术审美是人们对现实生活进行审美反映和审美创造的活动过程，在这一过程中人们在观赏客观对象时因其形态、色彩、声音、质地等内在和外在各种表现所引起的美的感受和知觉就是审美感知，它显性反映出客观对象的审美价值。闽台民俗体育在经历艺术洗礼或加工的传承过程中，其本身就是不断追求美的产物，最终留存的民间体育文艺作品可供人们直接欣赏，获得强烈美学感受，具有审美感知的价值。闽台民俗民间体育在被欣赏和观看的感知过程中必定会引起人们心理上和情感上的体悟和验证，体验到运动身体、释放情绪、调节心情、品味乐感、消受闲适、恣意娱乐和表达愿望等多方面的心灵快感。心理情感上细致而深入的审美活动既是对审美客体的认可和肯定，同时也具有促进审美主体的审美意识、审美品位和审美素养提高的作用和价值。审美过程三个阶段中的最后一个阶段——效应阶段，也是最为重要的部分，就是对美的鉴赏和理想化的追求，闽台民俗体育这一审美客体只有在被审美主体——人，经过大量、反复的审美鉴赏和审美追求之后，才能在历史长河中得以被保留和遗存下来，延续至今，具有艺术审美的价值。

（三）科学研究价值

闽台民俗体育当中蕴含着大量已知或未知的历史信息，能反映出当时的社会发展状态、生产力发展水平、科学技术实力和个人知识能力等。作为一种动态的、活性的、有声的"文献史料"，闽台民俗体育以活态传承的形式，为今天的科研工作提供了弥足珍贵的研究资料。闽台民俗体育中所使用的各种道具、器材、装备等工艺制作、使用方法和操作技能体现着科学知识的有效应用，其中寓含的大量发现或未被发现的创造性成果和技术性价值，与当今的科学文化知识密切相关，值得后人不断搜集、积累、整理、比较、分析和研究。

（四）思想教育价值

闽台民俗体育所反映或留存下来的重要思想线索和教育价值是多方面的，总体来说主要体现在政治、军事和哲学三大方面。其中所呈现的社会风俗和礼仪特征，乃至组织形式、寓意内容、器械道具、操弄工具和服饰装扮等都是体现民众政治思想的丰富史料。与此同时，民俗体育的思想在一定程度上往往又会或多或少地揭示和反映出当时统治阶级的政治思想，让人领略到当时执政者的统治意愿。闽台民俗体育在其开展活动、锻炼、练习过程中所运用的原则、方法、手段和所采用的阵形阵式也蕴含着丰富的军事思想和深谋远虑的军事策略，包括知彼知己、有备无患、守坚攻速及远近照应等诸多谋略。闽台民俗体育中所展现出的众多不同人生观、宗教观、伦理观、宇宙观等方面的哲学思想以及儒家、道家等先秦诸子百家文化，都能令古今同仁启发思想，教育受益之用，只是因不同体育形式的种类、特性、规模、功用和受众等，会有深浅不同和显隐有别的感受而已。

（五）经济开发价值

当前，许多地方都将民间民俗体育打造成本地区的品牌特色，以旅游、代言、商标等形式对其进行包装宣传和品牌推广，这是对民俗体育经济价值的有效开发。旅游业堪称不耗能源、没有污染公害的"无烟工业"，是社会经济发展的重要产业。闽台民俗体育中特有的富于观赏和参与的表演艺术、社会风俗和地区民俗民间文化，是吸引广大游客、形成旅游资源的亮点，在增加地方旅游收益的同时，可以带动当地如饮食、交通、住宿、游乐和购物等相关产业链的快速发展。

（六）社会发展价值

民俗民风起源于生活，民间风俗习惯是民族识别的重要标志。闽台民俗体育作为民俗文化的重要资源之一，在闽台地区的社会生活中已经形成为数众多和不同规模的民间群体和追随者，它对满足闽台地区人们日益增长或变化的物质文化生活和精神文化生活需求，对促进闽台地区社会和谐发展具有不可估量的价值功效。

三、闽台民俗体育文化产业的可开发性

文化产业作为一种特殊的文化形态和特殊的经济形态，是以生产和提供精神产品为主要活动，以满足人们的文化需要为主要目标，包括文化意义本身的创作与销售等多方面内容。目前，闽台民间体育的文化产业化开发已具备了一定的条必要件，主要体现在：

（一）政策条件

进入 21 世纪以来，国家对文化产业的发展十分重视，政策建设越来越完善，政策层次越来越丰富、政策类型越来越齐全，既有中央颁布的政策，也有地方颁布的政策；既有总体性政策，也有行业性政策（表 1-3-1）。

表 1-3-1　近年来我国中央及地方政府颁布的部分文化产业政策

序号	名称	发布机关	颁布实施日期	文号
1	文化产业发展第十个五年计划纲要	文化部	2000.1.1	
2	文化部关于支持和促进文化产业发展的若干意见	文化部	2003.9.4	文产发〔2003〕38号

续表

序号	名称	发布机关	颁布实施日期	文号
3	关于加快电影产业发展的若干意见	国家广电总局（广播电影电视部）	2004.1.8	广发影字〔2004〕41号
4	国家统计局关于印发《文化及相关产业分类》的通知	国务院其他部委	2004.3.29	国统字〔2004〕24号
5	关于加快浙江影视产业发展的若干意见	地方政府和部门	2004.8.6	浙广局发〔2004〕143号
6	甘肃省人民政府关于加快和促进文化产业发展的意见	地方政府和部门	2004.10.12	甘政发〔2004〕65号
7	文化部关于鼓励、支持和引导非公有制经济发展文化产业的意见	文化部	2004.10.18	文产发〔2004〕35号
8	文化部关于命名文化产业示范基地的决定	文化部	2004.11.10	文产发〔2004〕43号
9	国务院关于非公有资本进入文化产业的若干决定	国务院（国务院办公厅）	2005.4.20	国发〔2005〕10号
10	河北省人民政府关于非公有资本进入文化产业的实施意见	地方政府和部门	2005.6.6	冀政〔2005〕53号
11	关于大力发展文化产业的意见	地方政府和部门	2005.8.24	豫文产业〔2005〕4号
12	陕西省人民政府贯彻国务院关于非公有资本进入文化产业若干决定的实施意见	地方政府和部门	2005.11.3	陕政发〔2005〕35号
13	湖南省人民政府关于非公有资本进入文化产业的意见	地方政府和部门	2005.11.17	湘政发〔2005〕26
14	重庆市人民政府关于加快创意产业发展的意见	地方政府和部门	2006.10.27	渝府发〔2006〕128号
15	国家"十一五"时期文化发展规范纲要	国务院（国务院办公厅）	2006.9.13	
16	厦门市文化产业基地和文化产业集聚区认定暂行办法	地方政府和部门	2009.8.1	厦府办〔2009〕202号
17	厦门市促进文化产业发展财政扶持政策实施细则	地方政府和部门	2009.8.14	厦府办〔2009〕218号
18	关于加快文化产业发展的意见	地方政府和部门	2009.4.13	闽委办发〔2009〕3号

续表

序号	名称	发布机关	颁布实施日期	文号
19	关于加快文化产业发展的指导意见	文化部	2009.9.10	文产发〔2009〕36号
20	文化产业振兴规划	国务院（国务院办公厅）	2009.9.26	
21	文化部关于加强文化产业园区基地管理、促进文化产业健康发展的通知	文化部	2010.6.9	文产涵〔2010〕1169号
22	国家"十二五"时期文化改革发展规划纲要	国务院（国务院办公厅）	2012.2.15	
23	文化部"十二五"文化改革发展规划	文化部	2012.5.8	文政法发〔2012〕13号
24	文化部关于鼓励民间资本进入文化领域的实施意见	文化部	2012.6.28	文产发〔2012〕17号
25	文化部"十二五"文化科技发展规划	文化部	2012.9.12	办科技发〔2012〕18号

（资料来源：文化政策图书馆：http://www.cpll.cn.）

值得一提的是，2009年福建省委办公厅、省人民政府办公厅联合出台《关于加快文化产业发展的意见》中明确提出，到2012年，福建全省将形成十大主导文化产业群；到2020年，福建全省文化产业将在国际市场上占有一定份额，总体实力进入全国前列。由此可见，进行闽台民俗体育的文化产业化开发在中央、地方和行业层面都具有相当支持的政策外部环境。

（二）区位条件

随着福建省实施"海西"建设发展战略以来，闽台两地的文化交流和发展呈现出新一轮良好的发展态势，闽台两地的文化基础设施建设得以快速发展，文化产业聚落渐成气候，文化产业配套能力也大为改善，这些都使得闽台两地的文化区位优势逐步显现。近几年，以传承中华文化为载体，促进闽台祖地文化、民间文化交流为重点，推动闽台文化全方位、宽领域、多层次、互动化开展的闽台两岸文化交流重要基地的建立，为闽台民俗体育的文化产业化开发和探索提供了有利条件。

（三）资源条件

在针对福建省闽东、闽西、闽北、闽南及台湾各个地区的民间体育资源方面进行的调查中，共整理、发现、归类出具备闽台传统民俗特点的民俗体育形式共计8大类别

60多项，类别包括健步体能类、竞速体能类、杂耍表演类、操舞表演类、投掷瞄准类、棋艺娱乐类、游戏竞赛类和武术健身类等（表1-3-2），涉及民间信仰习俗、节日习俗（年节习俗、纪念节日习俗、农业节日习俗）、生活习俗（喜庆娱乐、健身自卫、卖艺表演）、劳动习俗等不同层面。闽台民俗体育资源条件的确立，为闽台民间体育的文化产业化开发储备了重要的物质源泉。

表1-3-2 闽台民俗体育分类表

分类		形式内容
闽台民俗体育	健步体能类	"挖大旗竹""抬阁""龙艺""走古事""游花灯""赛蛇神""登高盘歌""游田了""游大粽""游金瓜棚"
	竞速体能类	"赛佛""过火""踩火""龙舟竞渡""跑火""赤脚踏火""推轿斗力"
	杂耍表演类	"摆棕轿""耍刀轿""上刀山、下火海""抢孤""霍童线狮""踩高跷""搬铁枝""肩膀戏""建瓯挑幡"
	操舞表演类	"舞龙舞狮""板凳龙""稻草龙""矮子龙""开口狮""闭口狮""北狮""醒狮""采茶灯""红龙缠柱""打船灯""玩鱼灯""拔烛桥""三公落水操""宋江阵""大鼓凉伞""八家将""斗牛阵""牛犁阵""布马阵""舞香龙""舞龙灯""跳鼓舞""打枪担""客家花鼓"
	游戏竞赛类	"汉族泼水""赛穿针、比引线""赏菊""放风筝""抓鸭子""抓金猪""海上泼水""打尺寸""斗茶""劈蔗""赛大猪""斗牛""猴子占柱""虎抓羊""猴子抢蛋""扯铃""踢毽子""跳绳""放风筝""荡秋千"
	武术健身类	"五祖拳""狗拳""白鹤拳""南少林鹤鸣二十八宿""南少林三十六宝""南少林刀棍""金斗洋畲拳""连城拳""流民拳""元极舞"
	瞄准投掷类	"攻炮城""竿球比赛""背篓球"
	棋艺娱乐类	"中秋搏饼"

（四）市场条件

当前，我国的文化体制进入大调整、大整合的时期，文化产业发展已从自发阶段转向为自觉、自信阶段，文化资源配置已经逐步迈入了市场化方向发展的轨道。文化与旅游相结合，以文化提升旅游内涵，以旅游扩大文化传播和消费的现象越来越明显。借助于旅游市场开发的有利时机，着力进行地方特色民俗体育文化旅游项目和民俗体育文化旅游系列活动品牌的打造，是闽台民俗体育的文化产业开发的便利途径。

（五）资金条件

在2009年福建省提出《关于加快文化产业发展的意见》文件中就强调，"认真贯彻国务院和省政府已颁布实施的支持文化产业发展的各项优惠政策，明确提出财政、税收、金融、土地等相关扶持文化产业发展的配套政策"。在 2012 年中国文化金融创新峰会上，文化部文化产业司司长刘玉珠指出"文化和金融合作的共识已经形成，财政资金支持文化金融的新模式正在研究制定和准备出台中"。据财政资金支持文化金融新模式的有关数据表明，截止到 2012 年 12 月，在文化部与各银行机构部行合作的机制下，实现重点信贷融资项目达到了 97 项，文化产业信贷余额累计 210.96 亿元。文化产业的资金获取渠道得到有效拓展，闽台民俗体育的文化产业化前期开发的资金保障是有条件实现的。

四、民俗体育在高校体育教学中的开展

福建的民俗体育丰富多彩，各具特色，如闽北的板凳舞和竹竿舞、南平武夷山的斗鸡、莆田的车鼓舞、泉州的拍胸舞和厦门的抓鸭子等。民俗体育项目为丰富和拓展我国高校体育课程资源奠定了坚实的基础。在体育课程中引入民俗体育项目，既有利于因地制宜地进行体育教学，又有利于弘扬博大精深的中华文化，激发广大学生的爱国热情。

在高校中开展民俗体育项目，首先需要做到教育观念和体育观念的转变。在实践层面上，首先要从体育课程角度对学校体育进行改革，结合地方传统，进行民间体育资源的发掘、创新并引入体育教学。其次，要多渠道开展民俗体育活动，如体育课、课外体育活动、组织校内比赛、校际比赛和大学生民俗体育运动会等。高校可以采用选课制或俱乐部制度，普修、选修相结合等途径和方式推动民俗体育在高校的发展。

第四节 校园体育文化

校园体育文化主要是指人们在学校体育教育过程中所创造和拥有的精神财富和物质财富的总和，它涵盖了校园体育意识文化、行为文化和物质文化三大类。校园是学生学习和生活的主要空间，校园文化建设的好坏，将直接影响到育人的成败。校园体育文化是校园文化的重要组成部分，校园体育文化建设，会直接影响到学校体育活动的开展，与学生的身心健康发展有很大的关系。良好的校园体育文化环境可以陶冶学生的情操，纠正学生的不良行为，是学生身心发展的必要条件。

一、校园体育文化的内容及特点

（一）校园体育文化的内容

校园体育文化是一种特别的文化现象，它既是校园文化的一部分，又是体育文化的

一部分；它是校园文化和体育文化两者相互影响、相互渗透、相互促进发展起来的；它是校园内对学生实施体育教育，促进学生身心的全面发展，具有时代特点的一种群体文化；它是学校在长期的教学、科研和行政管理过程中逐步形成的，更是在广大学生直接参与和精神培养的基础上发展起来的。

校园体育文化是以学生为主体、以课外体育活动为主要内容、以校园为主要空间、以校园精神为特征的一种群体文化。它的主要形式有早操、课间操、课外体育活动、运动队训练、小型运动竞赛、体育讲座、专题报告会、体育技能表演和学校体育节等。

（二）校园体育文化的特点

1. 导向性

学校体育文化这种特定的文化氛围是和学校培养目标、校风校纪、生活方式等内容相联系的。它既充分体现了一所学校的教学秩序，也反映了学校管理工作的系统性，同时还可以约束各种不文明行为的发生。

2. 教育性

开展学校体育文化活动是实现学校体育教育目标的重要途径，是培养学生"终身体育"和"健康第一"思想的重要环节。因此，应把有目的、有计划、有组织的课外体育锻炼、校外活动和运动训练等纳入体育与健康课程，形成课内外相结合的课程结构。通过课外体育活动与课堂互补，从而实现课内外一体化，达到健康育人的目的。

3. 开放性

体育文化的传递模式应该是多渠道的，仅局限在校园内的文化活动，无法满足大学生的文化需求，必须从封闭式的校园走向社会，结合素质教育参加各种体育活动。譬如，组织观看或参加校外各类组织形式的体育竞赛；开展户外活动，如野外生存、定向运动、爬山、骑自行车等；通过学校之间、学校与社会之间的交流与接触，增进学生对社会的了解，开阔视野；提高学生在不同的社会环境中的适应能力和交往能力，从而弥补校园文化的不足。

4. 竞争性

竞争观念是现代人应具备的重要的价值观念。竞争是现代体育的灵魂，竞技活动的社会教育作用是其他任何文化活动难以比拟的。体育中所蕴含的竞争观念不仅有振奋民族精神的现实意义，更有着造就新一代民族个性的深远价值。

5. 参与性和健身性

现代体育高度重视个体参与的积极性、主动性和创造性。体育的参与过程是人自我完善的过程。在体育竞赛中，人的技术水平得到了提升，身体得到了锻炼，心理得到了磨炼，人的自由和个性可以得到充分释放，人的价值和尊严可以得到充分体现。体育特有的健身功能是其他文化活动所不能替代的。

二、校园体育文化的作用及价值

（一）校园体育文化的作用

1. 增进学生身心健康

增进健康，促进学生身心发展是学校体育的本质功能，也是大学体育的终极目标。参加体育活动不仅可以增强学生的体质，还可以释放不良情绪，从而达到调节心情的作用，这对学生身心发展是极有利的。

2. 改变学生的不良行为

当人处在一个文化环境中，就会受到文化的熏陶，潜意识就会约束自己的行为。校园体育文化作为一种文化，自然也具有这种功能。服从规则是体育的重要文化价值，学生在进行体育活动的过程中，必须遵守体育规则，违反规则就会受到惩罚或谴责。多参与体育活动，可以督促学生改变自己的不良行为。

3. 激发参加体育运动的积极性

良好的校园体育文化环境提供了一个良好的氛围，这可以鼓舞学生积极参加体育活动。如学校宣传栏中的体育新闻、体育明星，尤其是学校体育明星，都可以从精神上鼓励学生积极参与体育活动。

4. 培养学生的竞争意识

学生参加体育竞赛和体育锻炼的过程，从本质上来说也是一种与他人竞争的过程，经常参与体育锻炼和体育竞赛，可以培养学生的竞争意识。而经常参与团体项目可以让学生懂得只有加强与队友的合作，才能最终取得比赛的胜利。在这些项目中，团队荣誉是第一位的。参与体育活动，可以增强学生与他人合作的意识，加强集体观念。

5. 培养学生的意志品质

学生在从事体育活动过程中，会遇到许多困难和伤痛，只有不断克服它们，才能真正享受体育的快乐。因此，通过体育活动可以培养学生吃苦耐劳、克服困难、挑战自我、超越自我等良好的意志品质。

（二）校园体育文化的价值

1. 树立"健康第一"的指导思想

校园体育文化能够提升学生生理、心理和社会适应等方面的健康水平和能力，注重对学生的心理健康教育和对社会的责任感及坚强意志和奋斗精神的培养。

2. 为推行素质教育服务

当前，在大学体育教学中应更多地关注学生的个性发展，提高学生的人文素养，培养学生的健康人格，增强学生的健身意识和品德修养，提高学生的人际沟通能力和合作精神。

3. 培养终身体育的观念

终身教育是法国的保尔·朗格朗于1965年提出来的。他认为，接受教育应当是每个人一辈子的事情。终身教育是教育定向上的整合，终身体育是终身教育的一个重要组成部分。

4. 校园体育文化的多样性

校园体育文化的宗旨主要是培养学生的体育精神、体育意识和体育技能，提高学生的体育文化素养，增进学生的身心健康，并在此宗旨指导下开展多种多样的校园体育文化活动。

第二章
奥林匹克运动

奥林匹克运动是人类文明的产物，是推动现代社会发展的重要动力之一。奥林匹克运动是在奥林匹克精神指导下，以体育运动和 4 年一度的奥林匹克庆典为主要活动内容，促进人的生理、心理和社会道德全面发展，促进各国人民之间的相互了解，在全世界普及奥林匹克主义，维护世界和平的国际社会运动。奥林匹克运动包括以奥林匹克主义为核心的思想体系，以国际奥委会、国际单项体育联合会和各国或各地区奥委会三大支柱为骨干的组织结构体系和以奥运会为周期性高潮的活动内容体系。

第一节　古代奥林匹克运动

一、古代奥林匹克运动会的起源

古希腊位于欧洲巴尔干半岛南端的欧、亚、非三洲交汇处，东临爱琴海，与西亚的波斯帝国相对；西濒爱奥尼亚海；南隔地中海，与北非的埃及相望。优越的地理环境使古希腊民族形成了心胸开阔、自强不息、勇于进取的性格和酷爱户外活动、崇尚健力美的风俗习惯。

古希腊是一个神话王国，优美动人的神话故事和古代奥运会举办地奥林匹亚曲折离奇的民间传说，为古代奥运会的起源蒙上了一层神秘的色彩。传说中，古代奥林匹克运动会是为祭祀众神之王宙斯而定期举行的体育竞技活动。另一种传说与宙斯的儿子赫拉克勒斯有关。而流传最广的是佩洛普斯娶亲的故事。古希腊伊利斯国王为了给自己的女儿挑选一个文武双全的驸马，提出应选者必须和自己比赛战车。比赛中，先后有 13 个青年丧生于国王的长矛之下，而第 14 个青年正是宙斯的孙子也即公主的心上人佩洛普斯。在爱情的鼓舞下，他勇敢地接受了国王的挑战，终于以智取胜。为了庆贺这一胜利，佩洛普斯与公主在奥林匹亚的宙斯庙前举行盛大的婚礼，会上安排了战车、角斗等项比赛，这便是最初的古代奥运会，佩洛普斯也成了传说中古代奥运会的创始人。

奥运会的起源，实际上与古希腊的社会情况有着密切的关系。公元前 9 世纪至公元前 8 世纪，希腊氏族社会逐步瓦解，各城邦制的奴隶社会逐渐形成，建立了 200 多个城邦。各城邦各自为政，无统一君主，城邦之间战争不断。为了应付战争，各城邦都积极训练士兵。斯巴达城邦儿童从 7 岁起就由国家抚养，并从事体育、军事训练，过着军事化生活。战争需要士兵，士兵需要强壮身体，而体育是培养能征善战士兵的有力手段。战争促进了古希腊体育运动的开展，古代奥运会的比赛项目也带有明显的军事烙印。连续不断的战事使人民感到厌恶，普遍渴望能有一个赖以休养生息的和平环境。后来，斯巴达王和伊利斯王签订了"神圣休战"条约。于是，为准备兵源的军事训练和体育竞技，逐渐变为和平与友谊的运动会。古希腊人信奉多神教，每逢重大的祭祀节日，各城邦都举行盛大的宗教集会，以唱歌、舞蹈和竞技等方式来表达对诸神的敬意。古希腊人认为宙斯是众神之首，所以对他格外尊敬，对他的祭祀也格外隆重，这也促进了古代奥运会的产生。

二、古代奥林匹克运动会盛况

古代奥林匹克运动会起源于古希腊，因举办地点在奥林匹亚而得名。

古代奥运会的起源可追溯到公元前 776 年。第 1 届古代奥运会于公元前 776 年举行，到公元 394 年共举行了 293 届，且都是在古希腊奥林匹亚运动场举行。比赛场建在阿尔菲斯河谷北面的小丘旁。运动会每 4 年举行一届，时间在夏至后第二次或第三次月圆时，大约在八九月份。后来，人们将这一周期称为奥林匹克周期。

古代奥运会是一个以祭祀竞技为主、内容丰富多彩的综合性祭祀盛会。在盛会期间，每天有各种宗教仪式。

奥运会比赛从清晨开始，有时进行到深夜。即使遇到刮风下雨，比赛也不停止。各项比赛十分激烈，观众兴奋异常。奥运会除体育竞技外，还有政治、经济、文化等方面的活动。在竞技场外，各城邦使节聚会讨论政治，缔结条约；哲学家们围在一起争论人类社会和自然界的众多问题；诗人和艺术家们在练身场内外朗诵诗作或展示艺术作品；各地商人则在竞技场外竞相推销商品。

古代奥运会初期，竞赛项目不多，所以前几届举办时间仅一天。后来，随着比赛项目的增加，比赛时间延长到 2 天。从第 37 届增加少年比赛项目后，时间又延长到 5 天。其中第一天是开幕式，举行献祭和宣誓仪式；第二、三、四天是具体的比赛；第五天是闭幕式，进行发奖和敬神活动。古代奥林匹克运动会的竞技比赛项目主要是赛跑，后来逐渐增加了摔跤、五项全能、拳击、赛马、角斗、战车赛以及武装赛跑等，最多时达 23 项。大多数比赛项目为现代运动项目的原始雏形，但一些项目，如最富有古希腊运动特色的角斗在现代运动中已经绝迹。场地跑是古代奥运会最早设立的竞赛项目，距离是 192.27 米。

古希腊人爱好跑步，在奥林匹亚阿尔菲斯河岸的岩壁上至今还保留着古希腊人的一段格言："如果你想聪明，跑步吧！如果你想强壮，跑步吧！如果你想健康，跑步吧！"

三、古代奥林匹克运动会的竞赛章程

带有浓厚宗教色彩的古代奥运会有着严格的章程，对组织者、运动员、裁判员以及竞赛办法均有严格的规定。

古代奥运会对运动员资格审查是极为严格的，当时的规定是：只有希腊血统的自由民才能作为参赛者，而奴隶、外国人、犯过罪的人、对神不虔诚的人和有亵渎行为的人都不能参加。妇女不但无参赛资格，而且也不允许观看。不过，真正有资格参加奥运会的选手还必须是自己城邦预选赛中的获胜者。之后，还要进行 10 个月的专门训练，费用自理，马匹、战车自备。最后，在奥运会召开前，还要到正式比赛地点进行 1 个月的赛前训练。

奥运会开始后，按照规定，参赛的运动员必须赤身裸体，这也是古希腊体育竞技的一大特色，表现出其独特的民族风尚和艺术风格，同时也显示出古希腊人对神的崇敬以及对美和力量的崇尚。因此，在比赛场上的运动员全身都涂擦上橄榄油，以使皮肤富有光泽，肌肉更富有弹性，既有利于比赛，又显示出力量与美。在当时雕塑家和美术家的作品中，此种形象比比皆是。如希腊伟大的雕塑家米隆所塑造的《掷铁饼者》，就是一位持铁饼待投的运动员的形象。

古代奥运会的比赛规则十分严格。古希腊人认为奥运会是神圣的，光明正大地取胜是光荣的，反之，则是对神圣事业的亵渎。这表现了古希腊人的荣辱意识。古代奥运会的裁判官由伊利斯城邦在有名望的贵族中推举产生，大多由王公贵族担任，权力很大。裁判官负责宣布"神圣休战令"，审查运动员资格，执行赛场纪律。所有人对裁判官都十分尊重，运动员必须无条件服从裁判。在行使职权时，裁判官手持法鞭，可随时鞭打破坏规定的人，也可以对违反规则的选手进行罚款，甚至除名。裁判官不仅是赛场的执法者，也是整个大会的组织者。在奥运会期间，只有裁判官才可以享用一种石制的专门座椅。

四、古代奥林匹克运动会的兴衰

古代奥运会从公元前 776 年起，到公元 394 年止，历经 1 168 年，共举行了 293 届。按其起源和盛衰，大致可分为三个时期。

公元前 776 年至公元前 388 年：这一时期，各城邦之间虽有纷争，但希腊是一个独立的国家，政治、经济、文化都较发达，因而这一时期也是运动会的黄金时期。特别是公元前 490 年，希腊雅典在马拉松河谷大败波斯军之后，民情奋发，国威大振，兴建了许多运动设施、庙宇等，参赛者遍及希腊各个城邦，奥运会盛极一时，成为希腊最大的节日。

公元前 388 年至公元前 146 年：古代奥运会开始衰落。由于斯巴达和雅典之间长期的伯罗奔尼撒战争（公元前 431 年至公元前 404 年），希腊国力大减，马其顿王国逐渐

吞并了希腊。马其顿君王菲利普非常重视奥运会，还亲自参加了赛马。随后的亚历山大大帝虽不喜爱体育活动，但仍积极支持，并视奥运会为古希腊的最高体育活动开幕式，为其增添设施。不过，这一时期古代奥运会精神已大为减色，并开始出现职业运动员。

公元前 146 年至公元 394 年：古代奥运会由衰落走向毁灭。2 世纪后，基督教逐渐统治了包括希腊在内的整个欧洲，倡导禁欲主义，主张灵肉分开，反对体育运动，使欧洲处于一个黑暗时代，奥运会也随之日趋衰落，直至名存实亡。

五、古代奥林匹克运动会的文化遗产

古代奥运会虽然消亡了，但给人类社会留下了一笔宝贵的文化财富。古代奥运会创造的竞技运动组织模式与奥林匹克理想和精神，对现代体育产生了深远的影响。古代"奥林匹克精神"更为后人所尊崇和借鉴。

古代"奥林匹克精神"的主要内容为：

（1）和平与友谊：古代奥运会反映了人民渴望和平的意愿；在"神圣休战"期间，各城邦人民可以自由交往、经商旅行，反映了人民对友谊的崇尚。

（2）尊崇公正、平等、竞争：运动员赛前宣誓"不以不正当的手段取胜"，既是一种社会对人的理想化的规范，也反映了人们对公正、平等、竞争的渴望与崇敬。

（3）追求人体健美：古代奥运会不仅是体能的比赛，也是健美的比赛，它体现了古希腊人对人体健美的追求。

（4）表现"征服意识"，彰显以取胜为目标的追求奋进精神：古代奥运会是古希腊人展示自我、表现自身价值的一种形式，运动员来到赛场，就是要胜过别人，成为冠军。这是一种鼓舞人奋进向上、不断探索和社会进步的可贵动力。

第二节 现代奥林匹克运动

现代奥林匹克运动从 1894 年诞生至今已有百余年的历史，不论从发展规模看，还是从发展水平上看，现代奥林匹克运动都令世人所瞩目。作为一种文化现象，奥林匹克主义以竞技的形式，将不同肤色、不同文化背景的民族紧密联系在一起，对人类的社会活动，乃至对人类的文明产生了深刻的影响，奥林匹克精神也得到了广泛传播。作为一种体育现象，奥运会是人类探索体能极限的最引人入胜的赛场，奥运会纪录、奖牌成为运动员追求的崇高目标，奥林匹克运动已成为参与国家和地区众多，具有巨大吸引力、穿透力和凝聚力的一项全球性活动。

一、现代奥林匹克运动的诞生

古代奥运会于公元 394 年遭到禁止，在沉睡了 1 500 多年之后，于 19 世纪末又重新出现在世界舞台，这便是现代奥林匹克运动。现代奥林匹克运动的出现绝非偶然，其产生有着深刻的时代背景。

三大思想文化运动为奥林匹克运动的复兴奠定了思想基础。14 世纪到 18 世纪，欧洲大陆出现了三次大规模的思想文化运动，即文艺复兴、宗教改革和启蒙运动。这三大思想文化运动迎来的是思想解放、人才辈出和科学繁荣的新时代。此期间，一大批伟大人物积极提出自己先进的理论，反对宗教控制的封建思想，带领社会重新重视身体和精神的统一，认识到一直被宗教封锁的古代奥林匹克运动是丰富的体育遗产，在近代体育思想中应继续发扬和继承它的优良传统，创造新时期体育产物，这些都为现代奥林匹克运动的兴起奠定了思想基础。

19 世纪下半叶，在国际政治经济走向国际化的同时，现代体育的发展也呈现出国际化的发展势头。现代体育向国际化发展是现代奥林匹克运动兴起的另一个时代动因。19 世纪的欧洲，随着科学、文化、教育的发展，各国建立了本国的体育组织，第一批国际体育联合会成立，如 1881 年建立了国际体操联合会，1892 年建立了国际赛艇联合会和国际滑冰联合会。同时，国际体育交流和比赛逐渐增多。古代奥运会遗址的发掘唤起了人们对奥林匹克运动的向往，欧洲许多国家试图恢复古代奥运会的种种尝试都促使了现代奥林匹克运动的诞生。

在这时，一位使奥林匹克运动成为现实的伟大人物——法国教育家皮埃尔·德·顾拜旦，于 1883 年提出举办类似古代奥运会的比赛，并把它扩大到世界范围。1892 年，他遍访欧洲，宣传奥林匹克思想，呼吁复兴奥林匹克运动。同年，在巴黎运动联合会成立 10 周年会议上，他倡议恢复"奥林匹克运动会"。1894 年 1 月，他致函各国的体育组织，建议于同年在巴黎召开国际体育会议。同年 6 月 16—24 日，国际体育大会在巴黎举行，到会代表 79 人，代表着 12 个国家的 49 个体育组织。有 2 000 人参加了开幕式。大会通过了《复兴奥林匹克运动》的决议。6 月 23 日，国际奥林匹克委员会成立，希腊人维凯拉斯出任主席，顾拜旦任秘书长并亲自设计了奥运会的会徽、会旗。国际奥林匹克委员会的成立，标志着现代奥林匹克运动的诞生。

1896 年 4 月 6—15 日，在希腊的雅典举办了第 1 届现代奥林匹克运动会，共有 13 个国家的 295 名运动员参加。

二、现代奥林匹克运动会的内容和形式

奥林匹克运动具有丰富多彩的活动内容与形式，包括奥林匹克运动会、大众体育以及与体育有关的教育、科学和文化等活动。以奥林匹克主义贯穿一系列活动，形成了一个具有鲜明特色的奥林匹克活动体系。在奥林匹克运动众多的内容中，4 年一度的夏季、

冬季奥运会是最重要的活动，也是奥林匹克运动的主旋律。奥林匹克运动会已成为世界上规模最大、水平最高、影响最广的国际性综合运动会。

奥林匹克运动会的活动内容包括竞技运动比赛、奥林匹克仪式、奥林匹克文化节、奥林匹克青年营等。竞技比赛是奥运会的主要内容，所有项目都必须是经国际奥委会承认的；奥林匹克仪式，如圣火传递、开、闭幕式和发奖等，是奥运会的重要组成部分，不仅给奥运会以浓烈的节日气氛，而且升华了奥运会的境界，使其庄严而神圣；奥林匹克文化节是奥运会期间的一个重要文化活动，它使不同国家、民族的文化艺术一同展现在世界人民面前；奥林匹克青年营使来自世界各地的青年，在奥林匹克的旗帜下互相交流、互相学习，借以深刻了解奥林匹克运动的理想。

（一）夏季奥运会

夏季奥运会，简称奥运会，为有别于冬季奥运会而称为夏季奥运会，每4年举办一届。夏季奥运会沿袭古代奥运会旧制，不管运动会举办与否，届次照算。

自1896年在雅典举行第1届现代奥林匹克运动会起，到2020年东京奥运会止，共举办了32届。因两次世界大战，实际只举办了29届。

现代奥运会自产生以来，便得到了迅速发展。第1届奥运会仅有13个国家的295名男运动员参加，当时只有9个比赛项目，42个单项。到2020年第32届奥运会，参加的国家和地区达204个，参赛的男、女运动员超过万人，比赛项目也增加到33个大项，339个小项。这33个大项是：游泳、射箭、田径、羽毛球、篮球、拳击、皮划艇、自行车、马术、击剑、足球、体操、手球、曲棍球、柔道、现代五项、赛艇、帆船、射击、乒乓球、跆拳道、网球、铁人三项、排球、举重、摔跤、高尔夫、七人制橄榄球、滑板、冲浪、攀岩、棒垒球和空手道。

（二）冬季奥运会

冬季奥运会简称冬奥会，是奥林匹克运动会的重要组成部分。

冬季奥运会届数的计算方法与夏季奥运会不同，是按实际举行的次数计算的。1924年1月27—2月5日，在法国夏蒙尼举行了一次冬季运动会。后来，国际奥委会正式确认这次运动会为第1届冬季奥运会，并规定冬季奥运会也是4年举行一届。从1924年至2022年，共举行了24届冬季奥运会，而且运动会的规模越来越大。1924年第1届冬季奥运会只有16个国家和地区的293名运动员参加，比赛项目仅有4个大项，14个小项。而参加2022年第24届冬季奥运会的国家和地区达91个，参赛运动员达2 880名，比赛项目有7个大项，15个分项，109个小项。这7个大项是：滑冰、冬季两项、滑雪、冰球、冰壶、雪车和雪橇。

（三）奥林匹克运动的其他活动

奥林匹克运动的其他重要竞赛活动，包括各大洲的洲际运动会、伤残人奥运会等国际奥委会承认的竞赛活动；大众体育活动主要是每年 6 月 23 日都举办的"奥林匹克日"，旨在促进群众体育活动的开展，扩大奥林匹克的影响；奥林匹克科学、文化教育活动主要包括开办国际奥林匹克学院、建立奥林匹克博物馆、召开奥林匹克科学大会等。另外，还有为表彰一些为发展奥林匹克运动作出贡献的团体或个人而进行的颁奖活动。

三、奥林匹克运动的组织体系

奥林匹克运动自创立以来，之所以能够发展到当今这样的规模，是因为奥林匹克运动有一个结构完备、功能齐全的组织体系，即国际奥委会、国际单项体育联合会和国家奥委会。三个组织构成了奥林匹克运动组织的三大支柱。国际奥委会是奥林匹克运动的领导机构，其任务是按照《奥林匹克宪章》领导奥林匹克运动，根据《奥林匹克宪章》所作出的决定是最终决定。国际奥委会的绝对领导地位是奥林匹克运动顺利发展的保证。国际单项体育联合会由各个国家或地区的单项体育协会组成，其最高权力机构是定期召开的代表大会，在奥林匹克运动中的主要任务是负责其所管辖的运动项目的技术和行政管理方面的工作。国家奥委会是按照《奥林匹克宪章》的规定建立起来，并得到国际奥委会承认的负责在一个国家或地区开展奥林匹克运动的组织，担负着各自国家或地区发展和维护奥林匹克运动的重大任务。

四、奥林匹克运动的思想体系

奥林匹克运动历经百年而愈加蓬勃兴旺，其重要原因之一就是它在发展过程中逐渐形成了以奥林匹克主义为核心的思想体系，使奥林匹克运动有了一个比较坚实的思想基础，也使各种奥林匹克活动有了明确的指导方针。从某种意义上讲，奥林匹克运动的思想体系构成了这一运动的灵魂，这一运动的一切活动都是由奥林匹克思想体系产生出来的，一切特征也都是基于奥林匹克思想体系而逐渐具备的。

奥林匹克运动的思想体系包括奥林匹克主义、奥林匹克精神、奥林匹克理想及其宗旨和格言等，它们都属于一个统一的范畴，包含在《奥林匹克宪章》中。

《奥林匹克宪章》是国际奥委会制定的关于奥林匹克运动的基本原则、规则和附则的法典。它指导奥林匹克运动的组织和运行，并规定了奥林匹克运动会的举办条件。《奥林匹克宪章》对奥林匹克运动存在和发展的最基本的内容，如奥林匹克组织的宗旨、原则、成员资格、机构及其职权范围和奥林匹克各种活动的基本程序都做了明确规定。

（一）奥林匹克主义

1. 奥林匹克主义的概念

奥林匹克主义是奥林匹克运动和奥林匹克运动会的指导思想，是一种增强人的体质、意志并使之全面发展的生活哲学。最初是由现代奥林匹克运动的创始人顾拜旦提出的。现行的《奥林匹克宪章》对奥林匹克主义做了比较全面的表述："奥林匹克主义是将身、心和精神方面的各种品质均衡地结合起来，并使之得到提高的一种人生哲学。它将体育运动与文化和教育融为一体。奥林匹克主义所要建立的生活方式是以奋斗中所体验到的乐趣、优秀榜样的教育价值和对一般伦理基本原则的推崇为基础的。"

体育不仅是一种健身方法，而且是一种反映人类理想的健康的生活方式。奥林匹克主义谋求把体育运动与文化和教育融合起来，创造一种在努力中求欢乐、发挥良好榜样的教育价值并尊重基本公德原则为基础的生活方式。奥林匹克运动是从现代奥林匹克主义中诞生的一种社会运动，其目的是通过组织没有任何歧视和符合奥林匹克精神的体育活动来教育青年，从而为建立一个更加和平和美好的世界作出贡献。

2. 奥林匹克主义的主要内容

（1）奥林匹克主义的中心思想是人的和谐发展：虽然人们对奥林匹克主义的理解各有不同，但有一点是共同的，即强调奥林匹克运动对人的全面发展的重要作用。

（2）体育运动是实现人的和谐发展的重要途径：《奥林匹克宪章》明确指出："奥林匹克主义的宗旨是使体育运动为人的和谐发展服务，以促进建立一个维护人的尊严的、和平的社会。"

（3）体育运动必须与教育、文化相结合：奥林匹克主义所反映的是人类追求身心全面和谐发展的一种理想，同时强调体育运动是实现这种和谐发展的重要途径之一。要达到这一理想，不能单纯地仅仅依靠体育运动，还要将体育运动与教育、科学、文化相结合来影响人的发展。

（4）奥林匹克选手榜样的作用：奥林匹克运动的主要对象是全世界的青少年。奥林匹克主义将树立"良好的榜样"作为一种重要的教育方式，力图给全世界的青少年提供奥林匹克选手——这些活生生的现实中的英雄，让他们去模仿，去学习。通过对奥运选手的学习，取得教育效果。

（二）奥林匹克运动的宗旨

1. 促进世界和平，建立更加美好的世界

《奥林匹克宪章》以明确的语言表述了这一运动的宗旨，即"通过没有任何歧视、具有奥林匹克精神——以友谊、团结和公平精神互相了解的体育活动来教育青年……从而为建立一个和平的更美好的世界作出贡献"。

2. 奥林匹克运动宗旨的重要意义

奥林匹克运动宗旨有以下基本含义：

（1）奥林匹克运动的目标是促进人类社会向真、善、美的方向发展。进入工业社会以来，人类社会在开始大规模、全方位交往的同时也出现了剧烈的国际冲突，再加上人类掌握了毁灭其自身的武器手段，使得今天的社会面临着前所未有的威胁。

（2）当代世界各国面临着诸多要靠共同协作才能应付的问题，如环境、难民、地区冲突、贸易壁垒等。奥林匹克运动试图架设沟通各国人民之间联系的桥梁，增进不同民族、不同文化的人们之间的相互了解，促进世界和平，减少战争的威胁。

（3）奥林匹克运动的宗旨与人类社会正义事业所要达到的目标是一致的，并在一定程度上满足了现代国际社会的需要，对进入现代社会以来的人类有直接的现实意义。奥林匹克运动的宗旨，使它成为世界和平事业的一个重要组成部分，从而确定了它在当代国际社会中的重要地位。

（三）奥林匹克运动精神

1. 奥林匹克精神的概念

奥林匹克精神是奥林匹克运动的实质内容。《奥林匹克宪章》指出，奥林匹克精神就是相互了解、友谊、团结和公平竞争的精神。

奥林匹克运动不仅仅是一项单纯的体育活动，其最高目标是要通过体育活动的手段，把世界上不同国度、不同种族、不同语言、不同宗教信仰的人凝聚在一起，使大家相互交往，增进了解和友谊，进而达到世界团结、和平、进步的目的。

2. 奥林匹克精神的作用

奥林匹克精神是奥林匹克思想体系的重要组成部分，只有遵照奥林匹克精神，奥林匹克主义才能得到很好的贯彻，奥林匹克运动才能实现其促进世界和平与建立美好世界的目标。奥林匹克精神对奥林匹克运动有着重要的指导作用。

（1）奥林匹克精神强调对文化差异的容忍和理解：奥林匹克运动是国际性的运动，它不可避免地面临着世界上文化间的各种差异及由此引发的各种问题。来自世界各国的运动员、教练员、体育官员以及观众有不同的肤色，穿着不同的服装，操着不同的语言，有着不同的生活方式，进行不同的宗教仪式，用不同的行为方式表达自己的喜怒哀乐。这些种族和文化的差异，又常常由于各国间在政治体制、经济制度和意识形态等方面的冲突而强化。从一定意义上讲，4年一度的奥运会将世界上所有的体育文化集中在一个狭小的空间和时间范围内，于是，不同文化之间的差异尤为引人注目。差异就是矛盾，矛盾就可能引发冲突。奥林匹克精神强调相互了解、友谊和团结，就是要形成一种精神氛围。在这种氛围中，人们可以摆脱各自文化带来的偏见，在不同文化的展示中，看到的不是矛盾与冲突，而是人类社会百花齐放、千姿百态的文化图景，从而使文化差异成为促进人们互相交流的动因，而不是各自封闭的藩篱；使矛盾成为互相学习的动力，而不是互相轻视的诱因。也只有在这种氛围中，人们才能打破各自狭窄的眼界，以世界公民的博大胸怀去认识和理解自己民族以外的事物，领悟到各个民族都有着神奇的想象力和巨大的创造力，学会尊敬其他民族，以比较客观和公正的态度去看待别人和自己，虚心地吸取其他文化的优秀成分，不断丰富自己，从而使奥林匹克运动所提倡的国际交流真正得以实现。

（2）奥林匹克精神强调竞技运动的公平与公正：奥林匹克运动以竞技运动为其主要活动内容。竞技运动最本质的特征就是比赛与对抗。在直接而剧烈的身体对抗和比赛中，运动员的身体、心理和道德得到了良好的锻炼与培养，观众也得到了感官上的娱乐享受和潜移默化的教育。但是，竞技体育的教育功能和文化娱乐功能的基本前提是公平竞争。只有建立在公平竞争基础上的竞争才有意义，各国运动员才能保持和加强团结、友谊的关系，奥林匹克运动才能实现其神圣目标。正如美国著名黑人田径运动员杰西·欧文斯所说："在体育运动中，人们学到的不仅仅是比赛，还有尊重他人、生活伦理、如何度过自己的一生以及如何对待自己的同类。"

（四）奥林匹克格言

1."更快、更高、更强——更团结"

奥林匹克运动有一句著名的格言："更快、更高、更强"，这也是奥林匹克运动的口号。这一格言原是顾拜旦的好友、巴黎阿奎埃尔修道院院长亨利·迪东（Henri Didon）在他的学生举行的一次户外运动会后，鼓励学生们时说过的一句话。他说："在这里，你们的口号是：更快、更高、更强。"

后来，顾拜旦将这句话借用过来用于奥林匹克运动。1920年，国际奥委会将其正式确认为奥林匹克格言。2021年7月20日，在日本东京召开的国际奥委会第138次全会将奥林匹克格言更新为"更快、更高、更强——更团结"。其充分表达了奥林匹克运动所倡导的不断进取、永不满足、团结奋进的精神，鼓励人们在自己的生活和工作中应不甘于平庸，要朝气蓬勃，永远进取，超越自我，团结协作，将自己的潜能发挥到极致。

2."参与比取胜更重要"

"参与比取胜更重要"是奥林匹克运动广泛流传的名言，是奥林匹克运动的信念。竞技运动的训练和比赛是一个过程。胜负作为这个过程的结果，只属于更快、更高、更强者。但是，竞技运动的功能和价值主要表现在训练和比赛的过程中，而不是它的结果。正是在艰苦的训练和顽强的比赛过程中，运动员的身体得到锻炼，意志得到磨砺，品德得到提高。也正是在比赛的过程中，观众欣赏到了运动员健与力的美、技术与战术的高妙。观众的心绪随着比赛过程的起伏而跌宕，从而满足了他们的精神需要。所谓"重要的是参与，而不是取胜"正说明了训练、竞赛过程比其结果更为重要这个道理。正因为如此，在奥林匹克大赛上才有无数明知取胜希望渺茫，仍尽全力一拼的勇士，才有在竞技场上一辈子也得不到冠军的健儿们抛下的成吨汗水。这些人之所以不是明星们的陪衬，不是给稀有金牌垫底的分母，正是因为"重要的是参与，而不是取胜"，他们在"参与"的过程中已经充分体现了自己的价值。

（五）奥林匹克标志

奥林匹克标志是由《奥林匹克宪章》确定的，也被称为奥运五环标志。它由蓝、黄、黑、绿、红5种颜色的5个奥林匹克环套接组成，环从左到右互相套接，上面是蓝、黑、红环，下面是黄、绿环，整个造型为一个底部小的规则梯形。奥林匹克标志象征五大洲和全世界的运动员在奥运会上相聚一堂，充分体现了奥林匹克主义的内容：

"所有国家、所有民族"的"奥林匹克大家庭"主题。

（六）奥林匹克徽记

奥林匹克徽记是由奥林匹克标志加上其他特殊部分组成的图样，必须经过国际奥委会执委会的批准。最多见的奥林匹克徽记为各国奥委会的会徽和各届奥运会的会标以及历届奥林匹克代表大会和国际奥委会全会的会标。奥运会会徽是奥运会最具权威性的形象标志。

《奥林匹克宪章》规定，各主办国设计的会徽，未经奥运会组委会同意，不得用于广告和商业服务。这一规定保证了奥运会会徽的严肃性和权威性。自1896年雅典奥运会以来，历届奥运会均有会徽设计。

北京2008年奥运会会徽为"中国印·舞动的北京"。它具有如下特点：

（1）会徽设计将中国特色、北京特点和奥林匹克运动元素巧妙结合："中国印·舞动的北京"以印章作为主体表现形式，将中国传统的印章和书法等艺术形式与运动特征结合起来，经过艺术手法夸张变形，巧妙地幻化成一个向前奔跑、舞动着迎接胜利的运动人形。人的造型同时形似现代"京"字的神韵，蕴涵浓重的中国韵味。

（2）会徽的字体设计采用了中国毛笔字书写的风格，设计独特。

（3）会徽总体结构与独立结构比例协调：经过专家反复推敲、修改，"中国印·舞动的北京"主体、"Beijing2008"和奥运五环三部分之间在布局以及比例关系方面已近完美。与此同时，每一部分独立使用时依然比例合理，不失协调。

（七）奥运会会旗

奥运会会旗是1913年在顾拜旦建议下确定的，并在1914年巴黎奥林匹克代表大会上为庆祝国际奥委会成立20周年而首次升起。会旗的图案是在白色无边的绸布上绣上奥林匹克五环，旗为长方形，环的颜色由左到右为蓝、黄、黑、绿、红。1920年安特卫普奥运会结束后，比利时国家奥委会将大会使用的那面旗赠送给了国际奥委会。这面旗就成了国际奥委会的正式会旗。从此以后，历届奥运会都有会旗交接仪式，但使用的是一面代用品，图案一样，只是规格要大一些。

（八）奥林匹克会歌

奥林匹克会歌是由希腊著名作曲家萨马拉斯于1896年创作的。原是献给第一届奥运会的赞歌，后由希腊诗人帕拉马斯配词而成《奥林匹克颂歌》。1958年，国际奥委会在东京举行的第55届全会上，正式决定将雅典奥运会演奏的赞歌作为奥林匹克会歌。

第三章 体育产业

第一节 体育产业发展概况

一、体育产业的概念

关于体育产业的概念问题,国内外尚无统一的界定。西方经济发达国家体育产业发展起步早,对体育产业概念的界定相对宽泛,体育产业的统计方法与我国也不尽相同。大多数国家都认为,体育产业是为国民经济提供体育产品或服务的组织和部门的总称,即不仅包括提供体育物质产品的部门,也包括提供体育服务产品的部门。

(一)广义的体育产业

广义的体育产业与固守传统经济理论的观点不同,部分学者基于我国当前体育产业不断发展与变化的现实,从理论规范的角度出发,特别是从体育产业统计的现实出发,结合国内外体育产业实践与理论研究成果,将体育产业定义为:为社会公众提供体育服务和产品的活动,以及与这些活动有关联的活动的集合。

(二)狭义的体育产业

无论是体育产业理论体系构建,还是体育产业实践,我国的体育产业都还处于比较初级的阶段。随着我国体育产业的发展,尤其是体育产业理论研究的深入,许多学者从传统经济学理论出发,依据国际广泛采用的三次产业分类法,认为体育属于第三产业,因而体育产业的基本内容只能限定在第三产业所包括的范围中,将体育产业界定为向社会提供各种体育劳务的有关部门。

二、体育产业的形成与发展

产业是伴随社会分工产生并发展起来的。人类社会的三次大分工,相应地形成了农业、畜牧业、手工业和商业等产业部门。18世纪下半叶发生在英国的产业革命,以蒸汽机、纺织机等为先导的产业技术终于使延续了几千年的以农业、畜牧业为主的产业系统发生了彻底改变,现代化工业代替了工场手工业,机械动力代替了自然动力,整个社会的主导产业结构进行了一次重建。

产业革命引起了产业结构的变化,人们的产业观念也随之发生了实质性改变,即近代先进的产业观念逐步植根于人们的意识中。在第一次产业革命后,"工业"和"产业"的概念也逐渐模糊起来,正如英语中的"industry"同指"工业"和"产业"一样,成为当时资本主义大机器、大工业生产的代名词。

19世纪以后,人类社会又经历了第二次、第三次技术革命,都曾引起大规模的产业革命。尤其是当代新技术革命的影响更为深远,许多崭新的产业部门逐渐形成,改变着传统产业的结构,也使人们的产业观念再次发生根本性变化。当代产业的含义已经从"产业是以生产物质资料为主导经济特征的物质生产部门"扩展到"为生产和生活服务,并以信息、知识和精神为特征的一切生产部门"。因此,"industry"一词在当代,不仅指工业,而且指国民经济的各行各业。从部门到行业,从生产到流通、服务,以至文化教育、体育等都可称为"产业"。可见,现代产业概念的内涵,是社会经济发展在人们观念上的反映,是随着社会经济的不断发展而日益丰富和变化的。

体育作为一种社会现象,起源于人类的劳动。在生产力水平低下的时代,体育作为提高生存技能、娱乐消遣的一种手段,被统治阶级所占有。随着科学技术的迅猛发展,特别是第一次产业革命以后,机器大工业生产向劳动者提出了更高的要求,包括对劳动者的身体健康水平也提出了更高的要求,即在培养能够掌握科学知识和生产技能新的劳动者的同时,需要劳动者的体格更加健壮、身体更加健康。现代社会,体育在社会再生产中的作用发生了质的变化,体育作为产业的地位也逐步得到了确立。当前,世界各国在处理国民经济各行业关系时,都把体育作为一种产业来对待。世界银行在统计分析中采用的三次产业分类法(AIS法)就把体育归属为第三产业。在我国国家统计局1985年公布的《国民生产总值计算方案》中,正式采用了三次产业的分类方法,体育事业被列入第三产业中的第三层次,即"为提高科学文化水平和居民素质服务的部门"。1992年6月颁布的《关于加快发展第三产业的决定》中,再次明确地把体育列为第三产业。

三、国外体育产业发展现状

体育作为一项产业运作,在市场经济发达国家已有多年的历史。在过去的几十年中,随着经济的发展,体育活动规模逐步扩大,体育资金需求日益膨胀,体育经济功能不断开发,体育产业呈现出快速化、国际化的发展趋势。现在,体育产业已经成为一些国家国民经济的主要产业部门之一,在有些国家甚至成为国民经济的支柱产业。

跨入21世纪,全球体育产业的总产值高达4 000多亿美元,并以平均每年20%的速度增长。澳大利亚、加拿大、日本、英国、德国、法国和意大利等发达国家的体育产业,总产值约占国内生产总值(GDP)的1%~1.5%。美国是世界上体育产业最为发达的国家。相关资料显示,美国1999年体育产业产值就达到了2 130亿美元,在国民经济各行业中仅次于地产业、零售贸易业、健康福利业、银行业和交通业。英国是世界上最早形成体育产业的国家,目前已建立起相当完善的体育产业体系,体育产业产值占英国国内生产总值（GDP）的 1.7% 左右，并以每年 6% 的速度增长。体育产业已成为英国国民经济发展的重要支柱产业之一。足球产业是意大利体育产业中最重要的支柱产业，政府财政收入的 1.5% 直接来自足球彩票的收入。日本体育产业伴随战后经济重建而快速发展，是亚洲体育产业最发达的国家之一。日本体育产业的年平均增长率为 3.25%，大大高于其经济年平均 0.43% 的增长率。体育产业也被日本政府确定为 21 世纪的十大产业之一。

当前，随着世界经济一体化进程的加快以及人们收入水平的不断提高，大众日益增长的体育需求正积极转化为体育消费行为，这为体育产业的进一步发展提供了更为广阔的空间。

四、我国体育产业发展现状

改革开放以来，随着我国经济和社会事业的蓬勃发展，体育产业也获得了迅猛的发展。体育产业规模不断扩大，领域不断拓展，市场体系逐步形成，对经济增长和社会发展的作用也越来越显著。

（一）体育产业规模不断扩大

从 20 世纪 80 年代开始，我国体育产业经历了体委系统利用空闲场地设施和富余人员开展"以体为主，多种经营"活动，到"体育搭台、经贸唱戏"，再到利用区域优势、体育人才和技术优势，积极组织大型国际体育比赛、发行体育彩票、开发第三产业的体育经济功能的"本体推进，全面发展"等三个阶段，其发展规模不断扩大。2014 年 10 月 20 日，国务院下发了《关于加快发展体育产业促进体育消费的若干意见》（国发〔2014〕46 号），提出 2025 年全国体育产业总规模将超过 5 万亿元，成为推动经济社会持续发展的重要力量。据国家统计局、国家体育总局发布的 2019 年全国体育产业总规模与增加值数据显示，经核算，2019 年，全国体育产业总规模（总产出）为 29 483 亿元，增加值 11 248 亿元。从名义增长看，总产出比 2018 年增长 10.9%，增加值增长 11.6%。

（二）体育产业领域不断拓展

20 世纪 90 年代初，我国体育产业主要是以体育用品生产为主，体育竞赛表演、体育健身娱乐等体育服务业发展缓慢。进入 21 世纪，体育产业逐步形成了以体育健身娱乐业和体育竞赛表演业为先导，体育中介服务、体育场馆服务、体育培训齐头并进，并带动体育信息传播、体育广告和体育用品制造等相关产业快速发展的局面，实现了我国体育产业发展重心由体育多种经营向发展体育服务业的转移，体育产业领域不断拓展。

（三）体育市场体系初步形成

近 20 年来，随着世界范围内体育职业化和商业化的快速发展，许多体育赛事日益成为人们关注的热点。具有中国特色的足球、篮球、排球、乒乓球四大职业联赛已呈现出一定的规模，体育竞赛表演市场稳定发展。2010年，我国居民人均GDP超过了4 000美元，随着人们生活水平的提高和"花钱买健康"观念的深入，体育健身和娱乐消费成为大众消费的热点，也成为我国体育健身娱乐市场爆发式发展的内在动力。另据中国体育科学学会体育产业学会测算数据显示，2011年，中国体育用品、服装鞋帽制造总产出为5 627.43亿元。此外，与体育产业各部门发展相关的其他各类市场也逐步形成和发展，如体育国际贸易、体育无形资产开发、体育人才交流、体育科技开发和体育投资融资市场等，成为我国体育市场体系的重要组成部分。

（四）体育产业政策日益完善

1986年，原国家体委发布了《关于体育体制改革的决定》，明确提出体育场馆等要"实行多种经营，由行政管理型向经营管理型过渡"，旨在扩大服务范围，增收节支。1992年，《中共中央国务院关于加快发展第三产业的决定》中将体育列入第三产业中的第三层次，这一规定明确了体育的产业属性。1995年，原国家体委颁布的《体育产业发展纲要（1995—2010）》进一步明确了体育的产业性质和经济属性，提出了我国体育产业的发展目标和政策措施。2010年，国务院办公厅颁布了《关于加快发展体育产业的指导意见》，从国家层面上明确地提出了加快发展体育产业的各项政策，包括加大政府投入力度、完善金融扶持政策和税费支持政策，落实土地保障政策以及组织实施激励政策等，这标志着国家发展体育产业的基本思路进一步丰富，为我国体育产业的发展提供了政策依据和保障。2014年10月20日，国务院印发的《关于加快体育产业促进体育消费的若干意见》，部署积极扩大体育产品和服务供给，推动体育产业成为经济转型升级的重要力量，促进群众体育与竞技体育全面发展，加快体育强国建设，不断满足人民群众日益增长的体育需求。《意见》的出台，标志着体育产业已上升到国家战略层面，中国体育产业发展到了一个新的转折点。

近年来，我国体育产业虽然取得了较好的发展，但从总体看，体育产业规模还比较小，在国民经济中所占比例还比较小；体育产业结构不尽合理，体育服务业在体育产业中的比例较低，区域发展不够平衡；体育市场尚不成熟，产品有效供给不足，消费观念有待引导，市场监管有待加强；高素质的体育产业人才匮乏。

第二节　福建省体育产业发展现状

近年来，福建省积极贯彻落实国务院《关于加快发展体育产业促进体育消费的若干意见》，福建省委、省政府高度重视体育产业发展，出台了系列扶持体育产业发展的政策措施，2015年8月，福建省政府出台《关于加快体育产业发展促进体育消费十条措施的通知》指出，福建力争2025年体育产业总规模达1万亿元。这意味着，福建体育产业发展将进入一个新的黄金期。据福建省统计局公布：2017年、2018年福建省体育产业总产值分别达到3 801亿元、4 295亿元，比上年分别增长13.7%、13%，增加值分别达到1 324亿元、1 496亿元，其中2018年福建体育产业增加值为同期福建省GDP比重的4.17%，福建体育产业总产出和体育产业增加值均排全国首位。目前，福建省已形成了以体育用品业为支柱，体育场馆为依托，体育健身、竞赛表演、体育旅游、体育中介和培训市场初步发展的结构体系，体育产业逐渐成为福建省国民经济新的增长点。

一、目前福建省体育产业发展的特点

（一）体育用品业形成产业链，品牌效应日益凸显

2017年福建省体育制造业实现增加值1 084亿元，特别是泉州市拥有众多体育用品"国字号"品牌，如安踏、特步、匹克、361°、乔丹、舒华等，体育上市公司21家，截至2018年底，仅泉州市体育用品生产企业就超过4 000家，规上企业实现产值约3 050亿元，占全市规上工业总产值的18.4%。这其中最亮眼的当属安踏，据安踏财报显示：2019年安踏体育营收339.3亿元增长40.8%，连续两年增速超过40%；营业利润86.9亿元，增长52.5%；公司净利润创新高为53.4亿元，增长30.3%，连续三年增长30%以上。品牌效应日益凸显。

（二）体育健身服务方兴未艾，健身消费渐成时尚

2016年福建省体育服务业总产出达100亿元，同比增长13.6%，2017年更是比上年增长超过20%。目前，福建省体育健身消费进一步大众化，消费形式也由不定期的尝试性消费向有规律的习惯性消费方式转变。全民健身活动丰富多彩，群众体育组织基本健全，老体协、农体协已覆盖社区和行政村。全省人均体育场地面积由2010年的1.43平方米/人升至2019年的2.17平方米/人，增长了51.7%。全省经常参加体育锻炼的人数比例达到39.3%，城乡居民达到《国民体质测定标准》合格以上的人数比例为90.1%。

（三）体育竞赛表演日趋活跃，品牌赛事初具规模

近几年，福建省每年举办有影响的赛事超过百项，以"赛"育"市"，以"市"促"赛"的产业发展机制有力促进了福建体育竞赛表演业发展，并带动文化、娱乐、旅游等相关行业发展，体现了体育产业的经济拉动效应和产业辐射效应。其中，厦门的国际马拉松赛已成国际田联品牌赛事，海峡两岸OP帆船比赛、观音山世界沙滩排球巡回赛也影响广泛。福州的世界沙排巡回赛、环福州—永泰国际公路自行车赛、中华龙舟大赛品牌效益日益凸显。漳州东山帆船帆板比赛、泉州的中国男子篮球职业联赛、国际网联女子巡回赛，南平武夷山国际轮滑比赛、山地自行车比赛，三明泰宁户外山地运动比

赛、平潭国际风筝节等均独具特色，可以说，福建省已初步形成了由职业联赛、商业性邀请赛、民族传统体育赛事等组成的品牌竞赛表演市场。

2015年10月，第一届全国青年运动会在福州顺利举行，为福建省在赛事运营与管理方面储备了不少人才，也为福建省赛事表演业的发展奠定了坚实的基础，将更加推动体育产业的发展。《关于加快体育产业发展促进体育消费十条措施的通知》提出每年安排不少于3 000万元重点培育扶持形成5个以上国际品牌赛事、10个以上国内品牌赛事。

（四）体育场馆设施日益普及，为体育产业发展奠定基础

近几年，依托福建省经济的稳健发展，各级政府积极筹措资金不断加大体育事业的投入，扩展投融资渠道，把体育场地设施纳入城乡建设总体规划，群众体育场地和设施得到逐步完善，有效缓解了体育训练及体育健身娱乐场馆服务供应不足的矛盾。过去的几年，体育设施建设取得重大进展，新建了马江基地二期工程、福建省青少年体育学校新校区、省体彩综合楼、长乐滨海体育中心一期、东山帆船帆板基地扩建等项目。福州海峡奥林匹克体育中心和厦门海沧体育中心竣工并已投入使用。晋安、长乐、沙县、大田、将乐、漳平等县市区体育中心也相继落成。大批全民健身场地和设施的建成和使用，大幅增加了体育健身器材和体育人才的需求，扩大了体育产业生产和经营，为体育产业的发展奠定了基础。

各地通过多种形式完善群众身边体育设施，新建了一批健身步道、自行车绿道、体育公园。各市、区相继成立了"社会体育指导员协会"，街道乡镇级以上成立了各类民间体育组织；投入体彩公益金，完成城市社区多功能运动场、社区室内健身房和拆装式游泳池建设，此外，福建省还积极推动学校体育场馆的免费开放和公共体育场馆免费或低收费开放等。

（五）体育与旅游融合，为体育产业发展带来新契机

将体育植入旅游，以旅游带动体育，形成体育旅游共生体与产业联合体，推动产业融合发展，成为拉动经济增长、推动经济转型的"新引擎"。体育旅游已成为新的消费热点，目前在福建省体育与旅游的融合发展趋势愈发明显，借助福建丰富的旅游资源，开展了翼伞、登山、蹦极、攀岩、探险、自行车、汽车、划水、划船、垂钓、冲浪、漂流等体育旅游活动。以重大体育赛事观光为龙头，大众休闲健身、康体温泉疗养、山地拓展训练和地方传统体育为基础的体育旅游产品体系为福建体育产业带来了新的需求市场。

二、福建省发展体育产业的经验

（一）加强政策引导

《福建省国民经济和社会发展第十三个五年规划纲要》中明确提出：加强便捷适用

的城乡公共健身设施建设，加快学校和企事业体育设施向社会开放。培育引进国际国内品牌赛事，鼓励举办具有地域特色的体育赛事活动，广泛开展群众喜闻乐见的运动项目，实现"一市一品牌、一县一赛事"。提高竞技体育水平。加强社会体育指导员队伍能力建设和工作保障，提高全民健身志愿服务水平。支持开展老年人和残疾人体育健身活动。落实校园足球规划。推动体育与相关产业融合发展，促进体育消费，做大做强体育产业。

为贯彻落实国务院《关于加快发展体育产业促进体育消费的若干意见》，更好地推动福建省体育产业发展，省政府出台了《关于加快发展体育产业的实施意见》（闽政〔2011〕19号）、《关于加快体育产业转型升级　促进体育消费十条措施的通知》（闽政〔2015〕40号）。省体育局会同省财政厅制定了《福建省体育产业专项资金管理办法》《福建省体育竞赛表演业项目资助扶持办法》《福建省新建体育场馆资金补助管理办法》《福建省体育产业指导目录》，配合省物价局制定了《福建省公共体育设施收费管理办法》。

为贯彻落实省政府《关于加快发展体育产业的实施意见》，根据《海峡西岸经济区发展规划》的总体部署，构建"四大体育产业功能带"（简称"四带"）和"十大体育产业功能集聚区"（简称"十基地"）的体育产业发展战略布局。"四带"即：以福州为中心，莆田、宁德为依托的大众健身与运动竞赛产业带；以厦门为中心，泉州、漳州为依托的滨海运动休闲产业带；以泉州为中心，晋江、石狮为中枢的体育用品制造产业带；以南平、三明、龙岩为中心，以品牌旅游资源为依托的山水生态运动休闲旅游产业带。"十基地"即：福州海峡奥林匹克中心区、厦门"乐活"国际体育生态岛、闽南现代体育装备制造业基地、晋江滨海运动休闲产业带、平潭滨海运动休闲度假岛、漳州海峡西岸国家级体育训练基地、莆田体育文化产业园、宁德山水运动休闲基地、武夷山国际运动休闲旅游基地、龙岩和三明田园生态运动休闲基地。2015年7月，根据国家发改委和国家体育总局工作部署，福建省厦门市和泉州市成功被列为国家体育产业联系点城市。

（二）加强招商引资

积极实施项目带动战略，加强体育产业招商引资和投融资工作，建立了体育产业投资项目数据库。近年来，借助"9·8"中国国际投资贸易洽谈会的平台，积极招商引资。两年来，面向社会广泛征求体育产业投资项目，后经策划，对相对成熟的体育产业重点项目进行宣传推介。2015年5月，在福州成功举办第33届中国国际体育用品博览会，吸引了1 124家企业参展，参展品牌数量超过2 000个，展厅面积达12万平方米，12万多人次到场观看，创造了历届体博会之最。2016年第34届中国国际体育用品博览会在福州继续举办。

（三）加强资金扶持

为进一步加强体育产业可持续发展的基础，福建省对于体育设施建设加大了资金投入。为迎接 2015 年全国青运会，省发改委和省体育局积极推进福建长乐滨海体育中心一期工程和国家及福建省帆船帆板东山训练基地二期工程，分别安排省级预算 5 200 万元和 1 000 万元用于项目建设。2014 全年，福建省重点项目建设中体育设施项目 5 个，年度计划投资 17.7 亿元，总投资 57.6 亿元；体育产业项目 5 个，年度计划投资 3.7 亿元，总投资 33.9 亿元。从 2017 年开始，福建省每年投入全省体育彩票销售总额的 1%用于体育场地设施建设，同时积极争取中央集中彩票公益金转移支付地方支持全民健身设施建设项目。

三、福建省体育产业发展的瓶颈

（一）体育制造业发展水平不高

福建省制造业以服装鞋帽制造为主，产品结构单一，缺少高附加值的高端装备制造企业；行业在研发经费投入和科技创新（发明专利等）与世界知名企业有较大差距，如 2017 年安踏研发投入占比为 5.7%，耐克基本在 10% 以上；2017 年安踏专利数取得历史上最高，大约 150 项，而耐克每年基本保持在 500 项以上，核心竞争力明显不足。

（二）体育服务业发展尚未形成规模

服务业的快速发展及其结构调整升级，需要依赖知识、创新、信息、管理、品牌等新型要素或无形资产，以及高素质人力资源，实现服务内容拓展、服务方式创新和服务效率提升。一方面，目前福建体育服务业发展仍然较多地依赖传统要素的投入，创新投入水平依然不高，尤其在商业模式、服务方式、品牌建设等方面的创新投入不多；另一方面，体育服务业发展所依赖的场地以及高素质人力资源等要素也面临巨大的供给缺口。此外，体育市场中介机构尚不健全、数量少、规模小、发展不规范的状况始终未得到根本改善，体育中介组织远远不能满足体育市场深度发展的需要，体育市场主体还不成熟，权责明确的场馆管理与经营体制还需改革，严重缺乏经营高水平体育竞赛表演业的专业意识和专业手段，没有形成自己的知名竞赛品牌，体育产业"一强多弱"的特点延续存在。

（三）特色体育开发不足

虽然体育设施的投入增加了，但群众体育并未得到全面普及，体育设施利用率较低，地区、城乡之间发展不平衡。一方面，体育与文化、体育与旅游、体育与科技整体融合发展有待提高。突出表现在体育旅游的开发较为零散，没有形成合理的体育旅游资源开发规划，尚未形成气候，高质量的体育旅游产品不多、特色不突出。许多体育休闲、健身、旅游项目没有被系统地组织起来举办更为大型的体育旅游活动，在全国还没有叫得响的体育旅游项目。另一方面，丰富多彩、群众喜闻乐见、地域特征和人文价值并重的全民健身特色项目不多，尚没有以某个特色项目带动地区全民健身活动的持续开展，形成"以点带面，全面推进"的全民健身新格局的典型案例。

（四）产业政策有待进一步完善

福建省体育产业政策文件与其他产业（如文化业、旅游业）相比，处在政策文件晚、配套文件尚待完善的阶段。虽然福建省近年出台了支持体育产业发展的意见和文件，但大部分都是针对整个产业，对产业的分支，特别是本体产业（如竞赛表演、体育服务业）仍未出台完善的引导政策。如健身休闲服务企业在运营中仍未得到产业政策的充分支持，尤其在税收方面的优惠有待于进一步加强。同时省内缺乏高素质体育经营管理人才，在体育经纪、体育营销和体育培训等人才培养方面也缺乏专门可操作性的文件。产业立法和执法的重要性未引起高度重视，产业相关政策亟待进一步完善。

四、"十四五"时期，福建省体育产业的机遇和挑战

"十四五"时期是体育工作全面深化改革、推进事业发展的重要战略机遇期，同时，也面临着诸多矛盾叠加的严峻挑战。一方面，我国经济社会进一步发展，人民群众生活水平进一步提高，将促进体育多元化需求持续增加，为体育事业打开更为广阔的发展空间。党中央高度重视体育工作，体育事业已成为中华民族伟大复兴的重要标志之一。在2014年中央经济工作会议上，体育被列为6个新增的消费领域之一，体育产业完全有潜力成为推动经济社会持续发展的重要力量。人民群众对体育重要性的认识持续提升，越来越多的人意识到，科学合理的体育运动可以改变不良习惯，提高生活质量，缓解精神压力，促进心理健康；积极进取、公平正义、规则至上、团结友爱的体育精神，更可以成为塑造健康人格的重要力量，有效提高人的社会适应能力。"十三五"规划纲要提出推进"健康中国"建设，进一步体现了党中央对提高人民健康水平和体育事业的重视。全民健身上升为国家战略，为体育工作提出了新的更高要求，也给当前的体育工作注入了新的动力。国家筹办2022年冬奥会，也将进一步提升体育的影响力。

另一方面，我国经济发展步入新常态，对体育与经济社会的协调发展提出了新的要求，体育也将随之进入一个开放程度更高、改革任务更重、发展难度更大的改革攻坚期和创新驱动期。"十四五"时期福建省经济发展压力很大，经济结构调整和产业结构升级的要求更加迫切，稳增长、调结构、转方式、促改革、保民生的改革与发展任务叠加交织，对体育产业在推动经济转型升级方面的期待进一步增高。以大数据、物联网、云计算等为代表的新一代信息技术，也将极大地改变体育的发展和运行方式，市场和科技将成为推动体育改革和发展的重要力量，同时也将进一步推动现行体育管理体制和运行机制作出适应性调整。

五、"十四五"时期对福建省体育产业发展的建议

当前,福建省体育产业工作的当务之急是贯彻落实好省政府的"十条"措施。

一是要营造加快体育产业发展的良好环境。各部门要统筹协调,切实把加快发展体育产业、促进体育消费工作摆上重要位置,明确思路,研究对策,加强协调配合,形成整体合力。宣传部门要通过各种方式,广泛宣传,引导人民群众培养健康生活方式和体育消费习惯,营造健身消费环境。同时,各地要强化政策解读,使广大体育产业从业者、体育消费者知晓体育产业相关政策。

二是完善体育产业相关管理制度及时跟进配套政策。按照国务院文件和《十条措施》提出的体育产业发展目标任务,抓好政策落地,用足用好各项扶持政策,最大限度发挥政策的引导、激励和杠杆作用。① 制定政策实施细则。如《福建省体育产业基地认定管理办法》《福建省县(市、区)新建体育场馆建设项目省级以奖代补资金管理办法》《福建省中型公共体育场馆对外免费和低收费开放补助办法》《体育领域高层次人才评价认定标准》《福建省体育旅游示范基地管理办法》《福建省体育旅游示范基地认定办法及标准研制》等规章制度,推动政策尽早落地。② 推动市县出台相关政策。抓紧督导工作,推动各市、县、区政府及时出台具体实施意见。③ 引导地方先行先试。发挥泉州、厦门国家体育产业联系点城市和晋江国家体育产业基地的引导示范作用,创造出可复制的经验和模式在全省推广。

三是培育健身消费市场,开拓体育用品市场渠道。利用广播电视、平面媒体、互联网、移动互联网等新兴媒体,广泛持久地宣传科学健身的知识和方法,推介各类体育健身场所和消费信息,增强公众的体育健身意识,培育公众体育消费的观念,养成消费习惯。加强全民健身信息化建设,建设包含科学健身指导网络、全民健身设施电子地图及体育场馆设施开放运营信息在内的"全民健身信息服务综合平台"。支持大型体育场馆以及以开展体育健身服务为目的的全民健身中心的开发利用,利用闲置设施改扩建体育健身场所,促进青少年体育和业余训练等开展的体育培训项目,促进体育健身产业发展的中介服务平台类项目。倡导"健康储蓄"理念,不断创新体育惠民服务平台。支持体育用品产业借助第三方电子商务平台进一步开拓国内外市场;支持体育企业积极参加境内外体育用品展会和博览会,推动福建省体育产品制造业做大做强。

四是鼓励支持社会力量进军体育产业。福建作为全国体育产业发展较快、较具活力的地区之一,要充分利用福建体育用品企业众多的优势,出台鼓励社会力量投资体育产业的实施意见,放宽市场准入,从土地、规划、建设、奖励和补助等方面扶持社会力量兴办体育产业。支持有实力的体育企业成立体育产业集团,发挥省、市级体育产业引导资金资助作用,重点支持"专、精、特、新"中小体育企业发展。大力推进体育赛事运营的"管办分离",对于适合进行市场化运作的体育赛事活动,由以政府主办的形式逐步转变为由社团、企业承办,政府补助的形式,将适合市场化运营的赛事运营权、冠名权、赞助权等核心资源,逐步交给市场与社会主体进行开发。

第四章
运动与健康

第一节 健康概述

一、健康新概念

健康的概念是随着社会、科学和文化的发展而变化着的。早在 20 世纪 30 年代，美国健康教育学家鲍尔就对健康提出过比较完善的论述："健康是人们在身体、心情和精神方面都自觉良好、活力充沛的一种状态。其基础在于机体一切器官组织功能正常，并掌握和实行适应物质精神环境和健康生活的科学规律。"1948 年，世界卫生组织（WHO）指出："健康不仅是免于疾病和衰弱，而是保持身体上、精神上和社会适应方面的完美状态。"1978 年，世界卫生组织召开了国际卫生保健大会，通过了著名的《阿拉木图宣言》。《阿拉木图宣言》重申了健康的概念："健康不仅是疾病和体弱的匿迹，而是身心健康和社会幸福的完美状态。"1989 年，世界卫生组织又将健康重新定义为"心理健康、身体健康、道德健康和社会适应良好"。

二、健康的内涵

自 1948 年世界卫生组织提出"三维"健康观后，几十年来，人们对健康内涵的理解不断深化，改变了健康的唯生物医学含义，把对健康的认识拓宽到生理、心理和社会学领域，甚至还涉及道德与生殖健康等内容。

（一）生理健康

早期医学对疾病和健康的看法，更多的是强调自然界对人体生理和病理的影响。尽管最初的医学曾全力以赴研究由自然因素引起的健康受损，但仍无法对生理性疾病进行有效控制。直至 20 世纪中叶，防治生理性疾病始终是医学界最重要的任务之一。

（二）心理健康

随着诊断学的发展，医学专家发现，有 50%～70% 的人都有心理异常表现，这些人尽管未达到求助医生诊治的程度，但一旦环境稍有变化或精神受到某种刺激，健康就会受到威胁。特别当发现利用许多医学常规手段无法解决由精神引发的疾病时，医学研究开始根据人的社会属性又提出了生物—心理—社会医学模式，从而把社会环境引起的心理活动也包括在健康诊断之中。

（三）社会适应

社会适应对健康的影响是综合性的，主要来自社会环境因素，具体包括社会为人类日常生活提供的衣食住行等物质条件，也包括社会制度、文化传统、经济发展及与之有关的其他因素。人们为适应社会环境，必须要学会选择适合自我的价值观，并有效建立起能促进个人发展的社会关系，以便能够按社会运行法则处理好个人和社会条件之间的矛盾。

（四）道德健康

道德健康是人的一种"本质力量"，通常是指处在一定社会环境的人在互相交往时要遵守一定的社会规范和行为准则。它着重于健康的维护和促进。个人道德健康不仅要对自己的健康负责，也要对他人的健康负责。

（五）生殖健康

世界卫生组织把生殖健康定义为：人类在整个生命过程中，所涉及与生殖有关的一切活动，均应在生理、心理和社会适应诸方面处于良好的健康状态。生殖健康除了需要建立正确的性观念、避免婚前性行为和未婚先孕、人工流产以及做好性病与艾滋病的防治工作外，还涉及避孕节育、妇产科疾患、不孕不育、男性科疾患和夫妻性生活指导等性保健知识的教育。

三、健康的影响因素

人体的健康受多种因素的影响，这些因素互相渗透、互相制约、互相作用。这些因素归纳起来主要有两方面：先天因素和后天因素。

（一）先天因素

影响人体健康的先天因素是遗传。遗传是指自然界多种生物通过一定的生殖方式，将遗传物质从上代传给下代的一种生物现象。人类遗传学告诉我们，人体细胞内所含染色体 DNA（脱氧核糖核酸）是遗传物质的基础，有遗传意义的 DNA 称为基因。人体的遗传正是这些遗传基因不断地向后代传递的结果。目前已经发现了 5 000 多种遗传病。随着科学技术的发展，各基因功能将进一步被揭示，遗传病是可以治愈的。

（二）后天因素

影响人体健康的后天因素有很多，主要是以下 5 种：

1. 生活方式

生活方式是指人们的"衣、食、住、行"以及工作、生活、娱乐、社交等活动方式。生活方式对健康影响很大，并具有沿袭性、累积性和广泛性的特点。良好的生活方式是健康人体与延年益寿的保证，不良的生活方式会导致各种疾病，严重地损害人体的健康与寿命。如经常暴饮暴食、营养不合理，容易造成营养过度导致肥胖，使血液中胆固醇含量过高，诱发心脑血管疾病和糖尿病；若经常饮浓茶、抽烟、酗酒，甚至吸毒，则会严重损害神经系统的正常功能；若陶醉于网络世界或打牌赌博寻求"刺激"，也会损害人的身心健康；若养成纵欲行为，甚至嫖娼、卖淫，则会容易染上各种性病，败坏人格和社会精神文明。据世界卫生组织的报告，在全球人类死因中，不良生活方式所引起的疾病占60%，其中发达国家高达70%~80%，发展中国家也达到50%~60%。前世界卫生组织总干事中岛宏严肃地告诫人们，不良的生活方式所致的疾病将成为世界头号杀手。人们如果想在文明的社会中保障身心健康，首先要解除"自我制造的危险"的威胁，即改变引起疾病的不良行为与生活方式，养成健康的行为和生活方式。

2. 环境因素

人类的健康状况离不开存在的环境，自然环境与社会环境对健康产生直接或间接的影响。

自然环境是指天然形成的水、空气、土壤、阳光等生态系统，它们是人体生存的物质基础。良好的自然环境与人类保持着一种平衡关系——生态平衡，对人类健康起促进作用。但由于地理或地质等原因，有些地区的土壤或水中存在过多或缺少某种元素，可使当地居民体内某种微量元素过多或过少，造成地方病。

由于工农业生产的发展或某些人为的因素，也会造成对自然环境的污染，如森林被乱砍滥伐，造成水土流失；城市植被面积大幅度减少；大工厂的烟囱喷吐污浊浓烟，汽车废气及噪声隆隆等，这些破坏了大自然与人类之间的生态平衡，使人类健康和寿命受到威胁，甚至引发疾病和死亡。如何处理好环境问题现已成为世界各国政府和人们所关注的重要问题，许多国家已采取了有关措施，如保护臭氧层、重视净化自然环境设施的建设、保护生物维持生态平衡等。作为大学生更应加强环保意识，爱护一草一木，注意环境卫生，为营造良好的生态环境作出积极贡献。

社会环境是指由政治、经济、文化、教育、卫生服务等因素构成的社会系统。随着经济的发展和科学技术水平的提高，人们工作和劳动的条件不断改善，受教育的面与程度不断扩展，物质文化生活越来越丰富，公共服务与医疗服务也在不断改革、完善，这些使人们的健康水平大大提高。

3. 心理因素

人的心理活动对人体健康的影响已越来越引起人们的重视。人的心理活动是客观存在的，是大脑对社会客观现实的反映。积极的情绪对健康有良好的促进作用，可以改善大脑功能，增强机体免疫功能，提高机体防病和治病的能力，使人感到精力充沛。而消极的情绪则与疾病的发生和发展有密切关系。常常处于闷闷不乐、忧虑、紧张压抑的精神状态，会导致躯体生命系统整体功能失调而引起各种疾病，损害健康。

4. 营养因素

营养与健康有着密切的关系。一方面，合理的营养是正常生长发育的基础，也是增进健康、防治疾病的有效手段之一。另一方面，由于营养摄入不足或不全面，会导致各种营养缺乏病，如缺铁性贫血、维生素A或维生素B缺乏症等。如果营养摄入量过度或失调又会导致"现代文明病"，如心血管疾病、糖尿病、肥胖症等。因此，我们必须重视科学而合理的营养，使日常饮食尽量符合营养科学、合理的要求，保证身体健康的需要。

5. 运动（体育锻炼）因素

"运动运动，百病难碰""跑跑跑，再过十年不嫌老；跳跳跳，年过花甲也显少"。这些民间的格言谚语是人类在历史发展进程中，对健康追求的真实体验，道出了体育运动对强身健体、防病治病、延年益寿的重要作用。人体在适宜的运动过程中，机体将产生一系列适应性的良性变化而达到健身防病的目的。但运动量过大，则可能因身体不适应而导致伤害；运动量过小，又达不到刺激体内各组织器官从而提高生理功能的目的。因此，体育锻炼要想获得健康效果，也必须注意科学性。

四、健康的标准

世界卫生组织提出的健康的10个标志是：
（1）精力充沛，能从容不迫地应付日常生活和工作，不感到过分紧张和疲劳。
（2）处事乐观，态度积极，乐于承担责任，事无巨细，不挑剔。
（3）善于休息，睡眠良好。
（4）应变能力强，能适应外界环境的各种变化。
（5）抗疾病的能力强，能够抵抗一般性的感冒和传染病。
（6）体重适当，身体匀称，站立时头、肩、臀位置协调。
（7）眼睛明亮，反应敏锐，眼睑不发炎。
（8）牙齿清洁，无龋齿，不疼痛，牙龈颜色正常，无出血现象。
（9）头发有光泽，无头屑。
（10）肌肉丰满，皮肤富有弹性，走路、活动感到轻松。

第二节　运动的健康效应

体育是以身体活动为媒介，以谋求个体身心健康、全面发展为直接目的，并以培养完善的社会公民为终极目标的一种社会文化现象或教育过程。体育锻炼不仅能够全面改善和提高人体各器官系统的结构与功能，而且还能够发展人的智力、改善情绪、完善个性。适量的体育锻炼对人体的生理和心理健康、纠正不良生活方式、社会适应能力及道德培养都能够产生积极的影响。

一、体育锻炼对生理功能的影响

（一）体育锻炼对运动系统的影响

人体的运动系统主要包括骨骼、肌肉、关节和韧带等。经常参加体育锻炼，可以加强体内新陈代谢，促进血液循环，从而使血液量增加。这可保证肌肉和骨骼获得充足的营养物质，使肌肉纤维增粗，肌肉变得强壮有力；使骨骼的生长力加强，骨密质增厚，骨骼变得坚固有力；使人体的关节囊、肌腱、韧带增厚，伸展性和弹性增加，最大抗张力提高，承受力加大，同时可以加大关节的活动范围，提高关节的稳定性和灵活性。

例如，进行各种肌肉力量练习时，肌肉纤维的主动收缩与放松，可以大大促进肌肉中的血液供应和新陈代谢。肌肉中有着丰富的毛细血管，在 1 平方毫米的肌肉中，就有数千根毛细血管。当肌肉处于安静状态时，肌肉中的毛细血管仅开放很少一部分；只有在进行体育锻炼或体力活动时，肌肉内毛细血管才会大量开放。运动可使肌肉获得更多血液供应，带来更多氧气和养料，从而使肌肉的代谢过程大大加强。长期参加体育锻炼，可使肌肉纤维内的蛋白质增加，肌纤维逐渐粗壮，肌肉内供能物质含量也增加，使肌肉的结缔组织弹性改善，肌腱弹性、韧性加强。这不仅使人体格健壮，也大大有益于健康。

（二）体育锻炼对心血管系统的影响

1. 体育锻炼对心脏的影响

（1）运动性心脏肥大：经常适度地进行体育锻炼，不仅能使心室容积增大、心肌肌力增强、心室壁增厚、心脏负荷降低，还能增加心肌中毛细血管的数量，从而提高心肌泵血的机能。运动员经过长期的系统训练，心脏体积和容积较一般人大，这种现象称为"运动性心脏肥大"。

与经常参加体育锻炼者心脏相比，一般人的心脏重量为 300 克左右，经常参加体育锻炼者的心脏重量为 400~450 克；一般人的心脏容积为 700~780 毫升，经常参加体育锻炼者的心脏容积为 1 000~1 025 毫升；一般人的心脏横切面为 11~12 厘米，经常参加体育锻炼者的心脏横切面为 13~15 厘米。

（2）窦性心动徐缓：一般人安静时心跳为每分钟 70~80 次，经常参加体育锻炼者安静时心跳为每分钟 50~60 次，优秀运动员每分钟为 30~40 次。经常运动可使人每搏输出量增加，即使减少心跳频率仍能满足全身代谢需要。如一般人每搏输出量为 60 毫升，心率每分钟为 75 次；而经常参加体育锻炼者，每搏输出量为 90 毫升，心脏每分钟只要搏 50 次就能满足机体需要。优秀运动员的心跳每分钟比一般人少 10 次，那么一天心脏就能少跳 14 400 次，这可以大大减轻心脏负担，使心脏得到更多休息。

（3）心脏工作的"节省化"：进行轻度运动时，在运动量相同的情况下，经常参加体育锻炼者，心跳频率和血压变化幅度比一般人小，不易疲劳，而且恢复较快。而一般人则需要较大幅度地提高心跳频率，从而使心脏休息时间缩短，极容易产生疲劳，恢复时间也较长。究其原因，经常参加体育锻炼者，心脏的收缩能力强，每搏输出量大，只要稍增加心跳频率就能满足需要。此外，体育锻炼可使心血管保持较好的弹性，在剧烈运动时，训练有素的运动员每分钟心跳可高达 200 次，一般人是做不到的，这也使心脏具备了承担紧张工作的潜在能力，一旦需要就可以承担高强度工作。与此同时，经常锻炼者在进行轻度运动或工作时，在负荷相同的条件下，心脏和血压的变化都小于常人，这称为心脏工作"节省化"现象，是身体锻炼给机体带来的好处。

2. 体育锻炼对血管的影响

经常进行体育锻炼，不仅可以改善血管壁的厚度和血管的分布情况，使骨骼肌的毛细血管数量增加，血液与组织器官进行物质交换的能力增强，动静脉血管壁增厚、弹性增加，还可以通过大脑皮质调节血管的收缩和舒张，使血压下降，有效预防高血压的发生。尤其是耐力性运动还可使血液中的胆固醇降低，使高密度脂蛋白（具有清除血管壁脂类沉积物的作用）的浓度增加，从而起到恢复血管弹性、预防动脉硬化和高血压的作用。研究表明，经常参加运动者比一般人的高血压发病率低，长期静坐的人冠心病发病率比经常锻炼者要高。

3. 体育锻炼对血液成分的影响

（1）体育锻炼对红细胞数量的影响：体育锻炼对红细胞数量可产生良好的作用，主要表现在可使红细胞偏低的人红细胞含量增加。研究表明，运动员和经常参加体育锻炼者安静时红细胞数量比不参加体育锻炼者略高。但人体内的红细胞数量并不是越多越好，红细胞数量过多，会增加血液的黏滞性，加重心脏的负担，对机体也是不利的。

（2）体育锻炼对白细胞数量和免疫机能的影响：体育锻炼是否能提高机体的抗疾病能力主要与白细胞数量及免疫蛋白含量有关。研究证实，合理的体育锻炼可以改善白细胞的数量和功能，特别是白细胞分类中具有重要作用的淋巴细胞，这对于提高机体的预防疾病能力是至关重要的。另外，体育锻炼还可以提高体内的免疫球蛋白水平，亦可有效地提高机体抗病、防病的能力。

（三）体育锻炼对呼吸系统的影响

1. 使呼吸肌得到锻炼

呼吸肌主要包括膈肌、肋间肌以及腹壁的肌肉。进行深呼吸时，肩部、背部的肌肉起着辅助作用，因此，经常参加体育锻炼能使呼吸肌增强，胸围增大。由于呼吸肌发达，强壮有力，从而提高了呼吸功能。呼吸的深度与胸廓有关，呼吸肌发达，胸围显著增加。如一般人的胸围呼吸差只有 5～8 厘米，而经常参加体育锻炼者，由于呼吸慢而深，胸围呼吸差可达到 9～16 厘米。

2. 肺活量增大

一般人肺活量只有 3 000~4 000 毫升，而经常参加体育锻炼者的肺活量能达到 5 000 毫升以上。所以不经常运动者，呼吸肌不发达，肺活量小，肺泡中有一部分没有参加呼吸，是肺泡的"死角"；而经常参加体育锻炼者，肺活量大，这是因为肺能扩大到最大限度，空气无处不到，"死角"也就会消除。根据瑞典学者安德森等人的研究，在青春期接受游泳训练的女孩，较一般女孩肺总容量可增长 12%，肺活量可增长 13.4%，最大吸氧量可增长 10.2%。

3. 呼吸深度加深

从呼吸频率看，由于深度不同，呼吸的频率也不同。一般人的呼吸短而急促，每分钟为 17~19 次，呼吸肌易疲劳且工作不能持久。经常参加体育锻炼者，呼吸深而缓畅，每分钟为 8~12 次，由于吸进的氧气较多，就能使呼吸肌有较长时间休息。在进行紧张而剧烈的运动时，肌肉工作大量需要氧气，一般人靠增加呼吸频率来满足机体供氧的需要，因此，运动时常气喘吁吁。而运动员由于呼吸系统机能好，呼吸慢且深，因此，在同等条件下，只要呼吸频率稍稍加强，就可以满足气体交换的需要。

（四）体育锻炼对神经系统的影响

经常参加体育锻炼，可使神经系统的功能得到加强。人体是一个完整的有机体，一切活动均在中枢神经系统的控制和指挥下工作。进行体育锻炼时，人体的各个器官系统都较平时复杂，而神经系统为了对运动时错综复杂的变化及时地做出协调的反应，就必须使大脑皮质对外界的刺激做出正确迅速的反应。久而久之，大脑及神经系统的功能就会明显地提高。所以说，体育锻炼是神经活动的体操。体育锻炼还可以减少工作中不必要的肌肉收缩，这是因为运动神经传来的兴奋更精确，降低并限制了神经系统的过分冲动性，从而有益于内脏器官。体育锻炼还可使神经细胞得到充分的营养，特别是氧，使人经常保持充沛的精力，并发挥最大的工作潜力。

体育锻炼除了能够产生以上几个方面的功能影响外，对消化系统也具有良好的影响，如体育锻炼可以加快胃肠的蠕动，增加消化液的分泌，提高胃肠的吸收能力，保证身体对营养的需求。此外，体育锻炼对内分泌系统、泌尿系统、生殖系统以及淋巴系统等功能也有积极的促进作用。

二、体育锻炼对心理健康的影响

1. 有助于促进智力的发展

正常的智力是正确感知和认识世界的前提，是心理健康的基础。经常参加体育锻炼，不仅可使锻炼者的注意力、记忆力、反应力、思维能力和想象力等得到改善和提高，还可以令其情绪稳定、性格开朗，而这些非智力因素对人的智力具有促进作用。体育锻炼可以促进智力发展，概括地讲有以下几个方面：

（1）可以增强神经系统的功能，促进大脑的开发与利用。
（2）可以减缓应激反应。
（3）可以在一定程度上消除疲劳，提高学习效率。

2. 有助于培养和保持良好的情感体验

情绪状态是衡量体育锻炼对心理健康影响最主要的指标。情绪的成熟是人格全面成熟的一个重要方面。研究表明，人在紧张烦躁时，只要散步15分钟，紧张的情绪就会放松下来，其原因在于运动可增加脑部血流量，促进体内一种能产生良好感觉的物质——"内啡肽"的释放，从而改善情绪。经常参与体育锻炼者，可以从运动中不断获取一定程度的满足，这种满足会令人产生快乐而积极的情绪，并以成功或满足的体验来不断强化自己的自信心，进而在保持良好的情感体验中更好地学习和工作。

3. 有助于确立良好的自我概念

自我概念是个体主观上对自己身体、思想和情感等整体的评价。它是由许许多多的自我认识所组成的，包括"我是什么""我主张什么""我不喜欢什么"等。由于体育锻炼可使人体格健壮、精力充沛，因而它对改善人的身体表象和自尊有着重要影响。身体表象是指头脑中形成的身体图像，身体自尊主要包括一个人对自己运动能力的评价、对自己外貌（吸引力）的评价以及对自己身体的抵抗力和健康状况的评价。不论是男性还是女性，对身体表现不满意都会使个体自尊变低，并产生不安全感或抑郁症状。研究表明，肌肉力量与身体自尊、情绪稳定性、外向性格和自信心是相关的，加强力量训练会使个体的自我概念显著增强。因此，体育锻炼对树立良好的自我概念会产生积极的影响。

4. 有助于促进坚定意志品质的形成

意志品质是指一个人的果断性、坚忍性、自制力和主动独立等精神。意志品质既是在克服困难的过程中表现出来的，也是在克服困难的过程中培养起来的。参加体育锻炼，就要不断克服主观和客观上的种种困难，如胆怯、疲劳、恶劣的气候条件和动作难度等，这有助于磨炼人的意志，从而培养人们果断、坚韧等优良的意志品质。这些从锻炼中培养起来的坚强意志品质，也会迁移到日常生活、学习和工作中去。

5. 有助于消除心理障碍，促进健康心理的形成

健康的心理寓于健康的身体之中。人的焦虑、忧愁、烦恼、抑郁等不良情绪，会影响人的情感、意志、性格和良好的人际关系的建立，容易形成不健康心理。研究表明，体育锻炼有助于摆脱压抑、悲观等消极情绪，可以降低焦虑、抑郁等心理障碍的程度。美国心理学家德里斯考发现，跑步能减轻大学生在考试期间的焦虑情绪。体育锻炼不仅能有效地促进人智力的发展和良好心理品质的形成，而且还能够调节情绪，改善人际关系，消除心理障碍，确立良好的自我概念，从而形成健康的心理，达到增进健康的目的。

三、体育锻炼对不良生活方式和不良行为的影响

（一）现代社会的不良生活方式和不良行为

随着现代社会都市化、科技化程度的不断提高，人们的体力劳动减少，脑力劳动增加，这使得大脑皮质长时间处于兴奋状态，注意力高度集中，精神高度紧张。日积月累，人容易出现疲劳、神经衰弱、记忆力减退、新陈代谢能力降低等不健康症状，从而诱发神经系统功能紊乱和心血管系统的疾病。此外，城市化的居住环境，工业化对生活环境的污染，加上食物结构的改变等，都威胁和影响着人们的健康。

对健康危害较大的不良生活方式和不良行为有：

（1）酗酒吸烟，暴饮暴食，食糖食盐过量，脂肪摄取过多，偏食零食，不吃早餐。
（2）缺乏运动，少晒太阳，睡眠不足，过度疲劳。
（3）吸食毒品。
（4）不良性行为。
（5）精神紧张，情绪压抑，性格暴躁，无端猜疑。
（6）沉迷于网吧、酒吧和歌舞厅等。

（二）体育锻炼对不良生活方式和不良行为的影响

现代社会生活使人们有了更多的闲暇时间，为人们进行体育锻炼提供了时间保证。

1. 体育锻炼可以缓解、转移现代化生产方式所造成的疲劳

体育锻炼具有实践性特点，它通过肢体的运动，可以使高度疲劳的神经系统得到积极性休息，达到缓解精神紧张、促使疲劳转移、调节身心平衡的功效。体育锻炼在现代生活方式中发挥着越来越重要的协调作用。

2. 体育锻炼可以提高人们对现代生活节奏的适应性

经常参加体育锻炼，能够有效改善人体神经系统和心血管系统的功能，提高人体对现代快节奏生活的适应能力。

3. 体育锻炼可以丰富闲暇活动的内容

闲暇活动是现代人生活方式的一个重要组成部分，其内容和方式多种多样。随着大众健康意识的增强，人们在闲暇时间里进行体育锻炼，可以使疲劳的身体得到恢复，储备体能，增强体质，从而使身体各方面的能力得到提高。

四、体育锻炼对社会适应能力的影响

能否适应社会是决定事业成功与否的关键。不管你拥有多少知识，不管你具备多强的业务能力，不管你有多么坚定的事业心，如果不具备适应社会的能力，你终将与成功无缘。

现代社会的特征决定了生活在现代社会中的人们必须具备良好的适应能力。概括起

来，人的社会适应能力表现为以下几个方面：正确的价值观念，竞争意识与竞争能力，合作精神与能力，良好的人际关系，民主、平等和参与意识，积极向上的个性特征，崇尚知识和追求正面文化，丰富的情感生活。体育锻炼对提高人的社会适应能力有着积极的影响。

1. 体育锻炼有助于培养适应社会需要的正确价值观

体育运动有着统一的规则要求，各个运动项目都有严格的技战术分类、锻炼原则和裁判规则。经常参加体育锻炼能够规范人们的行为，使人们在潜移默化中养成公平竞争、遵纪守法的价值取向。

2. 体育锻炼有助于培养适应社会需要的竞争意识和手段

在任何体育运动中，竞争都是普遍存在的。对参与者来讲，不论资历、国籍、贫富，都是在统一的规则与要求下进行的公平竞争，完全凭实力来分胜负。经常参加体育锻炼，能够培养吃苦耐劳、勇于拼搏的精神，能够不断提高运动技能、心理水平以及把握机遇的能力，从而形成良好的竞争意识。

3. 体育锻炼有助于促进合作意识，提高合作能力

随着现代社会的快速发展，社会分工越来越精细，也越来越强调合作，这就要求我们每个人必须具备合作精神与能力。体育锻炼有其明显的群体性，要求参加运动的人员，尤其是参加团体运动项目的人员，必须团结一致，齐心协力，共同拼搏，才能取得胜利。经常参加体育锻炼，能够促进人们的合作意识，提高合作能力。

4. 体育锻炼有助于培养交际能力

任何一个体育项目，都有其规定的技术动作和运动要求，所有参与者在锻炼过程中都需要学习和练习，都需要讲解与示范，都需要对技术动作进行纠正和完善。无论是自我纠正和完善，还是互相纠正和完善，都需要相互配合和主动沟通。特别是在集体项目中，每个人能否在完成自己任务的同时，做到与同伴的协助配合，这对比赛的输赢关系重大。这就要求队员之间必须要有良好的沟通。经常参加体育锻炼，能够提高人们的沟通和交际能力，有助于良好人际关系的形成。

5. 体育锻炼有助于培养民主参与意识

人人都有参加体育锻炼的权利，这种民主权利已写入联合国教科文组织的《体育运动国际竞赛》中。另外，体育竞赛的规则和竞赛文件，也明确地与参与者形成了一种契约关系，鼓励参与者战胜对手，同时允许对手平等地与自己竞争。尽管竞赛结果有不确定性，但最终结果必须是透明、公开的。因此，每一位参加体育活动的人员，都能从竞赛活动的组织和运动实践中感受到民主化的作风，从而有助于形成良好的民主参与意识。

6. 体育锻炼有助于培养积极向上的个性特征

在体育运动过程中，每个人都会全身心地投入，在运动过程中，每个人都会发现自己的优点和不足。体育锻炼有助于形成正确的自我认识和自我发现意识，同时，为了扬长避短、不断进步和追求完美而表现出的积极主动性，又能帮助参与者形成自我改造的

意识。这些都能锻炼和培养人们积极向上的个性特征。

7. 体育锻炼有助于促使人们崇尚知识和文化

体育运动是一项公平的竞争，它是速度、力量、技术、战术、心理和智力等因素的较量，人们在竞争的胜利和失败中会领悟到综合素质与综合知识的重要性，懂得比赛不仅要追求体能优势，还要不断增加知识优势，这有利于人们对知识的崇尚和文化的追求。

8. 体育锻炼有助于培养丰富的情感生活

现代人应具备责任感、道德感和追求感等。体育运动以其群体约束力和积极主动性，激励着参与者的责任感，使其和同伴密切合作；它以其严格的规则，规范着参与者的行为，促使参与者必须具有良好的道德规范；它以其具有胜负要求的特性，促使参与者竭尽全力去追求胜利的目标。在大众体育活动中，参与者可以获得对集体的信赖感和依托感；在家庭体育活动中，成员们可以在和睦快乐的气氛中获得归属感和稳定感；在娱乐体育活动中，人们可以获得愉悦感；在探险活动中，人们可以获得自豪感和征服感。所以，经常参加体育运动和锻炼，人们可以在成功与失败、竞争与退让，乃至生与死之间不断拼搏、不断抉择，充分享受各种复杂情感的交织和体验。

五、体育锻炼对道德健康的影响

世界卫生组织在健康的概念中，已把"道德"纳入健康的范畴。注重健康的人，或者希望自己健康的人，更要注重自身道德的修养。

体育作为一种人类特有的社会活动形式，既是一种有趣、有益、有效的身体活动，又是一种包含诸多教育因素的活动。为了追求健康、健身和提高生活质量，越来越多的人开始加入体育锻炼的行列中来。

体育锻炼对道德健康的影响主要表现在体育锻炼的功能方面：

1. 教育功能

人一生所接受教育的过程是一个漫长的过程，包括幼儿园、小学、中学、大学直至参加工作，最后到生命终结。体育是教育的重要组成部分，因此，体育教育也是一个漫长的过程，贯穿于人的一生。早在1917年，毛泽东同志就在《体育之研究》一文中指出："体育之效在于'强筋骨''增知识''调感情''强意志'"。新中国成立以后，他又提出了以"思想好、学习好、身体好"作为培养社会主义事业接班人的目标。而现在要求我们深入贯彻的"健康第一""终身体育"的思想，也无不全方位地体现出体育对一个人身心和道德协调发展的影响。体育锻炼可以培养团队精神、竞争意识、协作能力和克服困难的坚强意志，这些优良品质和良好心理素质的培养和形成是其他学科难以替代的。体育锻炼不仅能够使人精力充沛、思维敏捷、情绪稳定、奋发向上，还可以培养人们追求理想、求实至诚、百折不挠的精神，更能够培养人们经受失败和挫折的心理素质。这些人生态度、社会公德、协作精神和拼搏勇气是全社会所公认的，是人们适应社会、取得成功必备的道德品质。

2. 健身功能

在现代社会中，运动不足是一个普遍现象。运动不足会造成脑力、体力的不均衡性，以致出现"现代文明病"。当前，许多青少年的体质健康状况令人担忧，肥胖、近视、耐力素质差、情绪变化大等现象十分突出。苏联教育家苏霍姆林斯基经过20多年的考察研究发现，学习成绩落后的学生不是由于思维迟钝、智力低下，而是由于身体虚弱、健康不佳所致。我国也有研究证实，身体健康对学习、工作有促进作用。

体育锻炼可以改善大脑结构和机能状况，可以增强体质、促进健康、防病治病、调节生活。身体活动会引起神经肌肉的活动，而神经肌肉的有效活动可以保证人体的运动器官和其他有关器官的良好功能。因此，合理而科学的体育锻炼是保证人体发挥其效能的有效途径。

3. 娱乐功能

从社会学特征来看，体育锻炼具有人不分老幼、位不分尊卑的平等性。每个参加体育锻炼的人，都能够相互交往和交流，都能从中陶冶情操，得到高尚的精神享受，并能够丰富闲暇文化生活。如果一个人在学生时代受到良好的体育指导与教育，特别是对体育锻炼的价值有正确的认识，对体育锻炼有快乐的体验，那么，其体育意识就会得到强化，为其终身体育锻炼打下坚实的基础，从而使得社会上越来越多的人参与到体育锻炼中来。

总之，体育本身既是教育的有机组成部分，同时又是一种独特的精神文化、行为文化以及审美文化的综合体。在体育锻炼过程中，受到的不仅是教育，还可以享受并分享快乐，健康身心。

第三节　体育锻炼的基本原则

体育锻炼可以增进健康、提高身体的运动素质和基本活动能力，并能够防治疾病。但是，并不是只要参加体育锻炼，就一定会获得良好效果。如果锻炼内容、强度和方法等选择或运用不当，反而有害于健康。科学的体育锻炼原则是体育锻炼过程中客观规律的反映，是人类从古至今所积累的身体锻炼和养生经验的概括和总结，也是参与者安排锻炼计划、选择锻炼内容、运用锻炼方法必须遵循的基本准则，是为锻炼者达到理想效果而提供的科学指导。

一、体育锻炼的 FIT 原则

FIT 是频率（frequency）、强度（intensity）和时间（time）三个英文单词的首字母。FIT 原则是我们从事以健康为目的的运动所必须采取的基本原则。因此，要想在锻炼过程中取得良好的效果，就必须科学地控制锻炼的次数、强度和时间。

（一）频率

频率是表示每周进行体育锻炼的次数。要想取得较好的体育锻炼效果，建议每周至少进行 3 次体育锻炼。

（二）强度

控制运动强度可以通过测量心率来实现。在进行有氧运动时，心率应该控制在最大心率的 60%~80% 之间（最大心率 = 220 - 年龄）。运动强度大小的监控必须遵守循序渐进的原则，必须充分考虑自己目前的身体状况和健康水平。

（三）时间

时间是指每次运动的持续时间。为了提高心肺循环系统的耐力，至少应持续进行 20 分钟的有氧运动。练习的强度会直接影响持续运动的时间，而在大多数情况下，控制运动时间要比控制运动强度容易得多。在中长跑课上，教师所采用的手段就是控制运动强度和运动时间，有时要求学生在固定的时间里进行持续的有氧运动（控制时间），有时要求学生在固定的时间内完成特定的距离（控制强度）。

二、体育锻炼的超负荷原则

超负荷原则是指在进行体育锻炼时，身体或特定的肌肉受到的刺激程度强于不锻炼时或已适应的刺激程度。在进行体育锻炼时，只有遵循超负荷原则，身体素质才能逐渐得到提高。

要提高有氧耐力水平，可以通过增加每周的练习次数、延长每次练习的持续时间和加大每次练习的强度来达到超负荷锻炼的目的。

要发展肌肉力量，可通过增加器械的重量、增加练习的次数或组数以及缩短每组练习的间歇时间来达到超负荷锻炼的目的。

超负荷原则同样适用于发展关节和肌肉的柔韧性，可通过增加肌肉的拉伸长度、延长拉伸持续的时间和加大关节活动的幅度来实现。

虽然超负荷锻炼可以使身体素质逐渐得到提高，但这并不意味着每次必练到筋疲力尽。事实上，即使不进行超负荷的练习，一般性的锻炼也能保持和提高身体健康水平，只不过要花更多的时间进行锻炼才能取得良好的锻炼效果。

三、循序渐进原则

循序渐进原则是指体育锻炼必须根据人体身心发展规律和个人的实际情况，在锻炼的内容、方法和运动负荷等方面逐步提高，使机体功能不断得到改善和提高。

循序渐进是人体适应的基本规律，人体对内、外环境变化的适应是一个缓慢的、由量变到质变的过程。只有遵循这个规律，才能取得良好的锻炼效果，否则，非但不能增强体质，还会引起机体损伤和运动性疾患，损害身体的健康。青年人争强好胜，一时情绪激动就会鲁莽行事，违背体育锻炼循序渐进的规律，使机体超负荷运转，极容易造成机体损伤。因此，进行体育锻炼切不可急于求成。坚持循序渐进原则要做到以下三点：

（一）选择合理的锻炼内容

在锻炼的内容上，要根据自己的身体状况合理选择。体质不同，锻炼起点也不同。体质较好的人，可选择比较剧烈的运动方式，如各种竞技运动项目；体质较弱的人，开始锻炼时可选择比较缓和的运动，如慢跑、徒手操、乒乓球等。患慢性疾病的人，可选择保健体育的一些内容，如太极拳、散步等。当体质逐渐好转后，锻炼内容可逐步由缓和变为较为剧烈的运动。

（二）运动量逐步加大

机体对运动量的承受能力有个缓慢的适应过程。锻炼时，运动量要由小到大，逐步增加。在锻炼的初始阶段，锻炼的时间要短，运动量不要过大，待机体适应后再逐步加大。如果运动量长期停留在一个水平上，机体的反应能力就会越来越小。机体机能的提高是按照"刺激—适应—再刺激—再适应"的规律有节奏地上升的，运动量也应随着这种节奏来安排。病后或中断锻炼后再恢复锻炼，尤其要注意循序渐进，以免发生意外。

（三）每次锻炼过程也要循序渐进

每次锻炼前要做好准备活动，锻炼后要做好整理活动，如长跑前先进行 5~10 分钟慢跑，长跑后也不要马上停下来。

四、体育锻炼的安全性原则

安全性原则要求锻炼者在体育锻炼的过程中要始终注意保护自己，做到安全第一。安全性原则的主要内容包括：

（1）在制订或实施锻炼计划前，一定要进行体检，得到医生的许可。如果患有某种疾病或有家族遗传病史，应找医生咨询，在有医务监督的情况下按照医生的建议进行锻炼。

（2）在有条件的情况下，请运动医学专家根据锻炼者的体质健康状况开出运动处方，以指导锻炼者有目的、有计划地进行安全、科学的锻炼。

（3）每次锻炼前必须做好充分的准备活动，克服内脏器官的生理惰性，防止出现运动损伤。

（4）饭后、饥饿或疲劳时应暂缓锻炼，疾病初愈也不宜进行较大强度的锻炼。

（5）每次锻炼后，要注意做好整理、放松活动，这有利于促进机体的恢复。

（6）在锻炼过程中不要大量饮水，以免加重心脏的负担或引起身体及肠胃的不适。运动后也不宜立刻洗冷水澡。

五、运动强度的适时监控原则

测量心率有助于了解和控制体育锻炼过程中的运动强度，它可以准确地告诉运动者运动强度是否需要调节。触压桡动脉和颈动脉可以测得心率。

为了准确地测量运动时的心率，必须在运动结束即刻测量。测量10秒的心率再乘以6，即得到运动时的心率（次/分钟）。

最大心率：指人体做极限运动时的心搏频率。一般运动强度都采用最大心率的百分数来表示，但要直接测出每一个人的最大心率不仅是困难的，而且还具有一定的危险性。可用以下公式估算出自己的最大心率：

$$最大心率 = 220 - 年龄$$

靶心率：指通过有氧运动提高人体心血管系统耐力的有效而且安全的运动心率范围。为了提高心血管系统的有氧耐力水平，运动时心率必须保持在靶心率的范围内。以下公式可以帮助你计算或监控运动时自己适宜的心率范围：

$$靶心率 = 最大心率 \times 60\% \sim 最大心率 \times 80\%$$

成年人靶心率的上限为最大心率 $\times 80\%$，青少年靶心率的上限为最大心率 $\times 85\%$。

靶心率为人们确定了以健康为目的的运动必须保持的每分钟心率的上限和下限。一旦靶心率被确定，就可以监控自己运动时的练习强度。如果运动时心率超出靶心率的上限，就应该降低运动强度；相反，如果运动时心率低于靶心率的下限，就应该增加运动强度。

六、体育锻炼的环境监控原则

（一）太阳射线对人体的影响

在体育锻炼时，强烈的阳光会对暴露在外的皮肤造成很大的伤害。阳光中的紫外线可使局部皮肤毛细血管扩张充血，使表皮细胞遭到破坏，导致皮肤发红、水肿，出现红斑；过量紫外线照射还可引起光照性皮炎、眼炎、白内障、头痛、头晕、体温升高及精神异常等症状。红外线的穿透力较强，常用于消炎、镇痛，改善局部营养，治疗运动创伤、神经痛和某些皮肤病。但是，过强的红外线照射对机体有害，它会使局部组织温度过高，甚至造成灼伤。当头部受强烈阳光照射时，红外线可使脑组织的温度上升而引起全身机能失调。因此，要尽量避免在强烈的阳光下进行体育锻炼，应选择在反射率低的场地进行锻炼。

（二）热环境中的体育锻炼

人体运动时，不管外界的温度如何，体内产热量都会大幅度增加。人体在剧烈运动时的产热量会比平时增加 100 倍以上。由于运动而使机体内产生的过多热量，在高温环境下，这些热量很难在短时间内向外散发，于是便会蓄积在体内，使体温升高，从而引起机体的机能失调，甚至死亡。因此，在热环境中进行体育锻炼时，必须采取防暑措施，否则就会有患热辐射疾病的危险。为此，应做到以下几点：尽量避免在酷暑下锻炼，如在热环境下锻炼时，一定要及时补充水分，通过增加排汗量来促进体内热量的散发；控制好练习的强度和时间，穿合适的服装，既要保护皮肤不被红外线灼伤，又要通风透气，保证体热的散发。

（三）冷环境中的体育锻炼

在寒冷的环境下进行锻炼，可以提高人体对外界环境变化的适应能力和对疾病的抵抗能力。但是，冷环境可使肌肉的黏滞性增大，伸展性和弹性降低，工作能力下降，容易出现运动损伤。

为了避免冷环境给运动带来的不利影响，在运动前首先要做好准备活动并延长其时间，保证体温进一步升高；其次，不要张大嘴呼吸，避免冷空气直接刺激喉咙而引起呼吸道感染和咳嗽等；再次，注意耳、手、足的保温，防止这些部位被冻伤。另外，在运动时不要穿太厚的服装，以免在运动中出汗较多导致运动后感冒。运动后，要及时穿好衣服保持体温。

（四）湿度对体育锻炼的影响

在气温适中时，空气相对湿度对人体的影响不大，而在高温或低温时，较大的湿度就对人体十分不利。湿度越大，人体通过蒸发散热的途径就越容易受到阻碍，人体产热和散热的平衡就会被打破，机体的正常功能会受到不良的影响。

在一般情况下，适宜的湿度为 40%～60%。在气温过高或过低的情况下，空气相对湿度越低越好；当气温高于 25 ℃时，空气相对湿度以 30% 为宜。

（五）避免在空气污染的环境中锻炼

大气污染物的种类很多，有 100 多种，其中对人类有较大威胁的是烟雾尘、硫化物、氧化物、氮化物、卤化物和有机物等。大气中的污染物一般通过呼吸系统进入人体，也可以通过接触（皮肤、黏膜、结膜等）危害人体。

大气中的臭氧和一氧化碳是影响体育锻炼效果的两种重要污染物，它们可导致胸腔发闷、咳嗽、头痛、眩晕及视力下降等，严重的还会导致支气管哮喘。当空气中的臭氧含量达到（0.2～0.7）×10^{-6} 时，不应再进行户外锻炼。一氧化碳可减少血液中血红蛋白的数量，降低血液运输氧的能力，从而直接影响锻炼效果。汽车排放的尾气中含有大量一氧化碳，因此，应避免到车流量大的马路边散步或跑步。

当出现沙尘暴、可吸入颗粒物较多或雾霾天气时，也应停止户外锻炼。

第四节　体育锻炼的科学方法

一、体育锻炼的方法

体育锻炼方法是参与者为达到预期健身效果而采用的体育健身的途径和方式。方法选择正确与否，会直接关系到锻炼内容的实施以及健身目标的实现。因此，选用锻炼方法要以健身目的和任务为前提，综合考虑锻炼者自身特点以及所处的环境条件，根据项目特点科学合理地选择相应的方法。

（一）重复锻炼法

在体育锻炼过程中，多次重复同一练习，两次（组）练习间安排相对充分的休息，从而增加运动负荷的锻炼方法叫作重复锻炼法。此方法的关键是两次练习之间的间歇时间要充分，这样可有效地提高锻炼者的无氧和有氧混合代谢能力，提高各种技术应用的熟练性与机体的耐久性。重复次数不同，对身体的作用就不同。重复次数越多，身体的负荷量就越大。如果重复次数不断增加，就可能使身体的负荷超过极点，乃至破坏有机体的正常状态而造成伤害。重复锻炼是为追求必要的运动负荷而去一次又一次地反复做动作的过程。这个过程主要是追求负荷强度，而不在于改正动作错误。因此，运用重复锻炼方法的关键是掌握好负荷的有效价值范围，并据此调节重复次数。在重复锻炼中，对负荷如何控制和怎样去重复才能达到理想效果的负荷强度，应视具体情况而定。通常认为，普通大学生的负荷心率在 130~170 次/分钟的范围内是较适宜的。在这个范围内，心室血液充盈，每搏输出量以及氧气的运输量等均达到最佳状态，并可以持续地运动；心率低于 130 次/分钟则健身效果不大，应增加重复次数；超过 170 次/分钟则需减少重复次数，或安排足够的间歇时间。运用重复锻炼方法还要注意根据锻炼项目的不同特点和不同体质状况随时加以调整，以免机械呆板和产生厌倦情绪。

（二）间歇锻炼法

在体育锻炼过程中，对多次锻炼时的间歇时间做出严格规定，使机体处于不完全恢复状态下，反复进行锻炼的方法叫作间歇锻炼法。每次练习的负荷时间较长，负荷强度适中。此方法可使锻炼者的心脏功能明显增强，通过调节负荷强度，可使机体各机能产生与锻炼项目相匹配的适应性变化，同时可提高有氧代谢供能能力，增强体质。

通常认为，体质增强的过程是在运动中实现的，其实体质的增强过程主要是在间歇锻炼中实现的,是在休息过程中取得了"超量恢复"。没有"超量恢复",运动对增强体质就毫无意义。间歇对增强体质的作用并不亚于运动本身,人类已经清楚地认识到在间歇时间内机体的各种变化,认识到保持同化优势的重要性,故把间歇锻炼作为一种健身的基本方法。

与重复锻炼法一样,间歇的时间也要依据负荷的有效价值标准去调节。一般来说,当负荷反应(心率)指标低于有效价值标准时应缩短间歇时间,而在高于有效价值标准时则可延长间歇时间。实践中,一般心率在130次/分钟左右时,就应再次开始锻炼。间歇时不要静止休息,而应边活动边休息,如慢速走步、放松手脚、伸伸腰或做深而慢的呼吸等。因为轻微活动可使肌肉对血管起到按摩作用,帮助血液回流和排除代谢所产生的废物。

(三)连续锻炼法

在体育锻炼过程中,为了保持有价值的负荷量而不间断地连续进行运动的方法叫作连续锻炼法。此方法要求负荷强度较低,负荷时间较长,无间断地连续进行运动。从增强体质出发,需要间歇就停一会儿,需要连续就接二连三地进行下去,所以锻炼不能仅讲间歇,还要考虑连续。连续、间歇、重复都是在整个锻炼过程中实现的。连续、间歇、重复等因素各有其特有的作用,连续的作用在于持续负荷量不下降,维持在一定的水平上,使身体充分地受到运动的作用。

连续锻炼时间的长短,同样要根据负荷价值有效范围而定。通常认为,在140次/分钟左右的心率下连续锻炼20~30分钟,可使机体的各个部位都长时间地获得充分的血液和氧的供应,因而能有效地发展有氧代谢能力,发展耐力素质。实践中,用于连续锻炼的内容主要是那些比较容易并已为锻炼者所熟悉的运动,如跑步、游泳、健美操和排舞等。

(四)循环锻炼法

循环锻炼法由几个不同特点的练习点(或称作业站)组成,练习者按照既定顺序和路线,依次完成每点练习任务。即一个点上的练习一经完成,练习者就迅速转移到下一个点,下一个练习依次跟上。练习者完成了各个点上的练习,就算完成了一次循环。这种练习方式就叫作循环锻炼法。其结构因素有每点的练习内容、练习负荷、安排顺序、间歇、每遍循环之间的间歇、练习点的数量和循环组数等。

循环锻炼法对技术的要求不高,且各个项目都可采用负荷比较轻的练习,因此练起来简单有趣,可有效地提高不同层次和水平练习者的运动情绪和积极性;可以合理地增大锻炼过程的练习密度;可以随时根据具体情况加以调整,做到区别对待;可以防止局部负担过重,延缓疲劳的产生,交替刺激不同体位,有利于综合锻炼、全面发展。

在运用循环锻炼法时,关键是要按照全面性原则去搭配项目。对大学生而言,锻炼时既要发展四肢,也要发展躯干;既要运动胸背部,又要运动腰腹部;既要追求形态的健美，也要注意机能、素质的全面发展。为此，就必须搭配项目，一般应选 6~12 个已掌握的简单易行的项目进行搭配。搭配时，要注意上肢动作与下肢动作、剧烈的跑跳练习与静力憋气动作之间的合理交替。在健身锻炼中，可根据锻炼项目安排循环练习的各个练习点，还可以分队比赛，增加竞争性，以提高练习兴趣。

（五）变换锻炼法

通过不断变换运动负荷、练习内容、练习形式以及条件，以提高锻炼者的积极性、适应性及应变能力的方法称为变换锻炼法。这种方法可以有效地调节生理负荷，提高兴奋性，强化锻炼意识，克服疲劳和厌倦情绪，以达到提高锻炼效果的目的。

如刚参加锻炼时，可多做些诱导性练习和辅助性练习。随着锻炼水平的提高，应加大练习的难度，如用越野跑代替在田径场的长跑等。锻炼条件的变化，可使锻炼者的大脑皮质不断地受到新异的刺激，从而提高兴奋性，激发锻炼的兴趣，进而提高机体对负荷的承受能力，提高锻炼效果。另外，不断地对锻炼的内容、时间和动作速率等提出新的要求，可有效地调节生理负荷，使机体不断产生适应性变化，达到更好的锻炼身体的目的。

（六）负重锻炼法

负重锻炼法是使用杠铃、哑铃、沙袋等重物进行身体运动来锻炼身体、增强体质的方法。负重的方法既适用于普通人为增强体质而锻炼身体，又适用于各项运动员进行身体训练，还适用于身体疾患者的康复。

在进行负重锻炼时，过大的运动负荷可能给心血管和呼吸系统带来不良的影响。因此，为了保证这种锻炼方法对身体的良好作用，在运动负荷价值阈范围内可以多次重复或连续运动。

二、体育锻炼计划

工作、学习要有计划，健身锻炼也是这样。每个参加健身锻炼的人都应当根据自身条件、环境条件制订锻炼计划，以期达到预期的锻炼效果。

（一）体育锻炼计划的制订

健身锻炼计划一般可分为年度锻炼计划、学期锻炼计划和周锻炼计划。

1. 年度锻炼计划

年度锻炼计划可按照体育课教学内容以达到《国家学生体质健康标准》某个级别为长远目标，也可以以防治某些疾病、矫正某种身体畸形或提高整体健康水平为目标。具体锻炼内容可根据年度目标而定，一般可采用健身走、健身跑、武术、健美操、矫正操等内容。

2. 学期锻炼计划

学期锻炼计划的任务和要求要根据年度锻炼计划并结合学期学习任务和季节特点而定。学期锻炼计划中的锻炼内容可从长远锻炼计划中选定。

3. 周锻炼计划

周锻炼计划内容要具体明确，如学习有关跑步、球类等基本知识、技术，发展某种身体素质以及培养特定思想意志品质和心理素质等都有所要求、有所落实。

（二）制订锻炼计划的注意事项

锻炼计划的制订要从个人的体质、学习、生活等实际条件出发，按照学校规定的作息时间和规章制度进行安排。

（1）每次锻炼内容的选择与确定很重要，必须切合实际，才能保证计划顺利进行。内容的确定除了个人体质、健康状况和兴趣爱好外，还要充分考虑到场地、器材和气候等因素。

（2）体育锻炼要长计划、短安排。进行体育锻炼要有一个总体设想和总的目标，根据这一总目标确定每学期的具体指标，这样便于总结提高。具体计划安排可以周锻炼计划为主，按实际情况随时进行调整，以适应不断发展的需要。在制订锻炼计划时，必须全面贯彻体育锻炼的基本原则，同时做到简单、具体、实用、重点突出。

（3）每次锻炼的安排应从锻炼者当时的身心状况出发，注意科学性。速度、灵巧性练习安排在前，力量练习安排在后；运动量小、强度小的练习安排在前，运动量大、强度大的练习安排在后；技术性练习要由简到繁，由易到难，同时还要注意上、下肢练习搭配安排。每次锻炼时，要先做好准备活动，然后进行主要项目的练习，最后进行整理活动。

（三）一次锻炼课的计划

一次锻炼课通常分三部分进行，即准备部分、锻炼部分和结束部分。在不同的锻炼阶段，这三部分的时间划分各不相同。在早期，准备部分时间要长些，一般为 10~15 分钟，锻炼部分 20~25 分钟，结束部分 5~10 分钟。在中期和后期，准备部分 5~10 分钟，然后进入主项运动（即锻炼部分），最后 5 分钟为整理活动。这样的一次课表现为"开始缓慢、中间爽快、终了微火似的运动过程"。以健身为目的者总运动时间为 30~45 分钟。各部分锻炼内容各有所侧重，并且运动负荷量的分配也不同。准备部分的作用是使机体组织"暖和"起来，使身体逐渐适应强度较大的运动，以免因心、肺等内脏器官和骨骼关节不能适应强烈运动而导致伤害的发生，一般可采用活动强度小的步行、伸展性体操或太极拳等。

锻炼部分也称基本部分，其内容是运动处方的主项运动欲达到的目标，例如，耐力运动项目要达到一定的心率水平，并要求至少维持 12 分钟以上。主项运动的运动强度一般为最大能力的 40%~60%，同时还要求达到一定活动范围的肌力训练，其训练强度为最大能力的 80% 左右。

结束部分是指在训练结束后，要使高负荷活动的心肺和肢体逐渐安静下来，不要突然停止运动，因为此时血液仍大量集中于四肢，若突然停止运动，会使回心血量锐减，可能会出现"重力性休克"，即由于每搏输出量不足，引起脑贫血而发生休克症状。这时，通常可做一些放松式体操、散步或自我按摩等运动。

三、体育锻炼效果的自我评价

锻炼效果的自我评价是指锻炼者运用简单的医学方法，对自己的锻炼状况进行检查和评定。通过自我评价，可以间接地衡量运动的强度和密度安排是否合理，并根据机体的反应判断锻炼效果，以便及时调整锻炼计划，合理安排运动量。

（一）主观感觉

1. 一般感觉

一般感觉通常有感觉良好、感觉一般和感觉不良三种情况。感觉良好是指锻炼者精神饱满、心情愉快、全身无不适感觉，锻炼后能坚持长时间的学习和工作，且效率较高；感觉不良是指在体育锻炼中出现精神萎靡不振，全身有不同程度的疲劳，肌肉酸痛，四肢无力，心情烦躁，容易激动，不能坚持锻炼，严重者有头昏头痛、食欲减退、恶心呕吐、心慌气喘、失眠和多梦等症状；感觉一般是指锻炼反应和感觉平淡。在锻炼过程中，如果出现不同程度的疲劳，不要紧张，这是正常反应，一般在较短的时间内就可恢复。有一定疲劳才会有超量恢复，人的良好体质就是从一次次的疲劳和一次次的超量恢复中积累起来的。

2. 食欲

体育锻炼能刺激唾液和胃液的分泌，可增加食欲，提高消化系统的功能，有利于营养物质的消化和吸收。在锻炼中，要注意保持运动量三要素（即频率、强度、时间）适当，否则在一段时期内会持续出现食欲缺乏，甚至厌食的状况，这是体育锻炼运动负荷过大或健康状况不佳的反应。

3. 睡眠

睡眠是休息的深度状态，锻炼能提高睡眠的质量。人的一生有 1/3 的时间是在睡眠中度过的，睡眠的好坏直接关系到身体的健康。一个人如果锻炼后入睡快、睡得沉，睡醒后感觉神清气爽、精力旺盛，工作、学习效率高，这说明锻炼中运动量三要素安排适当。如果入睡慢、易醒、多梦、睡眠后还有疲劳感，则说明锻炼中运动量三要素安排不当。根据自我监督的原则，此时应对锻炼内容做适当的调整，必要时还可暂停一段时间，再进行适当的运动。

4. 运动心情

心情是人们对自己的需要与客观事物之间关系的反映。当客观事物能满足身体的需要时，便产生愉快、高兴等肯定的心情；反之，就会出现否定的心情。体育锻炼不仅能转移人们日常生活、工作、学习中的烦恼，而且能增强人体的活力。美国科学家研究证明，每天坚持体育锻炼，能增加身体内部内啡肽的含量，使人产生一种特殊的欣快感。当心情不佳或不想锻炼时，可对自己的锻炼计划进行适当的调整。这是因为当人体处于疲劳或过度疲劳状态时，就会影响心情，如果不及时调整，就达不到增强体质的功效。

5. 学习效率

适度的体育锻炼能使人在学习过程中思想集中、记忆清晰、思维敏捷、求知欲旺盛。反之，学习时心神不定、记忆力衰退、缺乏兴趣、信心不足、学习效果不佳等则是不健康的表现。出现这些状况时，要根据自己的身体状况对运动量作适当的调整。

（二）客观检查

客观检查是通过对身体的观察和测定并对一些机能指标进行检查，包括脉搏、呼吸、体重、排汗量及体力测验等。锻炼者应学会用这些客观指标来指导自己的体育锻炼。

1. 脉搏与锻炼

脉搏是客观检查中很重要的一项指标，是锻炼的指南。通常通过摸腕部桡动脉的跳动可以测定人体的脉搏。人体每分钟的脉搏次数称为脉搏率，正常人的脉搏率为 60~100 次/分钟，低于 60 次/分钟为心率过缓，高于 100 次/分钟为心率过速。老年人心率偏低，一般在 55~80 次/分钟。正常人的脉搏应规律、整齐、强弱一致。掌握了脉搏的基本规律就可用它来监督自己的锻炼。运动前脉搏低于 50 次/分钟、高于 100 次/分钟或每搏间隔时间不等、强弱不一时，就应当到医院检查，待恢复正常后再进行锻炼。

在有氧的情况下，脉搏是检查心肌耗量的指标。根据锻炼时每分钟的脉搏次数还可以直接推算出运动时的耗氧量和运动量。按心率计算运动量，可分为大、中、小三种，其计算公式如下：

$$大运动量 = (最高运动心率 - 静息心率) \times 60\% + 静息心率$$
$$中运动量 = (最高运动心率 - 静息心率) \times 50\% + 静息心率$$
$$小运动量 = (最高运动心率 - 静息心率) \times 40\% + 静息心率$$

测定脉搏次数通常在锻炼前后进行，以便于比较。一般情况下，正常成年人心率恢复时间应在 10 分钟以内。心率恢复时间越短，表明心脏功能越好。若 30 分钟后还未恢复，说明心脏功能不良，有可能是运动量过大所致，也有可能因缺乏锻炼、身体机能水平降低所致。

自我心脏功能的测定方法很简单，可以不同体位时心率的变化作为评判标准。测试者卧于床上，安静休息 3 分钟后测 1 分钟脉搏次数，然后起立，站 1 分钟后再测 1 分钟脉搏次数。将两次脉搏数比较，若站立时脉搏比卧位时增快 6~11 次为心功能良好，快 12~19 次为一般，快 20 次以上为心功能较差。

2. 运动与呼吸频率

呼吸频率是指人体在安静时每分钟的呼吸次数，它是人体健康与否的重要标志。定期检查自己的呼吸频率，可以科学地控制体育锻炼过程。不同年龄的人，安静时呼吸的频率是不同的，一般成年人为 12~18 次/分钟，而经常锻炼者为 8~12 次/分钟。不锻炼者呼吸浅而快，有时可达 32 次/分钟之多，而呼吸量只有 300 毫升；经常锻炼者的呼吸深而缓慢，呼吸量可达 600 毫升。因此，进行体育锻炼时，可根据这些指标科学地确定运动量。

3. 运动与肌肉的客观检查

肌力是指人体肌肉收缩力的大小。人的各种运动都离不开肌力。肌力的大小取决于肌肉纤维的粗细和神经系统兴奋时支配参加运动的肌纤维数量。经常参加锻炼者，肌纤维增粗，骨骼结构的牢固度及各种肌肉群之间的协调配合能力也较高。

肌力包括握力、臂力、背力、腹肌力等。臂力可以用引体向上、双臂屈伸、俯卧撑、举重物等方式来评定；腹肌力可用仰卧起坐、悬垂收腹举腿等来评定；握力可用握力计测定，并用"握力指数"进行评定，其数值相当于自身体重的 1/2；测定背力可用如下方法：被测定者俯卧在床上或桌上，脐部齐床边沿，躯干上部悬空，另一人压住被测者的小腿，被测者两手放于枕骨部，然后用力抬起躯干，记录其抬起时间。当被测定者躯干上部明显降低或近于平面时，计时停止。评定时，可参照下列标准：男子 30 秒以上为良好，15~20 秒为中等，15 秒以下为差。女子 20 秒以上为良好，10~20 秒为中等，10 秒以下为差。

4. 运动与排汗的客观评定

锻炼时，体内会消耗多余的能量，体温会迅速升高，这时主要通过排汗来降低体温，调节人体机能。人体在静止时，皮肤也有水分蒸发，但人们不会注意到，这叫稳性汗，每天约 500 毫升。锻炼时，出汗可达 500~1 000 毫升，运动量大时可达 1 500 毫升，一场剧烈的足球赛，运动员的出汗量可达 6 000 毫升。运动中的排汗量可用下列公式计算：

排汗量 = 运动前体重 − 运动后体重 + 饮水量和进食量 − 尿量和粪量

如锻炼中未进食、未饮水，也无大小便，则排汗量可按运动前后体重差数计算。

从体育锻炼开始到开始出汗的时间一般为 6~8 分钟。如有大量出汗，则表明运动量过大或身体过度虚弱。气候炎热也是运动时大量出汗的原因。锻炼时，可根据汗的排出量和时间进行客观检查，以便及时调整自己的锻炼内容和运动量。

5. 运动与进食的评定

锻炼后不宜立即进食，应当有一定的时间间隔。饭前和饭后不宜进行较剧烈的运动，因为饭后体内大量血液聚于胃肠道，如果马上进行运动，会使参与胃肠道消化的血液又重新分配到全身的肌肉和骨骼中去，从而影响胃肠道的消化和吸收功能。空腹时也不宜进行运动锻炼，因为饥饿时体内营养消耗较大，血糖降低，易头昏乏力，从而影响锻炼情绪和效果。

体育锻炼最好在饭后 30~60 分钟开始，饭前半小时要停止运动，以使身体得到充分的休息，保证饭后食物的消化与吸收。

6. 运动与营养的评定

体育锻炼可使体内物质代谢速度加强，能源物质大量消耗并引起一系列内环境的变化。及时、合理地供给营养，有助于稳定体内环境，使代谢过程顺利进行，保证各器官功能活动正常进行。运动所需的营养主要有糖、脂肪、蛋白质、维生素、矿物质和水。

第五节 常见运动性疾病与运动损伤的预防和处理

一、常见运动性疾病的预防和处理

运动性疾病指的是由于体育运动安排不当，造成体内功能紊乱而出现的异常症状或疾病。它不仅在运动训练和体育比赛中较为常见，在体育教学中也时有发生。

（一）过度疲劳

过度疲劳是指在工作或运动之后，由于连续疲劳积累造成的病理状态，过度疲劳会导致工作能力暂时下降。过度疲劳在大学生中多见于过度脑力劳动之后，但也可以见于劳动或体育锻炼之后。

1. 症状

第一度：早期过度疲劳。这一阶段人只有轻微的自觉症状，心电图、脑电图、机能试验均无异常改变；大运动量锻炼后感觉劳累，恢复时间延长。

第二度：自觉不良症状增强，情绪比较急躁，食欲下降，无锻炼欲望，锻炼时很快出现疲劳；体格检查时发现脉搏稍快，血压比原先稍高，机能试验反应类型正常，但恢复缓慢；心电图或脑电图检查可出现轻度的改变；运动成绩下降，动作的协调能力降低。

第三度：自觉不良症状增多，而且程度较第二度深。中小运动量后就感到疲劳，第二天也不能完全恢复。脉搏、血压比平时高，不能进行正常的锻炼；体格检查时机能试验反应明显异常，心电图或脑电图出现异常，运动成绩和工作能力下降，反应迟钝。

第四度：自觉不良症状较多，症状持续时间长，而且反复出现，虽经初步治疗也无明显效果。安静时脉搏、血压增高，心血管系统机能试验反应异常，心电图和脑电图均明显的异常改变，运动后异常更为显著，恢复明显减慢，工作能力和运动成绩大大下降。

2. 原因

（1）连续参加大运动量锻炼，缺乏必要的间歇：当大运动量锻炼持续过久，缺乏必要的间歇，超过身体的机能潜力时，就容易引起身体的过度疲劳状态。

（2）运动量增加过快：锻炼者有时急于求成，违反循序渐进增加运动量的客观规律，过快过大地增加运动量。

（3）患病后身体尚未康复便急于锻炼且运动量过大。

（4）没有合理的生活规律：锻炼者在锻炼后得不到充分的休息或"开夜车"学习，破坏了正常的生活规律。

（5）其他原因：如为应付繁重的课程或考试而休息不足。

3. 预防与治疗

（1）预防：预防的关键在于根据锻炼者的性别、健康状况和训练水平等具体情况制订合理的锻炼计划。

（2）治疗：治疗基本上围绕 4 个方面进行：① 消除病因；② 调整锻炼内容、运动量或改变锻炼方法；③ 加强各种恢复措施，保证足够的休息和恢复；④ 对症治疗，如改善睡眠、服镇静剂、安眠药或营养药物等。

（二）运动中腹痛

1. 症状

运动过程中，腹部出现钝痛、胀痛或绞痛，但可坚持运动。运动中腹痛在中长跑、自行车等运动中较为常见。轻者仅觉不适，重者疼痛难忍，只好退出运动。

2. 原因

（1）肝脾淤血：肝脾淤血肿胀以致肝脾被膜紧张，被膜上的神经受到牵扯，产生疼痛。

（2）呼吸肌痉挛或活动紊乱：由于运动中未注意呼吸节奏和动作的协调，导致呼吸肌活动紊乱，呼吸肌发生痉挛。此外，准备活动不足、运动强度增加太快、心肺功能满足不了肌肉工作的需要，也会导致呼吸肌缺氧，发生呼吸肌痉挛和疼痛。

（3）胃肠道痉挛或功能紊乱：饭后过早参加运动、运动前饮食或饮水过多、空腹运动、胃酸多或冷空气对胃的刺激等都可引起胃部胀痛或痉挛。

（4）腹部慢性疾病：如病毒性肝炎患者在运动时也会引起腹痛。

3. 预防与治疗

（1）预防：锻炼时膳食安排要合理，加强全面身体训练，饭后约 1.5 小时之后再进行剧烈运动，运动前不宜过饥或过饱，也不要饮水太多。要充分做好准备活动，运动中要注意调整呼吸节律，中长跑时要合理分配速度。

（2）治疗：运动中出现腹痛应减慢运动速度并降低运动强度，调整呼吸和运动节奏，加深呼吸，用手压按疼痛部位，或弯着腰跑一段距离，在通常情况下疼痛即可减轻或消失。若无效或疼痛加重，应停止运动，口服解痉药物，如颠茄片、阿托品等。还可以针刺或掐点足三里、内关等穴位或进行腹部热敷，如仍无效，则需及时就医。

（三）延迟性肌肉酸痛

刚开始运动、间隔较长时间未运动或进行一次较大强度运动后，往往会在运动后的第二天出现肌肉酸痛，由于肌肉酸痛不是在运动结束后即刻出现的，而是发生在运动结束后 1~2 天，因此称之为延迟性肌肉酸痛。

1. 原因和症状

延迟性肌肉酸痛是由于运动时肌肉活动量大，引起局部肌纤维及结缔组织的细微损伤，或部分肌纤维痉挛所致。由于只是肌纤维细微损伤和局部肌纤维痉挛，虽有酸痛感，但肌肉仍能完成其运动功能。酸痛后，经过肌肉内局部细微损伤的修复，肌肉组织会变得更为强壮，之后进行同样负荷运动后将不易发生酸痛。

2. 处理

（1）热敷：针对酸痛的部位进行热敷，可促进血液循环和局部代谢，有助于损伤组织的修复与痉挛的缓解。

（2）拉伸练习：对酸痛肌肉进行静力性拉伸练习，保持 2 分钟，然后休息 1 分钟，重复以上步骤。每天做几次伸展练习有助于缓解疼痛，但不要轻易采用动力性拉伸，以免控制不好力度造成肌纤维再度损伤。

（3）按摩：按摩有助于肌肉放松，促进血液循环，有助于损伤的修复及痉挛的缓解。

3. 预防

根据自身健康状况合理安排运动量，避免运动量增加过快。运动时，还应避免长时间重复某一动作，以免做该动作的主要肌肉负担过重。要做好准备活动，尤其是专项准备活动要充分，对损伤有预防作用。整理活动除进行一般性的放松练习外，还可做一些静力性拉伸练习，这有助于预防局部肌纤维痉挛，从而避免酸痛的发生。

（四）肌肉痉挛

肌肉痉挛俗称抽筋，指肌肉不自主地强直收缩。运动中，最易发生痉挛的肌肉是小腿三头肌，其次是足底的屈拇肌和屈趾肌。

1. 症状与原因

痉挛肌肉僵硬或隆起，剧烈疼痛，且一时不易缓解。在寒冷的环境中运动，如准备活动做得不够，肌肉受到寒冷的刺激后，兴奋性增高很容易发生肌肉痉挛，如游泳时受到冷水刺激，会引起小腿抽筋；在热环境中进行长时间运动或剧烈运动时，由于大量排汗，体内会丢失大量电解质，使肌肉的兴奋性增高，也会导致痉挛；肌肉快速地连续收缩，放松时间太短，收缩与放松不能协调地交替，也会引起痉挛；有时因情绪过分紧张也会引起痉挛。

2. 处理

对痉挛肌肉进行牵引，几分钟后即可缓解。

3. 预防

运动前做好充分的准备活动，运动前对容易发生痉挛的肌肉进行适当按摩。在高温环境下长时间运动时，应注意补充含无机盐的运动饮料。在寒冷的环境中运动时，应注意保暖。游泳时，下水前应先冷水淋浴，且不要在水里停留时间太长。疲劳和饥饿时，不要进行剧烈运动。

（五）运动性晕厥

运动中，由于脑部突然血液供给不足而发生的一时性知觉丧失现象叫作运动性昏厥。

1. 症状

发生运动性晕厥前期会出现全身乏力、头晕、耳鸣、眼前发黑、面色苍白等症状，紧接着失去知觉，突然倒地，出现手足发凉、脉缓而弱、血压下降、呼吸缓慢、瞳孔缩小等症状。

2. 原因

（1）心排血量减少：平时缺乏锻炼者，突然参加较大运动量的锻炼，心脏机能一时无法满足运动需要，加上技术水平低、动作不协调、憋气等，造成血液回流量减少，心脏出血量也随之明显减少，因而出现暂时性脑缺血。

（2）重力性休克：如久站不动、久蹲突然起身、长跑后突然停止运动等，均可因重力作用使血流量减少而形成脑缺血。

3. 预防与治疗

（1）预防：坚持锻炼，增强体质。久站时，要经常交替活动下肢。久蹲后，不要突然起立，要缓缓站起。做力量型运动时，要注意呼吸和动作的配合，避免过度憋气。

（2）治疗：有前期症状时，应下蹲或躺下休息片刻，以避免发生晕厥。发生晕厥者应使其平卧，头低足高，解松衣领，注意保暖，下肢做向心性推揉按摩。还可指掐或针刺患者人中、百会、涌泉、合谷等穴位，或嗅氨水，一般可醒。对停止呼吸者，应及时进行心肺复苏，此时要注意防止痰液或呕吐物阻塞呼吸道。

（六）中暑

中暑是高热环境中发生的一种急性疾病，是热失神、热疲劳、热痉挛和热射病的总称，在夏季锻炼和比赛中较易出现。

1. 症状

表现为多汗、口渴、无力、头晕、眼花、耳鸣、恶心、心悸、注意力不集中、四肢发麻、动作不协调等。

2. 原因

在高温环境中运动时，由于身体大量排汗，体内的水分和盐分会大量丢失，再加上血管扩张，血容量更显不足，从而引起周围循环的衰竭，这称为中暑衰竭。

3. 预防与治疗

（1）预防：夏季天气炎热时要安排好锻炼时间，避免在一天中最热的时段锻炼。锻炼过程中要适当休息。要安排好营养和饮水，注意适当增加食物中蛋白质的供给量，额外增加维生素（维生素 B_1、维生素 B_{12}、维生素 C）的补充量，合理补充水盐饮料，补水应少量多次，避免一次暴饮。要注意运动环境的通风和降温。要加强适应性锻炼，提高适应高温的能力。

（2）治疗：使患者迅速离开热环境，到阴凉通风处休息，静卧，头稍垫高，解松衣服，扇风降温，头部可冷敷，上身用温水擦浴按摩，忌用冷水降温。对昏迷者，可先按照晕厥救法救醒，并保持呼吸道畅通，测量血压、脉搏，适量饮用冷开水或淡盐水等，严重者要及时送往医院抢救。

二、运动损伤的预防和处理

在体育锻炼过程中所发生的各种损伤统称为运动损伤。运动损伤与一般的工伤或日常生活中的损伤有所不同，它的发生与运动项目、训练安排、运动环境、运动者的自身条件以及技术动作有密切的关系。运动损伤会影响锻炼者的健康、学习和工作，也会对其心理产生不良影响，妨碍健身活动的正常进行。

（一）运动损伤产生的原因

1. 对运动损伤的认识不够充分，重视不足

对运动损伤的认识不足或者思想上麻痹大意，缺乏安全防范意识等，这些是造成运动损伤的主要原因。

2. 缺乏合理的准备活动

准备活动是指机体在进入运动状态前进行的活动。它可以增强各器官系统的功能活动，使人体从相对静止状态过渡到紧张的活动状态，让机体在兴奋状态下进入运动过程中。各个器官通过预热，可以更好地相互配合进行运动。缺乏准备活动或准备活动不合理，是造成运动损伤的主要原因。

3. 技术动作不正确

在运动过程中，由于技术动作错误，如违背人体结构的特点和运动生物力学的原理，极易造成各种损伤。例如，网球肘，就是由于技术动作不正确造成的。此外，在做前滚翻时，由于技术动作不正确易导致颈部受伤；排球传球时的手形不正确，很容易导致手指挫伤等。

4. 缺乏自我保护意识

由于人体在运动过程中处于动态，常常会出现机体功能与运动要求不相符合或因重心偏离造成的人与人、人与器械碰撞等情况，因此损伤的概率大大增加。特别是在学

生参加对抗性运动时，发生碰撞的概率很大，如果缺乏自我保护能力，很容易造成运动损伤。

5. 运动量过大

安排运动负荷时，教师应考虑学生的生理特点和可能承受的运动负荷量。当前，大学生的身体素质普遍低下，如果教师忽略了这些细节，盲目加大运动量，使运动负荷超过学生可以承担的生理负荷量，就极易发生运动损伤。

6. 身体功能或者心理状态不佳

当学生睡眠或休息不好，患有先天性疾病或大病初愈时，不能科学地参加体育锻炼，都可能出现不同程度的运动损伤。

7. 气候条件的影响和场地设施不完善

在恶劣的条件下运动，很容易出现运动损伤。在夏天参加运动，极易引起疲劳和中暑；在寒冷的天气运动易因肌肉僵硬而导致肌肉拉伤和肌肉韧带的损伤，在潮湿、高热的环境下运动，易因大量出汗而引起肌肉痉挛或虚脱。锻炼时，场地不平整、器械安置不牢固或缺乏必要的保护用具，都很容易出现运动损伤。

（二）常见运动损伤的处理

1. 擦伤

皮肤表面被粗糙物摩擦所引起的表面损伤叫擦伤。如在跑步、球类运动中摔倒时，身体表面与地面摩擦易引起皮肤擦伤。发生擦伤后，伤处皮肤会擦破或剥脱，有少量出血点和组织液渗出。

小面积擦伤时，可先用生理盐水或2%硼酸液冲洗局部，再用1%～2%红汞或1%～2%甲紫涂抹；面部擦伤宜涂抹0.11%苯扎氯铵溶液。发生大面积擦伤，应先用生理盐水冲洗伤口（无条件时可用冷开水冲洗），再用2%碘酒和75%酒精在伤口周围消毒，伤口局部用1%雷夫奴尔纱布覆盖，并用绷带包扎，感染的伤口应每日或隔日换药。

关节部位擦伤时，要在局部冲洗消毒后，用凡士林油纱布覆盖伤口或局部涂抹消炎软膏，用敷料包扎，以防干裂。如果创面中嵌入砂粒、炭渣、碎石等，应在1%普鲁卡因局部麻醉下，用消毒毛刷轻轻刷洗，清除异物后再行处理。

2. 裂伤、刺伤

（1）裂伤：指受钝物打击引起的皮肤和皮下组织撕裂，伤口边缘整齐，组织损坏较广泛。在运动中，以头脸部撕裂伤较多见，如在篮球运动中，因对方肘部碰撞易引起眉弓部撕裂。

（2）刺伤：指被尖利物体刺穿皮肤及皮下组织器官引起的损伤，例如在田径运动中被钉鞋、标枪刺伤。

裂伤和刺伤伤口小、污染较轻者，可先用生理盐水冲洗伤口，在伤口周围皮肤用碘酒和酒精消毒，再贴"创可贴"或用消毒纱布覆盖。伤口较大、较深、污染较重的，应及时到医院处理。

3. 挫伤

挫伤又叫撞伤，是人体某部位遭受钝件暴力作用而引起的闭合性损伤，这类损伤多发生在篮球、足球、体操、武术、拳击、散打等项目中。单纯性挫伤指仅皮下组织挫伤，包括皮下脂肪、肌肉、关节韧带等挫伤，表现为局部疼痛、压痛、肿胀、功能障碍。严重挫伤指皮下挫伤合并某些组织器官挫伤，如大腿挫伤多合并股四头肌断裂。发生头部挫伤，轻者可发生脑震荡，严重者可有颅骨骨折或合并脑挫伤而危及生命。

对单纯性挫伤，在伤后 1 小时内可采取局部冷敷，加压包扎，抬高患肢，局部休息并外敷创伤药予以止痛和消肿。遭严重挫伤后有休克症状出现的，应首先进行抗休克处理，保温、止痛、止血，并将伤员置于头低脚高位，在处理好休克后立即送医院治疗。

4. 肌肉拉伤

由于肌肉主动强烈的收缩或被动过度的拉长所造成的肌肉细微损伤或部分撕裂或完全断裂称为肌肉拉伤。在体育运动中，大腿后群肌肉的拉伤较为常见。

肌肉拉伤后，表现为局部疼痛、压痛、肿胀，出现肌肉痉挛、僵硬及功能障碍。轻度拉伤时，可局部冷敷、加压包扎、抬高患肢或使肌肉处于放松状态；48 小时后开始按摩或针灸理疗；伤后一周，症状基本消除，可做徒手静力牵引练习，进行功能锻炼。

5. 关节韧带扭伤

由于外力作用使关节的活动超过正常的范围会引起关节韧带扭伤，其中以踝关节、膝关节、指关节、腕关节韧带的扭伤最为常见。发生轻度扭伤时，伤部疼痛、压痛、轻度肿胀、功能无明显障碍。韧带部分断裂时，伤部疼痛较重，压痛、明显肿胀、活动受限。韧带完全断裂时，伤部剧痛、肿胀、大面积瘀斑、关节不稳定，功能明显障碍或丧失，伤部可触及韧带断裂的凹陷。

对轻度扭伤，局部可敷消炎止痛的中药（如新伤药），内服七厘散。肿痛减轻后，伤部可用推摩、按摩、揉捏、搓等手法按摩。韧带部分断裂者，早期可局部冷敷，加压包扎，抬高受伤部位，固定关节 1~3 周，外敷新伤药，内服中、西止痛药。48 小时后做按摩、理疗、外敷活血生新剂，或继续外敷新伤药，并适当进行肌肉力量练习以避免粘连，帮助恢复关节功能。韧带完全断裂者，应尽早进行手术缝合，否则会影响愈合和关节稳定性。

（三）运动损伤的预防

产生运动损伤的原因很多，如缺乏必要的运动损伤知识，参加体育锻炼者身体素质不良，体育健身活动安排不当等。另外，参加体育锻炼者的心理状态、场地、器材、保护用具、服装不符合卫生要求以及不良气候等与运动损伤也有密切关系。因此，运动损伤的预防措施必须是综合性的。一般来说，在体育健身锻炼中，预防运动损伤应做好以下几个方面工作：

1. 思想上高度重视

要在思想上对运动损伤给予重视，遵守体育锻炼的一般原则，同时要加强身体的全面锻炼，提高机体对运动的适应能力。

2. 调节身体处于良好状态

（1）准备活动和放松活动：锻炼或比赛前的准备活动十分重要，它不但能使基础体温提高，使深部肌肉的血液循环加快，使肌肉的应激性上升，关节柔软性增强，还能调整心理状态，减轻紧张感和压力感。在剧烈运动后，通过放松活动可使体温、心率、呼吸、肌肉的应激反应恢复到安静水平，可防止在运动后出现肌肉酸痛及损伤，而且对于解除精神压力也有很大的帮助。

（2）肌力训练：肌肉力量不够、协同肌与拮抗肌力量的不平衡，常常会造成损伤。加强肌力训练，使肌群力量保持动态平衡，对于预防运动损伤有重要作用。

（3）自身保护：锻炼者还应了解和懂得初步处理运动后肌肉酸痛、关节不适的方法。运动损伤早期可进行温水浴、物理治疗或自身按摩等。

3. 注意环境安全

体育器具、设备、场地等周围环境在锻炼和竞赛前都应进行严格的安全检查。钥匙、小刀、项链、耳环等锐利物品在运动时应摘下。防护器材的使用可使运动损伤的发生概率大大降低，但如果防护器材质量低劣、不合格或已残破，其防护功能就会受到影响。

4. 保持正常的心理状态

锻炼者参加运动竞赛时，应保持正常的心理状态，胜不骄，败不馁，不做粗鲁和危险动作，避免猛烈冲撞，做到既保护好自己，也不致伤害别人。

5. 加强易伤部位的训练

加强易伤部位和相对较弱部位的训练，增强其功能，是预防运动损伤的积极手段。

（四）运动损伤的康复训练

康复训练是指锻炼者遭受损伤后进行有利于恢复或改善功能的身体活动。对锻炼者来说，除严重的损伤需要休息治疗外，一般损伤是不必绝对停止身体练习的。相反，通过适当的、有目的的身体练习和功能锻炼，对于损伤的治疗和功能的恢复有着积极的促进作用。

1. 康复训练的原则

（1）伤后的康复训练以不加重损伤、不影响损伤的愈合为前提，应尽量不停止全身和局部活动。

（2）在进行康复训练时，要根据自己的年龄、损伤的部位和特点来选择伤后锻炼的手段和内容，安排好局部和全身的锻炼时间和活动量。

（3）康复训练时活动量的安排，必须遵守循序渐进的原则：特别是在损伤愈合过程中进行局部锻炼时，其动作的幅度、频率、持续时间、负荷量的大小等都应逐渐增加。

（4）康复训练应注意局部专门练习与全面身体活动相结合的原则。

2. 康复训练的内容和方法

（1）主动运动：指由患者自己主动完成的训练，包括静力练习、动力练习和等动练习。

（2）被动运动：适用于伤后的各类功能障碍恢复。通过各种被动运动，可以使痉挛的肌肉得到放松，挛缩的肌肉、韧带和关节囊得到牵伸，关节的活动度加大，关节功能得到恢复。

（3）渐进抗阻运动：该练习可以增进肌肉的力量和耐久力，增加关节的活动范围与柔韧性，对伤愈后从事正常锻炼防止损伤也有益处。

第六节　运动营养与保健

在运动中，体内的营养物质被消耗或分解，因此，必须给予补充。运动后及时补充营养，不仅能满足运动者生理恢复过程的需要，而且根据不同项目的物质代谢特点，及时补充营养还能促进体育锻炼的效果，提高身体健康水平。运动中热能代谢的水平和营养素的需求，受到运动类型和项目、运动强度、密度、持续时间以及运动者的年龄、体重、运动水平和环境等多种因素的影响。

一、体育锻炼与营养补充

食物与营养是人类生存的基本条件。人体摄入食物，目的是补充食物中的七大营养素：糖类、脂肪、蛋白质、矿物质、维生素、水和膳食纤维。这七大营养素是维持生命必不可少的物质，缺少任何一种，人都无法生存。而所谓均衡营养，就是从饮食口摄取适当的能量及各种营养素，以供人体新陈代谢及活动所需。

（一）糖类

1. 来源及功能

糖类也称碳水化合物，是一类含碳、氢、氧的物质，常见的糖类有葡萄糖、果糖、蔗糖和淀粉。糖的功用包括：

（1）提供热能：糖易于氧化，能迅速氧化分解供给人体热能，每克糖氧化可释放出 4 千卡的热量，是机体热能的主要来源。

（2）帮助脂肪酸氧化，帮助肝脏解毒，促进生长发育。

（3）血糖供给脑部及身体的营养：糖原可储存于人体肌肉及肝脏中以备急时之需。

（4）构成身体组织：所有的神经组织、细胞和体液中都含有糖类。

2. 运动营养补充

运动员在大强度训练期间，要保证其膳食中有充足的糖，其含量应达到总热量供给的 70%～75%，这对维持血糖水平、保证运动中糖氧化供能充分、运动训练后肝糖原和肌糖原水平快速恢复均有良好作用。长时间运动训练或比赛时，于运动前或运动中适量补糖，可以减少糖原消耗，提高血糖水平，有利于提高运动能力，延缓疲劳的发生。研究证明，不同种类的糖，其补糖功效不同，如葡萄糖、蔗糖较易引起胰岛素升高反应，而果糖的此种反应较小；低聚糖对增加糖原储备、维持血糖、减少胰岛素反应、提高运动能力等有良好作用。运动后补充碳水化合物可促进糖原储备的恢复。运动后即刻摄入果糖对恢复肝糖原的效果较好，葡萄糖与蔗糖可使肌糖原储备在 24 小时后保持较高水平。

当然，对参加一般体育锻炼的大学生而言，不必过多食用高糖膳食或补糖，以防热能积蓄而发胖。但从事耐力项目的高水平学生，应适当增加糖的摄入量，以满足运动训练和比赛的需要。

（二）脂肪

1. 来源及功能

脂肪是油和脂的总称。脂肪的主要来源包括动物油脂（如猪油、牛油、肥肉）、植物油脂（如菜籽油、花生油、果仁）、蛋类和奶类。其主要生理功能是：

（1）供给人体热量：每克脂肪氧化可产生 9 千卡的热量，是蛋白质和糖类产生热量的 2 倍多。

（2）构成体内细胞：脂肪是构成细胞的重要成分。

（3）帮助维生素溶解：维生素 A、维生素 D、维生素 E 和维生素 K 是脂溶性维生素，只有脂肪存在时才能被人体吸收利用。

（4）保护内脏器官，形成皮下脂肪以维持体温。

2. 运动营养补充

大学生膳食中适宜的脂肪含量应为总热量的 25%～30%。高脂肪膳食氧的利用率较低，加之脂肪不易消化，在胃内停留时间长，且在运动时人的消化机能常处于抑制状态，因而不宜在运动前食用高脂肪食物。因此，大学生的日常膳食应避免过多摄入脂肪。当然，脂肪不足时，食物的质量及味觉会受影响，也会造成食物的摄取量减少，而且运动员的膳食要求量少质精、发热量高，所以也不可过多减少脂肪的供给量。

（三）蛋白质

1. 来源及功能

蛋白质是组成人体的主要成分之一，是生命的基础。除水以外，蛋白质在人体细胞中的含量比其他任何成分都高。蛋白质的主要来源有牛奶、鸡蛋、肉类、豆类和鱼。其主要的功能是：

（1）构成机体、修补组织：人体的肌肉、血液、皮肤、毛发等都是由蛋白质构成的。

（2）调节生理功能：人体内的酶、激素、抗体等，也都直接或间接地由蛋白质构成。

（3）供给能量：每克蛋白质在机体内氧化可释放出4千卡的热能，供代谢所需。

2. 运动营养补充

运动员的蛋白质日供给量应高于一般人。成年运动员为1.8~2.0克/千克体重，少年运动员为2.0~3.0克/千克体重，儿童运动员为3.0~3.4克/千克体重。运动员的蛋白质供热量应为一日总热量的12%~15%（或15%~20%）。对参加体育锻炼的大学生来说，饮食中应适当增加摄入蛋白质。参加业余训练的高水平运动员，可参照运动员的标准供给蛋白质。

（四）矿物质

1. 来源及功能

矿物质包括不同的金属与非金属元素。矿物质（包括微量元素）对人体的三要功能是：

（1）是构成机体组织的材料：如钙、磷、镁是骨骼、牙齿的重要成分。

（2）调节生理功能：一些矿物质是酶的活化剂。

（3）矿物质还参与调节体液平衡以及维持机体的酸碱平衡。

对人体较重要的矿物质有三类：钙、磷和铁。钙的主要来源是牛奶、蛋、绿叶蔬菜、豆类和硬壳果；磷的主要来源是蛋、鱼、肉类、豆和牛奶；铁的主要来源是肝、蛋黄、肉类、全谷、坚果和绿叶蔬菜。

2. 运动营养补充

在运动过程中，人体代谢机能旺盛，因而对经常参加体育活动的大学生或运动员来说，矿物质的营养状况对其健康和运动能力有重要影响。大学生运动所需又较易缺乏的矿物质有钙、磷、铁、锌、铜等。

大学生应注重从富钙的食品中摄取钙以预防骨营养不良。牛奶及奶制品的钙含量高、吸收率高，每天喝0.5千克奶，可满足人体对钙的需求。磷广泛分布于食物中，且吸收率高于钙，一般情况下人不会缺磷。如果膳食中铁的含量不足，会造成运动性贫血和运动能力下降，预防性补铁时可摄取小剂量铁。关于运动后锌需要量的研究尚不充分，但可以直接从富锌的食品中获取锌，如高蛋白食物、海洋生物以及鲜肉。有关运动对铜代谢影响的报道不一，但长时间进行大强度训练和比赛，尤其是在高温、湿度大的环境下训练的运动员应注意多摄入富含铜的食物，如甲壳类、动物肝、肾、坚果类等食物。

（五）维生素

1. 来源及功能

维生素是维持生命的元素，是人类食物中不可缺少的营养素。维生素不足会导致维生素缺乏症。维生素的来源很多，不同的维生素有不同的食物来源（表 4-6-1）。

表 4-6-1 维生素来源功能表

维生素	食物来源	功能
A	肝脏、奶类、蛋黄、蔬菜	维持眼底视网膜的正常功能；预防眼干燥症；促进钙化作用；维持表皮黏膜细胞的功能
B_1	麦胚、麦芽、瘦肉、牛奶、肝脏、豆类、酵母	促进发育；预防及治疗脚气病；促进食欲
B_2	牛奶、蛋、豆类、瘦肉、内脏、麦胚	促进细胞中的氧化还原作用；维持皮肤、神经系统和细胞的正常功能
C	蔬菜、水果	预防及治疗维生素 C 缺乏病；维持齿龈、皮肤和血管的正常功能；增强免疫系统能力；促进荷尔蒙分泌及伤口愈合；促进体内氧化
D	鱼肝油、肝脏、蛋黄	增进钙化；促成齿骨发育
E	糙米、胚芽、植物油	保护细胞膜和组织；维持红细胞及循环系统的正常功能

2. 运动营养补充

在热能营养充足和平衡膳食的情况下，大学生一般不会发生维生素缺乏症，但在大运动量训练或减体重期，热能营养不能满足需要，或添加食物的营养密度不够以及蔬菜、水果摄入较少时，应适当补充维生素制剂，因为维生素大多不能在体内合成或合成量甚微。

（六）水

1. 来源及功能

水是人体含量最多的营养素，占人体重的 60%～70%。人体器官都含有水，如血液含水约 83%，心脏含水约 79%，肝脏含水约 70%，骨骼也含有约 30% 的水分。在正常状况下，人体通过皮肤、肺及大小便不断排出水分，同时也不断地摄取水来补充。每日所进的水分与所排出的水分几乎相等，这称为"水平衡"。若体内水分损失达到 20%，便无法维持生命。水在人体内有极其重要的生理功能。

（1）水是细胞和体液的重要成分。

（2）水是很好的润滑剂：水的黏度小，可使摩擦面润滑，减少损伤。体内各关节、肌肉、呼吸道等处都能分泌润滑剂。

（3）帮助体内消化、吸收、循环及排泄等。

（4）保持和调节体温：水的比热容高，能吸收较多的热量，以保持体温不发生明显的波动。例如，人体可通过出汗带走大量热量，有效地维持正常体温。

（5）保持脏器的形态和机能：体内水与蛋白质、糖和磷脂等相结合而形成胶体，使脏器维持一定的形态和坚固性。

2. 运动营养补充

参加锻炼补水时，应少量多次，水温适宜。运动前补水为预防性补水，可以避免运动中脱水。合理的方法是采用运动前15~20分钟补水或饮料400~700毫升，要少量多次摄入，每次100~200毫升，分2~4次饮用。运动中也要适量补水，以保持水分的平衡。补液量根据出汗量的多少而定，在一般情况下，每小时补液总量不要超过800毫升，在运动中可以每隔15~20分钟补液100~300毫升，或每跑2~3公里补液100~200毫升。运动后也要注意补水，使进出机体的液体达到平衡。运动后补液同样要遵循少量多次的原则，切忌暴饮。运动后补液量的多少可根据体重的丢失量确定，一般是运动前后体重差的150%，如运动前后的体重相差0.5千克，那么补充水量应控制在750毫升左右。

（七）膳食纤维

1. 来源及功能

膳食纤维指的是人体不能消化的多糖类，包括纤维素、半纤维素、果胶、树胶等。膳食纤维的主要生理功能包括：

（1）预防便秘：这是由于它们有很强的吸水性，可在肠道内吸收水分，增加粪便体积并使之变软利于排出。

（2）控制体重，防止肥胖：这是由于富含膳食纤维的食物体积较大，能量密度（单位重量所含能量）较低，有利于减少能量摄入量。

（3）降低血液中胆固醇浓度：膳食纤维可抑制胆固醇的吸收，加速其排出，从而降低其在血液中的浓度。

2. 运动营养补充

含膳食纤维较丰富的食物有谷类（特别是一些粗粮）、豆类及一些蔬菜、薯类、水果等。一般认为，每天膳食纤维总摄入量可达40~50克，过多摄入膳食纤维将影响维生素和微量元素的吸收，建议每天总摄入量为20~30克。

二、运动保健常识

（一）体育锻炼的个人卫生保健

1. 定期进行体格检查

为了了解体育锻炼对增强体质的功效，了解运动中身体健康和机能的变化状况，检查锻炼的方法是否正确、运动负荷是否适合等，应定期进行体格检查，从而进一步修订体育锻炼计划和改进锻炼方法。

2. 运动前要做好准备活动

准备活动的作用在于提高中枢神经系统的兴奋性，扩大肌肉、肌腱和关节的活动范围，克服内脏器官机能的惰性，加强心血管和呼吸系统的活动能力，使机体各方面的功能达到适应锻炼或训练的需要，预防或减少肌肉、关节和韧带的损伤。准备活动量的大小和时间的长短，可因锻炼项目、内容、强度以及季节、气候的不同而有所差异，一般达到微微出汗，身体各大肌肉、韧带和关节都得到了适量的活动，感到灵活、舒适即可。

3. 运动后要做整理活动

运动结束时，应做些使身体放松的练习，这样可以使人体更好地从紧张的运动状态逐渐过渡到相对安静的状态。整理活动是促进体力恢复的一种有效措施。因为运动引起的一系列生理变化，并不会在运动停止的同时消失。如呼吸和血液循环等机能变化，在运动停止后，还会维持在较高的水平上，它们需要有一个恢复的过程。同时，整理活动可以改善肌肉的血液循环，使肌肉中血液流畅，有利于偿还氧债，排除二氧化碳并清除代谢产物，以减轻肌肉的酸痛感，消除疲劳。

4. 饭后不宜进行剧烈运动

有些人常常在放下饭碗后便去打球或从事一些剧烈的运动，这是不符合体育卫生要求的。因为饭后胃肠已经开始了紧张的工作，毛细血管开放，大量血液流入消化器官。此时若进行剧烈的运动，大量的血液就要从胃肠流入骨骼肌，使消化机能减弱。长此以往，轻则引起消化不良，重则发生如胃炎、胃溃疡等消化道慢性疾病。同时，饭后胃内已经积累了大量的食物，进行剧烈运动时，由于食物的重力和运动的颠簸作用，会牵拉肠系膜，容易引起腹痛、呕吐等。因此，饭后应避免立即进行剧烈运动。

5. 运动饮水卫生

参加体育锻炼时，由于出汗多，需要补充水分，不然会引起机体缺水，影响正常的生理机能活动，导致全身无力、口唇发干、精神不振和疲劳现象。但在剧烈运动中或运动后，都不宜一次性大量饮水。如果在运动中大量饮水，会使胃部膨胀，妨碍膈肌的活动，影响呼吸，不利于运动。同时，大量饮水会使血液容积增加，增加心脏、肾脏的负担。运动时饮水应以少量、多次为原则，同时，最好饮用接近于血浆渗透压的淡盐水或饮料，以保持体内水盐平衡。

（二）体育运动环境卫生

在运动环境中，空气、水和各种体育设施在人与人之间起着联系和媒介作用。运动场所如果通风不良、空气质量下降，可诱发体育运动参与者患呼吸系统疾病，水质污染可传播皮肤和病毒性结膜炎（红眼病）等疾病。因此，做好运动环境的卫生工作，对于更好地利用环境条件、发挥体育运动的效能、预防疾病和增进健康，具有十分重要的意义。

1. 非正规的室外运动场所

许多非正规的室外运动场所，如公园、广场、健身走廊、人行道等，由于经济实惠、方便、环境好，吸引了越来越多的锻炼者。在非正规的室外运动场所进行锻炼时，应尽量选择绿化好、空气清新、噪声少、地面平坦干净的地点。如条件许可，可到海滨、森林、乡村、旷野等场所锻炼，这些地方空气新鲜、环境优美，令人心旷神怡，有助于达到最佳的锻炼效果。

2. 运动场馆卫生

（1）室内体育馆的卫生：人们去体育馆的目的是参加或观看比赛和表演。根据运动员和观众在比赛和表演时的生理、心理等特点，体育馆除了应具有良好、舒适的馆内环境外，还应具有完善的卫生和生活服务设施。

（2）室外运动场的卫生：田径场和球场是学校最常见的室外运动场。田径场的跑道应坚固，不怕雨水冲淋，并具有一定的弹性和湿度。跑道的表面应平坦，无凹坑、碎石、浮土和其他杂物，也不能太滑，以防止运动者滑倒摔伤。

3. 运动服装与器械卫生

运动服装应符合运动项目的要求，并具有透气性和吸湿性，既有利于身体活动，又能防止运动创伤。在夏季，运动服装应通气、质轻、宽松和色淡；在冬季，室外运动服装既要保暖，又不能妨碍动作的完成。运动后，潮湿的运动服装应立即换掉，以免受凉感冒。

运动时，使用的器械要坚固、安装得当，器械的重量和大小要符合规定并适应练习者的年龄和性别特点。平时应注意器械的检查和维修，防止生锈以及连接处脱落，预防运动伤害的发生。

（三）女子体育卫生

女子参加体育锻炼，除注意普通卫生外，还要讲究某些特殊卫生。

1. 女子体育锻炼的特点和内容的选择

女子肩部较窄，臂力较差，做悬垂、支撑及大幅度摆动动作较吃力。学习这些动作时，要注意循序渐进，并给予必要的保护。

女子身体重心较低，平衡能力较强，柔韧性较好，适宜进行平衡性及健美操等运动。在体育锻炼中，应注意保持和发展其柔韧性，有目的、有步骤地加强肩带肌、腹肌、腰背肌和盆底肌的锻炼。

女子不宜做过多的从高处跳下的练习，地面不可过硬，并注意落地姿势，以免身体受到过分震动，而影响盆腔脏器的正常位置及骨盆的正常发育。

女子应根据自身的身体条件、体育爱好和特长积极参加体育锻炼，有效地发展力量、速度、耐力等素质，提高健康水平。

2. 女子经期的体育卫生

月经期间，人体一般不出现明显的异常变化。因此，月经正常的女子在月经期间，可以参加适当的体育运动，如做健美操、打乒乓球、羽毛球或排球等。通过这些活动，不仅可以改善盆腔的血液循环，减轻盆腔的充血现象，而且腹肌与盆底肌收缩与放松的交替对子宫所起的柔和按摩作用有助于经血的排出，使人感到舒畅。此外，丰富多彩的体育活动还可以调节大脑皮质的兴奋和抑制过程，从而减轻全身的不适反应。

（1）月经期间不宜游泳：女子经期子宫内膜脱落后，子宫内会形成较大的创面，子宫颈口略为开大，宫腔与阴道口位置对直，游泳时病菌容易侵入内生殖器官引起炎症。此外，月经期间应避免寒冷刺激，特别是下腹部不要受凉，冷水浴锻炼也应暂停。

（2）月经期间应避免做剧烈、大强度或振动大的跑跳动作，如快跑、跨跳、腾越以及使腹内压力明显增高的屏气或静力性动作，如推铅球、举重、收腹等，以免子宫受到过大的振动或由于腹内压过高而使子宫压过大，造成经血过多或引起子宫位置的改变。

（3）月经紊乱（经量过多、过少或经期不准等）、痛经或患有内生殖器炎症的女生，月经期间应暂停体育活动。

第五章
大学生体质健康测量、评价与锻炼

第一节 大学生体质健康的测量与评价

一、体质的概念

体质是指人体生命的质量,是个体在先天遗传性和后天获得性的基础上表现出来的人体形态结构、生理功能、身体素质、心理品质和适应能力等方面相对稳定的特征。

体质是人的生命活动和工作与劳动的物质基础,体质在其形成、发展和消亡的过程中具有明显的阶段性,从最佳状态到严重疾病或功能障碍,可呈现出各种不同阶段的体质水平。一个人体质的好与坏,既依赖于先天因素,又与后天因素相关,而后天因素起着决定性作用。因此,在测定和评价体质时,必须注意体质的综合性特点并采用多项指标进行评价。

二、体质的构成

人体的形态结构、生理功能、身体素质和运动能力(简称体能)、心理发育以及对外界环境的适应能力是构成体质不可分割的5个重要因素。身体的形态结构是体质的物质基础;生理功能、心理条件和体能是体质的主客观表现,对内外环境的适应能力是它们的综合反映。构成体质的这5个因素相互统一、密切联系。体能是各器官系统的机能能力在人体运动过程中的客观反映。发展和提高体能的过程会相应地引起机体形态结构、生理功能的一系列变化。而伴随着形态结构、生理功能的变化及体能的发展提高,又会产生一定的心理过程和个性心理特征,从而促进人的心理发展。

三、体质与健康的关系

体质与健康之间有着密切联系。两者都是对人体状况的描述,都涉及人体的形态结构、生理机能、运动能力和心理状况及对社会(包括人际关系)的适应能力等方面,它们之间既有联系,又有所不同。体质是生命活动的最基本要素,也是健康的物质基础;而健康则是人体理想状态的标志,是体质所追求的目标体现。体质侧重于体格、体型、身体素质、运动能力等，而健康则侧重于研究人体的心、肝、脾、肺、肾及血管组织结构和生理功能的疾病、异常和死亡。体质是从"外观"上研究人体，健康是从"内部"研究人体。体质是人体的质量，健康则是体质状况的反映和表现，所以在评价体质和健康状况时，有些指标很难说成是纯属检测体质的指标，另一些指标也很难说成纯属健康检查的指标。

四、大学生体质健康测试与评价概述

体质测试是指选择能够客观地反映体质状况的各种指标和方法，对人体进行定量的测试，获得反映体质状况的资料，为更好地进行身体锻炼和促进健康成长提供科学依据。对体质测试所得的资料进行科学的统计与分析，作出某一方面或综合的健康判断称为体质评价。

为建立健全国家学生体质健康监测评价机制，激励学生积极参加身体锻炼，引导学校深化体育教学改革，推动各地加强学校体育工作，促进青少年身心健康、体魄强健、全面发展，在认真总结各地实施现行《国家学生体质健康标准》的基础上，结合新时期青少年体质健康状况和学校体育工作实际，教育部组织专家对原《国家学生体质健康标准》进行了修订，并于2014年7月颁布。

（一）说明

1.《国家学生体质健康标准》（以下简称《标准》）的定位

《标准》是国家学校教育工作的基础性指导文件和教育质量基本标准，是评价学生综合素质、评估学校工作和衡量各地教育发展的重要依据，是《国家体育锻炼标准》在学校的具体实施，适用于全日制普通小学、初中、普通高中、中等职业学校和普通高等学校的学生。

2. 本标准的修订依据及重点

根据《国家中长期教育改革和发展规划纲要（2010—2020年）》《国务院办公厅转发教育部等部门关于进一步加强学校体育工作若干意见的通知》（国办发〔2012〕53号）和《教育部关于印发〈学生体质健康监测评价办法〉等三个文件的通知》（教体艺〔2014〕3号）有关要求，修订时着重提高《标准》应用的信度、效度和区分度，着重强化其教育激励、反馈调整和引导锻炼的功能，着重提高其教育监测和绩效评价的支撑能力。

3. 本标准综合评定学生体质健康水平

本标准从身体形态、身体机能和身体素质等方面综合评定学生的体质健康水平，是

促进学生体质健康发展、激励学生积极进行身体锻炼的教育手段，是国家学生发展核心素养体系和学业质量标准的重要组成部分，是学生体质健康的个体评价标准。

4. 本标准将适用对象划分为以下组别

小学、初中、高中按每个年级为一组，其中小学为 6 组、初中为 3 组、高中为 3 组。大学一、二年级为一组，三、四年级为一组。

5. 小学、初中、高中、大学各组别的测试指标均为必测指标

必测指标中，身体形态类中的身高、体重，身体机能类中的肺活量，以及身体素质类中的 50 米跑、坐位体前屈为各年级学生共性指标。

6. 本标准的学年总分由标准分与附加分之和构成，满分为 120 分

标准分由各单项指标得分与权重乘积之和组成，满分为 100 分。附加分根据实测成绩确定，即对成绩超过 100 分的加分指标进行加分，满分为 20 分；小学的加分指标为 1 分钟跳绳，加分幅度为 20 分；初中、高中和大学的加分指标为男生引体向上和 1 000 米跑，女生 1 分钟仰卧起坐和 800 米跑，各指标加分幅度均为 10 分。

7. 根据学生学年总分评定等级

90.0 分及以上为优秀，80.0~89.9 分为良好，60.0~79.9 分为及格，59.9 分及以下为不及格。

8. 每个学生每学年评定一次，记入《〈国家学生体质健康标准〉登记卡》

特殊学制的学校，在填写登记卡时可以按规定和需求相应地增减栏目。学生毕业时的成绩和等级，按毕业当年学年总分的 50% 与其他学年总分平均得分的 50% 之和进行评定。

9. 学生测试成绩评定结果的影响

学生测试成绩评定达到良好及以上者，方可参加评优与评奖；成绩达到优秀者，方可获体育奖学分。测试成绩评定不及格者，在本学年度准予补测一次，补测仍不及格，则学年成绩评定为不及格。普通高中、中等职业学校和普通高等学校学生毕业时，《标准》测试的成绩达不到 50 分者按结业或肄业处理。

10. 对因病或残疾学生的政策

学生因病或残疾可向学校提交暂缓或免予执行《标准》的申请，经医疗单位证明，体育教学部门核准，可暂缓或免予执行《标准》，并填写《免予执行〈国家学生体质健康标准〉申请表》，存入学生档案。确实丧失运动能力、被免予执行《标准》的残疾学生，仍可参加评优与评奖，毕业时《标准》成绩需注明免测。

11. 测试工作和数据上传

各学校每学年开展覆盖本校各年级学生的《标准》测试工作，《标准》测试数据经

当地教育行政部门按要求审核后,通过"中国学生体质健康网"上传至"国家学生体质健康标准数据管理系统"。测试和数据上传时间由教育行政部门确定。

(二)单项指标与权重

测试对象	单项指标	权重/(%)
大学各年级学生	体重指数(BMI)	15
	肺活量	15
	50米跑	20
	坐位体前屈	10
	立定跳远	10
	引体向上(男)/1分钟仰卧起坐(女)	10
	1 000米跑(男)/800米跑(女)	20

注:体重指数(BMI)= 体重(千克)/身高^2(米^2)。

(三)《国家学生体质健康标准》评分表

1.《国家学生体质健康标准》大学生评分表(表5-1-1至表5-1-2)。

表 5-1-1 国家大学生体质健康标准（女子）

等级	单项得分	肺活量/(毫升) 大一大二	肺活量/(毫升) 大三大四	50米/(秒) 大一大二	50米/(秒) 大三大四	坐位体前屈/(厘米) 大一大二	坐位体前屈/(厘米) 大三大四	立定跳远/(厘米) 大一大二	立定跳远/(厘米) 大三大四	仰卧起坐/(次/分钟) 大一大二	仰卧起坐/(次/分钟) 大三大四	800米/(分·秒) 大一大二	800米/(分·秒) 大三大四	体重等级	体重指数
优秀	100	3 400	3 450	7.5	7.4	25.8	26.3	207	208	56	57	3'18"	3'16"	正常100分	17.2~23.9
	95	3 350	3 400	7.6	7.5	24.0	24.4	201	202	54	55	3'24"	3'22"		
	90	3 300	3 350	7.7	7.6	22.2	22.4	195	196	52	53	3'30"	3'28"		
良好	85	3 150	3 200	8.0	7.9	20.6	21.0	188	189	49	50	3'37"	3'35"	低体重80分	≤17.1
	80	3 000	3 050	8.3	8.2	19.0	19.5	181	182	46	47	3'44"	3'42"		
及格	78	2 900	2 950	8.5	8.4	17.7	18.2	178	179	44	45	3'49"	3'47"	超重80分	24.0~27.9
	76	2 800	2 850	8.7	8.6	16.4	16.9	175	176	42	43	3'54"	3'52"		
	74	2 700	2 750	8.9	8.8	15.1	15.6	172	173	40	41	3'59"	3'57"		
	72	2 600	2 650	9.1	9.0	13.8	14.3	169	170	38	39	4'04"	4'02"		
	70	2 500	2 550	9.3	9.2	12.5	13.0	166	167	36	37	4'09"	4'07"		
	68	2 400	2 450	9.5	9.4	11.2	11.7	163	164	34	35	4'14"	4'12"	肥胖60分	≥28.0
	66	2 300	2 350	9.7	9.6	9.9	10.4	160	161	32	33	4'19"	4'17"		
	64	2 200	2 250	9.9	9.8	8.6	9.1	157	158	30	31	4'24"	4'22"		
	62	2 100	2 150	10.1	10.0	7.3	7.8	154	155	28	29	4'29"	4'27"		
	60	2 000	2 050	10.3	10.2	6.0	6.5	151	152	26	27	4'34"	4'32"		
不及格	50	1 960	2 010	10.5	10.4	5.2	5.7	146	147	24	25	4'44"	4'42"		
	40	1 920	1 970	10.7	10.6	4.4	4.9	141	142	22	23	4'54"	4'52"		
	30	1 880	1 930	10.9	10.8	3.6	4.1	136	137	20	21	5'04"	5'02"		
	20	1 840	1 890	11.1	11.0	2.8	3.3	131	132	18	19	5'14"	5'12"		
	10	1 800	1 850	11.3	11.2	2.0	2.5	126	127	16	17	5'24"	5'22"		

表 5-1-2 国家大学生体质健康标准（男子）

等级	单项得分	肺活量/(毫升) 大一 大二	肺活量/(毫升) 大三 大四	50米/(秒) 大一 大二	50米/(秒) 大三 大四	坐位体前屈/(厘米) 大一 大二	坐位体前屈/(厘米) 大三 大四	立定跳远/(厘米) 大一 大二	立定跳远/(厘米) 大三 大四	引体向上/(次) 大一 大二	引体向上/(次) 大三 大四	1000米/(分·秒) 大一 大二	1000米/(分·秒) 大三 大四	体重等级	体重指数
优秀	100	5 040	5 140	6.7	6.6	24.9	25.1	273	275	19	20	3'17"	3'15"	正常 100 分	17.9~23.9
优秀	95	4 920	5 020	6.8	6.7	23.1	23.3	268	270	18	19	3'22"	3'20"		
优秀	90	4 800	4 900	6.9	6.8	21.3	21.5	263	265	17	18	3'27"	3'25"		
良好	85	4 550	4 650	7.0	6.9	19.5	19.9	256	258	16	17	3'34"	3'32"	低体重 80 分	≤17.8
良好	80	4 300	4 400	7.1	7.0	17.7	18.2	248	250	15	16	3'42"	3'40"		
及格	78	4 180	4 280	7.3	7.2	16.3	16.8	244	246		15	3'47"	3'45"	超重 80 分	24.0~27.9
及格	76	4 060	4 160	7.5	7.4	14.9	15.4	240	242	14		3'52"	3'50"		
及格	74	3 940	4 040	7.7	7.6	13.5	14.0	236	238		14	3'57"	3'55"		
及格	72	3 820	3 920	7.9	7.8	12.1	12.6	232	234	13		4'02"	4'00"		
及格	70	3 700	3 800	8.1	8.0	10.7	11.2	228	230		13	4'07"	4'05"		
及格	68	3 580	3 680	8.3	8.2	9.3	9.8	224	226	12		4'12"	4'10"	肥胖 60 分	≥28.0
及格	66	3 460	3 560	8.5	8.4	7.9	8.4	220	222		12	4'17"	4'15"		
及格	64	3 340	3 440	8.7	8.6	6.5	7.0	216	218	11		4'22"	4'20"		
及格	62	3 220	3 320	8.9	8.8	5.1	5.6	212	214		11	4'27"	4'25"		
及格	60	3 100	3 200	9.1	9.0	3.7	4.2	208	210	10		4'32"	4'30"		
不及格	50	2 940	3 030	9.3	9.2	2.7	3.2	203	205	9	10	4'52"	4'50"		
不及格	40	2 780	2 860	9.5	9.4	1.7	2.2	198	200	8	9	5'12"	5'10"		
不及格	30	2 620	2 690	9.7	9.6	0.7	1.2	193	195	7	8	5'32"	5'30"		
不及格	20	2 460	2 520	9.9	9.8	−0.3	0.2	188	190	6	7	5'52"	5'50"		
不及格	10	2 300	2 350	10.1	10	−1.3	−0.8	183	185	5	6	6'12"	6'10"		

2. 加分指标评分表（表5-1-3）。

表5-1-3 加分指标评分表（单位：次）

加分	男生 （引体向上/次）		女生 （1分钟仰卧起坐/次）		男生 （1 000米/分·秒）		女生 （800米/分·秒）	
	大一	大二	大一	大二	大一	大二	大一	大二
10	10	10	13	13	-35"	-35"	-50"	-50"
9	9	9	12	12	-32"	-32"	-45"	-45"
8	8	8	11	11	-29"	-29"	-40"	-40"
7	7	7	10	10	-26"	-26"	-35"	-35"
6	6	6	9	9	-23"	-23"	-30"	-30"
5	5	5	8	8	-20"	-20"	-25"	-25"
4	4	4	7	7	-16"	-16"	-20"	-20"
3	3	3	6	6	-12"	-12"	-15"	-15"
2	2	2	4	4	-8"	-8"	-10"	-10"
1	1	1	2	2	-4"	-4"	-5"	-5"

注：引体向上、1分钟仰卧起坐均为高优指标，学生成绩超过单项评分100分后，以超过的次数所对应的分数进行加分。1 000米跑、800米跑均为低优指标，学生成绩低于单项评分100分后，以减少的秒数所对应的分数进行加分。

第二节 《国家学生体质健康标准》大学生测试项目及锻炼方法

一、《国家学生体质健康标准》测试的操作方法

（一）身高标准体重

身高是反映人体骨骼生长发育和人体纵向高度的主要形态指标。体重是反映人体横向生长和重量的指标。身高标准体重是将身高和体重综合起来，测试值以每厘米身高的体重分布，直接查表就可以判断学生体形的匀称度，体重是否超重，超了多少千克；是否体重过轻或营养不良，轻了多少千克。该指标对于学生形成正确的身体形态观具有非常直观的教育作用。

1. 身高测试方法

受试者赤足，立正姿势站在调整好的身高计的底板上，上肢自然下垂，足跟并拢，

足尖分开约成60°，足跟、骶骨部及两肩胛区与立柱相接触，躯干自然挺直，头部正直，两眼平视，耳屏上缘与两眼眶下缘最低点呈水平位。测试人员站在受试者右侧，将水平压板轻轻沿立柱下滑，轻压于受试者头顶。测试人员读数时双眼应与压板水平面等高进行读数。以厘米为单位，精确到小数点后一位。测试误差不得超过0.5厘米。

注意事项：

（1）严格掌握"三点靠立柱""两点呈水平"的测量姿势要求。测试人员读数时，两眼一定与压板等高。

（2）水平压板与头部接触时，松紧要适度。

（3）测量身高前，受试者不应进行体育活动和体力劳动。

2. 体重测试方法

测试时，将杠杆秤放在平坦地面上，调整0点至刻度尺水平位。受试者赤足，男性受试者身着短裤，女性受试者身着短裤、短袖衫或背心，站于秤台中央，测试人员放置适当砝码并移动游标刻度尺至平衡。读数以千克为单位，精确到小数点后一位。电子体重计读显示数值即可。测试误差不超过0.1千克。

注意事项：

（1）测量体重前，受试者不得进行剧烈体育活动和体力劳动。

（2）受试者站在秤台中央，上、下杠杆秤时动作要轻。

（3）每次使用杠杆秤时均需校正。测试人员每次读数前都应校对砝码重量，避免差错。

（二）肺活量

测试方法：

各种肺活量计在每次使用前都必须进行测试检验，仪器误差不得超过3%。使用电子肺活量计时，首先将肺活量计接上电源，按电源开关，肺活量计通电并进入工作状态。测试时，先将口嘴装在叉式管的进气端，受试者手握叉式管，保持导压软管必须在叉式管上方位置，以免口水或杂物堵住气道，面对肺活量计站立，头部略后仰，尽力深吸气，直至再不能吸气为止；然后将嘴对准口嘴，以中等速度和力度深呼气直到不能呼出为止。此时液晶显示器上显示的数字即为肺活量毫升值。测试两次，选取最大值作为测试结果。记录以毫升为单位，不保留小数。使用桶式肺活量计时，注意待浮筒停稳后，再进行读数。

注意事项：

（1）测试前，受试者应了解测试方法和工作要领，可做必要的练习。

（2）受试者吸气和呼气均应充分，呼气不可过猛，并防止从嘴与口嘴接触部位漏气，防止用鼻呼气。呼气时允许弯腰，但呼气开始后不得再吸气。测试人员应注意观察，防止因呼吸不充分、漏气或再吸气影响测试结果。

（三）50 米跑

测试方法：

受试者至少两人一组测试。站立起跑，受试者听到"跑"的口令后开始起跑。发令员在发出口令同时要摆动发令旗。计时员视旗动开表计时。受试者躯干到达终点线的垂直面停表。记录以秒为单位，精确到 1/10 秒。

注意事项：

（1）受试者测试时最好穿运动鞋，不得穿钉鞋、皮鞋和塑料鞋。

（2）发现有抢跑者，要当即召回重跑。

（3）如遇风时一律顺风跑。

（四）立定跳远

测试方法：

受试者两脚自然分开站立于起跳线后，脚尖不得踩线，然后两脚原地同时起跳，不得有垫步或连跳动作。丈量起跳线后缘至最近着地点后缘的垂直距离。每人试跳三次，记录其中最好一次成绩。以厘米为单位，不计小数。

注意事项：

（1）发现犯规时，此次成绩无效。三次试跳均无成绩者，再跳至取得成绩为止。

（2）可以赤足，但不得穿钉鞋、皮鞋和塑料鞋。

（五）坐位体前屈

测试方法：

受试者上体垂直坐，两腿并拢伸直，两脚平蹬测试纵板，两脚尖分开 10~15 厘米，上体前屈，两臂伸直向前，用两手指尖轻轻地向前推动游标，直到不能前推为止，保持这一姿势 3 秒。测量 3 次，取最大值，以厘米为单位，数值精确到小数点后 1 位。

注意事项：

（1）测试前应做短时间的热身活动。

（2）测试中动作要缓慢，以避免受伤。

（3）身体前屈，两臂向前推游标时，两臂用力要均匀，两腿不能弯曲。

（六）1 000 米跑（男）、800 米跑（女）

测试方法：

受试者至少两人一组进行测试，站立式起跑。当听到"跑"的口令后起跑。计时员看到旗动开表计时，当受测者的躯干到达终点线垂直面时停表。记录以秒为单位。

注意事项：

（1）受试者测试时最好穿运动鞋，不得穿钉鞋、皮鞋和塑料鞋。

（2）发现有抢跑者，要当即召回重跑。
（3）如遇风时一律顺风跑。

（七）仰卧起坐

测试方法：

受试者全身仰卧于垫上，两腿稍分开，屈膝呈 90° 左右，两手指交叉贴于脑后。另一同伴压住其踝关节，固定下肢。受试者起坐时，两肘触及或超过双膝为完成一次。仰卧时两肩胛必须触垫。测试人员发出"开始"口令的同时开表计时，记录 1 分钟内完成次数。1 分钟到时，受试者虽已坐起但肘关节未达到双膝者不计该次数，精确到个位。

注意事项：

（1）如发现受试者借用肘部撑垫或臀部起落的力量起坐时，该次不计数。
（2）测试过程中，观测人员应向受测者报数。
（3）受试者双脚必须放于垫上。

（八）引体向上

测试方法：

受试者面向单杠，自然站立，然后向后摆动双臂，跳起，双手分开与肩同宽，正握杠，身体呈直臂悬垂姿势。待身体停止晃动后，两臂同时用力，向上引体（身体不能有任何附加动作）。当下颌超过横杠上缘时，还原，呈直臂悬垂姿势，为完成 1 次。测试人员记录受试者完成的次数。

注意事项：

（1）若受试者身高较矮，不能自己跳起握杆时，测试人员可以提供帮助。
（2）测试时，受试者要保持身体挺直，不得屈膝、挺腹等。若借助身体摆动或其他附加动作完成引体时，该次不计数。
（3）测试时应有相应的保护措施，防止伤害事故的发生。
（4）下降过程身体不能猛然放松，身体要稍微紧张，双脚在此时迅速向前伸（幅度不要过大，以免造成违规）。

二、《国家学生体质健康标准》测试项目的锻炼方法

（一）1 000 米跑（男）、800 米跑（女）

1 000 米跑、800 米跑项目，既测试有氧耐力水平，也测试无氧耐力的水平。由于耐力是衡量人的体质健康状况和劳动工作能力的基本因素之一，是从事各项运动必不可少的一种运动素质，因此，测试耐力水平对于评价学生的体质健康状况有着非常重要的意义。

长跑测验既可以反映肌肉耐力，又可以反映呼吸系统和心血管系统的机能水平，测

试方法简单易行，具有其他测验项目不可替代的作用。更为重要的是，《标准》把长跑测试作为一种手段，可以引导学生更多地关注自己的耐力和心肺功能，主动积极地参加长跑等体育锻炼，发展体能，增强耐力，提高体质健康水平。

锻炼方法：

（1）匀速跑 800～1 500 米：全程都以均匀的速度跑。

（2）中速跑 500～1 000 米：要跑得轻松自然，动作协调，放开步子跑。

（3）重复跑：反复跑几个段落，如 200 米、400 米或 800 米等，中间休息时间较长。跑的距离、重复次数、快慢、强度可根据自己的情况而定，发展速度耐力。

（4）加速跑 60～80 米：反复跑，中间有较短时间的间歇。

（5）变速跑 1 500～2 500 米：要求快跑与慢跑结合，如采用 100 米慢跑、100 米快跑或 100 米慢跑、200 米快跑等方法交替进行，发展速度耐力。

（6）越野跑：利用自然地形条件进行练习，如在公路、田野或山坡上进行跑步练习，可以发展耐力、灵敏、弹跳等素质。

（7）跑台阶、跑楼梯练习。

（二）肺活量

肺活量是指在不限时间的情况下，一次最大吸气后再尽最大力量所呼出的气体量。肺活量是反映人体生长发育水平的重要机能指标之一。

锻炼方法：经常运动的人比一般人的肺活量要大，呼吸次数、呼吸深度、肺活量和肺通气量这 4 个指标都会出现良好的变化。长跑、游泳、健美操、跳绳、跑楼梯、上下台阶、长距离竞走、篮球和足球等项目都是提高人体肺活量的有效方法。

（三）50 米跑

50 米跑是国际上通用的测试项目，通过较短距离的高强度跑测试速度素质。

速度素质可以反映人体中枢神经系统的机能状态和神经与肌肉的调节机能，也可以综合地反映人体的爆发力、灵敏和柔韧等素质。

锻炼方法：

（1）小步跑：体会前脚掌快速扒地的动作，上下肢放松协调配合。

（2）高抬腿跑：提高大腿高抬的幅度，增强腿部力量和动作频率。

（3）后蹬跑：纠正后蹬用力不充分和"坐着跑"等缺点，增强腿部力量。

（4）小步跑转入加速跑，50～60 米。

（5）高抬腿跑转入快速跑，50～60 米。

（6）后蹬腿跑转入快速跑，50～60 米。

（7）顶风跑、顺风跑、上坡跑、下坡跑。

（8）30 米、50 米计时跑。

（9）重复跑 60～80 米：以中等速度反复练习。

此外，还可采用负重练习，以增强腿部力量。方法参照立定跳远项目的锻炼方法。

（四）立定跳远

立定跳远是发展下肢肌肉力量、腰腹力量、协调性及跳跃能力的指标之一，是测试爆发力的项目。爆发力要求在最短时间内发挥最大的力量。爆发力的大小不仅取决于力量，而且取决于力量和速度的结合。它在人们的日常生活、劳动中有重要的意义和作用。

锻炼方法：

采用快速力量的各种跳跃练习以及负重练习，能够有效地发展腿部肌肉力量和肌肉速度，提高弹跳能力。

（1）深蹲跳：全蹲下去，双脚同时用力向上跳起，连续做。

（2）单脚跳：用左脚连续向上或向前跳一定的次数，再换右脚做连续跳。

（3）多级跨步跳：连续以最少的步数，跨出最远的距离。

（4）多级蛙跳：屈膝半蹲，上体稍前倾，双脚同时用力蹬地，充分伸直髋、膝、踝三关节，同时两臂迅速上摆。身体向前跃出，双腿屈膝落地缓冲后再接着向前跳。

（5）跳台阶：原地双脚起跳，跃上台阶或其他物体，然后再跳下，反复进行。

（6）跳绳：各种方式、方法的跳绳练习。

（7）身体负重跳：肩负杠铃或沙包、腰和腿绑沙袋、身穿沙衣等做各种跳跃练习。

（五）坐位体前屈

坐位体前屈是反映人体柔韧性的测试项目。柔韧性是指人体完成动作时，关节、肌肉、肌腱和韧带的伸展能力。一个人的韧性程度越好，表示其关节的活动幅度越大，关节灵活性越强。

柔韧素质与健康的关系极为密切。柔韧性的提高，对增强身体的协调能力，更好地发挥力量、速度等素质，提高技能和技术，防止运动创伤等都有积极的作用。

锻炼方法：

（1）正压腿：一腿直立，另一腿举起放于高度适当的高物上，身体正对高腿，上体向前尽量用胸部贴腿，双膝不得弯曲，还原后连续再做。

（2）侧压腿：一腿直立，另一腿举起放于高度适当的高物上，身体侧对高腿，上体尽量侧屈，用头的一侧贴腿。不要前倾或后仰，还原后连续再做。

（3）正踢腿：直立，两臂平举，左脚向前迈出一小步，右腿绷脚面伸直，急速有力地向上踢腿，落下时要有控制。两腿交替练习。

（4）并腿体前屈：两腿并立，上体前屈，两手触地，上体与腿尽量贴近，还原后连续再做。

（5）两腿左右开立，大于肩宽，上体前屈，臀部自然后移，双膝伸直，两手先向左腿外侧摸地面，还原后再向右腿外侧摸地面，连续做。

（6）双腿伸直坐于垫上或床上，上体前屈，两臂向前伸，尽力用双手触脚尖，膝关节不得弯曲，还原后连续再做。

（六）仰卧起坐（女）

仰卧起坐是测试腹肌力量和耐力的一个项目。测试方法简单易行，多年来在学校体育的锻炼和测验中一直受到重视。

锻炼方法：

1. 垫上练习

（1）直腿仰卧起坐：仰卧于垫上，双腿并拢伸直，两臂上举。上腹用力，使上体坐起，两臂前伸用手触脚。还原后连续做。

（2）仰卧团身：两手上举仰卧于垫上，双腿并拢屈膝，大小腿成90°。收腹起上身，同时双膝往上提，臀部随之离地，两臂抱腿，头尽量碰膝，仅腰部贴地。还原后再连续做。

（3）仰卧起坐：两手抱头仰卧于垫上，双腿屈膝大于90°。左膝上提，同时收腹夹肘起上身，尽力用右肘碰左膝。还原后，右膝上提，同时收腹夹肘起上身，尽量用左肘碰右膝。连续做。

（4）仰卧举腿：直体仰卧于垫上，两手抓垫，连续做向上直腿举腿动作。

2. 垫上负重和其他器械练习

（1）斜板仰卧起坐：两臂上举，仰卧在稍有高度的斜板上，脚朝上，头朝下，将双脚固定。当上身起坐时，两手尽量往脚尖伸去。还原后连续做。

（2）支撑举腿：两臂伸直，支撑在双杠或其他物体上，身体保持正直，双腿并拢后，快速收腹举腿，使大腿与上体成90°，保持几秒钟后，还原再做。

（3）悬垂举腿：双手正握单杠或肋木（背向肋木）呈悬垂，双腿伸直，最大限度地向上举起。还原再做。

（4）仰卧双腿举重物：仰卧于垫上，双手抓住固定物体。双脚夹重物或踝关节绑沙袋向上举起后放下。连续做数次或数十次。

（5）负重仰卧起坐：仰卧于垫上，双腿伸直，双手在头后持重物。腹肌迅速收缩，使上体坐起并前屈，然后再慢慢还原。反复练习。

（七）引体向上（男）

主要测试上肢肌肉力量的发展水平。引体向上是最基本的锻炼背部肌肉的方法，也是衡量男性体质的重要测试项目。

引体向上要求男性有一定的握力、上肢力量和肩带力量，这个力量必须能克服自身的体重才能完成一次。引体向上是一种力量耐力项目，对发展上肢悬垂力量、肩带力量和握力有重要作用。它以按动作规格完成的次数来计算成绩，做得多则成绩好。

锻炼方法：

练习引体向上时，一般每次 3~5 组，每组 8~12 次，组间休息 1 分钟左右。也可以第一组时做到几乎竭尽全力（无论是 3 个还是 4 个）。然后再做两组，每组尽力而为，能做多少做多少。下次再做时，尝试每组多做一两个。

当引体向上次数超过 12 次每组时，即可考虑负重练。一般要做 3~8 组，每组 8~12 次，组间休息 1~2 分钟。休息时间长短因人而异。也可按照规定次数做，例如，第一组采用顶峰收缩法做 8 次，有余力也不多做，组间休息 1 分钟，第二组也按规定做 8 次，直至最后几组，用尽全力，即便借助外力，动作不太规范，也要完成规定的 8 次，总共做 50 次左右。

运动技能篇

第六章
田径运动

　　田径运动是人类以走、跑、跳、投这些自然运动发展起来的体育运动和竞技项目。田径运动在体育世界中具有举足轻重的地位，被人们誉为"运动之母"。田径运动不仅具有全面锻炼身体的功能，同时每一个单项又具有明显指向性，可以有效地发展速度、力量、耐力等身体素质。田径运动的很多项目及其采用的主要练习手段也经常被其他体育项目选作发展身体能力的重要训练手段，并可作为评价训练效果的测试内容和评定指标。

　　田径运动大致可以分为8大类：竞走、平跑、自然条件下的跑、障碍跑、接力跑、跳跃、投掷、全能运动。其中，全能运动有男子五项全能、十项全能和女子五项全能、七项全能等。

　　田径运动是一种结合了速度与能力，力量与技巧的综合性体育运动。"更高、更快、更强"的奥林匹克运动精神在很多方面都能够通过田径运动得到集中体现。在1984年洛杉矶奥运会上，我国选手朱建华获得了男子跳高铜牌，实现了中国田径奥运奖牌零的突破；在1992年巴塞罗那奥运会上，陈跃玲获得了女子10千米竞走金牌，这是我国的第一枚奥运田径金牌；在2004年雅典奥运会上刘翔获得了男子110米栏的金牌，打破了欧美垄断短跑项目的神话；在2008年北京奥运会上，我国田径运动员取得了女子马拉松和女子链球的两枚铜牌。

第一节　走、跑、跳、投基本技能

一、竞走

（一）竞走的基本技术

　　竞走项目是眼睛观察到的单腿支撑和双腿支撑相交替，支撑腿在通过垂直瞬间膝关节伸直的周期性运动。可将技术动作分为以下几个阶段：

　　（1）后摆阶段：这个阶段是从右脚趾离地时开始至右脚摆动到支撑腿垂直部位时结束。

　　（2）前摆阶段：这个阶段开始于摆动脚的踝关节与支撑脚的踝关节重合之时，至前摆右脚蹬触地时止。

（3）前支撑阶段：这个阶段是从脚掌触地开始，到支撑腿处于垂直位置，与重心垂直投影点相吻合时结束。

（4）后支撑阶段：这个阶段开始于支撑腿的垂直位置，结束于脚尖将要离地。

（5）双支撑阶段：指一条腿后支撑阶段结束，另一条腿前支撑开始，双脚同时接触地面的瞬间。

（6）垂直支撑阶段：前支撑结束瞬间，身体重心投影点与支撑腿重合，称为垂直支撑阶段。

（二）学练提示和方法

1. 学练提示

走时应以脚跟着地，然后滚动到全脚掌。提示学生在支撑脚着地前瞬间积极伸直腿；摆动腿不能过早屈膝折叠小腿，否则就变成了"后摆式"走，容易变为跑。

2. 练习方法

（1）原地摆臂模仿练习。

（2）两臂放在背后的竞走；直臂走；两臂和肩积极参与的竞走。

（3）在练习中不能有横向动作，动作应该放松、协调。提示学生两肩积极协同两腿动作的重要性。两臂动作要大而放松。上述练习距离为50～100米。

二、短跑

1896年，首届现代奥林匹克运动会设有男子100米和400米比赛，美国运动员布克分别以12秒和54秒2获得两项冠军。在第2届奥运会上增设了200米比赛项目。女子100米、200米、400米比赛项目则是在1928年、1949年、1964年奥运会上依次设立的。

学习短跑，掌握短跑的基本技术和练习方法，可以达到健身和发展速度、力量、灵敏素质的目的。

（一）短跑的基本技术

短跑的全程技术可分为起跑、起跑后的加速跑、途中跑和终点跑4个部分。

（1）起跑：起跑的任务是获得向前冲力，使身体摆脱静止状态，为起跑后的加速跑创造有利条件。听到发令员的口令后，迅速做好"各就位""预备"动作，并高度集中注意力听枪声。听到枪声的瞬间，两手迅速推离地面，双臂屈肘做快速有力的前后摆动，两脚同时用力蹬离起跑器，后腿以膝领先迅速向前摆动，将身体向前上方有力地送出（图6-1-1）。

（2）起跑后的加速跑：身体保持适当的前倾，后蹬充分有力，前摆积极，两臂摆动有力，幅度大，步频加快。随着跑速加快，上体逐渐抬起，步长也逐渐加大。

图 6-1-1

（3）途中跑：途中跑的每一单步结构均由着地缓冲、后蹬、前摆三个动作阶段组成。途中跑时，上体稍前倾或正直，两臂前后摆动，两臂屈肘成90°，手指自然成半握拳或自然伸掌（图6-1-2）。

图 6-1-2

（4）终点跑：终点跑的任务是尽力保持途中跑的高速度跑过终点。终点跑包括终点跑技术和撞线技术。在离终点10～20米时，躯干稍有前倾，加快两臂摆动速度和力量。在离终点线前约一步距离时，上体急速前压，以胸部或肩部撞终点线。短跑时应发挥个人的特长，反应速度快、加速能力强的运动员，争取前半程领先对手，后半程尽力保持高速度。绝对速度好的运动员应发挥自己的高速跑能力和持久力。

（二）学练方法

1. 原地练习

（1）原地做弓箭步摆臂练习。

（2）原地做屈臂前摆、大腿下压扒地练习。

2. 直道途中跑的学练要求

（1）在直道上以中等匀速反复跑30米、50米、60米、80米，动作协调、步子开阔，注意蹬地和摆腿的正确技术。

（2）50～60米、60～70米、70～80米不同距离的加速跑。

（3）80～100米放松跑，步幅放开，动作自然有力，注意蹬摆结合技术。

（4）80～120米重复跑，在技术动作正确的基础上加快速度。

（5）采用多种跑的专门性练习，如小步跑、高抬腿跑、后蹬跑、车轮跑等。

3. 弯道途中跑的学练要求

（1）直道进入弯道，有意识加大右腿的蹬地力量和摆动幅度。

（2）弯道进入直道，出弯道的前几步，身体逐渐正直，体会顺惯性的自然跑。

（3）40~60米弯道跑：体会随着速度的增加，身体内倾的速度也不断加大。

（4）100~150米弯道跑：体会进入弯道、弯道跑、出弯道跑的衔接技术。

4. 蹲踞式起跑的学练要求

（1）反复练习"各就位""预备"动作，体会"预备"动作的提臀与探肩的空间感觉。

（2）练习起跑后的20~30米加速跑。

（3）快跑上台阶10~15级，快跑下台阶10~15级；快速上坡跑15~20米，中速下坡跑。

5. 终点跑的学练要求

（1）先快速跑20~30米并直接跑过终点，再用快速跑在接近终点1米处，做胸部撞线动作，迅速跑过终点。

（2）原地摆臂，上体迅速前倾做撞线动作；慢跑中撞线；中速跑15~20米撞线；快速跑20~25米撞线。

三、中长跑

（一）中长跑的基本技术

中长跑是中距离跑和长距离跑的统称。中长跑是发展耐久力的项目，要求具备合理的技术，即在保持高频率跑的情况下，尽可能少消耗能量，这样才能在途中跑的任何段落中具有加速跑的能力。在跑的过程中，掌握正确的技术和合理分配体力是非常重要的。

（1）起跑和起跑后的加速跑：起跑一般采用站立式起跑。听到枪声时，两腿用力蹬地，后腿蹬地后迅速前摆，使身体快速向前冲。起跑后加速跑时，上体前倾稍大。无论是在直道上起跑或在弯道上起跑，运动员都应接着弯道的切线方向和朝着自己有利的位置跑去，然后进入匀速而有节奏的途中跑。

（2）途中跑：途中跑时，一腿进行后蹬，另一腿进行前摆，蹬摆必须结合好，后蹬产生的支撑反作用力是向前上方的，前摆的惯性又加大了这个推动人体前进的力量。后蹬腿髋、膝、踝三个关节要伸展，摆动腿屈膝前摆，并带动髋部前送。两肩放松，做前后自然摆动，肘关节的角度在垂直部位可大一些，以利两臂肌肉的放松。弯道跑时，身体应稍向左倾斜，右臂摆动的幅度较大，与短跑基本相同，只是动作的幅度与用力的程度较小。

（3）终点跑：终点的冲刺距离要根据比赛项目、个人特点和战术需要来确定。一般情况下，800米跑在最后200~250米开始加速，而在此之前的直道上要占据有利位置。1 500米跑可在最后300~400米进行冲刺跑。5 000~10 000米跑时，在最后600~1 000米开始加速跑。加速跑时要选择良好的时机，动员全部力量以顽强的毅力跑过终点。冲刺时，应加大摆臂，加快步频和增加躯干的前倾角度。

（4）中长跑的呼吸原理：中长跑时，人体消耗能量较大，有机体需要更多的氧来维持运动中需氧量和供氧量的平衡。当供氧量不能满足需要时，组织内能量物质的分解与合成过程进行缓慢，使能量供应不能满足跑的需要，因而使跑速下降，步长缩短，步频减慢。可见呼吸对中长跑的技术发挥所起的重要作用。

（二）中长跑的学练方法

（1）匀速跑60~80米：体会惯性跑和自然放松的技术；用均匀的速度，2/3的力量进行5分钟定时跑，体会呼吸方法和呼吸节奏，合理分配体力。

（2）跑走交替：随着耐力的提高，逐步增加跑的距离。

（3）用1/2或2/3的力量重复跑400~600米，间歇3~5分钟，体会跑的节奏。

（4）弯道跑50~100米：体会弯道跑技术。

（5）越野跑：力求自然放松，发展一般耐力。

（6）定时跑：以均匀的速度跑一定时间，根据跑的时间分配体力及掌握跑的速度。

（7）变速跑：快跑与慢跑交替进行，快跑速度以1/2的力量跑进，快跑段与慢跑段的距离应视自身情况而定。

（8）间歇跑训练方法：间歇跑训练方法其效果取决于跑的段落长度、跑的速度、重复次数、间歇时间、休息的性质（消极、慢跑、走）等。一般采用跑200~400米段落，间歇60~90秒，段落跑的速度控制在跑完脉搏一分钟不超过180次，休息的间歇一分钟低于130次。采用这种方法，要严格控制跑的强度与恢复时间。

（9）重复跑训练方法：可采用500~600米，1 000~1 200米，2 000米或更长的距离，练习时心率为170~190次/分钟，休息的时间取决于跑的速度，并在心率恢复到130次/分钟以下时进行下一次快跑，一般为3~12分钟。

四、接力跑

（一）接力跑的基本技术

1. 持棒起跑

第一棒运动员采用蹲踞式起跑，以右手持棒，接力棒不得触及起跑线和起跑线前的地面，持棒起跑技术和短跑的起跑基本上相同（图6-1-3）。

2. 接棒队员的起跑

第二、三、四棒的运动员用站立式或一手撑地的半蹲踞式起跑姿势，站在选定预跑段的起跑线前面，两脚前后开立，两膝弯曲，上体前倾，第二、四棒运动员因站在跑道外侧，所以左腿放在前面，右手撑地面。身体重心稍向右偏，头转向左后方，目视跑来的同队队员

图6-1-3

和自己的起动标志线或标志区。第三棒运动员是站在跑道内侧，应以右腿在前，用左手支撑地面，身体重心稍向左偏，头转向右后方，目视跑来的同队队员和自己的起动标记或标志区。

传接棒的方法很多，常用的方法有上挑式和下压式两种。

（1）上挑式：接棒人的手臂自然向后伸出，手臂与躯干成 140°～145°，掌心向后，拇指与其他四指自然张开，虎口朝下，传棒人将棒向前上方送入接棒人的手中（图6-1-4 之 1）。

（2）下压式：也有人叫"向前推送"的传接方法，手腕内旋，掌心向上，拇指与其余四指自然张开，虎口朝后，传棒人将棒的前端由上向下传到接棒人的手中（图6-1-4 之 2）。

1　　　　　　　　　　　　　　　　2

图 6-1-4

（二）接力跑的学练方法

（1）了解持、接棒技术和有关规则，做上挑式和下压式的传棒练习。
（2）徒手和持棒摆臂，集体按口令做上挑式和下压式的接棒练习。
（3）两人一组在行进中按口令做上挑式和下压式传、接棒练习，要求同上。
（4）两人一组在慢跑和中等速度跑中反复做上述练习，要求同上。

五、跳远

跳远是一个古老的田径项目，早在希腊古代奥运会上，就有跳远比赛。从事跳远练习能有效地发展速度、灵敏、力量等素质，特别是发展腿部力量，提高跳跃能力。跳远也可以培养大学生坚强的意志品质和勇于进取的精神。

（一）跳远的基本技术

跳远是克服水平障碍的跳跃项目，完整的跳远技术由助跑、起跳、腾空和落地 4 个部分组成（图6-1-5）。

（1）助跑：助跑的任务是为获得更快的水平速度，并为准确踏板和快而有力的起跳做准备。从静止状态开始，一般采用"半蹲式"或"站立式"起动姿势开始加速。采用平稳加速的方式，跑法与加速跑基本相同，开始步频较慢，然后逐渐加大步长，提高步频，跑的动作轻松、自然。助跑开始几步的步长较短，步频较快，主体前倾也较大。

图 6-1-5

助跑距离的长短应根据运动员发挥速度快慢的能力而定。男子助跑距离一般为 45 米左右，跑 18~24 步；女子一般为 35 米左右，跑 16~18 步。

（2）起跳：起跳的任务是充分利用助跑获得的速度，创造尽可能大的腾起初速度和适宜的腾起角。在助跑最后一步，起跳腿积极前摆，然后快速有力地下压，着地时以脚跟先触板，然后用全脚掌迅速蹬地。

（3）腾空：起跳脚着板后，身体重心继续积极前移，迫使起跳腿的髋、膝、踝三个关节退让缓冲弯曲，为蹬伸创造有利条件。蹬伸时，起跳腿的髋、膝、踝三个关节充分伸展，上体和头部保持正直，摆动腿要以腿带髋积极、迅速地向前上方摆动，摆动腿大腿接近水平，小腿自然下垂。当起跳腿开始蹬伸时，同侧臂屈肘向前、向上摆动，异侧臂后引或侧引向体侧或体后摆动。当肘关节屈肘摆到与肩接近平行时，摆臂动作突然停止，以维持身体平衡。

（4）落地：落地技术要求尽可能推迟脚落地的时间，加大着地点和身体重心投影点之间的距离，保证身体移过着地点，安全落地。

落地技术包括以下几个动作：着地前两腿屈膝高抬或团身，膝关节主动向胸部靠拢；着地时，膝关节伸直，小腿前伸，以脚跟先接触沙面；着地后屈膝骨盆前移，两臂前摆。使身体迅速移过落点，避免后坐。

（二）跳远的学练方法

1. 建立正确的跳远技术概念
2. 学习助跑与起跳相结合技术
（1）原地起跳模仿练习。
（2）走步中做起跳练习。
（3）助跑 3~5 步或 4~6 步结合起跳。
（4）助跑 4~6 步起跳后成"腾空步"。
（5）助跑 6~8 步起跳后成"腾空步"，然后摆动腿下落沙坑，继续向前跑出。
3. 助跑技术学练方法
（1）各种距离的加速跑练习。
（2）用加速跑测定助跑后的第 20、25、30、35、40 米处的成绩，以测定个人发挥最高速度时的距离。确定距离后，反复进行加速跑练习，最后确定步数和全程跑距离，再移到助跑道上，进一步加以调整。在起跳线上设一个标志，在起跳板前 8 步处设一个标志。

4. 腾空姿势和落地学练方法

（1）原地挺身式跳远的模仿练习。

（2）从高处跳下，完成挺身式空中模仿动作。

（3）4~6 步助跑起跳成"腾空步"后，摆动腿放下，并向后摆，滚动前移，挺胸展体成挺身姿势，双脚落于沙坑。

（4）半程、全程助跑挺身式跳远练习。

六、跳高

跳高是一项由节奏性助跑、单脚起跳、越过横杆落地等动作组成，以越过横杆上缘的高度来计算成绩的田径比赛项目，又称"急行跳高"。跳高起源于古代人类在生活和劳动中越过垂直障碍的活动。现代跳高始于欧洲。18 世纪末苏格兰已有跳高比赛，19 世纪 60 年代开始流行于欧美国家。跳高有跨越式、剪式、俯卧式、背越式等过杆技术，现绝大多数运动员都采用背越式。男、女跳高分别于 1896 年、1928 年被列为奥运会比赛项目。

（一）背越式跳高的基本技术

背越式跳高技术是指人体通过助跑、起跳、腾空转体后以背对横杆的姿势越过横杆的跳高技术（图 6-1-6）。

图 6-1-6　背越式跳高技术

1. 助跑的技术要点

背越式跳高是用距横杆较远的脚起跳，一般是前段跑直线，后段跑弧线，呈不等半径的抛物线形。要使全程助跑轻松、自然、快速，需要有一个准确的助跑步点。

2. 起跳的技术要点

起跳动作可分为起跳腿的着地、缓冲和蹬伸三个阶段及摆动腿与双臂的配合。

（1）起跳腿的着地、缓冲和蹬伸技术：为加快起跳的速度，起跳腿应大幅度、平稳地以脚掌外侧着地，并迅速从脚跟向前脚掌滚动。这时由于迈步放脚时髋关节的积极快速前送和迅速的弧线助跑而形成了身体向后、向内的倾斜姿势。在起跳的缓冲阶段，为了提高起跳的速度，还应减小屈膝的幅度，以利于保持水平速度。在这个阶段，当身体由倾斜转为垂直至身体重心移至起跳腿的上方时，迅速有力地充分蹬直起跳腿的髋、膝、踝三个关节，躯干在离地前瞬间几乎垂直地立于起跳脚之上。这时起跳腿的蹬伸方向应在身体重心的外侧，从而产生了过杆所必需的旋转冲力。

（2）起跳时摆动腿与双臂的协调配合技术：起跳时离横杆较远的一臂用力地向上摆动，并且较早地制动，另一臂不要充分摆出，这样有利于肩轴倾向横杆。摆动腿的摆动应从屈膝的起跳腿旁开始，以膝盖领先，先屈膝折叠，于跳高架的远端支柱上方用力摆出。当摆动腿摆到起跳腿前方之后应向里转，而小腿和脚要稍许外展。这样的积极动作，有助于使骨盆保持在起跳力量的作用线上，围绕纵轴产生转身动作。此时，头应补偿性地转向横杆。

3. 过杆和落地的技术要点

过杆就是充分利用起跳获得的腾空时间改变身体姿势，缩短身体重心与横杆之间的距离，并利用身体的屈伸、旋转越过横杆。过杆时，立即屈髋收腹，下颌迅速引向前胸，同时双腿补偿性地高举，两小腿积极向上甩起。应注意，落地前的收腹举腿，以背先着地或团身以肩先着地，然后再做一个后滚翻。为了控制腾越方向，头部不能后仰，要注意在落垫过程中的"视力监督"，眼睛始终要注视着横杆方向。

（二）跳高的学练方法

1. 学习背越式过杆落地技术

（1）背对海绵包站立，然后提脚跟，挺身、向后引肩，落地。

（2）背对皮筋站立，两腿屈膝，而后蹬伸向上跳起并与皮筋后引肩，做背越式过杆的动作。开始不放横杆"空跳"或以皮筋取代横杆，最后再跳过杆。

2. 学习起跳与起跳衔接过杆的技术

（1）迈步摆腿练习：起跳腿向前迈步放脚时，身体稍向起跳腿一侧倾斜，随着屈腿向前摆动，上体由倾斜转为垂直。同时提肩、拔腰、摆臂，并蹬伸起跳腿。

（2）沿直径为15~20米的圆圈走动，每隔一步做一次摆腿和摆臂练习。

（3）自然跑2~4步起跳后做背越式过杆动作。

3. 学习助跑与起跳相结合技术

（1）沿直径15米左右的圆圈加速跑，改进弯道跑的技术。
（2）5~7步弧线助跑起跳反手触高物。
（3）在圈上跑进时，每跑3~5步做一次起跳动作。
（4）在海绵包前，面对横杆做弧线助跑起跳练习，此练习在跳高架前做。

4. 学习完整背越式跳高技术
（1）丈量全程助跑步点。
（2）全程助跑背越式跳高练习。

七、推铅球

（一）推铅球的基本技术

目前推铅球的主流技术主要有背向滑步推铅球和旋转式推铅球，这里主要分析背向滑步推铅球技术。完整的背向滑步推铅球分为握持球、滑步、蹬转、最后用力、维持身体平衡5个部分（图6-1-7）。

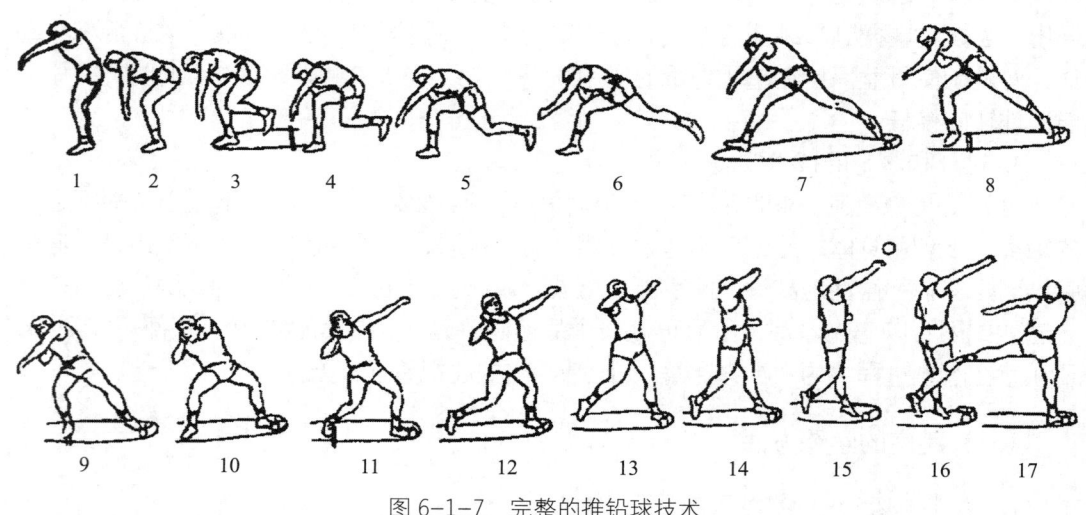

图6-1-7 完整的推铅球技术

1. 握持球的技术要点

握球手五指分开，将球放在食指、中指、无名指的指根处，拇指和小指贴在球的两侧。握好球后，把铅球放在持球手同侧肩上方锁骨窝处，紧贴颈部。

2. 滑步的技术要点

完整的滑步技术包括预备姿势、团身、滑步及最后用力4个部分（以右侧为例）。

（1）预备姿势：背对投掷方向，两脚前后站立，身体重心落在右腿上，左脚置于右脚跟后20~30厘米处，以脚尖或前脚掌着地，上体与头部正直，集中注意准备团身。

（2）团身的技术要点：向前屈体，屈膝下蹲，同时左腿和头部向右腿靠拢，完成团身动作。

（3）滑步：当团身臀部后移时，左大腿带髋，以左脚跟为前导快速向抵趾板中间略偏左方向摆出；右腿积极蹬伸，使摆蹬动作协调配合，以摆动腿的力量带动支撑腿，同时以蹬地的力量推送摆动腿，做到摆腿与蹬地互相结合，推动身体向投掷方向移动。

3. 最后用力的技术要点

最后用力是推铅球技术的主要环节，直接影响出手速度、出手角度。最后用力分为准备和加速两个部分。

4. 维持身体平衡的技术要点

推铅球出手时，由于身体充分伸展，重心较高并移向左脚，再加向前的冲力较大，铅球出手后，为防止犯规，这时应迅速交换两腿，以全脚掌着地，屈膝降低身体重心来减缓冲力，以维持身体平衡。

（二）推铅球的学练方法

1. 学习原地推铅球技术

（1）练习握球、持球、推球的方法。

（2）原地向上推铅球，两脚左右开立与肩同宽，下蹲时右肩下沉，然后迅速蹬起将球向上推出，体会推球用力顺序。

（3）原地侧向推铅球。

（4）原地背向推铅球。

2. 学习滑步技术

（1）徒手团身模仿练习。

（2）摆动腿的后摆与右腿的蹬伸练习。

（3）收拉右腿结合左脚主动快速落地练习。

（4）徒手滑步练习。

（5）持轻球进行完整滑步练习。

3. 学习背向滑步推铅球完整技术

（1）徒手模仿背向滑步推铅球技术。

（2）背向滑步推轻铅球。

（3）圈内背向滑步推轻铅球或标准重量的铅球，注意滑步与最后用力的连贯性，完成动作的加速节奏。

八、掷标枪

（一）掷标枪的基本技术（图6-1-8）

1. 出枪技术要点

最后用力是学习的重点。因为掷标枪成绩的好坏，主要取决于最后用力技术的

图 6-1-8 掷标枪完整动作

好坏。

以右手掷枪为例。出枪时，投掷臂处于身后，约与肩高，与躯干几乎成直角。弯曲的左腿做迅速有弹性的蹬伸，同时胸部尽量前送，并带动小臂向前做爆发性"鞭打"动作，使全身的力量通过手臂和手指作用于标枪纵轴。枪离手一刹那，手腕和手指的积极鞭打动作，能使标枪沿着纵轴按顺时针方向自转，这可以保持标枪在空中飞行的稳定性，提高标枪的滑翔效果。

2. 助跑的技术要点

正确的投掷步技术，特别是交叉步技术，是助跑技术的主要环节，它起着承上启下的作用，是助跑和最后用力结合的关键。助跑教学，应注意引枪和下肢动作协调配合，各步的步长和动作节奏，都要稳定。

（二）掷标枪技术的学练方法

（1）练习掷枪前的姿势：身体左侧对投掷方向，两脚左右开立，右腿弯曲，重心落于右腿，右臂伸直，持枪手位于右肩后方，手稍高于肩，左臂前伸稍内旋，左肩稍高于右肩，标枪位于眉和额之间，并贴近面部，眼看投掷方向。

（2）练习"满弓"动作：呈掷枪前姿势，在左腿稳固支撑的情况下，完成右腿前转送肩、转肩、挺胸、翻肘成"满弓"姿势。

（3）练习最后用力动作：从掷枪前姿势到标枪离手刹那间的身体姿势。

第二节 田径竞赛规则简介

一、径赛项目

400米及其以下的所有径赛项目，必须采用蹲踞式起跑及使用起跑器。在"各就位"及"预备"口令之后，参赛者应马上完成有关动作，不能在合理时间内完成有关动作，则属起跑犯规。除此以外，在"各就位"后，以声音或动作扰乱他人，应判其起跑犯规。400米以上的径赛项目，口令只有"各就位"，当所有参赛者均准备完成及静止后，便可鸣枪开始比赛。

在划分线道进行的径赛项目或其部分段中，参赛者不得越出其指定之赛道，否则取消参赛资格。在任何径赛项目中，若冲撞、突然切入或阻碍其他参赛者，亦会被取消参赛资格。

跨栏项目参赛者必须在自己的线道内完成比赛，而且当参赛者跨越栏架时，若其腿或足从低于栏架项的水平线跨越或跨越并非自己赛道上的栏架，均应被取消参赛资格。若裁判员认为参赛者故意以手或足撞倒任何栏架，亦应取消其参赛资格。

4×100米接力跑是分道进行，接棒者可以在接棒区前10米内起跑。在4×400米接力跑中，第一棒全程及第二棒的第一弯道是分道跑，第二棒运动员要跑至抢道线后方可自由抢道。第一棒的传接必须在参赛者指定的线道内进行，其余各棒的传接，裁判员会根据第二及第三棒运动员通过200米起点处之先后，按次序让其第三及第四棒的队友在接棒范围内，由内至外排列等候接棒。所有接棒者均不可以在接棒区外起跑。接力棒必须拿在手中，直到比赛结束为止。

二、田赛项目

田赛项目又可分为掷类和跳类。除跳高外，若参赛人数超过8名，每人应有3次试掷（跳）机会，试掷（跳）成绩最好的8名参赛者可获得另外3次试掷（跳）的机会。若超过一名参赛者同时获得相同于第八名的成绩，则每位成绩相同于第八名的参赛者，均可再获3次试掷（跳）的机会。若参赛的总人数是8人或以下，则每位参赛者应给予6次试掷（跳）的机会。若参赛者同时参加了田赛和径赛项目或一项以上的田赛项目，而在比赛时间上有所冲突时，田赛项目裁判可让参赛者在每一轮中更改赛前预定的试掷（跳）次序，但每一位参赛者在任何一轮的比赛中，不得有多于一次试掷（跳）的机会（跳高除外）。用距离决定胜负的田赛项目，以参赛者全部试掷（跳）中之最佳成绩计算名次。遇上最佳成绩相同时，应以次佳成绩定胜负，依此类推。若仍无法定出胜负而又涉及竞逐第一名时，则成绩相同者需依原来顺序进行比赛，直至分出胜负为止。用高度决定胜负的田赛项目，遇上最佳成绩相同时，以最少试跳次数成功越过最后高度的参赛者应获排较前的位置。如仍未分胜负，则全场比赛中试跳失败次数最少（包括最后跳过的高度）的参赛者应获排较前的位置。若仍无法分别胜负而涉及竞逐第一名，虽然有关的参赛者有可能曾经在不同高度试跳而相继失败，裁判应以其中最低的高度上，再给予一次试跳机会。如仍无法分别高下，则每次升高或降低2厘米让有关参赛者加跳一次，直至能定出胜负为止，而且在此情况下，有关参赛者必须试跳，以便判定名次。

铅球参赛者必须在推掷圈内，由静止状态开始，将铅球以单手由肩上推出。在整个推铅球的过程中，铅球应接触或接近参赛者的下颌，并且不得低于此位置，也不得移至肩线之后。推掷时，参赛者可以触碰推掷圈及抵趾板的内缘，但身体的任何部位若触到推掷圈或抵趾板上缘或推掷圈外面的地面，均视作试推失败。铅球未着地前，参赛者不得离开推掷圈。离开推掷圈时，亦必须从其后半圆离开。在推掷的过程中，参赛者可以中途停顿，甚至把铅球放下以及离开推掷圈（但仍要合乎上述规定），然后重新由静止位置开始推掷。铅球必须完全落在扇形着地区角度线范围以内方为有效。丈量时应从铅球着地痕迹之最近端拉向推掷圈的圆心，以推掷圈内缘至铅球着地痕迹近缘的距离计算成绩。距离的计算须以 0.01 米为最小单位，不足 0.01 米者应以较低的读数计算成绩。

铁饼除了投掷方式上的不同外，所有推铅球的规则通用于掷铁饼项目，丈量时应以 0.02 米为最小单位，不足 0.02 米者应以较低的读数计算成绩。

标枪参赛者应握着标枪的握把处，自肩上或投掷手臂上方将枪掷出，投掷时不得将枪抛出或甩出。参赛者不得转身完全背向投掷弧。标枪着地前，参赛者不得离开助跑道，离开时也要在助跑道两边平行线的直角方向及投掷弧的两端延长线后面走出。标枪着地时，枪尖必须先着地，并落在扇形着地区内方算有效。丈量时应由枪尖着地的最近点，通过投掷弧线的圆心，量至投掷弧线的内缘作为该掷的成绩。距离的计算须以 0.02 米为最小单位，不足 0.02 米者应以较低的读数计算成绩。

跳高比赛开始前，裁判员必须向参赛者宣布起跳的高度及每次晋升的高度，直至只剩下一位参赛者为止。除非只余下冠军参赛者，否则横杆的升幅不得少于 2 厘米，而且横杆的升幅不得增加。在只剩下冠军参赛者的情况下，横杆的升幅可按其意愿而作出决定。参赛者必须单脚起跳。若起跳后，横杆不停留在支架上或在尚未越过横杆前，身体的任何部位触及两支架间或两支架外的地面（包括其着地区），则以试跳失败论。如果参赛者在试跳时，其脚部触及着地区，而裁判员认为并未因此而获得利益，则该跳仍算有效。参赛者可以在任何一个高度开始起跳，往后亦可以自由选择高度试跳，但不管高度为何，连续 3 次试跳失败，便会丧失继续比赛的资格。若参赛者曾放弃某一高度的第一次试跳，其后便不得在同一高度上再次要求试跳机会（成绩相同时的额外试跳除外）。

跳远参赛者触犯下列任何情况，均作试跳失败论：

不论起跳与否，身体的任何部位触及起跳线前方的地面。着地时，身体的任何部分触及着地区以外的地面，而该点较其落在着地区的位置近。完成试跳后，在着地区向后行。使用任何翻腾动作试跳。丈量试跳成绩时，距离的计算需以 0.01 米为最小单位，不足 0.01 米者应以较低的读数计算成绩。三级跳远由单足跳、跨步跳及跳跃三个顺序部分组成。第一步起跳后，须以同足着地进行第二次起跳；第二步起跳后，则要以另一足着地，然后再做第三次（最后一次）起跳。除场地外，跳远的所有规则，均适用于跳远项目。

第七章
篮球运动

第一节　篮球运动概述

一、篮球运动的起源与发展

现代篮球运动是由美国马萨诸塞州斯普林菲尔德市体育教师詹姆士·奈史密斯于 1891 年发明的。他从工人和儿童用球向桃子筐内做投准的游戏中受到启发，故将这项运动称为"篮球"。在最初的篮球比赛中，场地大小、上场人数的多少以及比赛的时间均无严格的限制，比赛规则也比较简单。1892 年，奈史密斯博士制定出了最原始的 13 条篮球竞赛规则。1893 年，在比赛器材上，形成了近似现代篮板、篮筐和篮网。此后，篮球运动以其独特的吸引力迅速向欧、亚、非、大洋四大洲传播，其技战术水平不断提高，竞赛规则不断完善。在 1936 年第 11 届奥运会上，男子篮球被列为正式比赛项目。1950 年和 1953 年，分别在阿根廷和智利举行了首届世界男、女篮球锦标赛。在 1976 年第 21 届奥运会篮球比赛上，女子篮球被列为奥运会正式比赛项目。

随着场上队员身高的不断增长和高空技术的不断发展，世界篮球比赛呈现出高技巧、高速度、高强度、多变化、高比分、高空优势突出、高空技术出众等特点。美国、俄罗斯（苏联）、塞尔维亚和克罗地亚（南斯拉夫）长期称雄于世界篮坛。尤其是美国队，在 1992 年巴塞罗那奥运会上，以乔丹、约翰逊、马龙、皮蓬等一代世界超级明星组成的美国"梦之队"以平均胜出对手 44 分的绝对优势获得了冠军，全世界的篮球观众都被美国职业篮球明星无与伦比的技艺所震撼。1993 年，现场直播 NBA（美国篮球职业联赛）赛事的国家和地区就超过了 160 个。进入 21 世纪以来，美国 NBA 继续引领世界篮球发展潮流，与此同时，欧洲篮球全面崛起，南美劲旅咄咄逼人，各种打法、技战术特点不断交织融合以及规则的不断修改极大地推动了世界篮球运动向更高的水平迈进。

二、中国篮球运动发展概况

篮球运动于 1894 年传入我国天津，最初在一些大城市的学校中开展，发展十分缓慢。1910 年，在南京举行的第 1 届全国运动会上，男子篮球被列为表演项目。1913 年，在由中国、日本、菲律宾三个国家组织的远东运动会上，篮球被列为正式比赛项目，这也是我国篮球队首次参加国际性篮球比赛。1921年，我国在第5届远东运动会上获得男子篮球比赛冠军，这是旧中国篮球史上唯一一次在国际运动会上取得冠军。在1930年第4届全国运动会上，女子篮球被列为正式比赛项目。

新中国成立后，篮球运动技术水平在普及的基础上得到了迅速提高。"积极、主动、快速、灵活、准确"是各专业队训练的指导思想。到了20世纪60年代中期，我国的篮球运动水平接近世界先进水平。进入20世纪90年代，随着中国篮球与世界交往的进一步加强，我国的篮球运动水平有了新的提高。国家男篮在1994年第12届世锦赛和1996年第26届奥运会上获得第8名；国家女篮在1992年第25届奥运会和1994年第12届世锦赛上夺得亚军。1995年，我国举行了首届中国职业篮球甲级联赛（CBA联赛）。1998年，以"发展高校篮球，培养篮球人才"为目标的首届CUBA（中国大学生篮球联赛）也如期举行。随着我国篮球运动与世界篮球运动的进一步接轨，越来越多的青少年投身于篮球运动，我国篮球事业必将得到更加快速和健康的发展。

三、篮球运动的特点和作用

篮球运动是一项身体对抗十分激烈的运动，场上双方各5名队员，按照一定的规则，利用各种技战术，在28米×15米的场地上围绕着把球投进对方球篮和阻止对方把球投进本方球篮而展开一系列攻守对抗与激烈争夺。每名队员在场上不仅需要通过大量的奔跑、移动、跳跃、投掷等身体运动来完成各种攻防技术动作，还要按照教练员的指挥与部署，对场上瞬息万变的复杂情况作出及时合理的分析判断，与同伴进行有效的攻防战术配合，从而使全队的整体战斗力达到最佳化。因此，篮球运动具有集体性、对抗性、多变性、游戏性、趣味性和观赏性等特点，集健身性、益智性、娱乐性、教育性等作用于一体，是最适合在高校开展的体育项目之一。

第二节 篮球基本技术与练习方法

篮球技术分为进攻技术和防守技术两大部分，常用的基本技术有移动、传接球、运球、突破、投篮、防守和抢篮板球等。

一、移动

1. 基本站立姿势

两脚前后或左右开立，重心落于两脚间，两膝微屈，上体稍前倾，脚跟稍提起，两臂微屈于体侧，两眼注视场上情况。

2. 起动、跑

起动时，迅速以上体前倾或侧转，向跑动方向移动重心，同时用后脚或异侧脚的前脚掌短促有力地蹬地，并迅速向跑动方向迈出。起动后的两三步要积极、短促而迅速，使之能在最短的距离内把速度充分发挥出来。

跑主要有侧身跑、变方向跑、后退跑、变速跑等。

3. 急停

急停包括跨步急停和跳步急停两种方法。

（1）跨步急停：在快速跑动急停时，先向前跨出一大步，用脚跟先着地过渡到前脚掌着地，屈膝，上体稍后仰，身体重心下降，减缓向前的冲力。第二步落地的同时，脚尖稍内扣，用脚前掌内侧蹬地，两膝深屈，腰胯用力，身体稍侧转，两臂屈肘张开，帮助控制身体平衡（图7-2-1）。

扫一扫，查看跨步急停示范动作

图 7-2-1

（2）跳步急停：急停时，用单脚或双脚起跳（一般离地不高），上体稍后仰，两脚同时平行落地，略比肩宽。两膝深屈，身体重心下降，两臂屈肘微张，以利于保持身体平衡（图7-2-2）。

扫一扫，查看跳步急停示范动作

图 7-2-2

4. 转身

转身前，两膝微屈，上体稍前倾，身体重心投影在两脚之间。转身时，以中枢脚的前脚掌为轴，移动脚的前掌内侧用力蹬地跨出，上体随着移动脚转动以改变身体的方向。移动脚向中枢脚脚尖方向跨过称"前转身"，向中枢脚脚跟方向跨过称"后转身"。

第七章 篮球运动

5. 跳

跳有单脚起跳和双脚起跳两种。

6. 滑步

滑步是队员防守时运用的主要移动技术之一，可分为侧滑步、前滑步和后滑步三种。

侧滑步：在基本站立姿势的基础上，两臂左右张开，并不停地上下挥动。在向左侧滑步时，右脚前脚掌内侧蹬地，左脚向左跨出，在落地的同时，右脚紧随滑动靠近左脚，左脚又继续跨出连续进行。向右侧滑步时方向相反（图7-2-3）。

扫一扫，查看侧滑步示范动作

图7-2-3

前滑步、后滑步：动作要领与侧滑步相同，只是向前、后方移动。

7. 攻击步

攻击步常用来抢球、打球或造成对手传接球投篮的困难。利用后脚蹬地，前脚迅速向前跨出，逼近对手身前，前脚落地，后脚的前掌辗地跟进，后腿屈膝，前脚同侧手臂伸出打球或干扰。

8. 后撤步

撤步时，前脚用脚掌内侧蹬地，同时向撤步方向扭转腰髋，前脚后撤，同侧臂后摆，后脚前掌用力蹬地，前脚撤回后紧接着滑步，身体重心要稳定，后撤角度不宜过大。

练习方法：

（1）由基本站立姿势开始，按信号做迅速起动练习。

（2）原地徒手或持球做转身跨步练习。

（3）利用标志杆做徒手起动、急停、转身、变向跑练习。

（4）原地背向站立，听信号后做转身起动、急停、转身综合练习，或按要求做变速变向跑练习。

（5）利用篮球场上的罚球圈、中圈和三分线，做变向跑、变速跑、侧身跑练习。

（6）原地双脚起跳，向前、左、右跨一步或向后撤一步做双脚起跳练习。

（7）跑动中做单脚起跳摸篮板、篮圈练习。

（8）全场一对一做徒手攻防脚步动作练习。

二、传、接球

1. 双手胸前传球

双手持球，两拇指位于球后侧成"八"字形，其余四指分开置于球侧，掌心不要触球。传球时，迅速向传球方向伸臂，重心前移、翻腕、拨指（图7-2-4）。

图 7-2-4

2. 单手肩上传球

以右手传球为例：左脚向传球方向迈出半步，同时右转体将球引至右肩侧上方。出球时，右脚蹬地的同时转体带动上臂，肘在前，前臂迅速前甩，手指用力下压将球传出（图7-2-5）。

图 7-2-5

3. 双手反弹传球

这种传球方法与双手胸前传球基本相似，不同点在于用力方向是向前下方击地反弹，击地点在距接球者1/3的地方。接球时，迎球跨步，上体前倾，两臂向前下方伸出迎球，五指自然张开，手触球后，两手握球顺势将球移至胸腹间。

4. 单手体侧传球

队员在向左侧跨出半步的同时，右手将球移至右侧，向前做弧线摆动。当球摆过身体右前方时，迅速收前臂，借手腕的力量将球传出。

5. 接球

手指自然分开，手心空出，双臂向前伸出。在手触球时，双臂顺势随球后引缓冲来球的力量（图 7-2-6）。

扫一扫，查看双手接中部位的球示范动作

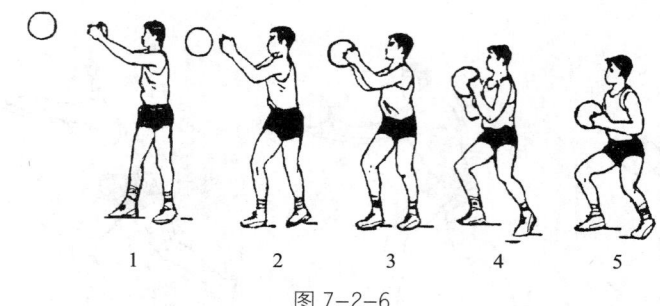

图 7-2-6

练习方法：

（1）徒手做双手传接球模仿性练习。

（2）两人一球原地体会持球和传球的手腕动作，两人相互纠错，轮流练习。

（3）两人直线跑动传接球。

（4）半场四角跑动传接球。

（5）两三人行进间做全场传接球练习。

（6）两人一组一球，做单手肩上传接球快攻练习。

三、运球

扫一扫，查看高运球示范动作

扫一扫，查看低运球示范动作

运球是控制支配球，组成战术配合及突破防守的重要手段，主要包括高运球、低运球、体前变向换手运球、背后运球、胯下运球、运球后转身等技术。

1. 高运球

抬头，目视前方，上体稍前倾，以肘关节为轴，拍按球的后上方，球的落点在身体前侧方，球的反弹高度在腰腹之间。主要用于行进间运球（图 7-2-7）。

2. 低运球

抬头，目视前方，两膝深屈，用身体和腰保护球，同时用手短促拍按球，球的反弹高度在膝部。主要用于遇到防守急停时的运球（图 7-2-8）。

图 7-2-7

图 7-2-8

3. 体前变向换手运球

运球者从右手低运球开始，向防守队员左侧后方快速推进，同时左臂自然抬起侧身保护球。当防守队员重心左移时，运球变向，右手拍按球的右侧上方，同时上右腿，左转侧肩保护球，换至左手运球（图7-2-9）。

扫一扫，查看体前变向换手运球示范动作

图7-2-9

4. 背后运球

以右手运球，向对手左侧运球为例：当防守队员身体重心左移，右腿在前突然用右手拍球的外侧，左脚上步的同时使球从身后反弹至左前方，左腿迅速向左前方跨步，以臂、腿保护球，换至左手运球。

5. 胯下运球

当防守队员迎面堵截时，右手运球，用右手拍按球的右侧上方，将球从右拍至胯下，反弹至左侧，用左手继续运球。

6. 运球后转身

当防守队员堵截运球线路时，运球队员持球控制在身体右侧，左脚向前跨出一步作为中枢脚置于对手两脚之间，然后右脚用力蹬地后撤，顺势做后转身动作的同时，右手拍按球的右侧前方，将球拉引向身体的侧后方落地，转身后换手用左手继续运球。

练习方法：

（1）原地运球练习。每人一球，听信号做高低运球、横向运球、拉球、推球、体侧前拉后推球、体前左右换手运球等练习。

（2）看信号行进间做高、低、变速、急起急停运球练习。

（3）沿球场内中圈和罚球圈做曲线运球和变向运球练习。

（4）绕障碍做变向换手和运球后转身练习。

（5）全场进行传、运、投技术综合练习。

四、投篮

投篮是篮球运动中最主要的进攻技术，主要包括原地双手胸前投篮、原地单手肩上投篮、行进间投篮、跳起单手肩上投篮等技术。

1. 原地双手胸前投篮

扫一扫，查看原地双手胸前投篮示范动作

两脚前后或左右开立，两膝微屈，双手持球于胸前，肘关节自然下垂。投篮时，眼睛瞄准篮筐，下肢蹬地发力，腰腹伸展，两臂向前上方伸出，前臂内旋，拇指下压，手腕前屈，食指、中指用力拨球通过指端将球投出。

2. 原地单手肩上投篮

以右手投篮为例：右手投篮时，右脚在前，脚尖正对球篮，屈膝，身体重心在两腿之间，上体保持正直，右手指自然分开托球于肩上，手腕后翻，掌心空出，左手扶球的侧下部。投篮时，两脚蹬地发力，伸展腰腹向前上方，抬肘伸臂，手腕前屈，食指最后用力，并使球向后旋转把球投向篮圈（图7-2-10）。

扫一扫，查看原地单手肩上投篮示范动作

图 7-2-10

3. 行进间单手肩上投篮

以右手投篮为例：当球在空中运行时，右脚向来球方向或投篮方向跨出一大步，同时接球，左脚向前跨出一小步，脚跟先着地，上体稍后仰，然后迅速过渡到前脚掌着地，并用力蹬地起跳，右腿屈膝上抬，左脚蹬离地面。同时双手向前上方举球，腾空后，右臂向前上方伸展。投篮出手后，两脚同时落地，两腿弯曲，以缓冲落地的力量（图7-2-11）。

扫一扫，查看行进间单手肩上低手投篮示范动作

图 7-2-11

4. 跳起单手肩上投篮

屈膝，重心在两脚之间，两脚用力蹬地垂直起跳，同时将球举至右肩上，左手扶球左侧下方，当身体接近最高点时，右臂向前上方伸直，手腕前屈，手指拨球将球投出。在空中要保持身体平衡，球出手后自然落地（图7-2-12）。

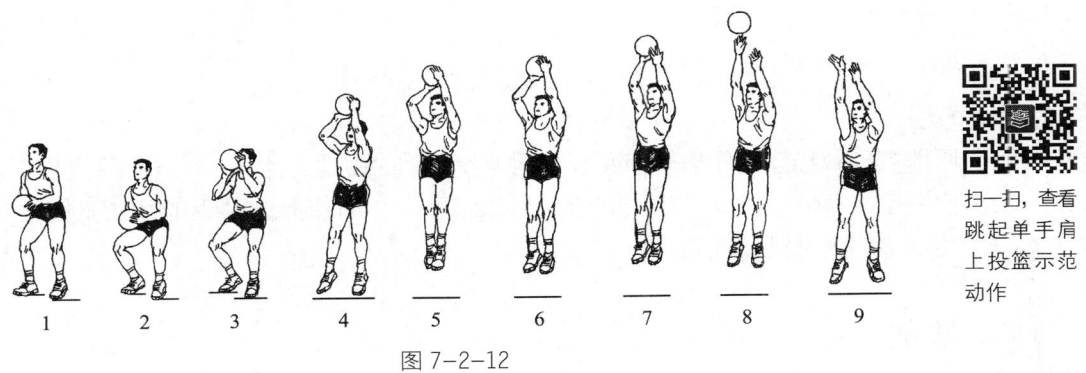

图 7-2-12

练习方法：

（1）徒手做各种投篮的模仿练习。

（2）两人一组一球，相距4~5米相对站立，原地做单、双手投篮模仿练习。

（3）各种角度、距离的投篮练习。

（4）在移动中接球后做各种投篮练习。

（5）5点连续投篮练习。

（6）运球行进间投篮练习。

五、持球突破

持球突破是持球队员运用脚步动作和运球技术快速超越对手的一种攻击性很强的技术。持球突破基本技术由蹬跨、转体探肩、推放球和加速几个环节组成。

1. 交叉步持球突破

以右脚作中枢脚为例：两脚左右开立，两膝微屈，身体重心降低，持球于胸腹之间。突破前，先做瞄篮动作或向左虚晃动作，以吸引防守队员，造成防守队员的重心不稳定。突破时，左脚内侧迅速蹬地并向右前方迈出一大步，上体右转，左肩前探下压，右手放球于迈脚的侧方，同时右脚蹬地向前跨出，右手运球超越对手（图7-2-13）。

2. 同侧步持球突破

以左脚作中枢脚为例：动作方法与交叉步突破基本相同。不同之处在于，右脚向右前方跨步，左脚蹬地向前方跨出。

图 7-2-13

练习方法：
（1）原地持球做瞄篮动作后做交叉步、同侧步突破的蹬地、侧肩、放球加速动作。
（2）自抛自接急停后做交叉步、同侧步突破练习，主要明确中枢脚和放球的时机。
（3）接球急停突破投篮练习。

六、防守

防守的基本技术包括防守无球队员和防守持球队员两个方面。

1. 基本防守姿势

两脚平行或前后开立，略宽于肩。两膝弯曲，身体重心投影置于两脚之间。上体稍前倾，两眼平视，两臂左右或前后张开以扩大防守面积，随时准备移动抢位。

2. 防守无球队员

防守离球近的对手时，防守者应采用面向对手、侧向球的斜前站立姿势。靠近对手的异侧脚在前，堵截对手摆脱移动的接球路线，伸前脚一侧手臂封锁接球路线。防距离远的对手时，可采用两脚平行站立、侧向对手面向球的姿势，以便协防或断球反击。

3. 防守持球队员

首先应占据球篮与进攻队员之间的有利位置，并根据对手特点和意图调整位置。平步防守面积大，便于横向滑动，两臂侧举对防运球和突破有利；斜步防守，一臂前上举，可以干扰对方投篮，另一臂斜下伸阻挠运球突破。

4. 抢球

抢球时，手部动作有拉抢和转抢两种。抢球时，用双手抓住球向后突然猛拉，或者采用前臂、手腕及上体扭动的力量将球夺走。

5. 打球

当对手接到球的瞬间，可突然上步打球，若对手持球较高，可采用由下而上的方法打球，用手指和指根击球的下部。若持球部位较低，可采用由上而下的方法打球，用手指和手指外侧击球的上部。此外，还有跳起投篮时的封盖球。

6. 断球

断球前，身体重心下降，做好起动的准备。当持球者传球给同伴离手的瞬间，突然起动，用快速短促助跑，单脚或双脚蹬地起跳，侧身跃出，充分伸展两臂和身体，用单手或双手将球截获。断球有横断球、纵断球和封断球三种。

练习方法：

（1）两人一组一球，原地做打、抢球的手法练习。

（2）断球练习：三人一组，一人防守，另两人相距 5～6 米传球，防守者做断球练习。三人轮换练习。

（3）全场一对一防无球队员练习：两人相距一米，一攻一守。攻方做变速变向突破等，摆脱防守者。守方练习撤步堵截，然后交换练习。

（4）全场一对一防有球队员练习：一人运球突破，另一人练习防守，然后交换练习。

（5）三对三半场防守练习：进攻者在外围做原地传球练习，防守队员采用人盯人防守，随球转移及时调整防守位置，尽量做到以盯人为主，人球兼顾。

七、抢篮板球

抢篮板球技术由抢位、起跳、空中抢球和抢到球后的动作组成。

1. 抢进攻篮板球

当同伴或自己投篮时，处在靠近球篮位置的进攻队员应及时判断球的反弹方向，快速起动摆脱防守，同时抢占有利位置起跳，跳至最高点补篮或抢篮板球。落地时屈膝，重心落于两脚之间，将球持于胸腹之间，肘外展（图 7-2-14）。

图 7-2-14

2. 抢防守篮板球

防守队员屈膝，上体前倾，重心在两脚之间。当进攻方投篮时，注意对手的动向，运用上步、撤步和转身占据有利位置，把进攻队员挡在身后，同时判断球的落点。起跳至最高点时，用双手抢球或将球点拨给同伴。如果在空中未传球，落地时保护好球并迅速完成第一传（图 7-2-15）。

练习方法：

（1）自抛自抢篮板球练习。

（2）抢占位置练习。

图 7-2-15

（3）全队连续助跑起跳托球碰板练习。
（4）抢篮板球结合一传练习。

第三节　篮球基本战术

一、进攻战术基础配合

1. 传切配合

传切配合是指进攻队员之间用传球和切入技术组成的简单配合。如图 7-3-1 所示：⑤传球给④时，⑤乘对手不备，突然横切或从底线切入篮下接④的传球投篮。

2. 掩护配合

掩护配合是掩护队员采用合理的行动，以自己身体挡住同伴的防守者的移动线路，使同伴借以摆脱防守的一种配合方法。根据掩护队员的掩护位置可分为前掩护、侧掩护、后掩护。如图 7-3-2 所示：⑤传球给④后跑到④的侧面做掩护，④接球后做投篮或突破的动作，吸引④的防守，当掩护到位时，④持球从防守的左侧突破投篮。⑤掩护后及时移动到有利的位置去接球或抢篮板球。

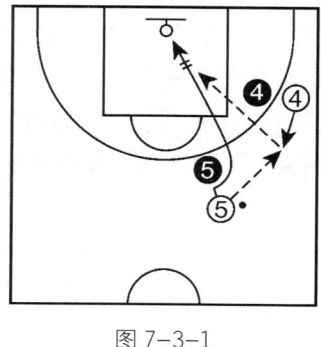

图 7-3-1

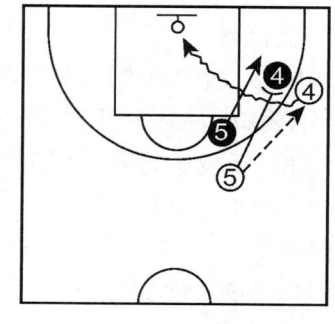

图 7-3-2

3. 策应配合

策应配合是指进攻队员背对或侧对篮筐接球,以他作枢纽,与同伴空切相配合而形成的一种里应外合的方法。如图 7-3-3 所示:④摆脱防守插到罚球线作策应,⑤将球传给④,并立即空切篮下,接④的策应传球投篮。

4. 突分配合

突分配合是有球队员突破后,主动地或应变地利用传球与同伴配合的方法。如图 7-3-4 所示:⑤从防守者的左侧突破,④协助防守,封堵⑤向篮下突破的路线,此时④及时跑到有利的进攻位置,接⑤的球投篮,或做其他进攻配合。

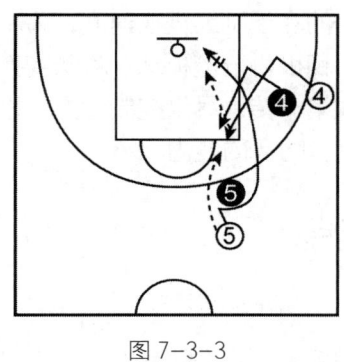
图 7-3-3

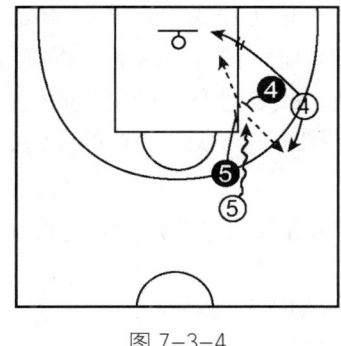
图 7-3-4

二、防守战术基础配合

1. 交换防守

交换防守是为了破坏进攻队员的掩护配合,防守队员之间彼此及时交换自己所防守的对手的配合方法。当对方队员进行掩护时,防守队员相互呼应,并紧跟自己的对手,当进攻队员摆脱切入时,及时换防。

2. 关门防守

关门防守是临近的两个防守队员协同防守突破的配合方法。当进攻队员运球向篮下突破时,防守突破的队员应挡住其通往篮下的路线,这时临近突破一侧的防守队员,应及时向防守突破的队员靠拢,像两扇门一样关起来,堵住突破者的路线。

3. 夹击防守

夹击防守是两个防守队员积极防守一个进攻队员的配合方法。它要求夹击时行动要积极、果断、突然,出其不意,攻其不备。

4. 补防

补防是两三个防守队员之间的一种协同防守的配合。当同伴被进攻者突破而有直接得分的可能时,临近的防守队员要立即放弃自己的对手去补防。

三、快攻与防守快攻

1. 快攻

快攻是由防守转入进攻时，积极、主动、勇猛顽强地以最快的速度、最短的时间造成人数上以多打少的优势，在对方尚未部署好防守之前，果断而快速地发起攻击的一种速决战。抢到防守篮板球、断球、掷界外球和跳球等都是发动快攻的有利时机。

快攻战术是由发动、推进、结束三个阶段组成的。快攻的形式主要有长传快攻、短传快攻和结合运球突破的快攻等。

2. 防守快攻

防守快攻是防守战术的重要组成部分，它的目的在于制约进攻速度，为本队积极防守争取时间。防守快攻方法有：提高进攻成功率、积极拼抢篮板球、攻防变换时头脑冷静，速度快，减少对方发动快攻的机会，堵截快攻第一传，尽量控制对方的推进，卡住快下队员，切断对方长传快攻的路线，同时提高以少防多的能力。

四、半场人盯人防守与进攻半场人盯人防守

1. 半场人盯人防守

半场人盯人防守是由攻转守时，全队迅速退回后场，每个队员在盯住自己对手的同时，采取集体防守的战术。其特点是分工明确、针对性强、机动灵活、能有效控制对方进攻重点，但它容易被进攻队员局部击破。

2. 进攻半场人盯人防守

进攻半场人盯人防守是由各种掩护、策应、传切和突破分球等基础配合组成的全队战术。要求合理组织进攻队形，充分利用基础配合组成全队战术，有目的地穿插换位，内外线结合，正面与侧面进攻相结合，扩大攻击面，注重速度，讲究节奏、快慢、动静结合，注意攻守平衡。

五、区域联防与进攻区域联防

1. 区域联防

区域联防是一种半场防守的全队战术，由防守队员退回半场后，每人负责一定的区域，严密防守进入该区的球和队员，并与同伴协同防守而构成的一种集体防守战术。

区域联防的站位队形有 2-1-2 联防、2-3 联防、3-2 联防和 1-3-1 联防几种。2-1-2 联防是区域联防的基本形式，这种站位队形队员分布均匀，易于联系协作，同时也便于控制后场篮板球发动快攻。但这种防守的薄弱环节是队员的防区衔接处，即图 7-3-5 的阴影区。

2. 进攻区域联防

进攻区域联防，应根据联防的特点和规律，针对其薄弱环节，占据有利的进攻位置，并结合本队的具体情况，确定进攻重点，组织有针对性的进攻战术。

进攻队 1-3-1 站位（图 7-3-6）是攻 2-1-2 联防的基本阵式。这种阵形，队员分布面广、攻击点多、便于内外联系、左右配合，有利于组织抢篮板球和保持攻守平衡。

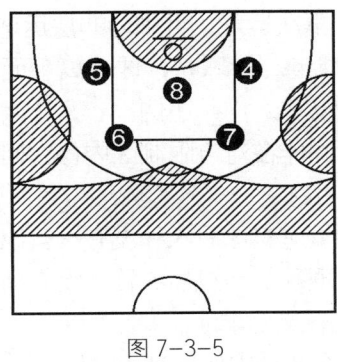
图 7-3-5

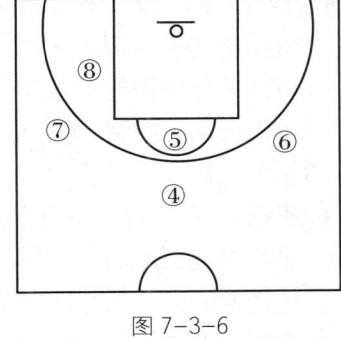
图 7-3-6

第四节　篮球竞赛规则简介

一、场地与设备

（一）场地

标准篮球场是长 28 米、宽 15 米的长方形，球场各线的宽度为 5 厘米。球场的大小从端线和边线的内沿算起。球场内有三分投篮区、限制区和罚球区。

（二）设备

在篮球场纵轴延长线上，端线外至少 2 米的地方各安置一篮球架，架上安装篮板，篮板的投影垂直于地面，平行于端线，并距离端线 1.2 米。它的下沿离地面 2.75 米。篮板中安装牢固的篮圈，篮圈距离地面 3.05 米，平行于地面。

二、违例、犯规及罚则

（一）违例及其罚则

违反规则的行为而未构成犯规统称违例。其罚则是违例队失去控制球权，由对方在最靠近发生违例的地点掷界外球。

（1）跳球违例：跳球时，两名跳球队员的脚要站在靠近本队球篮一边的半圆，一只脚靠近两人之间的线的中心，球达到最高点后必须被一名双方跳球队员合法地拍击。超出以上规定为跳球违例。

（2）队员出界和球出界：当队员身体的任何部分与界线或界线外的地面接触时，即为队员出界；当球触及界外队员或任何其他人员、界线上或界线外的地面或任何物体、篮板的支柱或背面时即为球出界。

（3）非法运球：队员第一次运球结束后，不得再次运球，否则为非法运球。

（4）带球走：不按规则规定的持球移动叫带球走。持球时，球未离手而中枢脚已离开地面再运球或中枢脚提起又落地后再传球、投篮等，均判违例。

（5）3秒违例：某队控制球时，持球队员或其同伴在对方限制区内停留时间不得超过3秒钟。否则为违例。

（6）5秒违例：有三种情况：罚球队员在裁判员递交球后5秒没有投篮出手；掷界外球的队员在裁判员递交球后或已将球放在他可处理球的地点后5秒，没有将球掷入场内；持球队员被严密防守，在5秒内没有传、投、滚或运球时。

（7）8秒违例：进攻队在后场控制球后，未能在8秒内使球进入前场。

（8）24秒违例：当一次进攻开始的时候，从后场一得到球，必须在24秒钟之内尝试投篮一次，否则判24秒进攻违例。

（9）掷界外球违例：掷界外球时，掷球队员未站在裁判员指定的距违例地点最近的界外掷球入场（但直接位于篮板后面的地方除外）。

（10）拳击球、脚踢球违例：队员用拳击球为违例，故意踢球或用腿的任何部分拦阻球为违例，脚或腿偶然碰球不算违例。

（11）球回后场违例：某队控制前场活球，该队的队员不得使球回他的后场（中线属于后场），否则为违例。

（12）干扰球违例：在投篮的时候，当球在飞行中下落，并完全在篮圈水平面上时，进攻或防守的队员都不能触球，但球触及篮圈后或明显不会触及篮圈时除外。

（二）犯规及其罚则

犯规是违反规则的行为，含有与对方队员的身体接触和违反体育道德的行为。对犯规队员应予以登记，并按照规则的有关条款予以处罚。

（1）侵人犯规：是一种违反规则而造成与对方发生不合理的身体接触，如队员通过伸展臂、肩、髋、膝或过分地弯曲身体成不正常姿势以阻挡、推拉、撞绊来阻碍对方行进或使用粗野动作以及用手触及对方等。

（2）技术犯规：有意的、不道德的或有投机取巧性质的行为，虽未发生身体接触，但应判技术犯规。技术犯规在比赛期间包括临场队员、替补队员、教练员、助理教练员和随从人员。

（3）双方犯规：双方队员同时相互犯规为双方犯规。

（4）违反体育道德的犯规：裁判员认为队员不是在规则的精神和意图的范围内合法地直接试图抢球，造成的侵人犯规是违反体育道德的犯规。

（5）取消比赛资格的犯规：任何技术犯规、侵人犯规都是十分恶劣的不道德行为，均为取消比赛资格的犯规，并令其离开球场附近。

（6）打架：在打架或可能导致打架的任何情况下，任何座席人员离开球队席区域的界限应被取消比赛资格，并令其离开球场附近，包括球队席区域和球场附近，并不得以任何方式再和他的球队联系。

三、一般规定

（1）队员5次犯规：一名队员已发生5次侵人犯规或技术犯规，他必须在30秒内被替换。

（2）全队犯规：在一节中某队已累计发生了4次队员犯规时，该队处于全队犯规处罚状态。所有随后发生的对未做投篮动作的队员的侵人犯规应被判2次罚球，代替掷球入界。

（3）可纠正的失误：如果裁判员无意地忽略了某条规则，并仅仅是导致了以下5种情况时，允许裁判员纠正这个失误：没有判给应得的罚球；判给不应得的罚球；允许不该罚球的队员执行罚球；在错误的球篮执行罚球；不正确地判给了得分或取消得分。

四、比赛通则

（1）比赛时间：比赛时间分为4节，每节10分钟。在第1、2节（第一半时）和第3、4节（第二半时）之间以及每一决胜期的前面有2分钟的比赛休息时间。两个半场之间的休息时间为15分钟。

（2）比赛开始：比赛由中圈内跳球开始。

（3）暂停：每队第一半时有2次暂停，第二半时有3次暂停，决胜期有1次暂停。暂停机会可以不用，但不准挪到第二半时或决胜期内使用。每次暂停时间为1分钟。

（4）替换：替换队员必须亲自到记录台前报告被替换队员号码，然后坐在替换席上，经临场裁判准许后，方可进入场地替换。只有在替换机会期间，球队才可以替换队员。

（5）比赛结束：当结束比赛时间的比赛计时钟信号响时，一节、决胜期比赛应结束。

（6）比分相等和决胜期：如果在第4节比赛时间终了时两队比分相等，为打破平局，需要一个或多个5分钟的决胜期来继续比赛，直到分出胜负为止。

第八章
排球运动

第一节 排球运动概述

一、排球运动的起源和发展

1895 年，美国人威廉·摩根为了选择一种较为和缓、活动量适当的运动方式来满足所有人的需要，设计了一种把网球网升到一定高度、让人们隔网用手来回拍打篮球内胆、不让球落在自己场区的击打性游戏。由于这种游戏是让球在空中飞来飞去，故取名为"volleyball"，意为"空中飞球"。1896 年，美国开始有了排球比赛，并制定了第一部排球规则。随着排球运动的不断发展，排球设备和比赛规则不断地改进和完善，使得这项运动具有独特的魅力，并吸引了广大群众积极参与。

1947 年，国际排球联合会成立。1949 年和 1952 年，分别举行了首届男、女世界排球锦标赛。在 1964 年第 18 届奥运会上，男、女排球被列为奥运会正式比赛项目。1965 年和 1973 年，分别举行了首届男、女世界杯排球赛。此后，排球运动在世界各地蓬勃地发展起来，并成为世界上会员最多的运动项目之一。

1905 年，排球运动传入中国，此后先后经历了十六人制→十二人制→九人制→六人制的演变过程。新中国成立后，排球运动得到了前所未有的发展。1953 年，中国排球协会成立，并于次年成为国际排联的会员。在努力学习外国先进经验和技术的基础上，结合我国的实际情况，我国首次提出了"三从一大"的训练原则，极大地推动了我国排球运动的发展。1979 年，中国男、女排双双获得亚洲锦标赛冠军，取得了参加奥运会的资格。中国女排从 1981 年的世界杯到 1986 年的世界锦标赛，创造了世界女子排球"五连冠"的骄人成绩。如今，排球运动已成为我国学校体育的主要内容，在高等学校有着广泛的群众基础。

二、排球运动的特点

排球比赛是两队各出 6 人，在由球网分开的场地上进行集体比赛的项目。比赛是由后排右边的队员发球开始的，各队遵照规则，运用发球、垫球、传球、扣球、拦网等技术进行攻防对抗，将球击过球网，以落在对方场区的地面上，防止落在本方场区地面上为目的。每回合每队可击球三次（拦网触球除外），将球击回对方场区。一个队员不得连续击球两次（拦网触球除外）。比赛连续进行，直到球落地、出界或某一队不能合法地将球击回对方场区。

排球比赛具有以下特点：

1. 形式的多样性和广泛的群众性

排球运动的场地设备比较简单，室内室外均可进行。其活动形式多种多样，地板上、沙地上、草地上、雪地上，甚至水中都可以进行，比赛规则容易掌握且可灵活变化。可根据实际情况调整参加人数和运动负荷，适合不同年龄、性别、体质和训练程度的人在不同环境条件下进行活动，具有广泛的群众基础。

2. 技术的全面性和高度的技巧性

在排球比赛中，任何位置上的队员都要参与防守和进攻，因此每个队员都须全面地掌握各项攻防技术。排球比赛具有球不能落地、不能持球、同一名队员不得连续击球、每队击球次数又有限制等特点，从而决定了排球技术的高度技巧性。

3. 激烈的对抗性和严密的集体性

在排球比赛中，双方的攻防转换始终是在激烈的对抗中进行的，其对抗的焦点主要集中在网上的扣与拦之间。水平越高的比赛，对抗争夺越激烈。比赛双方都在利用规则允许的三次击球机会，通过严谨的战术安排和巧妙的团队配合，完成激烈的攻防转换，体现了严密的集体性。

4. 轻松的娱乐性和高雅的休闲性

排球运动不拘于形式，可隔网对抗，亦可围圈嬉戏。只要有一块空间，就可以尽情享受这项运动的乐趣。排球比赛没有身体接触，双方比拼技战术，安全性高又十分优雅，是人们欢悦、休闲的理想方式。

第二节　排球基本技术与练习方法

排球技术是在规则允许的条件下所采用的各种合理的击球动作的总称，主要由步法和手法两部分组成。排球技术可分为准备姿势和移动、发球、垫球、传球、扣球、拦网6大基本技术。

一、准备姿势与移动

准备姿势与移动是完成发球、垫球、传球、扣球和拦网等各项有球技术的前提和基础，对各项有球技术的运用起着串联和纽带的作用。准备姿势的作用是为及时地移动和完成击球动作做好准备。移动的作用是为了及时接近球，调整人与球的位置关系，便于完成击球动作。

1. 准备姿势

按照身体重心的高低，准备姿势可分为半蹲准备姿势、稍蹲准备姿势和低蹲准备姿势三种。其中半蹲准备姿势运用较多。

（1）半蹲准备姿势：两脚左右开立，稍比肩宽，一脚稍前，两脚尖内收，脚跟稍提起；膝关节保持一定的弯曲，其投影点在脚尖的前面；上体前倾，重心靠前；两臂放松，自然弯曲，双手置于腹前；两眼注视来球，两腿始终保持微动（图8-2-1）。一般多用于接发球、拦网和各种传球。

（2）稍蹲准备姿势：稍蹲准备姿势比半蹲准备姿势重心稍高，动作方法相同（图8-2-2）。一般用于扣球助跑之前、不需要快速反应起动的时候。

（3）低蹲准备姿势：低蹲准备姿势比半蹲准备姿势的身体重心更低（图8-2-3）。一般在防守和做各种保护动作时使用。

图8-2-1

图8-2-2

图8-2-3

2. 移动

移动的目的主要是及时接近球，保持好人与球的位置关系，以便击球。常用的移动步法有以下几种：

（1）并步与滑步：如向前移动，则后腿蹬地，前脚向来球方向跨出一步，后腿迅速跟上做好击球准备。连续并步就是滑步。并步主要用于传球、垫球和拦网。

（2）跨步与跨跳步：如向前移动，则后腿用力蹬地，前脚向来球方向跨出一大步，膝部弯曲，上体前倾，身体重心移至前腿上。跨步过程中如有跳跃腾空动作即为跨跳步（图8-2-4）。跨步适用于来球较低、离身体1米左右垫击时使用。

图8-2-4

（3）交叉步：以向右交叉步为例，上体稍向右转，左脚从右脚前面向右交叉迈出一步，然后右脚再向右跨出一大步，同时身体转向来球方向，保持击球前的姿势。当来球距离3米左右时，可采用交叉步，主要用于二传、拦网和防守。

（4）跑步：跑步时，应随时注意球的飞行方向，两臂要配合摆动。如球在侧方或后方时应边转身边跑。跑步一般在当球距离身体更远时采用。

（5）综合步：以上各种步法的综合运用。

练习方法：

（1）两人一组，一人做准备姿势，另一人纠正其错误动作，交换进行。

（2）两人一组相对站立，一人跟随，另一人做同方向的移动。

（3）两人一组，相距 6 米，各持一球，两人同时把球滚向对方体侧 3 米左右处，移动接住后再滚给对方，如此反复进行。

（4）结合其他技术的练习。

二、发球

发球是排球比赛中一项重要的进攻技术。发球是比赛的开始。准确而有攻击性的发球可以直接得分或破坏对方的战术组成，减轻本方的防守压力，为反击创造有利的条件，同时能振奋精神、鼓舞士气，在心理上给对方造成压力。发球失误，将直接失分和失去发球权。常用的发球技术有正面下手发球、正面上手发球、正面上手飘球、侧面下手发球、勾手发球和跳发球等。

1. 正面下手发球

面对球网，左脚在前，右脚在后，两膝微屈，上体前倾，左手持球于腹前，右臂自然下垂，两眼注视球。左手将球在体前右侧抛起，高于手 20～30 厘米，在抛球的同时，右臂后摆。右脚蹬地，身体重心前移，右臂伸直。以肩为轴，向前摆到腹前，用虎口、掌根或手掌击球的后下部，随着击球动作身体重心前移，顺势进场（图 8-2-5）。

图 8-2-5

2. 侧面下手发球

左肩对网，两脚左右开立，约与肩宽，两膝稍屈，上体稍前倾，重心落在两脚之间，左手于腹前将球平稳上抛，距离身体约一臂远，球离手高度约一个半球。抛球同时，右臂后摆至右侧后下方。利用右脚蹬地向左转体的力量，带动右臂向前上方摆动，用虎口、掌根或手掌击球的后下方。击球后，身体转向球网，顺势进场（图 8-2-6）。

3. 正面上手发球

面对球网，左脚在前，左手于体前将球平稳地抛于右肩的前上方，同时右臂抬起，屈肘后引，肘与肩平，上体稍向右侧转动，抬头、挺胸、展腹，手掌自然张开。利用蹬地，使上体向左转动，同时收腹，带动手臂向前上方快速挥动。在右肩前上方伸直手臂的最高点，用全掌击球的后中下部。击球时，手张开与球吻合，手腕迅速做推压动作，使击出的球呈上旋飞行。击球后，随着重心前移，顺势入场（图8-2-7）。

扫一扫，查看侧面下手发球示范动作

图 8-2-6

扫一扫，查看正面上手发球示范动作

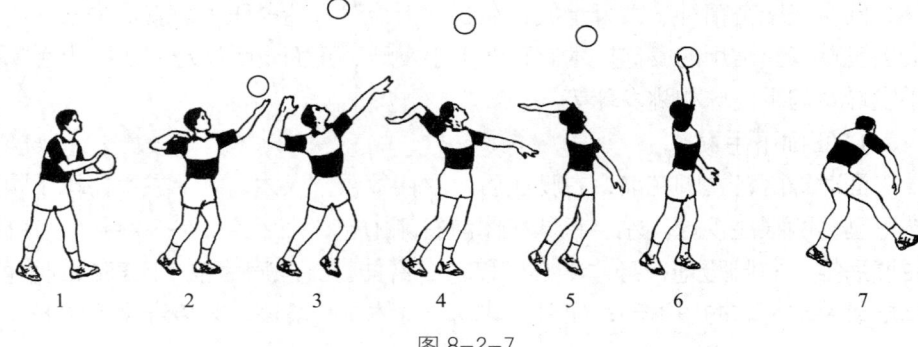

图 8-2-7

发球技术要点

1. 抛球稳。抛球的稳与否是影响发球准确性的主要原因。
2. 击球准。要以正确的手形击准球的相应部位，才能使发出的球与预期相一致。
3. 手法正确。击球的手法不同，发出球的性能也不同。只有采用正确的手法击球，才能发出相应性能的球。
4. 用力适当。用力大小与发球站位的远近、击球弧度的高低、发出球的性能和落点密切相关。

练习方法：
（1）近距离对墙发球练习，将抛球、挥臂、击球、用力等环节有机地衔接起来。
（2）两人一组间距9米左右相对发球。
（3）近距离进行隔网发球练习。
（4）站在端线向对方区域发球。
（5）站在端线左、中、右三个不同的位置向对方区域发球。

（6）向指定区域内发球。

三、垫球

垫球主要用于接发球、接扣球和接拦回球，是组织进攻的基础。垫球是比赛中多得分、少失分、由被动转主动的重要技术，是稳定队员情绪、鼓舞队员士气的重要手段。垫球还可在无法运用传球技术进行二传时用来组织进攻或处理球。常用的垫球技术有正面双手垫球、体侧垫球、背垫、跨步垫球、单手垫球、鱼跃垫球等。

1. 正面双手垫球

正面双手垫球是各种垫球技术的基础，是最基本的垫球方法。

两脚开立，稍比肩宽。在左半场及中场位置接球，左脚在前，在右半场位置则右脚在前，在中场可采用内八字站位。两脚适当提起脚跟，双膝弯曲，上体自然前倾，全身放松，随时准备移动（图8-2-8）。两手掌根紧靠，两手手指重叠合掌互握，两拇指平行，手腕稍下压，两臂外翻形成一个平面（图8-2-9）。对准来球，两臂夹紧前伸，插到球下，用前臂腕关节上方两臂桡骨内侧约10厘米处形成的一个近似的平面，击球的下部（图8-2-10）。向前上方蹬地抬臂，迎击来球。

扫一扫，查看正面双手垫球示范动作

图 8-2-8   图 8-2-9   图 8-2-10

2. 体侧垫球

体侧垫球的特点是控制面宽，但较难把握垫击的方向、弧度和落点。

以左侧垫球为例，右脚前脚掌内侧蹬地，左脚向左跨出一步，身体重心随即移至左脚，并保持左膝弯曲，两臂夹紧向侧伸出，左臂高于右臂，右肩向下倾斜，再用向右转腰和收腹的力量，配合两臂在体侧截击球的后下部。切忌随球摆臂。

3. 背垫

背垫大多用于接应同伴垫飞的球或将球处理过网。

背垫时，首先判断来球的落点、方向和离网的距离，然后迅速移动到球的落点处，背对出球方向，两臂夹紧伸直，插到球下。击球时，蹬地、抬头挺胸、展腹，直臂向后上方摆击球。在垫低球时，也可利用屈肘、翘腕动作，以虎口处将球向后上方垫起。

垫球技术要点

由于各种发球的性能不同，垫球的方法也有所不同。但不管采用何种方法，都要全神贯注，全身保持放松状态，根据击球人的动作特点，做好判断和准备。垫球时，要做到：判断准确，移动快速，对正来球，协调用力；保持好手臂与地面的适度夹角。

练习方法：
（1）两人一组，相距4~5米，一抛一垫。
（2）两人一组，相距4~5米，连续对垫。
（3）2~4人一组，一人发球，其余人轮流接发球。
（4）半场接发球练习：三人一组，一人发、两人垫，将球垫到2号位、3号位之间。
（5）结合场上位置练习：站好接发球位置，加强配合，接好各种发球。

四、传球

传球是排球基本技术之一。传球技术主要用于二传，为进攻创造条件，在比赛中起着组织进攻的作用。传球技术也可用来接发球，接对方的处理球、吊球和被拦回的高球。还可用来吊球和处理球，起着进攻的作用。常用的传球技术可分为正面传球、背传球、侧传球以及跳传等。

1. 正面传球

正面传球是最基本的传球方法，是其他一切传球技术的基础。

扫一扫，查看正面传球示范动作

稍蹲姿势，上体稍挺起，仰头看球，两手自然抬起，屈肘，放松置于脸前。当来球接近额前时，开始蹬地、伸膝、伸臂，手指微张，从脸前向前上方迎出。当手和球即将接触前，手腕和手指要有前屈迎球的动作，在脸额前上方约一球距离处手与球接触，十指自然张开使两手成半球状，手腕稍后仰，以拇指内侧、食指全部、中指的二、三指节触球的后下部，无名指和小指在球两侧辅助控制球的方向。两拇指相对近"一"字形。触球后各关节继续伸展，用手指、手腕的弹力将球击出。全身各部位动作应协调一致（图8-2-11）。

图 8-2-11

2. 背向传球

上体比正面传球时稍后仰，双手自然抬起置于脸前。抬上臂、挺胸、上体后屈。击球点在头上方，比正面传球略偏后。手形与正面传球相同，但触球时手腕要稍后仰，掌心向上，拇指托在球下，击球的下部。利用蹬腿、展体、抬臂、伸肘和指腕的弹力，把球向后上方传出。

扫一扫，查看背向传球示范动作

传球技术的运用

二传时，二传队员应该做到取位恰当，善于观察，动作隐蔽，调整节奏，手法熟练。顺网正面二传是最简单最常用的二传技术。其传球动作与正面传球相似，其区别在于顺网正面传球时，身体不宜面对来球，要适当转向传球方向，尽可能保持正面传球，使球顺网飞行。

练习方法：
（1）连续自传，传球高度不低于 50 厘米。
（2）距墙 50 厘米，对墙连续传球。
（3）两人一组，相距 3~4 米，传对方抛到额前的球。
（4）两人一组，相距 3~4 米，对传。
（5）在 3 号位向 4 号位、2 号位传顺网球。

五、扣球

扣球是排球基本技术之一。扣球在比赛中占有重要的地位，是得分的主要手段，是进攻中最积极有效的武器，是一个队摆脱被动、争取主动的途径，是攻击力强弱的表现。强有力的扣球可以鼓舞士气、振奋精神、挫伤对方的锐气，给对方造成强大的心理压力。常用的扣球技术有正面扣球、单脚起跳扣球和勾手扣球等。

1. 正面扣球

采取稍蹲的姿势，距离球网约 3 米处，面对来球方向，观察来球。助跑时，左脚先向前迈出一步，紧接着右脚再快速跨出一大步，左脚及时并上，踏在右脚之前，两脚尖稍向右转。同时，两臂自后积极向前摆动，随着双腿蹬地向上起跳，两臂配合起跳有力地向上摆动。

起跳后，挺胸展腹，上体稍向右转，右臂向后上方抬起，身体成反弓形。挥臂时，迅速转体、收腹发力，依次带动肩、肘、腕各部位关节向前上方成鞭甩动作挥动。击球时，五指微张，以掌心为主，全掌包满球，在手臂伸直的最高点的前上方击球的后中部，同时主动用力屈腕屈指向前推压，使扣出的球呈上旋。落地时，以两脚前脚掌先着地再迅速过渡到全脚掌着地，同时顺势屈膝、收腹，随即做好下一个动作的准备

（图 8-2-12）。

扫一扫，查看正面扣球示范动作

图 8-2-12

2. 勾手扣球

扣球时，助跑最后一步两脚和左肩侧对球网，或起跳后在空中使左肩转向球网。跳起后，整个挥臂击球动作与勾手发球相似。击球后，身体面向球网落地。

扣球技术的运用

扣近网球的特点是击球点高、路线变化多、威力大，但易被拦网。扣球时，要向上垂直起跳，以免前冲力过大，造成触网或过中线犯规。跳起后，主要利用收胸动作发力，以肩为轴，向前上方挥臂，以全手掌击球的后中上部。击球后，手臂要顺势回收，以防止手触网。

扣远网球的特点是力量大、角度较平、对方不易拦网。跳起后，击球点要保持在右肩前上方最高点，用全手掌击球的后中部，击球瞬间手腕要有明显的推压动作，使球呈上旋飞出。

练习方法：

（1）两人一组，一人手持球高举做固定球，另一人扣该固定球。

（2）距墙 3~4 米，连续对墙扣反弹球。

（3）在 4 号位助跑起跳，把由 3 号位抛来的球在高点轻拍过网。

（4）在 4 号位、2 号位助跑起跳，扣顺网传来的球。

（5）在 4 号位、2 号位助跑起跳，扣调整传来的球。

六、拦网

拦网是排球的基本技术之一。拦网是防守的第一道防线，是反攻的重要环节。拦网具有强烈的攻击性，可以直接拦死、拦回对方的扣球，能够削弱对方的锐气，动摇对方的信心，给对方造成心理压力。拦网也可以将对方有力的扣球拦起，减轻后排防守的压力。常用拦网技术有单人拦网、双人拦网和三人拦网。

1. 单人拦网

面对球网，两脚左右开立，约与肩同宽，距网30~40厘米。两膝微屈，两臂屈肘置于胸前。注视来球，迅速移动。起跳时，两腿屈膝，重心降低，随即用力蹬地。两臂以肩发力，在体侧近身处，做划弧前后摆动，帮助身体迅速跳起。两手从额前沿球网向上方伸出，两臂伸直并保持平行，两肩上提。两臂应尽力伸过网去接近球。两手自然张开，屈指屈腕成半球状。当手触球时，两手要突然紧张，手腕下压盖在球的前上方。拦球后，要做含胸动作，以保持身体平衡，手臂要先后摆或上提，从网上收回至本方上空，再屈肘向下收臂，以免触网。与此同时屈膝缓冲，双脚落地，随即转身面向后场，准备下一个动作（图8-2-13）。

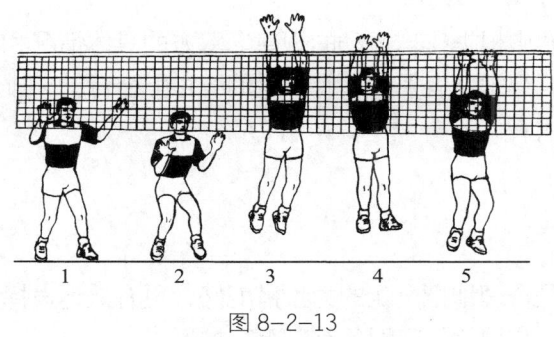

图 8-2-13

2. 双人拦网

双人拦网是排球比赛中最常见的一种拦网方式。主要在对方大力扣球时采用。

双人拦网时，应以一人为主拦队员，另一人为配合队员。但主拦队员不是固定的，一般情况下距对方扣球点近的队员应为主拦队员。主拦队员必须抢先移动到对正扣球点的位置，并做好起跳准备，配合队员则迅速移动靠近主拦队员准备同时起跳。两队员之间的距离一定要合适。双人拦网起跳时，两人的手臂在体前划小弧向上摆伸，都要尽量垂直向上起跳，要防止互相碰撞或干扰。手臂在空中既不能重叠，造成拦击面缩小，又不能间隔太宽，造成中间漏球。扣球靠近边线时，靠边线近的拦网队员外侧的手应适当内转，以防打手出界。

拦网技术要点

拦网时，要人球兼顾，重点要判断出扣球队员的助跑路线和起跳时机，根据扣球队员的助跑方向和扣球线路起跳和伸臂堵住其主要线路。拦强攻时，要尽量组成两人或三人拦网，晚跳、高跳；拦快球时，根据扣球的特点，起跳、伸臂要快，手尽量伸过网去接近来球，将球封住；拦各种掩护球时，要随时对对方队员的各种动作做出预判，及早移动对正实扣队员，做好起跳准备，动作节奏与扣球队员要保持一致。

第八章 排球运动 143

练习方法：
（1）原地做拦网的徒手动作练习。
（2）由3号位向2号位、4号位移动拦网徒手练习。
（3）两人一组，一人站在高台上持球，另一人跳起拦固定球。
（4）低网扣拦练习：两人一组，原地一扣一拦。
（5）结合扣球练习拦网。

第三节　排球基本战术

排球战术指在比赛中根据排球运动的规律、双方的具体情况和临场的变化，合理地运用技术以及采取的有组织、有目的和有预见的一种配合行动。排球基本战术可分为个人战术和集体战术两大类。

一、阵容配备

阵容配备的目的是合理地把全队的力量搭配好，更有效地发挥每一个队员的特长和作用。在排球比赛中，常用的阵容配备有以下三种形式：

1. "三三"配备

"三三"配备即3名进攻队员和3名二传队员，两两搭配，进攻队员和二传队员间隔站位。这种配备方法战术形式简单，适合初学队采用，但进攻能力较差。

2. "四二"配备

"四二"配备即4个进攻队员和2个二传队员相互配备。4个进攻队员中有2个是主攻队员，2个是副攻队员，他们都站在对角位置上。这种配备方法可以组织多种战术形式，在一般水平的队中采用较多。

3. "五一"配备

"五一"配备即5个进攻队员和一个二传队员相互配备。为了弥补在主要二传队员来不及传球时所出现的被动局面，可以在二传队员的位置上，配备一名有进攻能力的接应二传队员。这种配备方法攻击力较强，能组织多种战术体系，目前在水平较高的队中被普遍采用。

二、交换位置

为了最大限度地发挥队员的特长，调动一切积极因素，加强攻防力量，以弥补由于队员身体、技术发展不平衡所带来的阵容配备上的缺陷，比赛中在规则允许的条件下，可以采取交换位置的方法，即在发球队员击球后，双方队员可以在本场区内任意交换位置。

交换位置的目的是为了充分发挥每个队员的专长，以取得扬长避短的效果。前排队员之间的换位，主要是为了便于进攻战术的实施和拦网的调整。前、后排队员之间的换位，主要是为了保持前排三点进攻。后排队员之间的换位，是为了加强后排重点部位的防守。

三、进攻战术

进攻战术是指接对方来球后，全队所组成的有目的、有组织的配合。进攻战术是由一传、二传、扣球三个环节所组成的。主要分为进攻阵型和进攻打法两个方面。

（一）进攻阵型

1. "中一二"进攻阵型

"中一二"进攻阵型是进攻战术中最简单、最基本的战术形式，是指由3号位队员作二传，将球传给4号位、2号位队员进攻的组织形式（图8-3-1）。这种进攻阵型一传向网中间3号位垫球比较容易，二传向2号位、4号位传球的距离较短，容易传准，有利于组成进攻，适合初学者采用。其缺点是战术变化少，只能两点进攻，战术意图容易被对方识破。

2. "边一二"进攻阵型

指由2号位队员作二传，将球传给3号位、4号位队员进攻的组织形式（图8-3-2）。其优点是两相邻进攻队员相互掩护，可以组织更多战术。其缺点是对一传要求较高，尤其5号位队员向2号位垫球时，由于距离远，角度大，控制球难度较大。

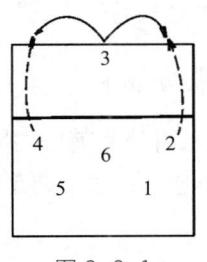
图8-3-1

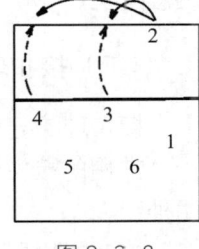
图8-3-2

3. "后排插上"进攻阵型

指由后排队员插上作二传，前排4号位、3号位、2号位队员进攻的组织形式。"后排插上"进攻阵型是现代排球先进战术的主要形式，它是在"中一二、边一二"进攻阵型的基础上发展起来的。"中一二、边一二"进攻阵型的各种战术都可以在此阵型加以运用。这种阵型进攻点多，战术配合更加复杂多变，适合技术水平较高的队使用，但对一传及队员间的配合要求较高。

（二）进攻打法

进攻打法是指在排球比赛中，一传、二传和扣球队员之间实施各种进攻战术配合的方法。其目的是为避开对方的拦网，突破对方的防线，争取主动，扩大战果。

1. 强攻

强攻就是在没有快球掩护的情况下，凭借队员个人的身高和弹跳力，利用扣球的力量和个人扣球战术，强行突破对方的防御。

2. 快攻

快攻是在一传到位的基础上，通过扣球人的快速跑动，互相配合组成各种进攻战术。快攻战术隐蔽性强、变化多，能分散对方的防守，但需要全队协调统一以及高水平的二传。

练习方法：

（1）通过教学示范，明确各个位置的作用。

（2）徒手轮转位置，转6轮。

（3）接抛球组织进攻。

（4）接发球组织进攻。

四、防守战术

（一）接发球防守战术

常用的接发球阵形是"5人接发球阵型"，即除1名二传队员外（前排或后排），其余5名队员均参加接发球。这是一种最基本的接发球阵型，常在"中一二"和"边一二"进攻战术中运用，初级水平的球队多采用此阵型。"5人接发球阵型"包括"W"站位阵型、"M"站位阵型和"一"字站位阵型。

（二）接扣球防守战术

接扣球防守战术可分为前排拦网和保护球以及后排防守等几个环节。

常用的接发球防守战术主要是双人拦网跟进保护防守。双人拦网防守阵形有如下两种：

1. "边跟进"防守

"边跟进"防守阵型也称"马蹄形"或"1号位、5号位跟进"防守阵型。目前，国内外强队广泛采用这种防守阵型。

以对方4号位扣球为例：由2号位和3号位队员拦网，1号位队员跟进到拦网队员身后防吊球及前区球。6号位队员向右移位补防扣向1号区的直线球。5号位队员防后场6号区，4号位队员后撤防斜线球（图8-3-3）。

这种阵型主要在对方进攻力量比较强、战术变化较多、吊球较少时采用。这种防守阵型对于防御对方重扣球较为有利，同时也便于组织反攻。但球场中间空隙较大，容易形成"心空"。

2. "心跟进"防守

"心跟进"防守阵型也称"6号位跟进"防守阵型，多在对方扣

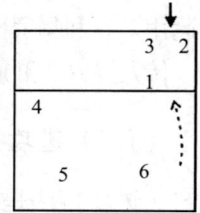

图8-3-3

球能力较强、对方采取打吊结合时使用。

以对方 4 号位扣球为例：由 2 号位和 3 号位队员拦网，封住中区，4 号位队员后撤 4 米左右防守，6 号位队员跟至拦网队员身后 3 米附近，1 号位和 5 号位队员防守后场，每人负责一个防区（图 8-3-4）。

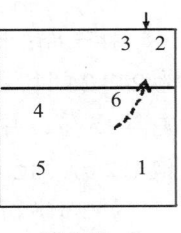

图 8-3-4

当对方扣球队员经常采用打吊结合，而本方拦网能力较强时，就可采用这种防守阵型。采用这种防守阵型，可以加强前区的防守能力，有利于防吊球和拦网弹起的球，也便于接应和组织进攻。其缺点是后场后排防守队员之间的空隙较大，后场中央和两腰容易形成空当。

练习方法：

（1）徒手站位，轮转 6 轮，明确轮转到各个位置的防守站位方法。

（2）在对方进攻点（2 号位、4 号位）抛球，本方练习防反。

（3）在对方进攻点（2 号位、4 号位）扣球，本方练习防反。

（4）攻防结合练习防反。

第四节 排球竞赛规则简介

一、场地器材

排球比赛场区为长 18 米、宽 9 米的长方形。场地的地面必须平坦、水平。

比赛场地界线的长线称边线，短线称端线。在网下连接两条边线中点的线称中线。中线将场地分为长 9 米、宽 9 米的两个相等的场区，每个场区各有一条离中心线 3 米、长 12.5 米的平行线称进攻线。进攻线前为前场区，进攻线后为后场区。两条边线有两条长 15 厘米的短线延长线，置于距端线外 20 厘米处，与端线构成了 9 米宽的地区为发球区。

球网为黑色，长 9.5 米、宽 1 米。在 9 米处球网的两边各有两条标志带和两根标志杆，杆长 1.8 米。球网高度成年男子为 2.43 米，成年女子为 2.24 米。

正式排球比赛的用球，是用柔软的皮革制成外壳，内装橡皮或同类质量制成的球胆。球应是一色的浅色或国际排球联合会批准的多色球。在一次比赛中所用的球的圆周、重量、气压等都必须是统一的。

二、胜一分、胜一局和胜一场

胜一分：比赛采用每球得分制，胜一球即得一分。如果是发球方则得一分并继续发球；如果是接发球方则得一分同时获得发球权；如果双方犯规，则判"双方犯规"，不得分，由原发球方重新发球。

胜一局：比赛的前四局以先得 25 分，并同时超出对方 2 分的队为胜一局。当比分为 24∶24 时，比赛继续进行至某队领先 2 分为胜一局（如 26∶24，27∶25）。决胜局以先得 15 分，并同时超出对方 2 分的队获胜。当比分为 14∶14 时，比赛继续进行至某队领先 2 分为止（如 16∶14，17∶15）。

胜一场：正式比赛采用五局三胜制。最多比赛五局，先胜三局的队为胜一场。

三、比赛方法

双方上场队员各 6 名，自左向右排列，前排为 4 号位、3 号位、2 号位，后排为 5 号位、6 号位、1 号位。比赛开始前，教练员将上场队员号码站位表交记录台登记，由第二裁判员检查站位次序，当第一裁判员鸣笛后，不得更改。

比赛开始，由发球方 1 号位队员在发球区内发球，发出的球通过有效过网区直接落于对方场地上或对方接发球失误或发球方进攻有效，发球方得一分，并继续发球。如果发球失误、违例、犯规或对方进攻有效，对方得一分并获得发球权，由 2 号位队员发球。

比赛过程中，队员可以用身体任何部分触球，每队允许击球三次（拦网除外），将球通过网的有效区域击入对方场区，每人不能连续触球两次（拦网除外）。比赛应不间断地进行，直至球落地、触击障碍物或某一队员犯规。决胜局重新挑边，比赛中任何一方先得到 8 分时双方应交换场地，位置不变，比赛继续进行，直至决出胜负。

四、暂停

成死球（球着地）时，教练员或场上队长可向裁判员请求暂停，每局每队可有两次暂停，每次暂停时间为 30 秒钟，教练员可在场外指导。请求暂停的队可以要求提前恢复比赛。除教练员请求暂停外，每局中任何一方得分达到 8 分和 16 分时，规定技术暂停，时间为 60 秒。

五、换人

只有在死球时，由教练员或场上队长请求，经裁判员允许才准予换人。每局比赛中，每队最多可替换 6 人次，可同时换，也可分开换。每局开始上场的队员只能退出比赛一次，在同一局中，若他再次上场比赛，只能替换替他上场的那个队员。替补队员每局只能上场比赛一次，他可以替换任何一位队员，在同一局中，他只能被他换下的队员来替换。

六、持球、连击、借助击球

所谓持球是队员没有将球清晰地击出，或触球时有较长的停留造成的犯规。

连击是指一名队员明显地连续两次触球（拦网除外）所造成的犯规。

借助击球是指队员在比赛场地内借助同伴或任何物体的支持进行击球。

七、界内外球

球触及比赛场区的地面（包括界线）为界内球。

球接触地面的部分完全在界线以外，触及场外物体、天花板或非比赛人员，触及标志杆、网绳、网柱或球网标志杆以外部分，球的整体或部分从过网区以外过网等均为界外球。

八、在球网附近犯规

在比赛过程中，任何队员都不得触及球网。

队员的一只（两只）脚或一只（两只）手越过中线触及对方场区的同时，其余部分还接触中线或置于中线上空是允许的，不判为犯规。队员身体的任何其他部分都不允许接触对方场区。在不妨碍对方比赛的情况下，允许队员在网下穿越进入对方空间。

九、自由人（后排自由防守队员）

规则规定每队有一名身穿不同颜色比赛服的后排自由防守队员。他可以不经过裁判同意，替换后排任何一名队员，但不得在前场区传球组织进攻，不得发球、拦网和进攻。

十、后排队员进攻性击球犯规

后排队员在前场区或踏及进攻线，击高于球网上沿的球，并使球的整体由过网区通过球网垂直面进入对方场区或触及对方队员，则为后排队员进攻性击球犯规。

第五节　气排球

一、简介

气排球是一项集运动、休闲、娱乐为一体的群众性体育项目。作为一项新兴的体育运动项目，气排球受到了越来越多中老年人的青睐。

气排球是我国土生土长的一项群众性排球活动。1984年，呼和浩特铁路局济宁分局为了开展老年人体育活动，在没有规则限制的情况下，组织离退休职工用气球在排球场上打着玩。由于气球过轻且易爆，他们将两个气球套在一起打，最后又改用儿童软塑球。随后又参照6人制排球规则制定了简单的比赛规则，并将这种活动形式取名为"气排球"。1991年，在北京举行的全国铁路老年体育工作会议上，决定在全路老年人中推广气排球。火车头老年体协依据排球规则，编写了第一本《气排球竞赛规则》，并在上海特制了比赛用的气排球。1992年3月，在石家庄举办了第一期全铁路系统气排球学习班。同年11月，在武汉举行了首届全铁路系统老年人气排球比赛，共有7支男队和6支女队参赛。1993年3月，火车头老年人气排球协会在北京正式成立。同年7月，全路第二届老年人气排球赛分别在齐齐哈尔和锦州举行。该项目自从被中国火车头老年体协首推以来，先后在浙江、福建、上海、江苏、湖南、广西、重庆等地得到了很好的推广，参与这项运动的老年人越来越多，尤以广西最为普及。

由于气排球运动量适宜、不激烈，男女都可以混合进场参与，适合各个年龄层次的人进行健身锻炼，目前，这项运动已成为全国老年体协的五大竞技项目之一。

二、比赛场地

比赛场地长12米、宽6米，四周至少有2米的无障碍区，在比赛场地上空，从地面量起至少有5米的无障碍空间。场地地面应是平坦、水平的，地面上不得有任何可能伤害队员的隐患。不得在粗糙、湿滑的场地上进行比赛。场地所有的界线宽为5厘米。界线的颜色应是与地面不同的浅色。边线和端线的宽度包括在场地内，中线在网下连接两条边线的中点，中线的中心线将比赛分为长6米、宽6米的两个场区，每个场区有一条距离中心线2米并与边线连接的平行线（限制线）。中线与限制线以内的地区为前场区，限制线与端线间为后场区，限制线和前场区向边线以外是无限延长的。发球线与发球区场地两端各有两条长20厘米，垂直并距离端线25厘米的短线叫发球线。发球线一条画在右侧边线的延长线上，另一条画在左侧边线的延长线上，发球线与端线间的区域为发球区，发球区向外是无限延长的。

球网长7米、宽1米，设在中线的中心线的垂直面上空。球网为深色，网孔为10平方厘米。球网上沿缝有5厘米宽的双层白帆布，用一根柔软的钢丝从中穿过，拉紧球网上沿，球网下沿用绳子穿起来并拉紧，固定在网柱上。男子球网高度为2.1米，女子球网高度为1.9米；老年组男子球网高度为2米，女子球网高度为1.8米。球网高度应从场地中间丈量，球网两端的高度必须相等，球网两端的高度与中间的高度不得超过2厘米。网柱是两根高2.25米并可调节高度支架球网的光滑圆柱，网柱固定在边线以外0.5米的中线延长线上。

标志杆是用结实材料制作的带有韧性的两根杆子，长1.8米，直径为1厘米，每10厘米应涂有红、白相间的颜色，分设在中线两侧的（外沿）边线上，并高出球网80厘米。标志杆被认为是球网的一部分，并作为球网两端界限的标志。

三、比赛方法

预赛可采用分组单循环制或采用交叉淘汰制，决赛采用单循环制。预赛按抽签法分成 A、B 二组，按胜一场得 2 分、负一场得 1 分、弃权得 0 分的计分方法确定小组比赛名次。比赛采用每球得分制和三局两胜制，胜两局的队胜一场。1∶1 平局时，进行决胜局。第一、二局先得 21 分为胜一局，当比分为 20∶20 时，先获得 21 分的队即获胜该局。决胜局，先得 15 分并超过对方 2 分的队即获得这场比赛的胜利。当比分 14∶14 时，比赛继续进行至某队领先两分（16∶14、17∶15）为止。

每队最多可有 10 名队员，队员上衣必须有号码（1 号至 8 号）。身前号码 10 厘米见方，身后号码 15 厘米见方。场上队长应在上衣胸前有一明显标志。教练员和队员必须尊重裁判和对方队员，不得以任何行为影响裁判的判断，不得以任何行动和表现去拖延死球时间或被认为有意延误比赛。

双方队员各分为前排三名，后排二名。前排左边为 4 号位，中间为 3 号位，右边为 2 号位，后排左边为 5 号位，右边为 1 号位。每局比赛开始，场上队员必须按位置表排定的次序站位，在该局中不得调换。在新的一局开始时，每个队上场队员的位置可重新安排。每局比赛中，每个队可请求 2 次暂停，每次暂停时间为 1 分钟。只有成死球时，经教练员或场上队长向第二或第一裁判员请求后才准予暂停。第一裁判员鸣哨后，比赛应立即继续进行。某队请求第三次暂停，应予拒绝，并提出警告。第一裁判员已鸣哨发球，队员尚未将球发出或与鸣哨的同时请求暂停，均应拒绝，如第二裁判员在此时间错误鸣哨允许暂停，第一裁判员也不得同意，应再次鸣哨发球。每局每队最多可替换 6 人次，一下一上为 1 人次。某队换人时应由教练员或场上队长在死球时向第二或第一裁判员提出要求，并说明替换人数和队员的号码。裁判员准许换人时，上场队员应已做好准备并从前场区上下场，如队员未做好准备，则判罚该队一次暂停。

四、主要规则

（1）比赛采用三局两胜制。比赛上场队员 5 人，前排 3 名，后排 2 名。

（2）发球队员发球时，双方队员须在本场区内各站两排，当发球队胜一球时，则由下一轮次的队员继续发球。不准连续发球。比赛采取每球得分制。

（3）发球队员必须在裁判员鸣哨后 5 秒内将球发出，球被抛起，发球队员未击球，球未触及发球队员而落地，裁判应再一次鸣哨继续发球。发球队员在裁判未鸣哨而发球，发球无效，重发，不判对方得分，第二次则判犯规。发球方将球击入对方场区内任何位置均有效。

（4）队员的一脚或双脚踏过中线不算犯规，但触及对方或影响对方则判犯规。

（5）任何队员只有在两米线后（踩线犯规）才可以对高于网的球做进攻性扣球动作。

（6）拦网不算一次触球，还可再击球三次将球击入对方场区。

（7）在对方发球时，前排队员不允许单手上手击球或拦网。

（8）第一局和决胜局由双方抽签决定发球权，第二局则由另一方发球。

（9）每队最多击球三次（拦网除外）并将球回击过网进入对方场区。一名队员不得连续击球两次。

（10）身体的任何部位都允许触球，并取消"持球"这个概念。队员只要不把球接住后再击入对方区都不判犯规。

（11）局间休息时间为 3 分钟，决胜局为 5 分钟。决胜局某一队先得 8 分时，两队交换场区，不进行休息。

（12）一场比赛中，裁判员的判定是最终判决。

（13）只有队长可以对裁判员的判罚当场提出询问或要求解释，裁判应及时予以解释。

（14）申诉比赛队对裁判员判罚有争议，比赛时必须服从裁判员的判决，比赛后可向仲裁委员会提出口头申诉，裁判员亦应向仲裁委员会提出口头报告。

（15）如被红牌罚下者，不得再参加本场比赛，并停赛一场。

第九章
足球运动

第一节　足球运动概述

足球运动是以脚支配球为主，两队互相进行攻守对抗的体育项目。足球运动是世界上开展得最广泛、影响力最大的体育运动，被誉为"世界第一运动"。

一、足球运动发展史

（一）古代足球起源于中国

古代足球起源于中国。据史料记载，早在战国时代，中国就出现了"蹴鞠"游戏。"蹴"是踢的意思，"鞠"是球的意思，这是足球运动最早的雏形。2004 年 7 月 15 日，国际足联主席布拉特宣布：中国是足球的故乡，足球起源于中国山东省淄博市的临淄。2005 年 5 月 21 日，布拉特在国际足联总部向中国的临淄颁发了足球起源地认定证书。

（二）现代足球运动起源于英国

19 世纪下半叶，随着工业革命的推进，足球运动在英国有了新的发展。不过当时还没有统一规定场地、比赛方法、参赛人数和时间长短等。1857 年，英国成立了第一个足球俱乐部。1863 年 10 月 26 日，英国成立了第一个足球组织——英格兰足球协会。后来，这被认为是现代足球运动的开端。

1904 年 5 月 21 日，由法国、比利时、丹麦、荷兰、西班牙、瑞典和瑞士 7 个国家在巴黎发起成立了国际性足球组织——国际足球联合会（FIFA）。到目前为止，国际足联已发展成为由 200 多个会员国（地区）组成的、世界最大的单项体育组织。

二、足球运动的特点

（1）足球运动是一项富有战斗性的激烈对抗的体育项目：在比赛中，双方为了把球踢进对方的球门，而又不让球进入本方的球门，展开了短兵相接的争斗，尤其在两个罚球区中的争夺尤为激烈。

（2）足球是一项技战术复杂的非周期性运动项目：其技战术受到对手的干扰和限制，比赛中需要灵活地运用。足球比赛的参加人数较多，行动不易协调和统一，所以攻守战术的配合较困难。

（3）足球比赛时间长、场地大、体能消耗大：正式比赛时长为90分钟，有时还要进行加时赛（30分钟）。在一场高水平的足球比赛中，运动员往往要跑动10 000米以上，而且还要做上百个技术动作，体能消耗非常大，比赛结束后，有些队员的能量消耗在2 000卡左右，体重甚至会下降3~5千克。

（4）足球规则简单易懂，对场地器材的要求不高，易于开展。

三、重大足球赛事简介

（一）世界重大足球赛事

1. 世界男子足球锦标赛

每4年一届的世界男子足球锦标赛（又称世界杯足球赛）是全世界最高水平的足球赛事，全世界200多个成员国都在为争夺决赛阶段的32个名额而奋斗。1930年，第1届世界杯足球赛在乌拉圭成功举行，至今已举办了20届。第20届世界杯于2014年在巴西举行，德国、阿根廷、荷兰分别获得前3名。

2. 世界女子足球锦标赛

1991年，国际足联正式举办第1届世界女子足球锦标赛。此后，每4年举办一届。2007年，在中国举行了第5届世界女子足球锦标赛，共有16个国家的女子足球队来华参赛。

3. 奥运会足球比赛

奥运会足球比赛共有16支男子足球队和12支女子足球队参加。奥运会男子足球比赛规定，23岁以下球员才能参加比赛，每队最多有3名超龄球员；女子比赛不受年龄限制。

另外，在世界范围内每两年还举行一届19岁以下和17岁以下的青少年足球锦标赛；世界大学生运动会也有男、女足球比赛。

（二）亚洲重大足球赛事

1. 亚洲杯男、女足球锦标赛
2. 亚运会足球赛
3. 世界杯、奥运会以及世界青年锦标赛等各项赛事的亚洲区选拔赛
4. 亚洲俱乐部冠军联赛

（三）欧洲重大足球赛事

1. 欧洲杯赛

每4年举行一届，共有16支足球队进入决赛阶段的比赛。

2. 欧洲俱乐部冠军联赛

3. 欧洲五大联赛

意大利足球甲级联赛、英格兰足球超级联赛、西班牙足球甲级联赛、德国足球甲级联赛、法国足球甲级联赛。

（四）国内主要足球赛事

1. 中超、中甲联赛

参加队为在中国足协注册的职业足球俱乐部。每队场上可以有 4 名外援参赛。

2. 中国足协举行的青少年足球比赛

以球员的年龄分组进行，有 U-19、U-17、U-15 三个年龄组。

3. 全国运动会的足球比赛

以各省、市、自治区为单位，前 12 名球队参加，每 4 年举行一届。

（五）全国大学生足球比赛

1. 大学生超级联赛

以高校为参赛单位，先进行各省、市、自治区的选拔赛，最后进行总决赛。每年举行一届。

2. 室内五人制足球比赛

由各省、市、自治区先进行预选赛，各区冠军队参加大区的复赛，最后进行总决赛。

3. 全国大学生运动会足球比赛

由各省、市、自治区组织最高水平的混合队，先通过预选赛，最后十六强参加决赛阶段的比赛，每 4 年举行一届。

第二节　足球基本技术与练习方法

一、颠球

（一）颠球技术

颠球是熟悉球性的一种练习手段。

1. 双脚脚背颠球

脚向前上方摆动，用脚背击球。击球时，踝关节固定，击球的下部。两脚可交替击球，也可一只脚支撑，另一只脚连续击球。击球时，用力均匀，使球始终控制在身体周围。

2. 双脚内侧、外侧颠球

抬腿屈膝，用脚的内侧或外侧向上摆动，击球的下部，两脚内侧或外侧交替击球。

3. 大腿颠球

抬腿屈膝，用大腿的中前部位向上击球的下部。两腿可交替击球，也可一只脚做支撑，用另一侧的大腿连续击球。

4. 各部位连续颠球

根据上述单一颠球技术动作要领，用各部位配合连续颠球，配合的部位越多，难度越大。颠球的部位有脚背、脚内侧、脚外侧、大腿、头部、胸部、肩部等。

（二）练习方法

（1）一人一球颠球：体会触球的时间、触球的部位、触球的力量和整个动作的协调配合。

（2）两人一球颠球：用脚背、大腿、头部以及身体各部位触球，掌握好触球的力量，尽量不让球落地。每人可触球一次颠给对方，也可触球多次互颠。

二、运球

运球是运动员在跑动中用脚的推、拉、扣、拨，使球保持在自己控制范围内的连续触球动作。它是个人控制球能力和个人进攻能力的体现，也是集体战术实力的基础之一。常见的运球方法有脚背内侧运球、脚背外侧运球、脚背正面运球和脚内侧运球等。

（一）运球技术

1. 脚背内侧运球

特点：运球动作幅度大，控球稳，虽不能加快速度，但是左右转换方向很容易。主要适用于掩护性运球或运球变向，它是比赛中使用得最多的运球方法。

技术要点：跑动时，身体自然放松，步幅要小些，上体前倾稍向运球方向侧转，运球脚提起时，膝关节微屈，脚跟提起，脚尖外展，用脚背内侧推拨球，使球随身体前进（图9-2-1）。

扫一扫，查看脚背内侧运球示范动作

图 9-2-1

2. 脚背外侧运球

特点：易于变化运球方向和发挥奔跑速度，还具有掩护球的作用。运用时灵活性、可变性强。按运球形式可分为直线运球、弧线运球和转换方向运球。

技术要点：跑动时身体自然放松，上体稍前倾，两臂自然摆动，步幅小些，运球腿提起，膝关节微屈，脚跟提起，脚尖稍内转，在迈步前伸着地前，用脚背外侧拨动球的后中部（图9-2-2）。

图 9-2-2

扫一扫，查看脚背外侧运球示范动作

3. 脚背正面运球

特点：直线推拨，速度快，但路线单一。多在前方纵深距离较长的情况下运用。

技术要点：运球跑动时身体自然放松，上体稍前倾，步幅稍小，两臂屈肘自然摆动。在运球脚提起时，膝关节微屈，脚跟提起，脚背绷紧，脚尖向下，在迈步前伸着地前，用脚背正面推拨球前进（图9-2-3）。

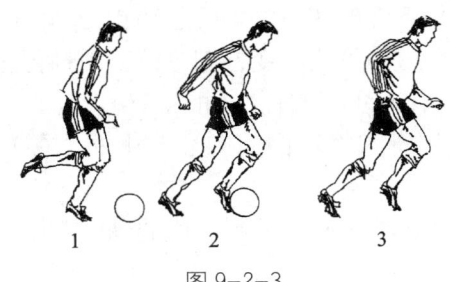

图 9-2-3

扫一扫，查看脚背正面运球示范动作

4. 脚内侧运球

特点：与其他运球技术相比，速度最慢，容易控制，多用于掩护性运球或运球变向。

技术要点：运球时，支撑脚稍向前跨，踏在球的前侧方，膝关节稍弯曲，上体前倾向里转。随着身体向前移动，运球脚提起，用脚内侧推球的侧后中部（图9-2-4）。

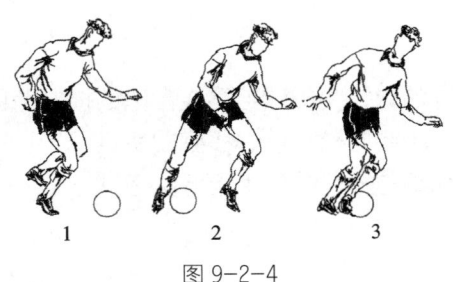

图 9-2-4

扫一扫，查看脚内侧运球示范动作

第九章　足球运动

（二）运球过人

扫一扫，查看拨球过人示范动作

（1）利用速度强行过人：持球者以突然的快速推拨球（力量较大）并与快速奔跑相结合越过对手的阻拦。

（2）利用身体的掩护强行过人：当持球者接近对手时双方速度减慢，持球者侧身用身体靠住对手以另一侧脚将球拨出，同时转身将对手倚在身后并随球越过对手。

（3）利用变速运球过人：对手在持球者侧面，持球者用另一侧脚运球，利用运球速度的变化达到甩掉对手或越过对手的目的。

（4）运球假动作过人：运球者利用腿部、上体的晃动使对手产生错觉，在对手做抢球动作时，使其重心产生错误的移动，运球者则抓住时机从另一方向越过对手。

（三）运球时常用的动作

扫一扫，查看扣球过人示范动作

（1）拨球：用脚腕的扭拨动作，以脚背内侧或脚背外侧触球，使球向侧方或侧前方运动。用脚背内侧拨球的动作称"里拨"，用脚背外侧拨球的动作称"外拨"。

（2）扣球：用突然的转身和脚腕急转扣压动作以脚背内侧或脚背外侧触球，将球向侧后方停下或改变方向运行。用脚背内侧扣球的动作称"里扣"，用脚背外侧扣球的动作称"外扣"。

扫一扫，查看拉球过人示范动作

（3）拉球：用脚掌将球由前向后或由左（右）向右（左）拖拉球的动作。

（4）挑球：用脚背与脚尖翘起上挑的动作或用脚背上撩的动作，使球向前上方改变方向。

（四）练习方法

（1）在走与慢跑中做无球模仿练习。
（2）在走与慢跑中进行先单脚后双脚、先直线后曲线运球。
（3）人丛中运球和小间距绕杆运球。
（4）运球过人练习。

（五）练习提示

（1）运球是推拨球而不是踢球，要使球始终在自己的控制范围内。
（2）运球时步幅要小，身体要放松，重心移到要快。
（3）运球时要养成抬头观察的好习惯，不要低头运球。

三、踢球

踢球是足球运动最基本的技术，主要用于传球和射门。踢球的脚法很多，一般均由助跑、支撑脚站位、踢球摆动、脚触球和踢球后的随前动作5个环节组成。

（一）踢球技术

1. 脚内侧踢球（又称脚弓踢球）

特点：脚内侧踢球触球面积比脚的其他部位都大，这可以更容易地控制球。因此，脚内侧踢球是进行短距离准确传球和射门的理想方法。

技术要点：以右脚踢球为例，脚触球的部位是跖趾关节、舟骨和跟骨所构成的三角部位。直线助跑，支撑脚踏在球侧15厘米左右处，脚尖对准出球方向，膝关节微屈。在支撑脚着地的同时，踢球腿以髋关节为轴由后向前摆动，屈膝外展约90°，小腿加速前摆，脚尖稍翘起，踝关节紧张用力，用脚内侧部位击球后中部（图9-2-5）。

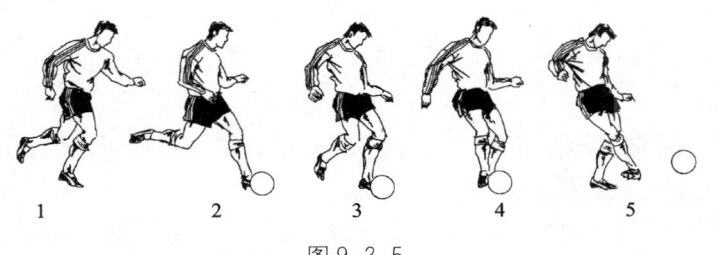

图9-2-5

扫一扫，查看脚内侧踢球示范动作

2. 脚背内侧踢球

特点：摆踢动作顺畅、幅度大、脚触球面积大、出球平稳有力，而且性能和路线富于变化，适用于中远距离传球和射门。

技术要点：触球部位是第一跖骨体及跖趾关节部位。斜线助跑，与出球方向约成45°，最后一步稍大，支撑脚踏在球侧后20~25厘米处，脚尖指向出球方向，膝关节微屈，身体稍向支撑脚一侧倾斜。踢球腿以髋关节为轴，大腿带动小腿由后向前摆，当大腿摆至接近垂直地面时，小腿加速前摆，膝关节稍向内旋，脚面绷直，脚尖指向斜下方，以脚背内侧踢球的后中部（图9-2-6）。

图9-2-6

扫一扫，查看脚背内侧踢球示范动作

3. 脚背外侧踢球（又称外脚背踢球）

特点：踢球时脚踝灵活性较大，摆腿方向变化较多，且助跑时又是正常的跑动姿势，故其出球隐蔽性较强，在足球比赛中踢各种距离的弧线球及非弧线球均可使用这种踢法。

技术要点：踢定位球时，助跑，支撑脚的位置和踢球腿的摆动基本上与脚背正面踢球相同。但是在踢球腿的膝盖摆到接近球的垂直上方的一刹那，小腿加速前摆，脚尖内转，脚背外侧与地面垂直，脚面绷直，脚趾扣紧，以脚背外侧部位击球的后中部。踢球后，踢球腿随球继续前摆（图9-2-7）。

扫一扫，查看脚背外侧踢球示范动作

图 9-2-7

4. 脚背正面踢球

特点：脚背正面踢球的摆幅相对较大，提摆动作顺畅快速，便于发力，但出球路线或性能缺乏变化，适用于远距离的发球和大力射门。

技术要点：用脚背正面部位（楔骨、趾骨末端）触球。直线助跑，最后一步稍大并要积极着地，支撑脚踏在球侧10~12厘米处，脚尖正对出球方向，膝关节微屈，踢球腿在支撑脚着地前顺势摆起，小腿折叠。支撑脚着地同时，以髋关节为轴，大腿带动小腿向前摆动，在膝盖摆至接近球正上方的瞬间，小腿加速前摆发力，脚背绷直，脚趾紧扣，用脚背正面击球后中部，踢后脚随出球方向继续前摆（图9-2-8）。

扫一扫，查看脚背正面踢球示范动作

图 9-2-8

（二）练习方法

（1）进行各种踢球技术动作的模仿练习。

（2）一人用脚底挡球，另一人上步做踢球练习。

（3）各种脚法的两人练习：两人相距15米左右，用脚的各个部位相互练习踢定位球,然后过渡到踢移动中的球或空中球。

(4)利用足球墙和标杆做踢旋转球的练习:可将标杆插在踢球者与墙之间,标杆与人及墙的距离视需要而定,开始可大些,当技术掌握后再逐步缩小。

(5)一人传球,一人射门练习:一人从侧前方、侧方、侧后方传地滚球或抛高球,另一人迎球踢地滚球、反弹球或凌空球射门。

(6)两人一组进行有对抗的传射练习。

(三)练习提示

(1)支撑脚要对准出球方向,位置要选好。
(2)助跑最后一步稍大,大腿带动小腿摆动,小腿摆速要快。
(3)脚型要控制好,触球部位要准确,否则会影响踢球的力量和准确性,且容易受伤。

四、接球

接球指运动员有目的地用身体的合理部位把运行中的球接停在所需要的控制范围内的技术动作。

(一)接球技术

1. 脚内侧接球

特点:脚内侧接球由于脚触球面积大,动作简单,较易掌握,在比赛中经常使用这种技术接各种地滚球、反弹球、空中球等。

技术要点:脚内侧接地滚球时,支撑脚脚尖正对来球,接球腿提膝大腿外展,脚尖微翘,脚底基本与地面平行,脚内侧正对来球并前迎,当脚内侧与球接触的一刹那迅速后撤,把球接在衔接下一个动作需要的位置上(图9-2-9)。脚内侧接反弹球时,应根据来球的落点,及时移动到位,支撑脚与球落点的相对位置在球的侧前方,接球腿提起小腿且放松,脚尖微翘,脚内侧对着接球后球运行的方向并与地面成一锐角,当球落地反弹刚离地面时,大腿向接球后球运行的方向摆动,用脚内侧部位轻推球的中上部。

扫一扫,查看脚内侧接地滚球示范动作

图9-2-9

第九章 足球运动 161

2. 脚底接球

特点：脚底接球动作简单，技术便于掌握，易于将球接到位置，常被用来接各种地面球和反弹球。

技术要点：脚底接地面球时，身体正对来球方向，移动前迎，支撑脚稳固支撑，脚尖正对来球方向，同时接球腿提起，膝关节微屈，脚尖翘起，使脚底与地面形成一定夹角。在触球瞬间，接球脚前脚掌挡压球的中上部。脚底接反弹球时，应根据来球落点，及时前移迎球，支撑脚站在落点侧后方，脚尖正对来球方向，球落地瞬间，用前脚掌去触球的中上部，用脚掌将球接在体前（图9-2-10）。

扫一扫，查看脚底接地滚球示范动作

图9-2-10

3. 大腿接球

特点：大腿接球由于触球部位面积大且肌肉丰富有弹性，一般用来接抛物线较大的高空球和略高于膝的低平球。

技术要点：大腿接抛物线较大的下落球时，面对来球方向，根据球的落点迅速移动到位，接球腿大腿抬起，当球与大腿接触的瞬间，大腿下撤将球接到需要的位置上。大腿接低平球时，应面对来球方向，根据来球高度，接球腿大腿微屈，送髋前迎来球，当球与大腿接触瞬间，收撤大腿，使球落在所需要的位置上（图9-2-11）。

扫一扫，查看大腿接球示范动作

图9-2-11

4. 胸部接球

特点：接球点高，触球面积大，持球相对平稳，适用于接胸部以上的球。

技术特点：胸部接球包括挺胸式接球和收胸式接球两种方式。挺胸式接球时，面对来球站立（两脚左右或前后开立），两膝微屈，上体后仰，下颌微收，两臂自然张开，触球瞬间两脚蹬地，膝关节伸直，用胸部轻托球的下部，使球微微弹起于胸前上方（图9-2-12）。收胸式接球时，面对来球，两脚左右或前后开立，挺胸迎球，触球瞬间收胸、收腹、臀部后移，将球接在体前（图9-2-13）。

图 9-2-12

扫一扫，查看挺胸式接球示范动作

图 9-2-13

扫一扫，查看收胸式接球示范动作

（二）练习方法

1. 停地滚球练习

（1）两人距离约10米，一人用手抛地滚球，另一人迎球用脚内侧把球停在体前或向左、右侧停球，停球后将球拾起再用手抛球给对方。两人依次反复进行。

（2）两人相距10~15米，甲向乙两侧传球，乙停球后再回传给甲。

（3）三人站成一条直线，每人相距约10米，甲传球给乙，乙用脚内侧向两侧或转身停球，然后传给丙，丙再回传给乙。三人可互换位置。

2. 停反弹球练习

（1）自己向空中抛（踢）球，练习停反弹球。

（2）两人相距约10米，一人踢或抛有一定弧度的下落球，一人停反弹球。

3. 停空中球练习

（1）用各种停空中球的方法自抛自停空中球。

（2）两人互抛互停空中球，逐渐改变球的飞行弧度、落点进行停球。

（3）两人相互传高球，练习停空中球。

（三）练习提示

（1）准确判断球的性能、落点和速度是各种接球的前提。

（2）缓冲动作是接球的关键，迎接、推压、切挡和改变球的运行路线是各种接球的基本方法。

（3）接球后身体要及时跟上并与下个动作紧密衔接。

五、抢截球

抢截球是比赛中由防守转为进攻的重要手段，指在规则允许的条件下，把对方控制的球抢夺过来或破坏掉。在对抗日趋激烈的足球比赛中，进攻与防守转换快速、合理有效的防守技术对提高球队的竞技能力十分重要。

抢、截球包含抢球和截球两种技术，但从其动作过程分析，都是由判断选位、上步抢断和衔接动作三个技术环节构成的。

（一）抢截球技术

1. 正面跨步抢截球

技术要点：两脚前后开立，两膝微屈，身体重心下降。当对手运球脚触球后还未着地的瞬间，一脚用力蹬地，另一脚跨步伸出，上体前倾，身体重心迅速移至抢球脚上。如双方的脚同时触球，则可抢先顺势向上提拉，使球从对方脚背滚过（图9-2-14）。

扫一扫，查看正面跨步抢截球示范动作

图9-2-14

2. 侧面合理冲撞抢球

技术要点：当与对手肩并肩跑动追球时，身体重心下降，靠近对手一侧的手臂要贴紧身体。在对手远离自己一侧的脚支撑时，用肘关节以上部位使其失去平衡而离开球，乘机控制住球（图9-2-15）。

扫一扫，查看侧面抢球示范动作

图9-2-15

（二）练习方法

（1）无球模仿练习。
（2）两人一球，原地做跨步练习。
（3）模拟对抗抢球：一人慢运球，另一人做正面抢截球。
（4）两人在同向慢跑和快跑中进行冲撞练习。

（三）练习提示

（1）掌握好抢球的时机和动作准确性，否则易失误和犯规。
（2）抢球动作要迅速、果断。

六、头顶球

头顶球是比赛中为了争取时间和取得空中优势的一项重要技术，它是传球、射门和抢截球的有效手段。头顶球触球部位平坦，动作发力顺畅，容易控制出球方向，准确性强，触球平稳有力。

（一）头顶球技术

1. 前额正面顶球

特点：前额正面顶球是头顶球技术中最常见的方式，其特点是触球部位平坦，动作发力顺畅，容易控制出球方向，准确性强，出球平稳有力。

技术要点：原地顶球时，身体正对来球，两脚前后站立或平行站立，膝关节微屈，两眼注视来球，上体稍后仰，两臂自然张开，挺胸展腹，下颌收紧。顶球时，蹬地、收腹、摆体、顶送发力，当头摆至身体垂直部位时，用前额正面顶击球的后中部，顶击球瞬间，颈部肌肉保持紧张，顶球后继续前送，以便于控制出球的方向（图9-2-16）。跳起顶球时，要选好起跳位置，两脚前后站立，维持身体平衡，掌握好起跳时机，起跳脚积极蹬跳发力，手臂协调向上提摆，以加强跳起力量。起跳后，挺胸展腹，形成背弓，两眼始终注视来球。跳至最高点时，迅速收腹摆体，下颌收紧，前额积极迎球顶送

图 9-2-16

扫一扫，查看原地前额正面头顶球示范动作

发力，顶球后屈膝缓冲落地时，看清球的飞行路线，以便进行下一步动作。

2. 前额侧面顶球

特点：在实际比赛中，运用该技术对球门的威胁很大。因为其特点是击球动作快捷，变换方向突然，顶出球的运行线路难以预测。但该动作难度较大，侧摆发力和出球方向较难控制，适用于应急时破坏球和门前的头球攻门。

技术要点：原地顶球时，选择好击球的方向，身体稍侧对来球，两脚自然前后站立，击球一侧的支撑腿在前，身体稍向侧后微屈，重心落在后腿上，两臂自然张开，眼睛注视来球。顶击球时，后脚向击球方向猛力蹬伸，身体随之向出球方向转动侧摆，同时颈部侧甩发力，用前额侧部将球击出（图9-2-17）。跳起顶球时，动作类似前额正面的跳起顶球，但在起跳上升阶段，上体应向出球的相反方向侧屈转体。跳至最高点时，上体向出球一侧加速转动，摆体侧甩，可利用脚的侧下方蹬地，加快侧摆速度，用额侧部将球顶出。

扫一扫，查看原地前额侧面头顶球示范动作

图9-2-17

（二）练习方法

（1）进行徒手模仿顶球动作练习。

（2）两人一球，一人抛球，另一人头顶球，或一人一球，自抛自顶，或用吊球进行练习，体会头顶球的部位和动作。

（3）两人一球，相距5米，自抛自顶给对方，或一人一球对墙练习。

（4）两人一球，一抛一顶，连续对顶或一进一退顶球。

（5）三人一球，进行三角顶球练习。也可在规定时间内进行顶球比赛，连续顶球次数多者为胜者。

（三）练习提示

（1）初学者首先要克服紧张心理，绝不可闭眼、缩颈做顶球动作，要主动迎击球。

（2）跳起顶球时，首先要准确判断球的落点和起跳时间，起跳过早或过晚则会导致顶球无力或顶不到球。

（3）无论用哪种顶球方法，都必须使所有参加运动的关节和肌肉都能协调一致地用力。

七、掷界外球

掷界外球时没有"越位"的约束，因为掷球一方可以充分利用这一规则发动有效进攻。

掷界外球技术如运用得当，比角球的威胁还大。掷界外球分为原地掷界外球和助跑掷界外球。

（一）掷界外球技术

原地掷界外球时，掷球队员必须面向球场，脚可以踩在边线上，但是不得越过边线。掷球时，两脚用力蹬地、收腹、摆体、挥臂、甩腕，双手用力将球从头后经头顶掷入场内。

助跑掷界外球在助跑时两手持球于胸前，在最后一步迈出的同时，将球举至头后，同时身体后仰成背弓，两脚前后开立，其他掷球动作与原地掷相同。

（二）练习方法

（1）根据规则和动作要点，进行徒手模仿练习。

（2）两人一球互掷，距离由近至远，要求练习中球不落地或结合其他技战术进行练习。如要增加臂力，可以用实心球代替。

（3）界外球掷准、掷远比赛。

（三）练习提示

掷界外球技术并不复杂，但却是规则性较强的技术动作，一定要按规则的要求进行。下列情况为掷界外球违例：

（1）掷球时，脚离地、进场或远离规定掷球点掷球。

（2）掷球时，未用双手将球从头后经头顶掷入场内。

（3）掷球时，没有面向出球方向，两手用力不均匀，掷球动作不连贯。

八、守门员技术

守门员是全队的最后一道防线，主要任务是不让球进入本方球门，同时还要起到协调指挥全队防守和进攻的作用。守门员技术包括位置选择、准备姿势、移动、选位、接球、扑接球、击球、托球、掷球和踢球等。

（一）位置选择

守门员为了守住球门，首先要选择正确合理的位置。位置的选择应根据对方的射门地点和射门角度而定。一般情况下，守门员应站在两球门柱与射门时球所处位置所形成的分角线上。

（二）准备姿势

两脚左右开立，约与肩同宽，两膝自然弯曲并稍内扣，脚跟稍提起，身体重心落在前脚掌上，上体稍前倾，两臂于体前自然屈肘，手指自然张开，掌心向下，眼睛注视来球。

（三）接球

1. 接地滚球

接地滚球有直腿式接球和单腿跪撑式接球两种。

（1）直腿式接球：两腿自然并立，脚尖正对来球，上体前屈，两臂并肘前迎，两手小指靠近，手掌对球。在手触球的刹那，随球后引并屈肘、屈腕，两臂靠近将球抱于胸前（图9-2-18）。

扫一扫，查看直腿式接地滚球示范动作

图9-2-18

（2）单腿跪撑式接球：身体正对来球，两腿左右开立，一腿弯曲支撑身体重心，另一腿内转跪撑，膝盖接近地面并靠近前脚脚踵，上体前屈，手臂下垂，两手小指相对，手掌对准来球，稍向前迎，在手触球的刹那，随球后引并屈肘、屈腕，两臂靠近将球抱于胸前，然后起立（图9-2-19）。

扫一扫，查看单腿跪撑式接球示范动作

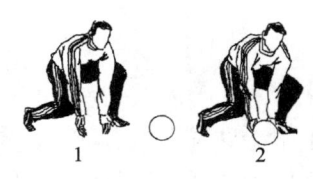

图9-2-19

2. 接高球

当确定接球点后，迅速移动并跳起，两臂上伸迎球，两手拇指成"八"字，手指微屈，手掌对球。在手触球时，手腕和手指适当用力将球接住，顺势屈肘、回缩下引，并转腕将球抱于胸前（图9-2-20）。

168　运动技能篇

扫一扫，查看接高球示范动作

图 9-2-20

（四）扑球

倒地扑侧面的低球：如扑接左侧低球时，左腿屈膝向左跨出一步，身体作倒。右脚着地后，随着以小腿、大腿、臀部、上体和手臂的外侧依次着地。同时两臂向球伸出，左手掌心对来球，右手在左手前上方，两手腕稍向内屈。触球后把球收回胸前，然后站起。

（五）练习方法

（1）守门员按教练员的手势做左、右、前、后的移动练习。在进行移动练习时，要保持随时出击的准备姿势，身体重心不能有较大起伏。

（2）接同伴抛来或踢来的地滚球、平直球或高空球。

（3）守门员接自己对墙掷出或踢出的各种反弹回来的球。

第三节　足球基本战术

一、比赛阵型

比赛阵型指比赛场上队员基本位置排列，是本队攻守力量搭配和分工的形式。根据队员的职责和排列的层次分为后卫线、前卫线和前锋线。阵型的人数排列次序是从后卫数向前锋的，守门员的人数、职责固定，一般不予计算。目前，世界上普遍采用的阵型有"4-3-3"阵型（图 9-3-1）、"4-4-2"阵型（图 9-3-2）、"4-1-2-3"阵型和"3-5-2"阵型（图 9-3-3）等。除"4-4-2"阵型以防守为主、反击为辅外，其他阵型均以进攻为主，尤其"3-5-2"阵型更为突出。"3-5-2"阵型从后至前分为 3 条线，由后卫线 3 名队员、前卫线 5 名队员、前锋线 2 名队员组成。

比赛阵型在比赛中不是一成不变的，它只是队员在场上活动的大体安排，可根据临场情况不断变化，场上每个队员都应在明确基本位置和职责的前提下，进行创造性的活动。

图 9-3-1　　　　　　　图 9-3-2　　　　　　　图 9-3-3

二、进攻战术

（一）个人进攻战术

1. 摆脱与跑位

摆脱就是甩掉对手对自己的防守，跑动到有利于进攻的位置，达到有利于控制球和将进攻推向对方球门的目的，争取射门得分。

2. 接应

接应是对运控球同伴的支持与帮助。接应必须遵循以下几个原则：一是要拉开；二是接应要及时，到位要快，保持能够接到球的角度，并起到转移进攻点的作用；三是几个队员同时接应时，应保持纵深和角度。

3. 传球

传球是集体配合的基础，是完成战术配合，创造射门的主要手段。

（1）传球目标：分为向脚下传和向空位传两种。

（2）传球时机：一种是跑位引导传球，即先跑位后传球；另一种是传球引导跑位，即先传球后跑位。

（3）传球力量：应有利于接球者处理来球，并且要准确。

4. 运球突破

运球突破是进攻战术中极为重要的个人战术，当控球队员在无人接应或不利于传球时，控球队员冲破对方的紧逼盯人，从而为形成局部以多打少，获取传球空当和射门创造机会。

（二）局部进攻战术

比赛中经常采用的二人配合进攻方法有传切配合二过一、踢墙式配合二过一和回传反切二过一。二过一是足球比赛中最常用、最有效、最简捷的进攻配合方法。无论在球场任何一个区域、任何两名同队队员都可以采用这种方法。

1. 传切配合二过一

传切配合二过一是两名进攻队员通过一传一切配合越过一名防守队员的配合方法。

（1）斜传直插二过一（图 9-3-4）。

（2）直传斜插二过一（图 9-3-5）。

 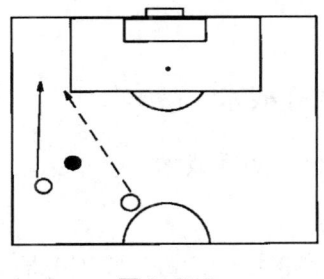

图 9-3-4　　　　　　　　　图 9-3-5

斜传直插和直传斜插二过一都是只通过一次传球和穿插就越过一名防守队员，配合十分简捷和实用。在进行配合时，两名进攻队员要保持适当的距离。控球队员可采用运球或其他动作，诱使防守者上前阻截，插入的队员必须突然、快速起动，但应避免越位。

2. 踢墙式二过一

踢墙式二过一是两名进攻队员通过两次传球越过一名防守队员的配合方法（图9-3-6）。在进行踢墙式二过一配合时，持球队员最好传地滚球，因为地滚球力量适度，方向准确；接应队员要求当控球同伴带球逼近防守队员时，要突然摆脱防守者与持球同伴形成三角形位置接应，并一次触球将球传到队友脚下。

3. 回传反切二过一

回传反切二过一是当接应队员与控球队员有一定纵深距离，并且防守者身后有较大空隙时采用的二过一配合。它是通过三次传球组成的配合方法（图9-3-7）。

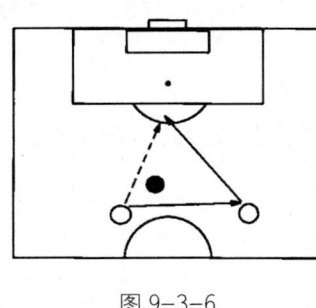 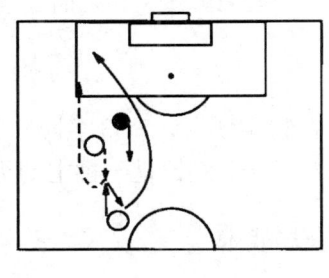

图 9-3-6　　　　　　　　　图 9-3-7

（三）边路进攻

边路进攻指在对方半场两侧地区发展的进攻。边路进攻包括边锋或其他到边锋位置上的队员运球突破下底或里切、边锋与边锋运用二过一突破、由边后卫边线插上配合、斜线传中等进攻方法。

（四）中路进攻

中路进攻指从比赛场地中间地带发起的进攻。它包括回传反切、前卫插上、短传配合等方式。

三、防守战术

(一) 个人防守战术

1. 选位

防守队员选择的位置，原则上是站在对手与本方球门中心所构成的一条直线上，与对手的距离要根据场区以及球所处的位置来决定。

2. 盯人

盯人指防守者所处的位置能够限制、看守对方活动，达到及时地封堵对手接球或传球路线的目的。盯人有紧逼盯人和松动盯人两种。紧逼盯人指贴近对手不给其从容活动的机会；松动盯人指与对手保持一定距离，以便随时上前抢截对手的球或对手得球后能立即逼近对手。在一般情况下，离球远的一侧可采用松动盯人，离球近或有可能接球的队员以及对球门有威胁的队员要采取紧逼盯人。

(二) 局部的防守配合

1. 保护与补位

保护指位于抢球队员（第一防守者）身后的保护队员（也称第二防守者）直接提供增援的防守方法。补位指防守队员弥补同伴在防守中出现漏洞或进攻留下空当时所采取的互相协助的战术配合。保护与补位是局部地区集体防守的基础。保护是补位的前提，没有保护也不可能有效地补位。补位有两种，一种是队员去补空缺，另一种是临近队员相互补位。

2. 围抢

围抢指在特定场区，2~3名防守队员快速多方位夹击对方控球队员，夺取球权或破坏球的战术配合。围抢是一种主动防守战术行为。

(三) 全局战术

全局防守战术包括盯人防守、区域防守、混合防守。严密封堵球门前30米范围是全队集体防守的关键。

四、定位球战术

定位球战术指比赛成死球时所采用的攻守战术方法，包括球门球、中圈开球、掷界外球、角球、任意球、点球等。

（一）角球战术

1. 角球进攻战术

随着技战术的发展，角球也是破门得分的重要手段之一。其主要进攻配合方式有以下两种：

（1）短传角球：这种角球的优点是快，缩短传中距离，提高传球的准确性和增大传球角度，丰富战术打法，增加防守难度，对球门威胁大。队员身材不高、争夺空中球能力较弱的队用此方法者较多。

（2）长传角球：用内弧线球直接射球门的前、后上角，运用者较少。多数长传角球是将球传至门前区域，由同伴头顶或配合射门。

在踢角球时，一般由擅长右脚者罚左侧的角球，擅长左脚者罚右侧的角球，这有利于踢出球速快、旋转强、落点好的内弧线球，从而为本队队员的争顶创造机会。

2. 角球防守战术

对方踢角球时，前锋、前卫队员要快速回防，迅速组织防守。所有队员的注意力应高度集中，分工明确，各司其职，人球兼顾，切忌盯人不看球或看球不盯人。一般以头球好的队员守在门前危险区域，重点防守头顶球好的对方队员。守门员选位在球门中部，斜向站立，这样，既能看到罚球者，又能看到罚球区内的攻方队员，保护球门及控制球门区。两边后卫分别防近、远门柱区域的射门和高球，守门员出击时他俩应退至球门线补门。当球解围时，全体防守队员应快速同步向罚球区线上压上，以造成对方越位。

（二）任意球战术

1. 任意球进攻战术

前场任意球，特别是在对方禁区附近的任意球进攻是一次极好的破门得分机会，各队都十分重视该区域的任意球战术配合。

直接射门：罚直接任意球时，如果距球门比较近，守方未布好防线、"人墙"有漏洞或守门员站位不佳时可采用直接射门。如果守方已布好防线，可由善于踢弧线球的队员直接射门，同时其他进攻队员要采用穿插跑位等行动干扰守方主防队员和守门员。

传球配合射门：传球配合射门方法很多，一般多采用长传门前由同伴头顶射门或先短传后中长传配合射门。

2. 任意球防守战术

无论是直接任意球还是间接任意球，守方的所有队员都应迅速退守，积极干扰对手罚球，争取时间迅速组织人墙，根据不同罚球区域来排"人墙"，射门角度大则"人墙"人数多，反之则少。排墙时，最高的队员在外侧，依次向内；最出色的防守队员不参加排墙，而是和其他队员一道去控制和封锁要害空间，防止进攻队员的穿插。在球罚出时，人墙应迅速向球移动，有效地封堵和缩小射门角度，人墙不能过早散开。

第四节　足球竞赛规则简介

一、比赛场地

1. 球场

球场边线长度不得多于 120 米或少于 90 米，球门线的长度不得多于 90 米或少于 45 米。在任何情况下，球场边线的长度必须大于球门线的长度，场地各线宽度不超过 12 厘米。

2. 罚球区

在比赛场地两端距球门柱内侧 16.50 米处的球门线上，向场内各画一条长 16.50 米与球门线垂直的线，一端与球门线相接，另一端画一条连接线与球门线平行，这三条线与球门线范围内的区域叫罚球区。在本方罚球区内，守门员可以用手触球。

3. 球门

球门由两根内沿相距 7.32 米与两边角旗点相等距离的直立门柱以及一根下沿离地面 2.44 米的水平横木连接组成。门柱及横梁的宽度、厚度与球门线均应对称相等，不得超过 12 厘米。

4. 角球弧

以边线和球门线外沿交点为圆心，1 米为半径，向场内各画一段 1/4 的弧，这个弧内地区叫角球区。

5. 罚球点

在两球门线中点垂直向场内量 11 米处各做一个清晰的标记，叫罚球点。

二、队员人数与装备

一场比赛每队上场队员不得多于 11 名或少于 7 名，其中必须有一名守门员。同队队员的服装（包括上衣、短裤和护袜）颜色必须一致，并与对方队有明显区别。守门员的服装颜色必须与双方其他队员和裁判员有明显区别。并且队员不能佩戴任何可能伤害到自己或别人的佩饰。

三、比赛时间

正式比赛每场时长为 90 分钟，分上下两个半场，每半场为 45 分钟。除经裁判员同意外，两个半场之间的休息不得超过 15 分钟。如比赛需决出胜负，90 分钟内战平，双方需打加时赛。加时赛共计 30 分钟，分为上下两个半场，每半场为 15 分钟，中间不休息。如加时赛后仍未分出胜负，则进行点球决胜。

四、计胜方法

凡球的整体从门柱间及横梁下越过球门线外沿的垂直面，而此前未违反竞赛规则，均为攻方胜一球。

五、越位

1. 构成越位的条件
（1）进攻队员处在对方半场。
（2）进攻队员处在球的前面。
（3）进攻队员与对方球门线之间，对方队员不足两人。
（4）接同伴的球或干扰比赛，获得利益。
上述4条缺一不可，若缺少任何一条，队员均不处于越位位置。

2. 判断越位的时间
判断队员是否处于越位位置的时间是在同队队员踢或触及球的一瞬间，而不是该队员接获球时。

3. 越位的判罚
当同队队员踢或触及球的一瞬间，队员处在越位位置，并且裁判员认为该队员有干扰比赛或干扰对方队员的行为才判罚越位犯规。

4. 不应判罚越位的情况
裁判员认为，队员只是仅仅处在越位位置。如果队员处在越位位置直接接得球门球、角球、界外球和裁判坠球时，也不判该队员越位。

六、犯规与不正当行为

1. 直接任意球
队员违反下列10条中任何一条者应被判罚直接任意球：
（1）踢或企图踢对方队员。
（2）绊摔或企图绊摔对方队员。
（3）跳向对方队员。
（4）冲撞对方队员。
（5）打或企图打对方队员。
（6）推对方队员。
（7）在抢截对方队员控制的球时，于触球前触及对方队员。
（8）拉扯对方队员。
（9）向对方队员吐唾沫。

（10）故意手球。

2. 间接任意球

队员违反下列 7 条中任何一条者应被判罚间接任意球：

（1）危险动作。

（2）阻挡对方队员。

（3）阻挡对方守门员发球。

（4）守门员用手控球在发出球之前持球超过 6 秒、2 次持球、接回传球、接队员直接掷入的球。

（5）擅自进、退场。

（6）连踢犯规（角球、开球、点球、球门球、任意球、掷界外球时连踢）。

（7）越位犯规。

3. 警告与罚令出场

凡队员犯有下列 7 条中任何一条者将被出示黄牌警告：

（1）犯非体育道德行为。

（2）以语言或行动表示异议。

（3）持续违反规则。

（4）延误比赛重新开始。

（5）当以角球或任意球重新开始比赛时，不退出规定的距离。

（6）未得到裁判员许可进入或重新进入比赛场地。

（7）未得到裁判员许可故意离开比赛场地。

队员违反下列 7 条中任何一条者将被出示红牌罚令出场：

（1）严重犯规。

（2）暴力行为。

（3）向对方或其他任何人吐唾沫。

（4）用故意手球破坏对方的进球或明显的进球得分机会。

（5）用犯规破坏对方明显的进球得分机会。

（6）使用无礼、侮辱或辱骂性的语言及动作。

（7）在同一场比赛中受到第二次警告。

七、任意球

任意球分为直接任意球和间接任意球两种。

（1）直接任意球可以直接踢入对方球门得分。

（2）间接任意球不可直接踢入对方球门得分，除非踢入的球触及场上的其他队员。

（3）踢任意球时，所有对方队员距球至少 9.15 米直到比赛恢复，如果球距球门线不足 9.15 米时，允许对方队员站在球门线上。

八、罚球点球

在比赛进行中，如果防守队员在本方罚球区内违反可判直接任意球的犯规应被判罚球点球。

九、掷界外球

（1）比赛中，当球的整体在地面或空中越过边线时即为球出界，应由出界前最后触球的对方队员在离球出界处的边线外一米范围内，用合法的动作将球掷入场内。

（2）如队员不在球出界处掷界外球或掷球违例，裁判员应判由对方在原球出界处掷界外球。

十、球门球

（1）球由地面或空中踢或触出对方球门线时，由对方在球门区内任何地点踢球门球恢复比赛。踢球门球可以直接得分。

（2）踢球门球时，当球直接踢出罚球区进入场内时，比赛方能恢复。

（3）踢球门球后，如球未被直接踢出罚球区或任何队员在罚球区内触及球，即未进入比赛，应令重踢。

十一、角球

（1）当队员踢或触球的整体在空中或地面从球门外超出本方球门线时，由对方队员将球的整体放定在离球出界处较近的角球弧内踢角球。

（2）踢角球时，在比赛恢复前，对方队员至少距球9.15米。

（3）队员踢出的角球，如果球击中门柱或处于场内的裁判员而弹回时，该队员补射，应判连踢犯规，进球无效。

第十章
乒乓球运动

第一节 乒乓球运动概述

一、乒乓球运动的起源与发展

（一）乒乓球运动的起源

乒乓球运动起源于19世纪末的英国，由网球运动派生而来。相传19世纪后半叶的一天，在英国伦敦有两位青年网球迷去一家高级餐厅就餐，因为天气炎热，在等待侍者上菜时，他们就信手拿起桌上大号雪茄烟的硬纸盒盖子用来扇风降温。当两人在闲聊中为网球战术而争论得不可开交时，便从酒瓶上拔下一个软木塞，以餐桌为场地，用烟盒盖作球拍，现场模拟起实战网球来。他们将软木塞打来打去，越打越起劲，竟引来了许多人围观。餐厅的女主人完全被这种别开生面的游戏吸引住了，情不自禁地脱口而出："table tennis（桌上网球）！"不经意间，就给这项运动命了名。很快，这项桌上游戏就在欧洲各国流传开来。但在那个时候，这项运动仅是欧洲的王公贵族闲来无事消磨时间的一种娱乐活动。

1890年，有位名叫詹姆斯·吉布（James Gibb）的英国著名越野跑运动员到美国旅行时，偶然发现了一种用赛璐珞制成的空心玩具球，弹跳力很强，于是，他就将这种球带回英国，稍加改进后，逐步在英国和世界各地推广，最终演变为今天的乒乓球。也许是因为乒乓球在桌上发出"乒乓乓乓"的声音，英国一家体育用品公司率先用"乒乓"（Ping Pong）一词做了广告中的商品名称。1891年，英格兰人查尔斯·巴克斯特把"乒乓"（Ping Pong）作为商业专利权申请了许可证。

（二）乒乓球运动的发展

1900年，英国成立了乒乓球协会。同年12月，在伦敦举行了英国第一次大型乒乓球比赛，开创了乒乓球正式比赛的历史。1926年12月，国际乒乓球联合会在英国伦敦成立，并将随后举行的欧洲乒乓球锦标赛确定为第1届世界乒乓球锦标赛。当时的比赛设男子团体、男子单打、女子单打、男子双打和混合双打5个项目。自2003年第47届世界乒乓球锦标赛开始，单项比赛于单数年举行，团体赛在双数年举行。国际重大的乒乓球比赛还有世界杯乒乓球赛和奥运会乒乓球赛。国际乒乓球联合会从1980年起每年举办一届乒乓球世界杯赛（埃文斯杯），1996年又增设了世界杯女子单打项目。1983年

10月1日，国际奥林匹克委员会在德国巴登举行的第84次会议上决定，自1988年在韩国汉城奥运会开始，乒乓球被列为奥运会正式比赛项目，比赛设男子单打、女子单打和男子双打、女子双打4个项目。在2008年北京奥运会上，乒乓球比赛项目有所改变，团体项目取代了双打项目。2000年10月1日起，乒乓球运动进入"大球"时代，球体直径从38毫米增至40毫米，球的重量由2.5克增加到2.7克。这种变化使得击球的速度和旋转相对减弱，回合增加，从而使比赛更激烈更精彩。2002年9月1日，国际乒乓球联合会又对乒乓球竞赛规则进行了重大修改，实行了"11分制"和"无遮挡发球"，使乒乓球比赛增加了偶然性和悬念，世界乒乓球竞技水平更加均衡，比赛也更具观赏性。

二、乒乓球运动的特点

（1）球体小、球体轻、速度快、旋转变化多，富有技巧性和很强的趣味性。
（2）乒乓球运动速度快、变化多，要求运动者在瞬间对球作出判断和反应。
（3）运动量可大可小，不受年龄、性别和身体条件的限制。
（4）器材设备比较简单，室内室外均可以进行，易于开展。

三、乒乓球运动的锻炼价值

经常参加乒乓球锻炼，可以发展人的灵敏性和协调性，提高动作的速度和上下肢活动的能力，改善心血管系统的机能，促进新陈代谢，增强体质，培养参与者勇敢顽强、机智果断等品质。此外，乒乓球运动对场地设备、气候条件和练习者身体素质的要求也相对简单，是一项男女老幼皆宜、健身效果非常好的运动，因而深受人们的喜爱，更是很多大、中、小学生首选的一项运动。

第二节　乒乓球基本技术与练习方法

一、乒乓球运动基本理论

（一）常用术语

1. 球台左、右半台
又称1/2台。其左右方向是对击球者而言的。
2. 站位
站位指运动员开始击球前的基本位置（图10-2-1）。站位分为：

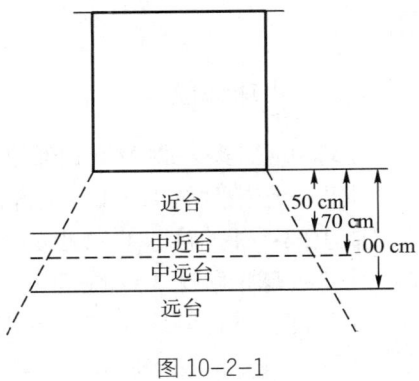

图10-2-1

近台：站位离球台端线 50 厘米以内的范围。
中近台：站于球台端线 50~70 厘米以内的范围。
中远台：站于球台端线 70~100 厘米以内的范围。
远台：站于离球台端线 100 厘米以外的范围。

（二）击球路线

击球路线是球在球台上空飞行弧线的投影线。有 5 条基本线路：右方斜线、右方直线、左方斜线、左方直线和中路直线。

（三）击球时间

击球时间指对方击来球到本方台面弹起后，在经上升至下降这段时间中，拍触球时球正处在空间的那一段时间。击球时间一般分为 5 个时期（图 10-2-2）：

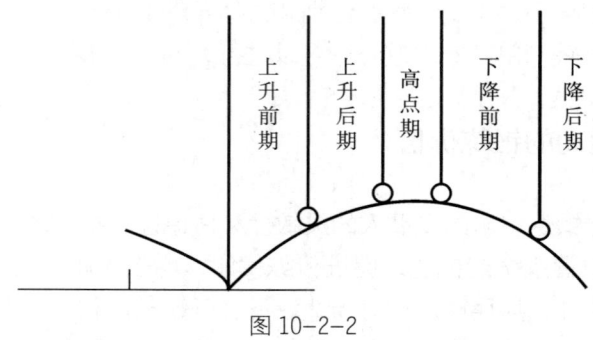

图 10-2-2

上升前期：球从台面反弹刚上升的阶段。
上升后期：球从台面弹起上升前期后至接近最高点的阶段。
高点期：球从上升后期到达最高点的阶段。
下降前期：球从高点期开始下降的最初阶段。
下降后期：球经过下降前期到球下降到接近地面之前的阶段。

（四）击球部位

击球部位是球拍触及球的部位（图 10-2-3）。
上部：球拍触球 12~1 点的部位。
中上部：球拍触球 1~2 点的部位。
中部：球拍触球 3 点的部位。
中下部：球拍触球 4~5 点的部位。
下部：球拍触球接近 6 点的部位。

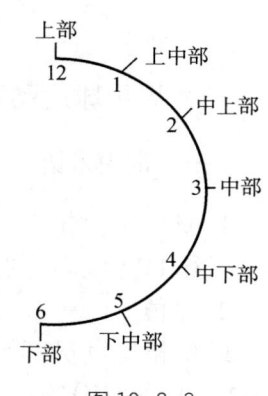

图 10-2-3

（五）拍面角度和拍面方向

拍面角度指拍面与球台所形成的角度（图 10-2-4）。

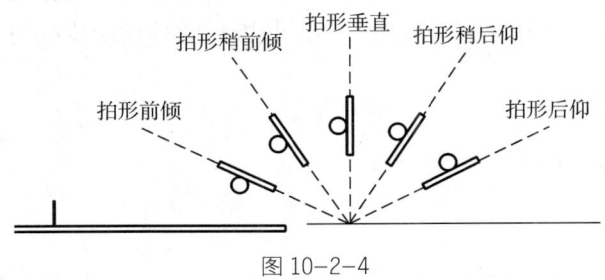

图 10-2-4

拍面前倾：拍面触球 1 点时的角度。
拍面稍前倾：拍面触球接近 2 点时的角度。
拍面垂直：拍面触球接近 3 点时的角度。
拍面稍后仰：拍面触球接近 4 点时的角度。
拍面后仰：拍面触球接近 5 点时的角度。
拍面向上：拍面触球接近 6 点时的角度。
拍面向下：拍面触球接近 12 点时的角度。
拍面向左：击球右侧所对的方向。
拍面向右：击球左侧所对的方向。

（六）击球点

击球点指击球时，球拍与球接触的那一点所处空间的位置。击球点是对击球者所处的相对位置而言的。它包括三个因素：一是击球时，球处于身体的前后位置；二是击球时，球和身体的远近距离；三是击球时，球的高低位置。

（七）球拍性能

1. 正胶海绵拍

反弹力强，回球速度快，摩擦力较小，制造旋转能力差。

2. 反胶海绵拍

胶皮表面平整，有较大的黏性，摩擦系数大，能击出强烈的旋转球。但反弹力稍差，回球速度比正胶海绵拍慢。

3. 生胶海绵拍

反弹力强，回球速度快，摩擦力较小，制造旋转能力差。

4. 长胶拍

长胶的胶粒高度为 1.6~2 毫米，由于胶粒长而柔软，打出的球产生的旋转变化比普通球拍要多。长胶主要依靠来球的旋转或冲力来增加回球的旋转强度。用削球回击对方拉过来的弧圈球或重板扣杀球时，回球则更加旋转。如果来球旋转弱或冲力小，则回球的旋转也弱。用长胶拍发过去的球不是很转。用长胶拍在近台挡过去的球有三种情况：一是对方来球是下旋时，则回过去的球是上旋；对方来球是上旋，则回过去的球是下旋；对方来球不转，则回过去的球也不转。长胶拍比普通胶皮拍更难控制，其球速度不快。

二、乒乓球基本技术

（一）握拍法

乒乓球的握拍法，有直握法和横握法两种。不同的握法有不同的特点和打法。

1. 直握法

用拇指和食指握住球拍柄与拍面的结合部位。拍柄右侧贴在食指的第二关节内侧，食指的第二关节压住球拍的右肩，其第一关节自然向内弯曲，拇指的第一关节压住球拍的左肩，其他三指自然弯曲，斜形重叠，以中指、无名指的手指前部顶住球拍背面上端处（图10-2-5）。

2. 横握法

用中指、无名指和小指自然握住拍柄，拇指在球拍正面，食指自然伸直斜放于球拍的反手面，虎口正中贴拍柄正侧面（图10-2-6）。

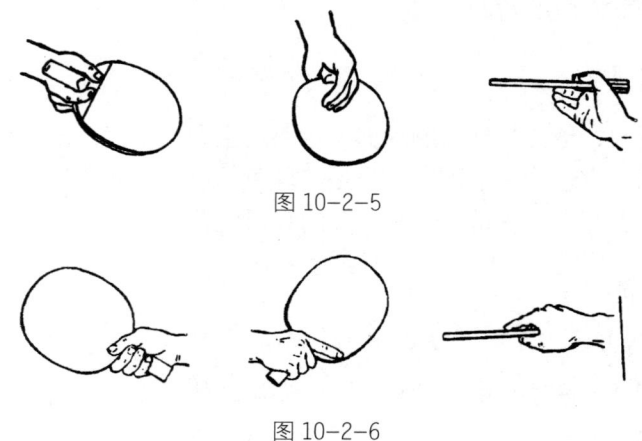

图10-2-5

图10-2-6

（二）基本站位、基本姿势

基本站位应根据不同类型打法及个人打法特点来确定。采用左推右攻打法的运动员的基本站位在近台中间偏左，采用两面攻打法的运动员在近台中间，采用弧圈球打法的运动员在中台偏左，采用横板攻削结合打法的运动员基本站位在中台附近，以削球为主打法的运动员在中远台附近。

正确的基本姿势应该是两脚平行站立,略比肩宽,提踵,前脚掌内侧用力着地,两膝微屈、上体略前倾;重心置于两脚之间,下颌稍内收,两眼注视来球。以右手握拍为例,将持拍手臂自然弯曲置于身体右侧,手腕放松,持拍手置于右腹前,离身体20~30厘米。

(三)基本步法

乒乓球运动的步法是乒乓球运动的"灵魂和生命"。乒乓球运动的基本步法有:

1. 单步

在来球离身体较近时使用。特点是移动简单,范围小,重心移动平稳。方法是以远离来球的一只脚的前脚掌为轴,另一脚向前、侧、后移动半步或一步,重心随之跟上(图10-2-7)。

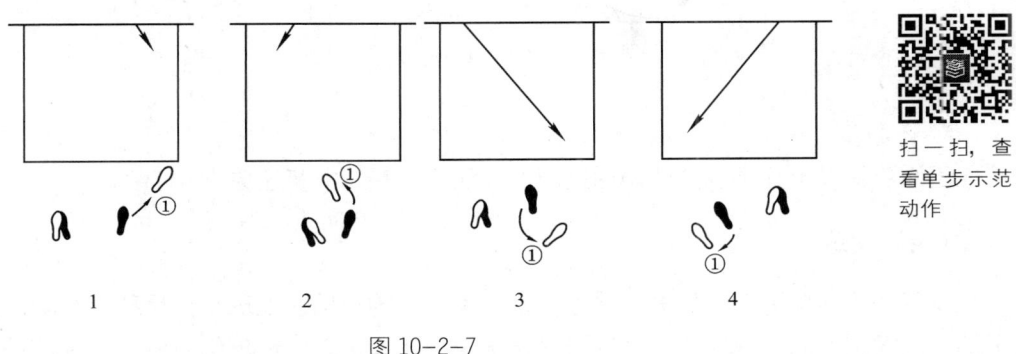

图 10-2-7

2. 滑步

在来球离身体稍远时使用。特点是移动范围较大,重心转换迅速。方法是两脚几乎同时向来球方向蹬地,几乎同时离地,来球异方向脚先落地,同方向脚紧随着地(图10-2-8)。

3. 交叉步

当来球离身体远时使用。特点是移动范围大、容易发力、速度快、稳健性好,多用于正手左右移动攻球或侧身攻球。方法是来球同方向脚蹬地,异方向脚向来球方向跨出一大步。此时,在身体成交叉状,然后蹬地脚迅速跟上接触交叉(图10-2-9)。

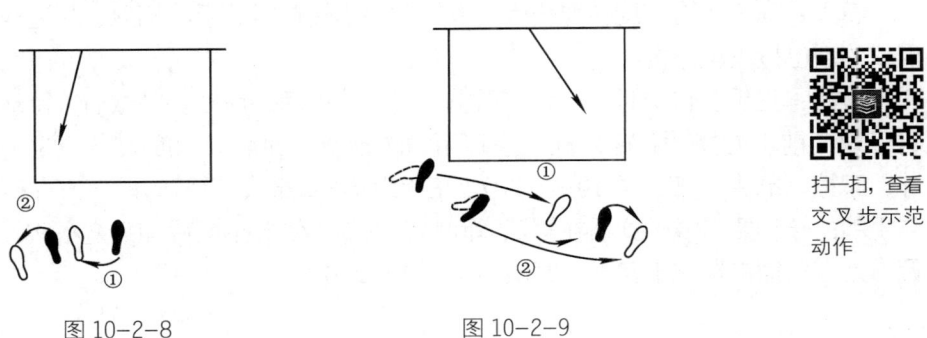

图 10-2-8　　　　　图 10-2-9

4. 跨步

在来球离身体较远时使用。特点是移动速度快、移动范围比单步大。由于一脚移动幅度大，降低了重心，不宜连续使用。方法是来球异侧方向的脚蹬地，另一只脚向来球方向跨出一大步，身体重心迅速移至该脚，蹬地脚随即跟上（图10-2-10）。

扫一扫，查看跨步示范动作

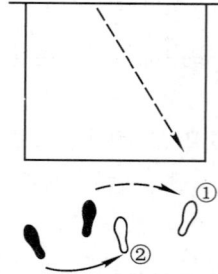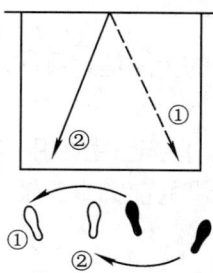

图10-2-10

5. 还原步

还原步是以上几种步法使用后还原的步法。一般用滑步还原。

（四）发球

发球是乒乓球运动中的进攻技术，是各种战术的起始。发球是乒乓球比赛时，力争主动、先发制人的第一环节。发球可以直接得分，也可以为进攻创造机会。发球是以旋转、速度、落点来调动、控制对方，实现自己的战术意图。发球的种类很多，主要有发上旋、下旋、侧上旋、侧下旋、长球、短球、高抛、低抛与下蹲式发球等。

1. 正手平击发球

特点：一般不带旋转，是学习其他发球技术的基础。

方法：以右手持拍为例。右脚稍后，身体稍向右转，左手掌心托球，置于身体右前方。抛球时，右臂内旋，使拍面稍前倾，向身体右后方引拍，在球下降至稍高于球网时，向前挥拍击球的中上部。

2. 正手发转与不转球

特点：球速较慢，旋转变化大，发转球与不转球时的手法相似，易造成对方接球失误或为自己抢攻创造机会。

方法：正手发转球时，前臂向后上方引拍，拍面略后仰。抛球后，待球下落时，前臂迅速向前下方挥动并略外旋，手腕用力转动使拍面后仰角度大些，约与网同高时击球，摩擦球的中下部（图10-2-11）。正手发不转球时，手臂向前下方挥摆，前臂外旋与手腕的转动要慢或外旋后在触球瞬间略有内旋，使球拍面后仰角度小些，用球拍下部偏右处向前撞击球减小向下的摩擦力（图10-2-12）。

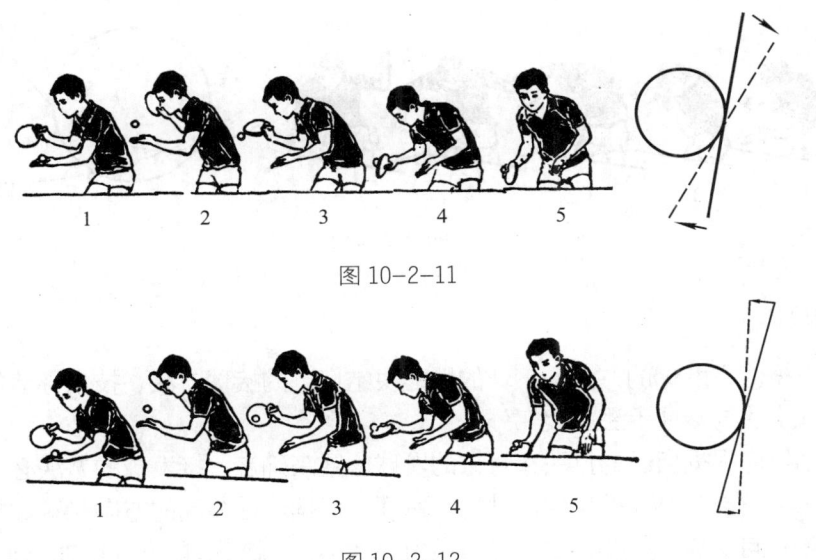

图 10-2-11

图 10-2-12

3. 正手发左侧上（下）旋球

特点：发左侧上（下）旋球时，手法较为相似，并能充分发挥手臂和手腕的作用，旋转力较强，对方挡球后，向其右侧上（下）方反弹。

方法：正手发左侧上旋球时，右脚在后，抛球时，持拍手向右上方引拍，手腕略向外展。当球下落时，手臂迅速向左下方挥动，在与网同高时触球，触球瞬间手腕快速向左上方转动，使球拍从球的中部偏下向左上方摩擦。正手发左侧下旋球时，手腕快速向左下方转动，使球拍从球的中下部向左下方摩擦（图 10-2-13）。

图 10-2-13

4. 反手发右侧上（下）旋球

特点：能充分运用转体动作，旋转力较强，对方挡球后，向其左侧上（下）反弹。

方法：反手发右侧上旋球时，右脚稍前，持拍手向左上方引拍，拍柄在下。抛球后，当球下落时，前臂和手腕同时发力，向右下方挥拍，在与网同高时击球，触球瞬间手腕向右上方转动，使拍从球的中部略偏下向右上方摩擦。发右侧下旋球时，手腕向右下转动，使拍从球的中下部向下方摩擦（图 10-2-14）。

扫一扫，查看反手发右侧下旋球示范动作

图 10-2-14

（五）接发球

接发球要根据对方发球的方法与来球的性能决定自己的接球方法。技术环节包括站位与判断、移动步法与接球手法三大部分。

接发球的站位应根据自己的打法和对方的发球位置来确定，接发球的方法必须根据对方来球状况来定。当对方球拍与球接触的一瞬间，根据球拍移动的方向和触球的部位来判断球的旋转方向及旋转程度，根据对方用力的大小，判断来球的速度和落点。看清并判断来球后，采用点、拨、带、拉、攻、推、搓、削、摆短、撇等技术动作接球。

接急球：接急球时，可利用推挡或攻球回击。如回斜线球应尽可能使角度大些，注意使手腕外旋，用拍触球的侧面，将球推或攻到对方球台的一侧，使对方难以侧身抢攻或本方快速变直线。

接短球：接短球时，可"以短回短"把球回到对方近网处，使其不易发动进攻。球拍触球时，如接上旋球板形前倾一些，接下旋球板形稍后仰，减力将球接回。

（六）推挡球

推挡球是左推右攻型运动员的一项主要技术。推挡球具有站位近、动作小、速度快、变化多的特点。在对攻中常用快速推压，结合力量、落点和旋转变化牵制对方，为正手攻和侧身攻创造有利条件。在被动时，还可以起到积极防御的作用。

1. 挡球

特点：球速慢、力量轻、动作简单、容易掌握，是初学者的入门技术。

方法：两脚平行站立，身体靠近球台。击球前，两膝微屈，含胸收腹。击球时，球拍由后向前，球拍触球拍面与台面近乎垂直，在上升期击球的中部，借助对方来球的反弹力将球挡回。击球后，迅速还原，准备下次击球（图 10-2-15，图 10-2-16）。

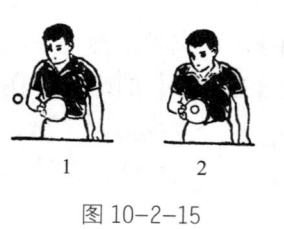

图 10-2-15

图 10-2-16

2. 快推

特点：站位近、动作小、速度快、变化多，既利于防守，又可以辅助进攻，是推挡球时最常用的一种技术。

方法：站位近台，右脚稍后或两脚平行开立，上臂和肘关节靠近右侧身旁。击球时，前臂向前推出，食指压拍，拇指放松，球拍前倾，在来球上升前期击球的中上部。击球后，手臂随势前送（图10-2-17）。

图 10-2-17

扫一扫，查看快推示范动作

（七）攻球

攻球是乒乓球比赛中争取主动和获得胜利的重要技术。它具有速度快、击球力量大、落点变化多、杀伤力强等特点，是主要的得分手段。

1. 正手近台攻球

特点：站位近、动作小、球速快，能借来球反弹力还击。

方法：直拍正手近台攻球时，身体靠近球台，右脚稍后，两膝微屈，上体略前倾。击球前，引拍于身体右侧成半横状，上臂与身体约成35°，与前臂约成120°。当球从台面弹起时，手臂由右侧向左前上方迅速挥动，以前臂发力为主。击球时，食指放松，拇指压拍，使拍面前倾并结合手腕内转动作，在来球上升期击球的中上部（图10-2-18）。

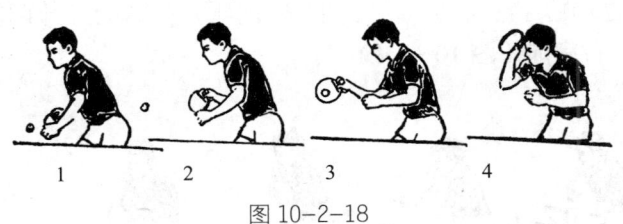

图 10-2-18

扫一扫，查看直拍正手近台攻球示范动作

横拍正手近台攻球时，前臂与手腕成直线并与台面接近平行，拍柄略朝下。击球的时间、部位，拍面角度及手臂挥动方向基本上与直拍相似（图10-2-19）。

2. 正手拉球

特点：速度快、动作小、线路活，是还击下旋球的有效方法。

方法：站位近台，右脚稍后，重心放在右脚上。击球前，引拍至身体右侧下方成半横状，拍面近乎垂直。当球从最高点开始下降时，上臂和前臂由后下方向前上方挥动，前臂迅速内收，结合手腕转动的力量摩擦球的中部或中下部。击球后，重心移至左脚，球拍随势挥至头部（图10-2-20）。

扫一扫，查看横拍正手近台攻球示范动作

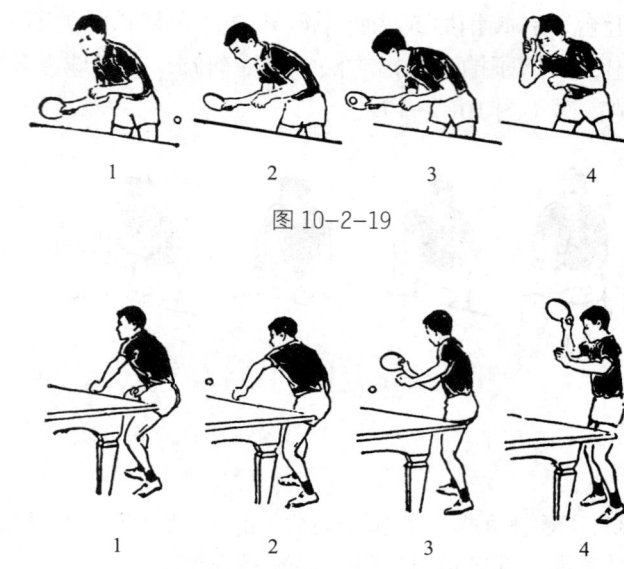

图10-2-19

图10-2-20

3. 反手近台攻球

特点：站位近、动作小、速度快、进攻性强，是直、横两面攻常用的一项重要技术。

方法：直拍反手近台攻球，身体靠近球台，两脚平行开立。击球前，引拍至腹前左侧，肘关节略前出，上臂和前臂约成100°，拍柄稍向下。击球时，上臂贴近身体，前臂外旋向右前上方挥动，配合转腕动作，使拍柄略前倾，在球的上升期击球的中上部。击球后，随势将拍挥至右肩前（图10-2-21）。

图10-2-21

横拍反手近台攻球时，两脚平行开立，上体稍前倾，肘关节自然弯曲，上臂与前臂约成100°，前臂与手腕几乎成直线，拍柄稍向下，球拍置于腹部左前方。击球时，前臂向右前上方挥动，在球的上升期击球中上部，触球时，手腕向外转动。

4. 反手快拨

特点：站位近、动作小、落点变化多，有一定速度和力量，借来球反弹力量还击，是横拍反手近台的基本技术。

方法：两脚平行开立，肘关节自然弯曲，引拍至腹部左前侧，拍柄稍向下，肘部稍前出。击球时，前臂带动手腕向右前方挥动，拍面稍前倾，在球的上升期击球中上部，借来球反弹力将球拨回。击球后，球拍随势挥至右肩前（图10-2-22）。

图10-2-22

扫一扫，查看横拍反手快拨示意图

（八）搓球

搓球是一项过渡性技术，用它来应对下旋球比较稳健，也是初学削球者必须掌握的技术，它通过旋转、落点和速度的变化，给对方回球制造一定的困难，为自己抢攻或抢拉创造机会。

1. 慢搓

特点：慢搓动作幅度较大，回球速度慢，一般在下降期击球。在对搓中如能运用旋转变化，可以直接得分或为进攻创造条件。

（1）反手慢搓：两脚开立，身体离台较远，手臂自然弯曲，向左上方引拍。击球时，前臂内旋配合转腕动作，向前下方用力，拍面后仰，在来球下降期摩擦球中下部（图10-2-23）。

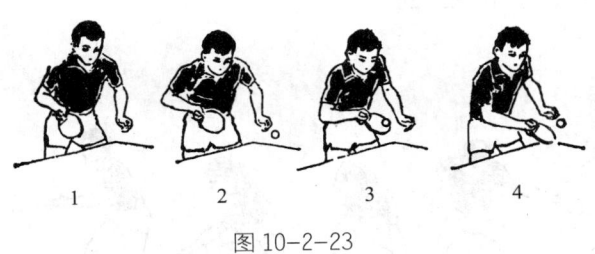

图10-2-23

扫一扫，查看直拍反手慢搓示范动作

（2）正手慢搓：两脚开立，右脚稍后，两膝微屈，身体稍向右转，离台稍远。击球前，向右上方引拍，拍面后仰。击球时，前臂和手腕向左前下方挥动，在来球下降期摩擦球的中下部（图10-2-24）。

扫一扫，查看直拍正手慢搓示范动作

图 10-2-24

2. 快搓

特点：动作幅度小，回球速度快，借来球的力量将球搓回。

（1）正手快搓：两脚开立，两膝微屈，身体靠近球台。击球时，拍面稍后仰，前臂配合手腕转动动作向前下方切动，在来球上升期摩擦球的中下部，将球快速搓出。

（2）反手快搓：两脚平行或右脚稍前，两膝微屈，身体靠近球台。击球前，右手向右上方引拍，拍面稍后仰。击球时，前臂和手腕向左前下方切动，在来球上升期摩擦球的中下部，将球搓出。

（九）削球

削球是一种防守技术，削球可以造成对方失误直接得分，也可以在稳健削球的基础上，利用削转与不转球的变化，快速结合落点变化来调动对方，为反攻创造机会。

特点：击球动作较大，球速较慢，弧线较长，比较稳健，利于制造旋转变化，防守对方的扣杀。

1. 正手远削

左脚稍前，身体离球台 100 厘米以外。上体稍右转，重心放于右脚上。击球前手臂自然弯曲，将拍引向右上方与肩同高。击球时，手臂向左前下方挥动，在下降期击球中下部。触球刹那前臂加速削击球，同时手腕向下辅助用力。击球后，球拍随势前送，重心移至左脚（图 10-2-25，图 10-2-26）。

图 10-2-25

图 10-2-26

2. 反手远削

右脚稍前，身体左转，手臂弯曲，球拍向左上方引至与肩同高，拍柄向下，重心放在左脚上。击球时，手臂向右前下方挥动，手臂与手腕加速用力削击来球，在下降期，击球中下部。击球后，上体向右转动，将球拍顺势挥至身体右侧，重心移至右脚（图 10-2-27，图 10-2-28）。

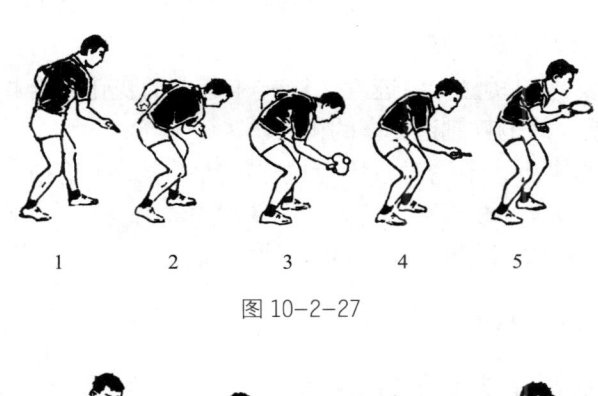

图 10-2-27

图 10-2-28

3. 正手近削

左脚稍前，站位距球台 50 厘米左右，上体稍向右转。击球时手臂弯曲，把球引至与肩同高，拍形稍后仰。触球时，前臂由右或左向前下方挥动，手腕配合下压，在球的上升后期或高点期，击球的中部或中下部。

4. 反手近削

右脚稍前，手臂弯曲向左或右上方引拍，击球时，前臂向前下方挥动，手腕配合用力下压，在球的上升后期或高点期，击球的中部或中下部。

第三节 乒乓球基本战术

一、发球抢攻战术

发球抢攻是我国乒乓球运动员的重要战术之一。近年来,世界各种类型打法的运动员都越来越重视这一战术,并使之有了很大的发展。

(一)发球抢攻的注意事项

运用发球抢攻,应注意以下几点:
(1)注意发球与抢攻的配合。发球时,应明确对方可能怎样接、接到什么位置、自己怎样抢攻等。
(2)注意发球抢攻与其他战术的配合。有时接过来的球很难抢攻。此时,可先控制一板,争取下一板抢攻。不能一心只想发球后就抢攻,一旦无机会,或盲目抢攻,或无计可施,都会形成相持球的被动。
(3)注意提高发球的质量,将速度、旋转和落点的变化结合起来。同时,应特别强调发球花样的创新,为抢攻制造更多的机会。
(4)抢攻应大胆果断,不论对方用搓拉(包括弧圈球)等技术接发球,自己都应调整位置伺机抢攻。抢攻的技术好,可以增加发球的威力。
(5)每个运动员应有两套特别突出的发球的抢攻。

(二)发球抢攻战术类型

具体的发球抢攻战术,主要有下面几套:
1. 正手发转与不转球后抢攻
一般以发至对方中路或右方短球为主,配合左方长球。开始先发短的下旋球为好,以控制对方不能抢攻或抢拍,然后再发不转球抢攻。不转球,一般也先发短的,或发至对方攻势较弱的一面;如果对方接,还可以适当发些长的球到其正手。若能发到似出台又未出台的落点,则效果更好。
2. 侧身用正手发高、低抛左侧上、下旋球后抢攻
侧身用正手发高、低抛左侧上、下旋球的落点为:发至对方中左短、左大角、中左长、中右(向侧拐弯飞行正好至对方怀中)和右短,配合一个直线奔球。
3. 反手右侧旋后抢攻
此战术尤其适合擅长反手进攻的选手运用。一般可发至对方中右近网或半出台落点,然后用正、反手抢攻对方反手。
4. 反手发急球后抢推、抢攻

5. 反手发高抛右侧上、下旋球后抢攻

一般以发至对方正手位或中右近网为主，配合发两大角长球，伺机抢攻。

二、对攻战术

对攻战术是两名进攻型选手相遇，形成攻对攻的局面时，常采用下列战术：

（1）压对方反手，伺机正手攻或侧身攻一般用于对付反手较弱或进攻能力不强的对手。压反手时，可用推挡、反手攻或弧圈球。

（2）压右调右（亦称压反手变正手）。适用范围：① 自己反手不如对方反手时，主动变线，避实就虚；② 对方侧身攻的意识极强，用变其正手的方法，既可偷袭空当，又可牵制对方的侧身攻；③ 对付正手位攻力不强的选手；④ 自己正手好，主动变对方正手后伺机正手攻；⑤ 自己反手攻击力很强，可在变对方正手位时直接得分或取得主动；⑥ 左手持拍的选手用此战术较多。因变线的角度大，右手持拍的选手往往被动。

（3）压左等右（紧压对方反手，等着对方变线，自己用正手抢攻）。多在对方采用压左调右的战术时使用。运用此战术时，压对方反手要凶些，否则对方变线较狠，自己往往被动。

（4）调右压左先打对方正手，将其调到正手位并被迫离台后，再打其反手位。

（5）用加减力量压对方反手、中路后，迅速抢攻用于对付站位中台的两面拉（攻）选手。一般先用加力推（攻）将对方压下去，再用减力挡将其诱上来，然后伺机加力扣杀。

三、拉攻战术

拉攻是进攻型选手对付削球打法的主要战术，即用拉球找机会，然后伺机突击。主要有以下几种方法：

（1）拉一角为主，伺机突击自己的特长线路追身。
（2）拉中路杀两角或拉两角杀中路。
（3）拉左杀右或拉右杀左。
（4）拉直杀斜线或拉斜杀直。
（5）拉长球配合拉将出台的球，伺机突击。
（6）变化拉球的旋转，伺机突击。
（7）拉搓、拉吊结合，伺机突击。
（8）拉、搓、攻结合，伺机突击。
（9）以稳拉为主，伺机突击。

四、搓攻战术

搓攻战术是进攻型打法的辅助手段之一,又是削球打法相互交锋时的主要战术。

(1)先搓反手大角,再变直线,伺机进攻。主要用来对付反手不擅进攻的选手。逼住对方反手大角,视其准备侧身攻或将注意力都放到了反手后,将球拉起攻其正手,伺机抢攻。

(2)搓转与不转后,伺机反攻。

(3)以快搓短球为主,配合劈两大角长球,伺机进攻。

(4)搓右转快攻。

五、接发球战术

(1)接发球抢攻,这是最积极主动的接发球方法。

(2)用拉(包括小上旋和弧圈球)、拨或推的方法将球接至对方弱点处。

(3)以摆短为主,结合劈两大角长球,争取下一板主动,先上手或抢攻。

(4)稳健控制法。一般在攻对削、削对攻或削对削时采用。

(5)接发球战术的指导思想:① 力争积极主动,克服单纯求稳的思想,能攻的要攻,能撇的要撇,尽量少用搓球,应增加用正手侧身接发球的意识;② 最大限度地控制对方的发球抢攻,在此基础上,争取为下一板球的进攻制造机会;③ 接发球后,要有防御的准备,一旦被对方抢攻,应具备从被动转主动的意识和能力。

第四节　乒乓球竞赛规则简介

标准乒乓球比赛场地长 14 米、宽 7 米、高至少有 4 米的空间,四周用 75 厘米高的暗色挡板围住。球台总长 2.74 米,宽 1.525 米,台面离地面高度 76 厘米。球网长 183 厘米,高 15.25 厘米。

乒乓球由赛璐珞或塑料制成,多为不反光的白色、橙色,圆形,球的直径为 40 毫米,重量为 2.7~2.75 克。

一、一局比赛、一场比赛

在一局比赛中,先得 11 分的为胜方。若到 10 平后,先多得 2 分者为胜方。大型国际乒乓球团体赛中,每场比赛,均采用五局三胜制;单打或双打比赛则采用七局四胜制。

二、交换发球次序、交换方位

开赛前，用抽签等公平选择方式决定某一方先发球和双方方位。开赛产生 2 分后换另一方发球，以此类推，直到一局结束。如果双方的比分都达到 10 分时，开始按每得一分就换发球方一次的方法，直到该局分出胜负为止。

一局中，站在某一方位的单打或双打运动员，在下一局应与对方交换方位，在决胜局中，当一方先得到 5 分时，即应与对方交换方位。

三、合理发球

发球时，球应放在不执拍手的手掌上，手掌应静止、朝上、伸平。发球时，不执拍手应始终在台面以上、端线以外，把球向上抛起 16 厘米以上，不能使其旋转，抛出的球倾斜不能超过 45°，当抛起的球从高点下降后才能击球，击球后，球应先落在本方台面，然后弹起落到对方台面上。发球时，发球者有责任让对方、裁判清楚地看见发球的技术合理性，不能有遮挡现象出现。

四、合法还击

1. 对方发球或还击后，本方运动员必须击球，使球直接越过或绕过球网装置，或触及球网装置后，再触及对方台区。
2. 比赛次序
（1）在单打中，首先由发球员合法发球，再由接发球员合法还击，然后两者交替合法还击。
（2）在双打中，首先由发球员合法发球，再由接发球员合法还击，然后由发球员的同伴合法还击，再由接发球员的同伴合法还击，此后，运动员按此次序轮流合法还击。

五、重发球

回合出现下列情况应判重发球：
（1）如果发球员发出的球，在越过或绕过球网装置时，触及球网装置，此后触及对方台区。
（2）如果接发球员或同伴未准备好时，球已发出，而且接发球员或其同伴均没有企图击球。
（3）由于发生了运动员无法控制的干扰，而使运动员未能合法发球。
（4）裁判员或副裁判员宣布暂停比赛。

（5）在双打时，运动员错发，错接。

六、得一分

除被判重发球的回合，下列情况运动员得一分：
（1）对方运动员未能合法发球。
（2）对方运动员未能合法还击。
（3）运动员在发球或还击后，对方队员在击球前，球触及除球网装置以外的任何东西。
（4）对方击球后，该球越过本方端线而没有触及本方台区。
（5）对方阻挡。
（6）对方连击。
（7）对方用不符合条款的拍面击球。
（8）对方运动员或他穿戴的任何东西使球台移动。
（9）对方运动员或他穿戴的任何东西触及球网装置。
（10）对方运动员不执拍手触及比赛台面。
（11）双打时，对方运动员击球次序错误。
（12）执行轮换发球法时，接发球运动员或其双打同伴，包括接发球一击，完成了13次合法还击，接发球方得一分。

七、发球、接发球和方位的次序

（1）选择发球、接发球和这一方位、那一方位的权力应由抽签来决定，中签者可以选择先发球或先接发球，或选择先在某一方位。
（2）当一方运动员选择了先发球或先接发球，或选择先在某一方位后，另一方运动员应有另一种选择的权力。
（3）在产生每2分之后，接发球方即成为发球方，以此类推，直至该局比赛结束，或者直至双方比分都达到10分或实行轮换发球法，这时，发球和接发球次序仍然不变，但每人只轮发一分球。
（4）在双打的第一局比赛中，先发球方确定第一发球员，再由先接发球方确定第一接发球员。在以后的各局比赛中，第一发球员被确定后，第一接发球员应是前一局发球给他的运动员。
（5）在双打中，每次换发球时，前面的接发球员应成为发球员，前面的发球员的同伴应成为接发球员。
（6）一局中首先发球的一方，在该场下一局应首先接发球。在双打决胜局中，当一方先得5分时，接发球方应交换接发球次序。

（7）一局中，在某一方位比赛的一方，在该场下一局应换到另一方位。在决胜局中，一方先得 5 分时，双方应交换方位。

八、发球，接发球次序和方位的错误

（1）裁判员一旦发现发球、接发球次序错误，应立即暂停比赛，并按该场比赛开始时确立的次序，按场上比分由应该发球或接发球的运动员发球或接发球；在双打中，则按发现错误时那一局中首先有发球权的一方所确立的次序予以纠正，继续比赛。

（2）裁判员一旦发现运动员应交换方位而未交换时，应立即暂停比赛，并按该场比赛开始时确立的次序按场上比分运动员应站的正确方位予以纠正，再继续比赛。

（3）在任何情况下，发现错误之前的所有得分均有效。

九、轮换发球法

（1）如果一局比赛进行到 10 分钟仍未结束（双方都已获得至少 9 分时除外），或者在此之前任何时间应双方运动员要求，可实行轮换发球法。

（2）当时限到时，球仍处于比赛状态，裁判员应立即暂停比赛。由被暂停回合的发球员发球，继续比赛。

（3）当时限到时，球未处于比赛状态，应由前一回合的接发球员发球，继续比赛。

（4）此后，每个运动员都轮发一个球，直至该局结束。如果接发球方给予 13 次合法还击，则判发球方失一分。

（5）轮换发球法一经实行，该场比赛的剩余部分必须继续实行，直至该场比赛结束。

第十一章
羽毛球运动

第一节　羽毛球运动概述

现代羽毛球运动起源于英国。1873 年，在英国道拉斯哥附近的鲍弗特公爵的伯明顿庄园内举办了一次别开生面、妙趣横生的羽毛球比赛，给众人留下了深刻的印象。从此以后，人们便用伯明顿（Badminton）这个地点名称来命名这项运动为"badminton"。1877 年，第一次成文的羽毛球规则在英国出版。1934 年，国际羽毛球联合会（简称国际羽联）成立，总部设在伦敦。1939 年，国际羽联制订了会员共同遵守的羽毛球规则。1992 年，羽毛球运动被列为奥运会正式比赛项目，这给世界羽毛球运动的发展带来了很大的影响。

现代羽毛球运动于 1920 年前后传入我国。1952 年，毛泽东主席提出了"发展体育运动，增强人民体质"的号召后，越来越多的人投入羽毛球运动。此后，中国羽毛球运动水平几经周折，不断向上发展，我国羽毛球队的整体实力已位居世界前列。随着参与和研究羽毛球运动的人越来越多，我国的羽毛球运动训练积累了丰富的经验，如以快为主，以攻为主，走自己发展的道路；在技术全面的基础上发挥特长；创新步法和手法，保证快速特点的充分发挥；注重反应速度、灵活性、爆发力和耐久力为主的身体素质训练；实行多周期训练，适应日益频繁的比赛任务等。

世界羽毛球运动重大赛事

1. 汤姆斯杯赛：世界男子羽毛球团体锦标赛。
2. 尤伯杯赛：世界女子羽毛球团体锦标赛。
3. 世界羽毛球锦标赛。
4. 苏迪曼杯赛：世界羽毛球混合团体锦标赛。
5. 国际奥林匹克运动会羽毛球比赛。
6. 世界羽毛球系列大奖赛。

第二节 羽毛球基本技术与练习方法

羽毛球运动的基本技术主要有手法和步法。每一基本技术都有很多的技术动作,各个技术动作之间相互联系,构成了羽毛球运动的基本技术系统。常用的羽毛球运动基本技术有握拍、发球、击球以及各种步法。

一、握拍法

1. 正手握拍法

左手拿住拍杆,使拍面与地面垂直,这时直视下方,从左向右拍柄可见四条斜棱,自然张开右手,用握手的方法握住球拍,虎口对准拍柄的内侧斜棱,小指、无名指和中指并拢握住拍柄,力度得当(感觉握着鸡蛋,松到不至于把鸡蛋掉地的力度为最佳)。手心能够放两个手指。单打拍柄握持的位置一般是拍柄远端靠在小鱼际肌上较佳。双打时,在前封网的选手可将手握位置偏上些,便于快速击球。后场扣杀的选手可以握后一些(图11-2-1)。

2. 反手握拍法

在正手握拍法的基础上,稍微将拍外旋,大拇指往上提,内侧顶贴着第一斜棱旁的球拍宽面,食指往下扣,其余三指与正手握拍相似;掌心、拍柄与小鱼际肌间留有空隙。发力时,后三指紧握拍柄,拇指前顶发力(图11-2-2)。

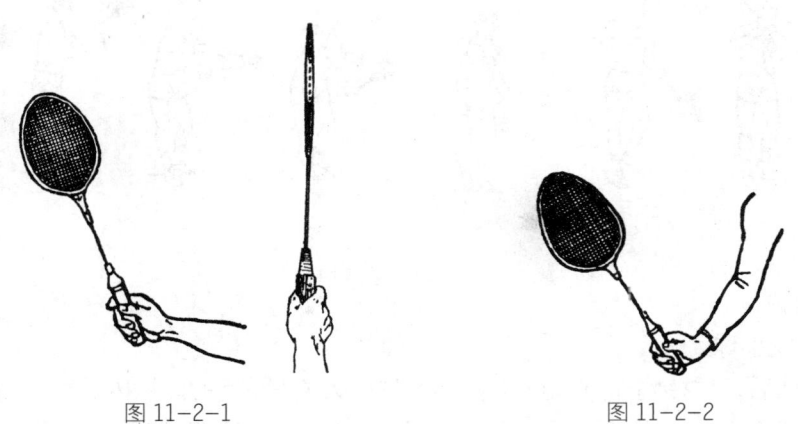

图 11-2-1　　　　　　图 11-2-2

练习方法:

(1)通过看技术录像,观摩优秀运动员的比赛、技术示范,进行模仿练习。

(2)体会握拍的部位是否准确。正手握拍法如同与人握手方式。常见错误是虎口不是对着拍柄窄面内侧斜棱上,而是对着拍柄宽面上;拇指掌面过于紧贴在拍柄内侧宽面上;拳式握拍,各手指相互紧靠并与拍柄棱呈垂直状态。

（3）体验握拍的松紧度。握拍太紧动作必然僵硬，握拍太松击球无力，且动作可能变形。

（4）反复进行正手握拍和反手握拍的练习。

二、发球

发球是羽毛球运动的一项重要的基本技术。发球的方式有许多种，如正手发球、反手发球。发球的种类有后场高远球、平高球、平射球和网前小球等。

1. 正手发后场高远球

正手发后场高远球指把球发得又高又远，使球接近垂直地落在对方后发球线附近的发球区里，最好是落在四个角里。这样球由于离网远，对手很难击出攻击性较大的回球，从而可以给自己的得分创造条件。

准备发球时，两脚与肩同宽，自然分开，左脚在前，脚尖正对网；右脚在后，与左脚大约成45°夹角，重心位于右脚；左手三指（拇指、食指、中指）拿住球中部，自然上抬到与左肩齐平，正对球网；右手握拍，自然屈肘，举到身体右后侧；两眼注视前方，观察对方准备接球的动向。左手放松羽毛球，使球自然下落，右手大臂外旋，并带动小臂沿半弧形做回环引拍动作。击球时前臂内旋，带动手腕从伸腕到展腕闪动发力，击球最佳点位于身体的右前下方。击球完毕，手腕呈展腕状态，身体重心移至左脚，持拍手随击球动作的惯性，自然向左上方挥动（图11-2-3）。

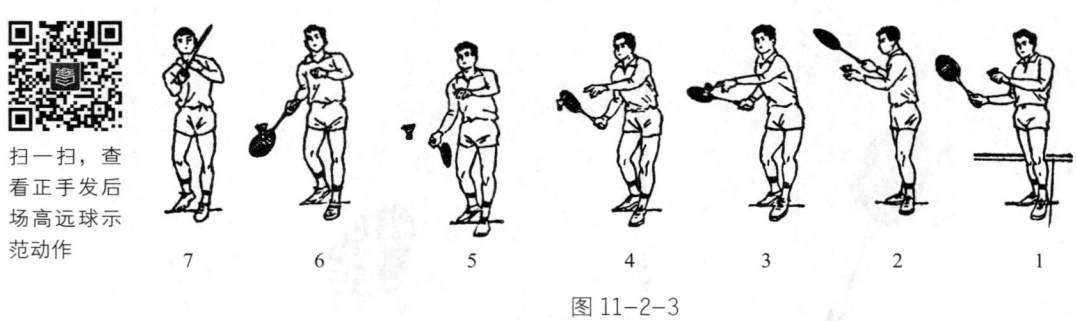

扫一扫，查看正手发后场高远球示范动作

图11-2-3

2. 正手发小球

发球击球后，球擦网而过，正好落于对方前发球线附近的区域内，称为发网前球。

准备动作与正手发高球相同，只是大臂挥动的幅度和手腕后伸的角度要比发高球稍小。球拍触击球时，拍面从右后向左斜切击球，使球刚好越网而过，落在对方前发球线附近（图11-2-4）。

图 11-2-4

发球质量好坏的关键

1. 能否合理掌握球拍面的击球点。
2. 能否正确运用手腕、手指的爆发力。

练习方法：
（1）原地挥拍做模仿练习。
（2）对墙发球练习。
（3）定点定位，多球发球练习。
（4）发球、接发球对抗性练习。

三、击球

击球技术分后场击高远球、平高球、吊球、杀球；中场击球技术包括接杀球、平推球、平挡；前场击球技术包括放网、搓球、推球、钩球、扑球等。

（一）高远球

1. 正手后场高远球

准备姿势：击球前右脚在后，左脚在前，重心位于右脚，侧身对网，右手正握球拍，屈肘位于体侧（90°为佳）；左手自然往上，手心向外，保持身体平衡。

引拍动作：当球下落到一定高度时，手肘上台，手臂后倒引拍（球拍与后背垂直），以肩为轴做回环动作。

击球动作：前臂急速内旋，带动手腕加速向前上方挥动，手腕屈收，手指屈指发力，用正拍面将球击出。击球点位于右肩的前上方。

击球后动作：右手随击球后的惯性，向左前下方挥动，然后顺势收回到体前，呈接球前的准备姿势（图11-2-5）。

扫一扫，查看正手后场高远球示范动作

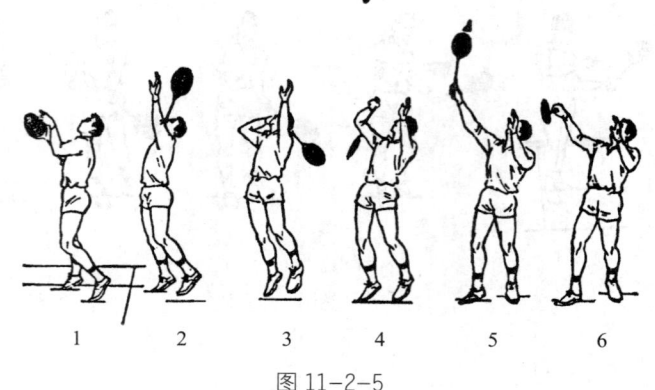

图 11-2-5

2. 头顶后场高远球

头顶后场高远球是将飞往左后场区的球用正手握拍击球的正面，将球击到对方后场区的击球技术。准备动作与正手后场高远球基本相同，只是在引拍时身体略朝左后倾斜；击球时将球拍绕过头顶，在头顶左肩上方击球。

练习方法：

（1）原地做击高远球挥拍动作练习。

（2）用细绳把球悬挂在适当的高度上做击球练习。

（3）一人发球，一人击高远球练习。

（4）定点定位进行多球击球练习。

（二）吊球

吊球分为正手后场吊球和头顶吊球，都是将后场球压击至近网两点的进攻性较强的技术。吊球飞行速度快、线路短，是一项调动对方前后奔跑的主要技术。

1. 正手后场吊球

吊球的准备动作、引拍动作和击球后的回收动作与高球的技巧相同，只是其击球点比高球更靠前些。击球时，用手指捻动发力，使球拍外旋，稍屈外，拍面向前下方切球托的右侧部位，挥拍始终放松（图 11-2-6）。

扫一扫，查看正手后场吊球示范动作

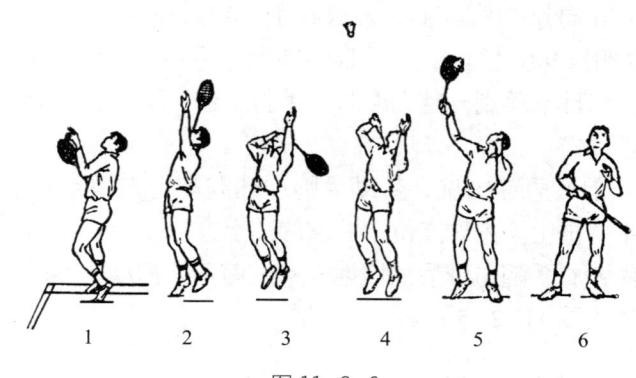

图 11-2-6

2. 头顶吊球

起动、引拍和击球后的回收动作均与头顶击后场高远球相似,不同之处:① 击球力量较小;② 拍面的仰角较小,一般在 90° 左右;③ 吊球时,前臂应内旋带动球拍自左向右挥动,手腕放松,手指控制好拍面。

练习方法:

(1) 挥拍练习吊球动作。
(2) 一人发高球,一人连续吊对角练习。
(3) 一人挑高球,一人连续吊球练习。
(4) 吊球熟练后可做高、吊、杀的综合练习。

(三) 杀球技术

杀球技术击球力量最大,速度也最快,进攻威力也最强,是后场进攻和争取得分的主要手段。

1. 正手杀球

准备姿势及击球动作与正手后场高远球基本一致。因为杀球力量大,引拍动作比后场高远球动作要大。大臂带动小臂充分地后倒回环,上身要后仰,形成一定的背弓,击球前准备要充分。击球点位于右肩的前上方,位置比高远球和吊球的位置都要偏前。在击球瞬间,将上下肢全身的力量通过手腕由伸到屈快速闪动发力,以正拍面向前下方全力压击球(图 11-2-7)。

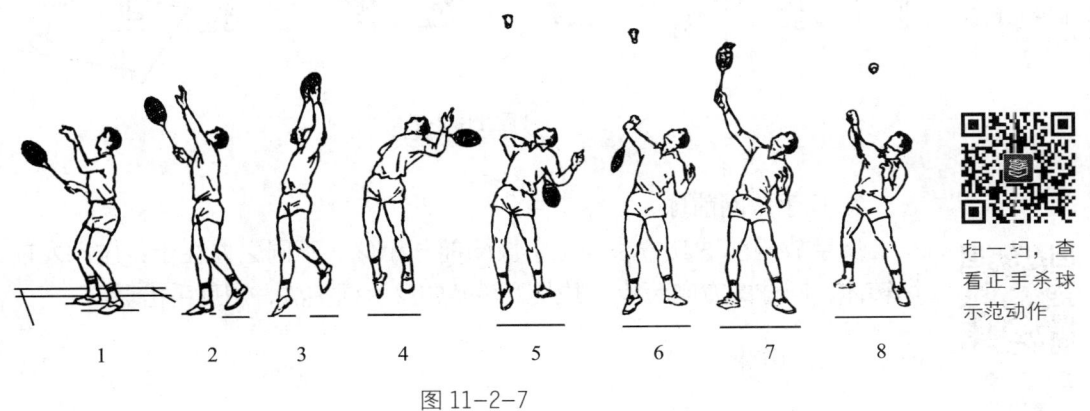

图 11-2-7

2. 头顶杀球

准备姿势、引拍及击球后动作均与后场头顶击高远球一致。击球动作和后场正手杀球也是一样。不同点是:① 击球的力量比击高远球大,发力的方向是向下的;② 击球点稍向前些,拍面的角度要小。

练习方法:

(1) 手持羽毛球站在半场区,模仿杀球的方法向对方区下压掷球。

（2）陪练者发半场高球，练习者做杀球练习。
（3）一攻一防练习。

四、网前击球

（一）放网

1. 正手放网前球

准备动作：运用正手上网步伐向来球方向移动。当右脚向前蹬跨的同时，持拍手于胸前向来球方向伸出，争取高的击球位置。左手于身后拉举至右手对称的反方向，保持身体平衡。

引拍动作：在伸拍的同时，右前臂外旋，手腕后伸外展，做半弧形引拍动作。

击球动作：击球时小臂稍内旋，手腕由后伸至内收闪动，食指和拇指夹住拍柄轻击球托底部。

随势动作：击球后，右脚掌触地后立即蹬地收回，击球手臂收回至胸前，准备下一次击球（图11-2-8）。

扫一扫，查看正手放网前球示范动作

图 11-2-8

2. 反手放网前球

反手放网前球其方法与正手放网前球相似。不同之处在于：应向左前场转体，向球的方向跨步，并及时转换成反手握拍法，用反手击球。

扫一扫，查看正手网前搓球示范动作

（二）搓球

1. 正手网前搓球

正手握拍，将飞至右前场区的球用斜拍面切削球托，使球向上旋转漂浮过网。正手网前搓球的准备动作、引拍动作与击球后的随势动作与正手网前放网技术相同，只是在击球时必须用斜拍面切削球托的右侧。

2. 反手网前搓球

反手握拍，将飞至左前场区的球用斜拍面切削球托，使球向上旋转漂浮过网。反手网前搓球的准备动作、引拍动作与击球后的随势动作与反手

扫一扫，查看反手网前搓球示范动作

网前放网技术相同，只是在击球时必须用斜拍面切削球托的左侧。

（三）钩球

钩球就是在网前把球击到对方网前斜对角的小球。钩对角有两种情况：一种是位置比较高；还有一种是位置比较被动，即位置较低的时候。

1. 正手网前钩对角线小球

基本动作与正手网前放网相同。以手肘一定的回拉动作带动上臂内旋手腕，由伸腕向收腕发力切击球托的右后部位，击球力量不宜太大，并根据不同来球的位置调整好击球的拍面角度。如离球网距离较近，球拍向下切击的成分要多点；如球位置较低，且离球网距离较远，推送的力量可较大些（图11-2-9）。

图 11-2-9

扫一扫，查看正手网前钩对角线小球示范动作

2. 反手网前钩对角线小球

基本动作与反手放网前球相同。上臂外旋带动手腕伸腕发力向网前对角的斜前方向切击球托的左后侧。击球力量的大小、位置的高低和出球角度的调整均与正手网前钩对角线小球相仿。

（四）挑球

1. 直斜线挑球

基本动作均与正手放网前球相同。伸腕在身体的右前下方沿半弧形向前上方做回环动作，球拍击球瞬间，前臂迅速内旋带动。手腕向前上方展腕发力击球，击直线球或斜线球可由调整球拍的拍面和击球方向决定。击球后，球拍自然收回胸前，脚步迅速回位（图11-2-10）。注意：不必抡大臂。

扫一扫，查看正手挑球示范动作

图 11-2-10

2. 网前反手挑直斜线球

运用反手上网步伐，当右脚向前蹬跨步的同时，反手握拍向前上方的来球方向伸手。以肩和肘为轴心，前臂内旋在身体的左前下方带动手腕，由展腕沿半弧形，前臂外旋带动手腕发力，并充分利用大拇指的力量将球击出。击直线球或是斜线球由调整球拍的拍面和击球方向来决定。

练习方法：

（1）原地或跨一步做模仿练习（不用球）。
（2）原地或跨一步做多球练习。
（3）从场区中心位置开始，做上网步法并结合击球练习。
（4）从场区中心位置开始，做定点、定动作的上网击球动作练习。
（5）"吊上网"练习。

五、步法

在羽毛球比赛中，我们常常会被运动员精妙的小球、迅猛的跳杀所折服，而这一切与羽毛球的基本步法是离不开的。羽毛球场地大约 30 平方米，要在这样小的范围内打赢对方，需要前后左右调动对手，使对手处于被动局面而露出空当，这样才能"一招致命"。这就需要有快速灵活的步法作保证，才能准确、有效地发挥手法。

（一）后场步法

后场正手后退步法

（1）一步后退步法：由接球准备姿势起动，以左脚前掌为轴心，右脚向右侧后场区蹬地，在后转的同时，右脚后退一步，击球时，右脚蹬地向前交叉起跳。左脚右摆，击球后回中心。

（2）两步后退步法：起动后，右脚向来球方向后退一小步，左脚紧接着蹬地向右脚并一步，重心放在右脚上起跳接球。

（3）三步后退步法：起动后，右脚向来球方向后退一小步，左脚紧接往后交叉迈一步，重心放在右脚上起跳接球。

（二）前场步法

1. 前场正手上网步法

（1）一步步法：左脚往前蹬地，右脚前迈。

（2）两步步法：两脚掌接触地起动后，左脚向身体右侧前方来球方向迈出一小步，紧接着左脚用力蹬地，同时右脚经左脚又向前跨出一大步接球。接球后，左脚稍向右脚跟进靠拢，右脚立即往中心位置蹬地退回一步，左脚紧跟其后。注意：① 右手击球时，手要保持平衡（左手要拉开）；② 起动以后迈出一步，迈第二步时左脚要蹬地（尽量往前蹬），右脚要向前跨，步子越大越好，这样便于接球，右脚要脚跟着地，脚尖外展一点，否则难以站稳。右脚前跨后，左脚脚掌内侧面划地，以阻止向前的冲力，也便于回到原位。

（3）三步步法：起动后，右脚迅速向身体右侧前方迈出一小步，左脚紧接着向前垫一小步并至右脚后跟出，同时左前脚掌用力蹬地，右脚又向前跨出一大步接球，右脚触地、回动。

2. 前场反手上网步法

（1）一步步法：右脚往前蹬地，左脚往前迈。

（2）两步步法：两脚掌接触地起动后，右脚蹬地，左脚向身体左侧前方来球方向迈出一小步，同时右脚向前跨出一大步接球。接球后，左脚稍向右脚跟进靠拢，右脚立即往中心位置蹬地退回一步，左脚紧跟其后。

（3）三步步法：起动后，右脚迅速向身体左侧前方迈出一小步，左脚紧接着向前垫一小步并至右脚后跟出，同时左前脚掌用力蹬地，右脚又向前跨出一大步接球，右脚触地、回动。

（三）中场步法

中场步法主要用于接杀球。

1. 正手中场步法

（1）一步法：判断来球后，脚前掌触地起动，左脚向身体右前侧右场区边线方向蹬地，右脚向来球方向转动。

（2）两步法：起动后，左脚可向来球方向小垫一步，右脚紧接其后又跨一大步接球。

2. 反手中场步法

（1）一步法：起动后，右脚用力向来球方向蹬地，左脚向左侧转髋的同时向来球方向跨一大步接球。左脚后跟着地，脚尖注意外展。

（2）两步法：起动后，左脚向来球方向垫一小步，并向前方用力蹬地，同时身体向左侧转体，右脚紧随，用反手接球。

练习方法：
（1）做好准备姿势，看手势信号做起动练习。
（2）按不同的步法逐个进行练习。
（3）多球练习。
（4）一对一比赛。

第三节　羽毛球基本战术

一、单打战术

1. 逼反手

（1）调开对方位置：使对方反手区露出空当，然后把球打到反手区，迫使对方使用反拍击球。

（2）对反手较差的对手：重复攻击对方的反手区，使其身体位置远离中心。这样就会使对方优点的正手区出现大片空当，成了被攻击的目标。

2. 平高球压底线

用快速、准确的平高球打到对方后场两角，在对方不能拦截的前提下尽量降低球的飞行弧线，把对方紧压在底线，当对方回击半场高球时，就可以扣杀进攻。使用平高球压底线时，如配合劈吊和劈杀可增加平高球的战术效果。一般情况下，平高球的落点和杀、吊的落点拉得越开，效果越好。

3. 拉、吊结合杀球

此战术是把球准确地打到对方场区的四个角上，使对方每次击球都要在场上来回奔跑。使用这种战术时，对不同特点的对手要采用不同的拉、吊方法。对后退步法慢的对手可以多打前、后场；对盲目跑动满场飞的对手可使用重复球和假动作；对灵活性差的对手应多打对角线，尽量使对方多转身；对后场反手差的对手可以通过拉开后攻反手；对体力不好的对手可用多拍拉、吊来消耗其体力，然后战胜之。

4. 吊、杀上网

先在后场以轻杀、点杀、劈杀配合吊球把球下压，落点要选择在场地两边，使对方被动回球。对方还击网前球时，迅速上网以贴网的搓球，或钩对角，或快速平推创造半场扣杀机会；若对方在网前挑高球，可在其向后退的过程中把球直接杀向他的身上。

练习方法：

（1）发球、接发球练习。

（2）做规定球路练习。

（3）"吊上网""杀上网"练习。

（4）攻守练习。

（5）两点打一点、一点打两点、一点打多点练习。

（6）单打计分的战术练习。

二、双打战术

1. 攻人

这是双打中常用的一种战术，即以人为攻击目标。对付两名技术水平高低不一的对手时，一般都采用这种战术。对付两名实力相当的队员时，也可采用这一战术。这种战术集中几种攻势于对方一名队员，常能起到"集中优势兵力打歼灭战"的作用；在另一队员过来协助时，又会暴露出空当，可在其仓促接应、立足不稳时偷袭他。

2. 攻中路

（1）守方左右站位时把球打在两人的中间：这种战术可以造成守方两人抢接一球或同时让球，彼此难以协调；可以限制对手在接杀球时挑大角度高球调动攻方；有利于攻方的封网，由于打对方中路，对方回球的角度也小，网前队员封网的难度就小了。

（2）守方前后站位时把球下压或轻推在边线半场处：这种战术多半是在接发网前球和守中反攻抢网时运用。这种球守方前场队员拦截不到，后场队员又只能以下手击球放网或挑高球，后场两角便会露出很大空当，因而有隙可乘，可攻击他的空当或身体位。

3. 攻后场

这种战术常用来对付后场扣杀能力较差的对手，把对方弱者调动到后场后也可以使用这种战术。此战术多采用平高球、平推球、挑底线把对方一人紧逼在底线，使其在底线两角移动击球，在其还击出半场高球或网前高球时即可大力扣杀，取得该球的胜利或主动。如在逼底线两角时，对方同伴要后退支援，则可攻击网前空当或打后退者的追身球。

4. 后攻前封

后场队员积极大力扣杀创造机会，在对方接杀放网、挑高球或企图反击抽球时，前场队员以扑、搓、钩、推控制网前，或拦截吊、点封住前半场，使整个进攻连贯而又有节奏变化，使对方防不胜防。

练习方法：

（1）加强双打技术的练习。

（2）"压网"练习。

（3）跑位配合练习。

（4）双打比赛。

第四节　羽毛球竞赛规则简介

一、比赛场地

羽毛球场地呈长方形，长 13.4 米，单打场地宽 5.18 米，双打场地宽 6.10 米。球场外面两条边线是双打场地边线，里面的两条线是单打场地边线，双打边线与单打边线相距 0.46 米。靠近球网 1.98 米与网平行的两条线为前发球线，离端线 0.76 米与底线相平行的线为双打后发球线。球场上各条线宽均为 4 厘米，用白色、黄色或其他易于识别的颜色画出（图 11-4-1）。

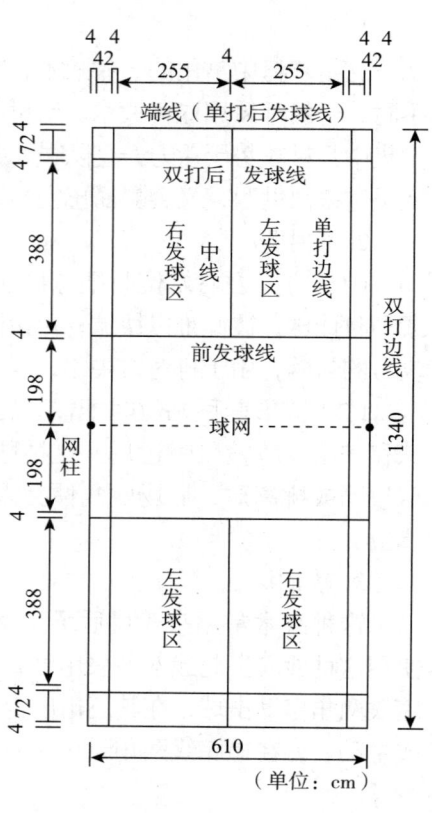

图 11-4-1

二、比赛方法及主要规则

（一）比赛的项目

羽毛球比赛项目分为男子单打、女子单打、男子双打、女子双打、混合双打、男子团体、女子团体。

（二）比赛的计分方法及规则

（1）比赛采用每球得分、21 分制，即双方分数先达 21 分者胜，三局两胜。每局双方打到 20 平后，一方领先 2 分即算该局获胜；若双方打成 29 平后，一方领先 1 分，即算该局取胜。

（2）得分者方有发球权，如果本方得单数分，从左边发球；得双数分，从右边发球。取消（单打）后发球线。在第三局或只进行一局的比赛中，当一方分数首先到达 11 分时，双方交换场区。

（三）比赛中的站位

1. 单打

（1）发球员的分数为 0 或双数时，双方运动员均应在各自的右发球区发球或接发球。

（2）发球员的分数为单数时，双方运动员均应在各自的左发球区发球或接发球。

（3）如"再赛"，发球员应以该局的总的分数来确定站位。若总分为 15 分（单数），双方运动员均应在各自的左发球区发球或接发球；若总分为 16 分（双数），双方运动员均应在各自的右发球区发球或接发球。

（4）球发出后，双方运动员就不再受发球区的限制而可以自由击到对方场区的任何位置，运动员的站位也可以在自己这方场区的界内或界外。

2. 双打

（1）一局比赛开始和获得发球局的一方，都应从右发球区开始发球。

（2）只有接发球员才能接发球；如果他的同伴去接球或被球触及，发球方得一分。每局开始首先接发球的运动员，在该局本方得分为0或双数时，都必须在右发球区接发球或发球；得分为单数时，则应在左发球区接发球或发球。

（3）上述两条相反形式的站位适用于他们的同伴。

（4）任何一局的本方发球员失去发球权后，由该局首先发球员发球，然后首先发球员的同伴发球，接着由他们的对手之一发球，然后再由另一对手发球，如此传递发球权。

（5）队员不得有发球错误和接发球的错误，或在同一局比赛中有两次发球。

（6）一局胜方的任一队员可在下一局先发球，负方中任一队员可先接发球。

（7）球发出后就不再受发球区的限制了，运动员可在本方场区自由站位和将球击到对方场区的任何位置。

（四）比赛规则

1. 交换场区

（1）以下情况队员应交换场区：第一局结束；第三局开始；第三局中或只进行一局的比赛进行至一方达到11分时。

（2）队员未按以上规则交换场区，一经发现立即交换，已得分数有效。

2. 合法发球

（1）发球时任何一方都不允许非法延误发球。

（2）发球员和接发球员都必须站在斜对角线发球区内发球和接发球，脚不能触及发球区的界限；两脚必须都有一部分与地面接触，不得移动，直至将球发出。

（3）发球员的球拍必须先击中球托，与此同时整个球必须低于发球员的腰部。

（4）击球瞬间球杆应指向下方，从而使整个球框明显低于发球员的整个握拍手部。

（5）发球开始后，发球员的球拍必须连续向前挥动，直至将球发出。

（6）发出的球必须向上飞行过网，如果不受拦截，应落入接发球员的发球区。

3. 羽毛球的违例

（1）发球不合法违例。

（2）发球员发球时未击中球。

（3）发球时，球过网后挂在网上或停在网顶。

（4）比赛时：① 球落在球场边线外；② 球从网孔或从网下穿过；③ 球不过网；④ 球碰屋顶、天花板或四周墙壁；⑤ 球碰到队员的身体或衣服；⑥ 球碰到场地外其他人或物体；⑦ 球拍或球的最初接触点不在击球者网的这一方（击球者击球后，球拍可以随球过网）。

（5）比赛进行中：① 队员球拍、身体或衣服触及网或网的支持物；② 队员的球拍或身体，以任何程度侵入对方场区；③ 妨碍对手，如阻挡对方紧靠球网的合法击球。

（6）比赛时，队员有故意分散对方注意力的任何举动，如喊叫、故作姿态等。

（7）比赛时：① 击球时，球夹在或停滞在拍上紧接着又被拖带；② 同一队员两次挥拍连续击中球两次；③ 同一方两名队员连续各击中球一次；④ 球碰球拍继续向后场飞行。

（8）队员违反比赛连续性的规定。

（9）队员行为不端。

4. 重发球

（1）遇到不能预见或意外的情况，应重发球。

（2）除发球外，球挂在网上或停在网顶，应重发球。

（3）发球时，发球员和接发球员同时违例，应重发球。

（4）发球员在接发球员未做好准备时发球，应重发球。

（5）比赛进行中，球托与球的其他部分完全分离，应重发球。

（6）司线员未看清球的落点，裁判员也不能做出决定时，应重发球。

（7）"重发球"时，最后一次发球无效，原发球员重发球。

5. 死球

（1）球撞网并挂在网上，或停在网顶上。

（2）球撞网或网柱后开始在击球这一方落向地面。

（3）球触及地面。

（4）"违例"或"重发球"。

6. 发球区错误

（1）发球顺序错误。

（2）从错误的发球区发球。

（3）在错误的发球区准备接发球，且对方球已发出。

第十二章 网球运动

第一节 网球运动概述

一、网球运动的起源及演变

网球运动的由来和发展可以用四句话概括：孕育在法国，诞生在英国，开始普及和形成高潮在美国，如今盛行于全世界。

现代网球运动的历史是从 1873 年开始的。这一年，英国少校温菲尔德在羽毛球运动的启发下，改进了早期网球的打法，将场地移向草坪，并于同年出版了《草地网球》一书，创造了一套接近于现代网球的打法。1874 年，在规定了球网的大小和高低后，英国创办了简易的草地网球比赛。1875 年，英国板球俱乐部修订了网球比赛规则，并于 1877 年 7 月举办了第一届温布尔顿草地网球锦标赛。后来，该组织把网球场地定为长 23.77 米（78 英尺）、宽 8.23 米（27 英尺）的长方形，发球线距网 7.92 米，球网中央的高度为 99 厘米（在这之前，球网中央的高度是 1.42 米），并确定了每局采用 15、30、40 的记分方法。1884 年，英国伦敦玛丽博恩板球俱乐部又把球网中央的高度定为 91.4 厘米。至此，现代网球正式形成，并很快在欧美盛行起来，成为一项深受大众欢迎的球类运动。

二、网球运动的发展

1913 年 3 月 1 日，澳大利亚、比利时、法国等 12 个国家的网球协会代表在巴黎成立了国际网球联合会（International Tennis Federation，ITF），简称国际网联。国际网联的成立，标志着网球运动由游戏、娱乐阶段开始过渡到竞技、职业阶段。1972 年，60 名男子职业网球运动员组成了世界男子职业网球协会（Association Tennis Professional，ATP）。协会的会员是名列世界前 200 名的男子运动员，该协会的目的是维护职业网球运动员的利益，为他们提供职业比赛的机会和高额的奖金，并发行《国际网球周刊》。1973 年，女子职业网球协会宣布成立（Woman's Tennis Association，WTA）。其宗旨是为女子网球运动员提供职业比赛机会和奖金，帮助她们获得健康保险和伤残保险。在奥林匹克大家庭中，网球运动占有一席之地，早在 1896 年雅典举行的第一届奥运会上，网球的男子单打和双打就是正式比赛项目，后来由于国际奥委会和国际网球联合会在

"业余运动员"的定义上有分歧，已连续7届奥运会都进行的网球比赛被迫取消，直至1992年巴塞罗那奥运会，网球才重新被列为正式比赛项目。

三、我国网球运动概况

19世纪后期，英、美、法等国商人、传教士和士兵将网球运动带入中国。随后在上海、广州、北京等大城市中开展起来，后来在教会学校中也开始出现。

1980年，中国网球协会成为国际网球联合会正式会员。随着我国网球运动水平的进一步提高，我国有多位运动员进入过世界排名前50位，如李娜、郑洁、晏紫、易景茜、李芳和彭帅等。虽然我国网球运动整体水平与欧美国家相比还有一定的差距，但中国选手的每一次进步和突破都具有历史意义，并极大地推动了我国网球运动的发展。

第二节　网球基本技术与练习方法

网球技术指在网球规则允许的条件下，运动员采用的各种合理的击球动作和为完成击球动作必不可少的其他配合动作的总称。合理的击球动作指各种直接触球的动作，如发球、接发球、挑高球、高压球和截击球等技术，这些技术称为有球技术。而准备姿势、移动、跑动和握拍方法等没有直接触及球的配合动作，称为无球技术。

一、握拍法

如果把拍柄底端平面比作一个时钟的钟面，那么，就可以按照顺时针的方向，将钟面上端12点对应的平面称为第一平面，下面依次为第二至第八平面。由于握拍方法与所对应的平面密切相关，下面对常见的握法进行形象的讲解（图12-2-1）。

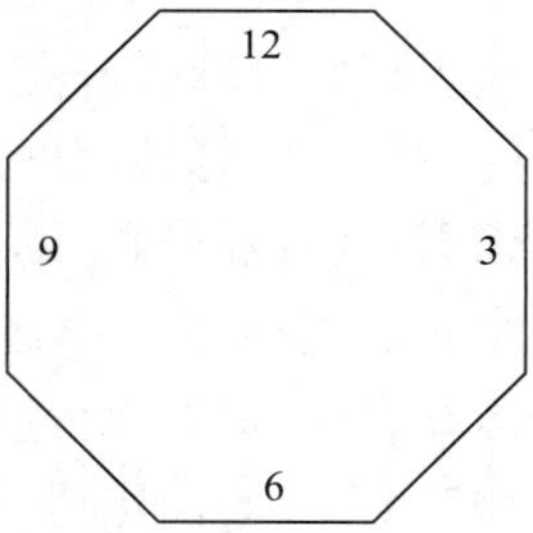

（一）正手握拍

（1）大陆式握拍法：食指远端指尖关节按在第二面上。

（2）东方式握拍法：食指远端指尖关节按在第三面上。

（3）半西方式握拍法：食指远端指尖关节按在第三、第四面上。

（4）西方式握拍法：食指远端指尖关节按在第四面上。

图12-2-1

（二）反手握拍

（1）东方式握拍法：食指远端指尖关节按在第一、第二面上。
（2）半西方式握拍法：食指远端指尖关节按在第一面上。
（3）西方式握拍法：食指远端指尖关节按在第一、第六面之间（图12-2-2）。

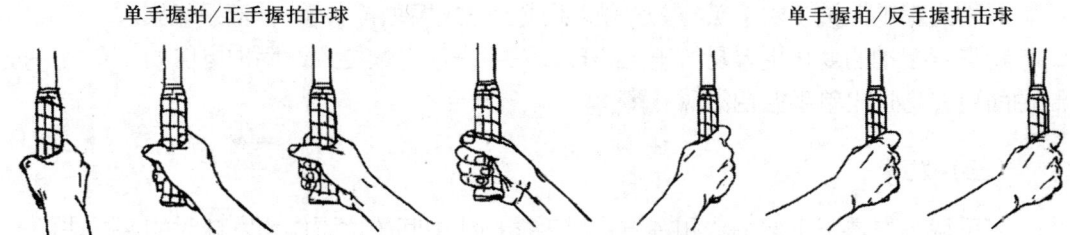

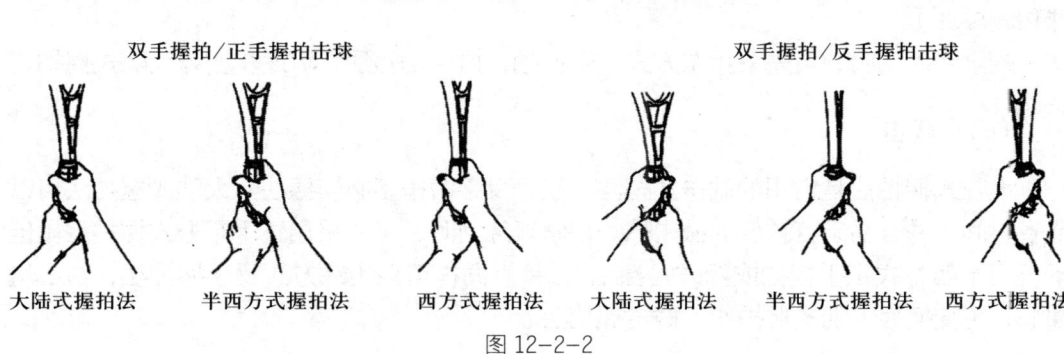

图 12-2-2

二、基本握拍方法击球的特点

（一）正手

1. 东方式正手握拍——"握手"式握拍
手掌紧贴拍柄，让球拍从手中自然伸展。
特点：可达到最大用力效果，适合于打任何高度的球。
2. 半西方式、西方式握拍
东方式握拍顺时针再向下转动。
特点：易于击打腰部以上高度的球，加力握拍可打出旋转球和高反弹的球；倾向于正手主动攻击，击球点要比"东方式"靠前，具备"西方式"的旋转和东方式握拍的力量。

（二）反手

1. 单手反手握拍——东方式反手握拍
手掌和食指远端关节在拍柄上部，通过握拍手向内转动1/4周。

特点：强劲的击球力量来自握拍，握拍越有力感觉越好。
2. 双手反手握拍（不改变握拍）
正手握拍（左手），正手握拍（右手）。
特点：握拍比较简单，比单手握拍能获得更大的力量。
3. 双手反手（变化握拍）
东方式正手握拍（左手），东方式反手或大陆式握拍（右手），双手靠紧。
特点：握拍的变化更容易打出上旋球，双手击球力量更大，挥拍更自如、有力，控制拍面更容易且比单手握拍击球点多。

（三）发球

可采用东方式正手握拍法和东方式反手握拍法中间的位置作为发球时的握拍法。
特点：可增加拍头速度，使发球有更多的变化（用同样握拍法可发出平击球、上旋球和侧旋球）。
初学者入门时，可先采用东方式正手握拍，信心增强后，可逐步变为大陆式握拍。

（四）截击

大陆式握拍法是常用的截击握拍法。正、反手截击不必换握法。大陆式握拍法可以节省时间，并且易于打较低的截击球。初学者练习时，可先采用正手东方式握拍法（但不可用半西方式正手握拍或西方式握拍），反手同样可采用东方式反手握拍法，信心增强后，可变换为大陆式握拍作为截击握拍法。

（五）高压球

正手高压球技术的握拍方法同发球（如大陆式握拍）。初学者可用正手握拍法练习，以增强信心。

（六）挑高球

正、反手挑高球与正、反手握拍相同。双手打反拍者可用单手握拍来挑高球。

三、基本技术

（一）正手击球

初学者一般采用东方式握拍法，也可采用半西方式握拍法。
1. 东方式握拍正手击球
准备姿势：将球拍放在身体的正前方，左手握住拍颈，膝关节微屈，两脚分开与肩同宽，身体重心在两脚之间；身体前倾，重心落在前脚掌，全身保持放松，并注视来球，侧身引拍；转肩并向后引拍，使身体侧对球网，左肩在前，脚也变换成侧站位（左脚前跨）；拍头向后，拍柄底部对着来球，膝关节弯曲，做好由下向前上方移动的准备。

击球过程：开始向前挥拍时，运动员左脚应向击球方向迈步，并利用身体和肩部的转动力量；击球点在身体的右前侧（前脚的侧前方），高度在腰部与膝部之间；击球后继续挥动球拍（由下向上提拉）；挥拍结束时，肘关节应大致与肩同高，拍头挥至身体的左侧上方或左肩后（图12-2-3）。

扫一扫，查看正手击球示范动作

图12-2-3

2. 半西方式握拍正手击球

动作要点：此种握拍的击球站位方式采用开放式或半开放式；向后引拍由肘部带动，后引的高度也较高，理想的击球点要比东方式更靠前、更高，挥拍动作通常比东方式要快，动作结束时肘部位置也更高。

（二）反手击球（单手握拍）

（1）握拍：在准备动作中，一般用正手握拍。在做反手后摆时，再变为东方式反手握拍。东方式反手握拍需要从东方式正手握拍向左转动1/4周，将食指关节末端转到球拍上部。

（2）准备姿势：同正手准备姿势一样，但初学者在开始学习时，可采用东方式反手握拍作为准备姿势的握拍方法。

（3）侧身后引拍：将肩和胯转向侧对球网，双脚成侧站位（关闭式），身体重心移至左脚；左手握拍颈并将球拍向后引，球拍后摆并低于来球的高度，球拍底部正对来球；屈膝，为身体向前上方移动做准备，所有步伐的调整都应在此阶段完成。

（4）击球：向前挥拍开始前，右脚向击球方向迈步，击球点在右脚前，高度在膝部和腰部之间；击球时，拍面垂直于地面，挥拍轨迹由下向上朝目标方向挥动。

（5）随挥动作：击球后，球拍应沿目标方向继续挥出（由下向上），握拍手挥至肩上结束，左脚跟向上提，并保持身体平衡。

完整的单手反手击球动作如图12-2-4所示。

扫一扫，查看单手反手击球示范动作

图 12-2-4

（三）反手击球（双手握拍）

（1）握拍：

① 右手为主的反拍：变化握拍——右手用东方式反手握拍或大陆式握拍法，左手用东方式正手握拍法。

② 左手为主的反拍：双手都用东方式握拍法（不变化的握拍法）。

③ 运动员开始时通常采用双手正手握拍法，随着经验的增加，可将握拍法变为大陆式或东方式反手握拍法。

（2）准备姿势：与单手击球相同，双手可在拍柄上靠在一起。

（3）侧身引拍：转肩并向后引拍，当肩转动时，变化握拍，胯部也要随着转，身体重心转移到左脚上，双手靠紧；球拍引向后方并低于来球的高度，拍柄底部正对来球，屈膝，降低重心并做好向前上方移动的准备。

（4）击球：在向前挥击之前，运动员向来球方向迈步，击球点比单手略靠后和靠向侧面，击球时右臂伸直，击球点在右胯前面；击球时拍面垂直于地面，球拍挥出轨迹是由下向上朝目标方向挥动。

（5）随挥动作：击球后，球拍应沿目标方向继续挥出，动作完成时双手高于肩，左足跟向上提，重心保持平稳；手臂可在体前伸直或屈肘，随球拍送到肩后。

完整的双手反拍技术如图 12-2-5 所示。

扫一扫，查看双手反手击球示范动作

图 12-2-5

（四）截击球

截击是指运动员在球第一次落地之前的击球。运动员通常在球网和中场之间做截击动作。

1. 正手截击

（1）握拍：初学者可用东方式正手握拍，随着水平的提高可采用大陆式握拍。

（2）引拍准备动作：肩部稍做转动，球拍与肩平行对准来球线路。向后引拍要稳定，球拍要适当握紧，引拍动作不可过大、过后。

（3）击球与随挥动作：向前挥拍前左脚朝击球方向迈步，保持手腕稳固并在身体前方击球，球面应稍开放，但击高球除外；随挥动作应稳定，动作要短，以便快返回到接下一个球的位置（图 12-2-6）。

扫一扫，查看正手截击球示范动作

图 12-2-6

2. 反手截击

（1）握拍：初学者用东方式反手握拍法，随着水平的提高，可用大陆式握拍法。

（2）引拍准备动作：肩部稍做转动，球拍与肩平行，并对准来球的路线；向后引拍要稳定，手腕紧握球拍，后引拍动作不可过于靠后。

（3）击球与随挥动作：向前挥拍前，右脚朝击球方向跨步，保持手腕稳定，并在身体前方击球；球拍面稍开放，但击高球除外；随挥动作应稳定、短促，以便快返回到下一个准备动作（图 12-2-7）。

扫一扫，查看反手截击球示范动作

图 12-2-7

（五）发球

在网球比赛中，发球是比赛的开始，也是得分和占据主动的重要手段，因此，现代网球技术对发球越来越重视。

发好球的技术要素是动作连贯、动作简单、良好的平衡和准确的抛球、合理正确的握拍。

（1）握拍：初学者可用东方式正手握拍法。有些基础的初学者可采用大陆式握拍法，即半东方式正手和半东方式反手握拍法。

（2）准备动作和站位：双脚与肩同宽，在端线后侧站立。右脚与底线基本平行，左脚正对右网柱；手腕和手臂放松，握拍于体前。左手在拍颈处托住拍，两脚尖的切线对着目标（图 12-2-8）。

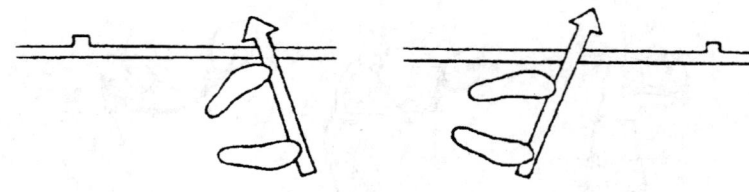

图 12-2-8

（3）向后引拍和抛球：两手臂同时向下和向上运动，球从伸展的左手中向上垂直抛，握拍手掌在向后引拍时朝下，身体重心平稳地向前脚移动，抛球的高度应能满足击球手臂的充分伸展，并使击球感到舒适。

（4）击球和击球点：抛球后身体开始向前上转动，球拍在身后向后下摆动，并最后加速向前上方挥动击球，尽力伸展身体，在最高点击球，击球点应在身体右前上方，大致位于右肩充分伸直的位置。击球时，手臂和球拍充分伸展，身体重心向前转动，右脚跟向上提，鞋跟正对后挡网，理想的状态是从球拍的顶部到左脚跟与身体成一条线。

（5）随挥动作：球拍成弧形下摆，并在身体左侧结束挥动，身体重心完全落在前脚上，右脚跟上提。

注意：发球熟练后，可在击球后右脚跟进到场地里，但初学者在击球时右脚应在底线后，这样可以发展平衡并可提高控球和抛球的稳定性。

完整的发球动作如图 12-2-9 所示。

（六）高压球

运动员用头顶高压球来回击落地前或落地的挑高球。高压球与发球动作相似，但后摆准备动作较小。学习高压球技术，要把握以下技术要点：① 侧身；② 球拍及时上举；③ 用小步移动来调整位置；④ 目视来球直到完成动作；⑤ 击打时用发球握拍法（初学者用东方式正手握拍法）；⑥ 击球时身体向上伸展；⑦ 打完高压球后，要立即还原到准备动作。

完整的高压球技术如图 12-2-10 所示。

扫一扫，查看发球技术示范动作

图 12-2-9

扫一扫，查看高压球示范动作

图 12-2-10

（七）挑高球

挑高球通常被用在防守中，底线队员将球挑过在网前的对手。虽然同一般的底线击球方法近似，但挑高球时拍面略开放，后摆准备动作较小，向前挥击时，向上用力较多，向前用力较少。

扫一扫，查看挑高球示范动作

（1）握拍：挑高球的握拍方法与击打底线球的握拍方法相同。

（2）击球：尽早移动到位，后摆准备动作要小；打开拍面，将拍向前上方挥击。

当水平提高后，可练习进攻或挑高球，挑高球的弧度要小，上旋的力度应加大，提高隐蔽性。

（八）其他技术

1. 放小球

放小球的目的是把球击到对方球场的近网处。使用放小球技术时，应遵循以下原则：

① 尽量调动对手；② 把对方引到网前；③ 当对方站位不佳或向前移动比较慢时，用放小球取胜。

完整的放小球技术如图 12-2-11 所示。

扫一扫，查看放小球示范动作

图 12-2-11

2. 随球上网

随球上网是在中场采用的一种进攻性击球法，可使击球者击球后快速上网。随球上网是连接底线击球和截击球的桥梁。在一般的底线对打中，球员用此击球方法来寻找对方的空当（如击深和击大角度，以便使对方回击浅球）。一旦出现空当，球员应设法打死对方或击球后随球上网。

随球上网的最初目的不是一拍打死对方，而是通过随球上网的击球，获得截击和高压球的有利位置，然后趁势得分。可以用一般击打底线球的方法完成随球上网动作（如侧旋、上旋、平击和下旋）。

3. 破网（穿越球）

打穿越球应做到以下几点：

（1）早准备：可使击球动作和意图更加隐蔽（如斜线、直线或挑高球）。

（2）准确性：过网要低，并靠近边线。

（3）上旋：使球过网后快速向下。

（4）角度：角度刁钻古怪，使对手难以封堵。

4. 反弹球

在球刚弹起时立即击球的方法称为反弹球。这种击球方法常被随球上网者在球落在脚下时使用。反弹球应向上击出，通常是一种防守型的击球方式。

四、基本技术的练习方法

（一）原地练习

1. 挥拍练习

挥拍练习非常重要，应贯穿在整个练习过程中。如学员不能挥好拍，则不能完成好击球。

2. 底线击球（原地）

开始练习时，可由学员相互用手抛球，以便学员能注意自己的技术，做出合理的击球动作。

原地教学时，可把击球动作分解为几部分：准备动作—向后引拍—迈步/重心移动—击球—随挥动作。

首先模仿标准的动作来学习动作，然后开始击打不同难度的来球，可按以下步骤练习：近距离下手送球—加长距离下手送球—用球拍送球—中场或底线送球（近似对打）—截击送球—底线对打送球—练习比赛。

（二）移动练习

1. 移动/对打的练习

训练的目的是培养练习者的判断力、控制力和反应能力。在该练习中可以让学员对打，以此来提高其移动和跑位的能力。在移动练习过程中，练习的难度可逐渐增加，如在练习阶段，通常用简单的后引拍，并开始轻轻地把球击过想象中的球网（无网练习）或从近网处对打。随着技术水平的提高，逐渐从网前向后底线移动，并增加后引拍的幅度和随挥动作。

在初学者刚开始接触网球阶段，使用移动击球练习的最适宜的方法是小场地练习，随着各种能力的提高，可逐渐加长练习的距离，直到在底线之间练习。

2. 原地和移动结合练习

原地练习能帮助学员清晰地了解动作过程和体会击球动作的感觉（如进攻技术）。移动练习可使学员发展判断力和移动、取位的能力。

3. 底线击球、发球和截击的练习

（1）底线击球练习方法

① 用正确的握拍方法，把球打到目标位置。

② 和同伴轮流把球打到同一个目标位置。

③ 和同伴把球打过假设的球网或小障碍后落到目标位置。

④ 和同伴把球打过网击到目标位置，学员可两次击球，第一次为自我控球，第二次是把球击给同伴（无网练习）。

⑤ 和同伴打把球过网并落在各自目标位置（双方的发球线内）。

⑥ 击球时逐渐向底线移动，并增加随挥动作——仍将目标定在对面的同伴前。

（2）发球练习方法

① 保持抛球平稳：学员将球抛向目标或某个高度，并保持身体的平稳。

② 做发球挥拍练习。

③ 练习抛球：垂直抛起球后并让球落回到抛球者手里。

④ 站在球网附近，做一次发球挥拍练习，然后做一次实际发球练习，将徒手挥拍

动作与实际发球动作进行比较。

⑤ 在半场将球发到发球区内，当连续 5 次都能动作正确地将球发进区域内时，学员可向后退三步，然后再发球，逐渐退到底线后。

（3）截击球练习方法

① 握住球拍颈（握短拍）并设法用球拍拍面截击球：迈步方向要与击球方向一致，逐步握向球拍拍柄处。击球者可背靠挡网或围墙处进行后引拍练习，以防止过度后引拍。

② 一人为截击练习者，另一人为送球者和接球者，做一抛一击的正手和反手截击练习（距离 5~6 米）。

③ 两人在网前练习正手截击：开始时拍面要相对，做力量较轻的拦截练习（对打）。

④ 同③一样，进行反手截击练习。

⑤ 送球者可随意送球（正手、反手均可），击球者设法将球拦击到送球者的手中。击球者设法在送球者接住球前还原到准备动作。

⑥ 提高截击的控球练习：和同伴分别站在球网和发球线之间，设法用正手截击和反手截击来保持球的回合，学员应尽量在对方接触球前还原到准备状态。

第三节　网球基本战术

网球战术是指运动员在比赛中，根据网球竞赛规则和网球运动的规律、比赛双方的具体情况和临场变化，合理运用个人技术及采取的有意识、有组织的行动。根据网球运动的规则和基本特点，网球战术可分为单打战术和双打战术两大类。其中单打战术主要有发球战术、接发球战术、底线战术和网前截击战术等。

一、发球战术

网球运动中最具有攻击性的技术就是发球。发球不受对方任何影响，只需根据自己的情况去击球。要想在比赛中取胜，首先要控制住发球这一回合的主动权。

运动员在发球时选择的击球方式不同，其站位及瞄准的目标也有细微的变化。单打发球站的位置一般在中线附近。

（一）发平击球

发球要领：抛球的位置及击球点在身体的右前方，用力蹬地，身体充分伸展，利用手腕力量在最高点用力击球。

1. 平分发球区（右区）（以右手持拍者为例，下同）

站在靠近中线处，所瞄准的目标也是对方中心线。从这个位置上发球，球飞行的距离最短，球可以从球网最低处通过，发球的成功率较高。有效地打到对方发球区后，可迫使对手后撤。

2. 占先发球区（左区）

取位于中心线附近，瞄准的目标也是对方中心线。球可以从球网最低的位置上通过，此时球虽然是发到对手的正手，但是从中心方向接回的球很难打出角度，因此，发这种球有利于自己防守（图12-3-1）。

图 12-3-1

（二）发切削球

发球要领：抛球的位置及击球点比发平击球时稍靠右。击球时，好像是从球的右侧向左侧沿水平轴横切球一样，使之产生旋转。

1. 平分发球区（右区）

站在离中心线标志向右边线方向横跨一步的位置上发球，瞄准的目标是对方边线。所发的切削球落地弹起后则飞向场外（从发球者看是向左侧飞），对手被迫追出场地外去接球。这样的发球能创造出较好的进攻机会（图12-3-2）。

2. 占先发球区（左区）

同样站在靠近中心线的位置上，瞄准对方边线发球。球弹起后向后飞，对方接发球时难度较大。

图 12-3-2

（三）发旋转球

发球要领：抛球位置比发平击球时稍靠左，击球位置也稍向左侧移动。此时在稍低一些的位置上触球，击球时好像是从左下方向右方上摩擦似的将球击出去，使球产生旋转。

1. 平分发球区（右区）

站在靠近中心线的位置上，瞄准对方的中心线。旋转发球落在对方场地后弹起，向后右侧高高地飞去（从发球方看是向右），而对于接球者来说，球已弹到其反手侧。

2. 占先发球区（左区）

站在距中心线一步远靠近边线方向的位置上，瞄准的目标是对方边线。旋转球落地后弹起，直逼对手后侧，而且由于发球角度较大，可迫使对方追出场外去接球

（图 12-3-3）。

二、接发球战术

接发球与比赛一开始完全掌握主动权的发球技术相比，属于被动的技术。为了控制比赛的主动权，接好发球，除了要判断出对手所擅长的发球类型外，还要根据对手的不同打法采取有效的接发球策略。

图 12-3-3

（一）接平击球的战术

对于没有横向变化的快速平击球，可站在稍靠后的位置上接球（图 12-3-4）。接发球时，首先要考虑设法将对手逼到底线附近，而不是一心想打出力量大、速度快的球。

（二）接切削球的战术

对于接落地弹起后向右拐弯的切削球，站位的方法是：当对方从一区（右区）发来球时，防

图 12-3-4

守应靠向边线（图 12-3-5）；当对方在二区（左区）发球时，应稍靠中线站位。最理想的击球路线是打对角线球，只有打大斜角才能有时间调整身体的姿势。

（三）接旋转球的战术

对于落地后弹得又高又远的旋转球，在球弹起时如果不能及时接球，就可能给对方制造攻击机会。接旋转球的对策是稍稍站在靠前的位置上，注意在球弹起前踏进击球点（图 12-3-6）。接球时身体姿势的平衡容易遭到破坏，应抓住高点击球。

图 12-3-5

图 12-3-6

三、底线球战术

单打与双打不同,双打以网前积极进攻的打法为主,而单打上网的机会相对少些,以底线打法为基础。底线打法所取基本位置是底线中心位置。因为处于中心位置对于去追赶正手球和反手球都是最短的距离。

(一)针对底线型选手

作为一名底线型选手,在面临同样是底线型选手的时候,不要企图一板将对方置于死地,要在对拉过程中寻求得分的机会。这就要先于对手找到突破口,创造机会球。"三球攻击战术"是寻找突破口、创造机会的方法之一。所谓"三球攻击战术",是指底线型选手在比赛中处于持续对拉的情况下,由三次击球组成的战术。主要有以下几种:

1. "I"攻击战术(图12-3-7)

要领:对手为了防守自己的空当必定要跑回中点处,这时可以趁其向中心处返回时,再向其反方向攻击。

方法:① 将对方来球打向压底线的直线球;② 对方返回一个压底线的直线球;③ 将对方返回的直线球再打回直线(此时对方正处于向中心线返回途中)。

2. "N"攻击战术

要领:充分调动对手,让对手从场地的一端跑到另一端追赶着击球,最终迫使对手出现击球失误。

方法:① 将对方来球打向压底线的直线球;② 对方击回一个大对角线球;③ 再将来球打出压底线的直线球(即向对方空场处击球)。

3. "X"攻击战术(图12-3-8)

要领:让对手从场地的一端跑到另一端,最终迫使对方击球失误。

方法:① 将对方来球打向大对角;② 对方击回直线球;③ 再把这个直线球向大对角打去。

图12-3-7

图12-3-8

4. "E" 攻击战术

要领：当对方为防守场地空当向中心处返回的时候，突然向其反方向攻击。

方法：① 将对方来球打向大对角；② 对方击回一个大对角；③ 把回球再打向大对角。

5. "V" 攻击战术（图 12-3-9）

要领：让对手在场地两端来回奔跑，即使第三个球被对方接回，对手也是处于向边线跑动中，下一个球将是自己进攻的机会。

方法：① 将对方来球打向直线；② 对方击回一个直线球；③ 再把击回来的球向斜对角（空当）打去。

图 12-3-9

（二）针对平击球选手

平击类型的击球，由于几乎没有旋转，球擦网而过，直线飞来，落地之后，反弹很低，快速向前冲，但由于球速快，接这种球非常不容易。接球时，需把握好拍面，避免挥拍过迟。

1. 形成相持

遇到对方打平击球时，首先要能连续接起对方来球。由于平击球大多数是从网上约 30 厘米处通过，且球速很快，所以稍有一点疏忽就会导致失误。因此，关键是要比对方更有韧性，拖住对手，形成相持。

2. 打对角线

如果对手是平击球选手，当他击来平击球时，一般回对角线比较好。如果能迫使对手到场外追球，则可以造成对方的失误或为自己创造进攻的机会。

（三）针对削球型选手

当对手来球是削球时，一般情况下，以削球对付较稳妥。削球运行轨迹很低，球手必须在低位击球，要想打出有威力的上旋球很困难。对付削球要求以较低的身体姿势进行击球，同时还要具备较强的韧性。削球大部分是在两种情况下使用：一是当身体姿势被破坏时，为了使姿势恢复平衡，在打过渡拍的情况下使用；二是处理前场低浅球时使用，主要用于攻击对方的反手。

如对方为削球类型选手时，由于削球比平时击球的速度慢，因此，无论将球打到哪个区域，对方一般都有足够的时间应付。对付削球的原则就是朝对手的反手侧击球，当遇到机会时，坚决以正手抽球予以攻击。

（四）针对上旋球型选手

上旋球因为是沿弧形线路飞行的，所以一般很少下网，也很少出界，可以说是准确性较高的击球方式。由于可以通过调节挥臂、旋转度的方法打出不同线路、不同旋转的上旋球，使球落地后弹得又高又远，故上旋球是最有效的一种击球手段。然而，上旋球也并非无懈可击。对付上旋球，可采用如下对策：

1. 破坏对方击球姿势

打上旋球的选手，为了加大球的旋转度，必须做到挥拍动作充分，使用全身的力量击球。因此，应尽量让对方左右不停地奔跑，迫使其不能从容击球，导致其无法完成高质量的回球，从而找到突破口。

2. 迫使对方改变打法

一般来说，旋转打法的选手，因其握拍方法的关系，大多数不擅长截击球。因此，碰到这样的选手，可以打近网低球，把对手调动到网前来，使其打并不擅长的网前球，迫使对方改变打法。

3. 截击之后立即上网

在双方对拉的持久战中，当对方掌握着主动权而频频向自己反手一侧攻击，或对方得分领先而自己处于非常被动的状况时，若来球的轨迹稍高，可果断地迎上去截击，随后快速上网。

四、双打战术

在双打训练中，应先学习怎样在双打比赛中运用已掌握的技术。如果组成一队的两个人分别按自己最擅长的方式一味地进攻，是不可能取得成功的。相互了解彼此打球的方式和习惯后，战术上的安排就会变得比较容易。另外，还要相互了解彼此的缺点，然后再考虑该怎样利用自己的技术与之配合，这是非常重要的。

（一）双打中的发球

在技术上，双打和单打并没有区别，但比赛战术却截然不同。

在单打比赛中，选手希望在第一次发球时就直接得分，而双打则应考虑如何提高一发的成功率，如何让自己的同伴感到对方的回球比较容易回击。

双打比赛中发球的要点如下：

1. 提高一发的成功率

在双打比赛中，一发的力量应限制在单打比赛发球力量的 80%，并重视对球落点的控制。若为直接得分而使出全力发球，成功率就会下降。这样到二发时，容易遭到对方接球选手的攻击而处于不利的位置。

2. 向对手反手位发球

第一次发球，应将球打到对方接球选手的反手侧，这样接球选手的移动就会受到限制，从而造成回球不到位。此时，截击空中球的同伴就可以抢到机会击球。若把球发到对方的正手位，同伴一定要注意对方回击直线球。

3. 灵活改变发球位置

若感到自己发球可能有利于对方回球或容易让对方抓住机会，可以左右稍微移动一下发球的位置，位置的变动会导致接球的选手无法及时地做动作，破坏对方回球。

（二）双打中的截击

在双打比赛中，截击空中球是得分的重要手段。快速截击时，除了应具备打远球的基本技术外，若要限制发球者上网，还要多打边角球。如果想控制网前球，就要采用近网低球打脚下。与单打相比，双打截击要把握如下要领：

1. 快速截击要远打

快速截击的基本要点是远打。如果对手的回球较高，可用高空截击打直线球打击对方；如果球被打到边角，为了防止对手上网抢攻，就必须打边角球回击。

2. 选择有效的进攻方式

在双打比赛中，积极进攻的一方总能给接球方施加压力。在中线接球进攻时，打距离接球方最远的边角球往往最有效。若击球距离较近且球的高度较高，就有可能遭到反击。

3. 重复落点战术

截击的另一个基本方式是把球按原来的路线打回去。在快速对攻中，回击的路线很难改变，同时也要考虑到被对方反击的可能性和截击失败的可能性。

（三）双打的接发球

双打比赛中的接发球与单打比赛中的接发球是完全不同的。由于本身处于被动位置，加上对方又有一名队员封网，所以接发球的难度加大，还要重视对落点的控制。双打的接发球技术要领如下：

1. 注意紧凑收拍

双打的接发球比单打接发球要更紧凑地收拍，与其快速回击，不如控制好球，让球落在对方的脚下，这样不仅可以迫使对方移动，而且会给对方发球造成压力。

2. 接发球迅速果断

由于双打的击打范围比单打小，所以，双打中的接发球如在尽可能短的时间内回出，对方就很难改变站位，从而使比赛朝着有利于本方的方向发展。

3. 多用直线球回击

在发球方展开积极的进攻之前，在比赛的前半段，接球方可以利用回击直线球给对方截击造成压力。如果接球者正、反手都能打，则把球回击到截击者的反手方，这也是双打比赛中非常重要的战术。

（四）双打中的抽击球

抽击球是双打比赛中不可缺少的技术。为了使比赛对自己有利，也要及时变化抽击球的落点，使对方失去进攻机会。双打的抽击球技术要领如下：

1. 用抽击球进攻，把对方调到网前

把球按来时的路线用适当的旋转低抽回去，把对方调到网前。这时不用太担心对方的进攻，而应耐心地反击。

2. 在抽击几个回合后，抓住时机挑高球

在打了两三个抽击回合后，可在适当的时机将球挑到对方身后，迫使对方失误。尽量不要让对方从姿势上提前预判自己的企图，即使是放高球，也要采取与抽击球一样的身体姿势。

第四节　网球竞赛规则简介

一、场地、器材

1. 网球场地

网球场地是一个平整的长方形地面，长 23.77 米，宽 8.23 米，球网（网的中央高度为 91.4 厘米，两端高度为 107 厘米）把全场隔成相等的两个半场，接近球网两边的 4 块相等的区域是发球区，双打场地的两边较单打场地宽 1.37 米。全场除端线可宽至 10 厘米，其他各线的宽度均不得超过 5 厘米，也不得少于 2.5 厘米。全场各区域的丈量，除中线外都从各线的外沿计算。网球场地分草地、土地、硬地和塑胶场地等类型。

2. 网球球拍

网球拍一般由木质、铝合金、碳素等材质制成，各种材质的球拍都有其优缺点。目前，网球爱好者选择铝合金和碳素网球拍的居多。球拍分轻型（light）、中型（medium）、重型（heavy），分别表示球拍的重量类型。

二、发球

1. 发球前的规定

发球员在发球前应先站在端线后、中点和边线的假定延长线之间的区域里，用手将球向空中任何方向抛起，在球接触地面以前，用球拍击球。

2. 发球时的规定

发球员在整个发球动作中，不得通过行走或跑动改变原站的位置，两脚只准站在规定位置，不得触及其他区域。

3. 发球员的位置

（1）每局开始，先从右区端线后发球，得或失一分后，再换到左区发球。

（2）发出的球应从网上越过，落到对角的对方发球区内，或其周围的线上。

4. 发球失误

未击中球；发出的球，在落地前触及固定物（球网、中心带和网边白布除外）；违反发球站位规定。发球员第一次发球失误后，应在原发球位置上第二次发球。

5. 发球无效

发球触网后，仍然落到对方发球区内，接球员未做好接球准备，均视为发球无效，应重发球。

6. 交换发球

第一局比赛终了，接球员成为发球员。以后每局终了，均依次互相交换，直至比赛结束。

三、比赛通则

1. 交换场地

双方应在每盘的第一、三、五等单数局结束后以及每盘结束双方局数之和为单数时，交换场地。

2. 失分

发生下列任何一种情况，均判失分：

（1）在球第二次着地前，未能还击过网。
（2）还击的球触及对方场区界线以外的地面、固定物或其他物件。
（3）还击空中球失败。
（4）故意用球拍触球超过一次。
（5）队员的身体、球拍在发球期间触及球网。
（6）过网击球。
（7）抛拍击球。

3. 压线球

落在线上的球都算界内球。

四、双打

1. 双打发球次序

每盘第一局开始时，由发球方决定由何人首先发球，对方则同样在第二局开始时，定由何人首先发球。第三局由第一局发球方的另一球员发球。第四局由第二局发球方的另一球员发球。以下各局均按此次序发球。

2. 双打接球次序

先接球的一方，应在第一局开始时，决定何人先接发球，并在这盘单数局，继续先接发球。双方同样应在第二局开始时，决定何人接发球，并在这盘双数局继续先接发球。他们的同伴应在每局中轮流接发球。

3. 双打还击

接发球后，双方应轮流由其中任何一名队员还击。如队动员在其同队队员击球后，再以球拍触球，则判对方得分。

五、计分方法

1. 一局

（1）每胜1球得1分，先胜4分者胜一局。

（2）双方各得3分时为"平分"，平分后，净胜两分为胜一局。

0分，呼报（love）；1分，呼报15（fifteen）；2分，呼报30（thirty）；3分，呼报40（forty）。

如果比分1比1，呼报为15平（fifteen all）；如果比分3比3，呼报为40平（deuce）。

2. 一盘

（1）一方先胜6局为胜一盘。

（2）双方各胜5局时，一方净胜两局为胜一盘。

3. 决胜局计分制

在每盘的局数为6平时，有以下两种计分制：

（1）长盘制：一方净胜两局为胜一盘。

（2）短盘制（抢七）：决胜盘除外，除非赛前另有规定，一般应按以下办法执行：

先得7分者为胜该局及该盘（若分数为6平时，一方须胜净两分）。

首先发球员发第一分球，对方发第二、三分球，然后轮流发两分球，直到比赛结束。

第一分球在右区发，第二分球在左区发，第三分球在右区发。

每6分球和决胜局结束都要交换场地。

4. 短盘制的计分

（1）第一个球（0∶0），发球员A发1分球，1分球之后换发球。

（2）第二、三个球（报1∶0或0∶1，不报15∶0或0∶15），由B发球，B连发两球后换发球，先从左区发球。

（3）第四、五个球（报3∶0或1∶2，2∶1，不报40∶0或15∶30，30∶15），由A发球，A连发两球后换发球后换发球，先从左区发球。

（4）第六、七个球（报3∶3或2∶4，4∶2或1∶5，5∶1或6∶0，0∶6），由B发1分球之后交换场地，若比赛未结束，B继续发第七个球。

（5）比分打到5∶5，6∶6，7∶7，8∶8……时，需连胜两分才能决定谁为胜方。但在计分表上则统一写为7∶6。

（6）决胜局打完之后，双方队员交换场地。

第十三章
游泳

游泳是一项历史悠久的体育运动项目，是人类的一种生存技能。游泳是在水环境中进行活动的项目，是日光浴、空气浴和水浴的完美结合，无论男女老少都可以参加游泳运动，残疾人和某些慢性病患者还可从中得到锻炼或治疗。

第一节　游泳基本知识

一、游泳运动的锻炼价值

1. 保障生命安全

人类生存的地球布满江、河、湖、海，生活中不可避免地要与水打交道。不论是主动下水游泳、玩耍、进行水上作业，还是失足落水、乘船发生意外，不会游泳都将威胁到自身生命安全。

2. 强身健体

据报道，人体在 12 ℃的水中停留 4 分钟所散发的热量相当于人在陆地上 1 小时所散发的热量。由此可知，游泳时消耗热量较大，能有效地消耗身体的脂肪。长期游泳还可以健身塑形。

经常游泳，可以提高机体对水温、气温的适应能力，从而增强体质。很多哮喘病患者就是通过游泳锻炼，增强了体质和对寒冷的抵御能力，进而减少了哮喘的发作次数。

游泳是周期性、动力性运动。长期坚持游泳锻炼，可以提高肌肉的力量、速度和耐力及关节的灵活性，使身体得到全面协调发展，使体型匀称健美，肌肉富有弹性。

3. 防病治病

游泳可以提高抵御寒冷的能力，尤其是冬泳，经常游泳者可以预防疾病，不易感冒。由于水的浮力作用，人体平卧水面时脊柱可以充分伸展，这对预防脊柱侧弯有良好的作用。水流和波浪可对人体产生特殊的按摩功效，所以，游泳对残疾人的康复具有重要意义。

此外，经常游泳，对于身体瘦弱者和许多慢性疾病患者（如慢性肠胃病、神经衰弱、习惯性便秘、慢性支气管炎和哮喘等患者）有明显疗效。很多康复中心，都把游泳水疗作为治疗慢性病和身体恢复的重要医疗手段。

4. 锻炼意志，培养勇敢顽强的精神

初学者面对水环境，要克服怕水的心理，才能学好游泳技术，尤其是在江河等开放性水域中游泳时，更要具备勇敢顽强的精神和坚强的意志。长期游泳可以培养吃苦耐劳、不怕困难的品质。

二、游泳安全与卫生

（一）游泳的安全措施

游泳时，如果不熟悉水性，很容易呛水或者失去平衡，以致出现溺水而危及生命。因此，游泳时，必须把安全放在第一位。

1. 强化安全教育

（1）树立安全意识，克服麻痹思想。

（2）加强组织纪律教育，严格遵守纪律，一切行动听指挥，做到令行禁止。

2. 选择安全的游泳场所

不管是选择人工修建的游泳馆还是天然水域，都要充分考虑安全问题。

（二）游泳的卫生要求

保证身体健康，防止疾病传染。游泳者每年都必须进行一次全面的身体检查，以便清楚地了解自己的身体状况，确定能否参加游泳锻炼。凡患有严重高血压、心脏病、精神病、传染性疾病以及有开放性创伤的病人，都不宜游泳。此外，有腹泻、伤风感冒、咳嗽、严重沙眼、急性结膜炎等疾病的人也不宜游泳。

（三）游泳的时机

1. 饱食后不宜游泳

饱食后，消化器官活动增强。此时下水游泳，血液将首先满足肌肉活动的需要，会造成消化器官供血不足，影响食物的消化和吸收。此外，由于水的刺激，胃肠的蠕动受到限制，容易引起胃痉挛，易导致腹痛或呕吐。因此，饱食后 30 分钟之内不要下水游泳。

2. 饥饿时不宜游泳

饥饿时，体内血糖浓度下降，此时游泳容易出现头昏、四肢无力等症状，严重时甚至发生昏厥。

3. 疲劳时不宜游泳

激烈运动或重体力劳动后，肌肉处于疲劳状态，此时游泳，容易造成疲劳积累，易引起呛水、肌肉痉挛等情况，甚至发生溺水事故。

4. 酒后不宜游泳

酒中含有乙醇，对人体的神经系统有麻醉作用，会使人体机能下降，身体的反应能力减弱，动作协调性变差。此时下水游泳，无法清醒地处理可能发生的意外情况，很容易出现溺水事故。

三、游泳救护知识

在游泳中，事故的发生大多都与安全观念松懈和规章制度的疏漏有直接关系。反复强调安全第一，对于发展游泳运动十分必要。游泳者不仅要能够自救，还要能够救人，因此，应具备扎实的水中救护知识和过硬的救生本领。

（一）间接施救

间接施救一般适用于溺水程度较轻、神志比较清醒、还能使用救生器材的溺水者。在间接施救时，施救者在岸上或池边借助救生器材即可对溺水者施救，因而不会游泳或游泳技术较差的施救者，可以采用此法。下面介绍几种常用的救生器材和使用方法。

1. 救生圈

在救生圈上系一条绳子，当发现溺水者时，可将救生圈掷给溺水者。如在江河里，应向溺水者的上游掷去，使溺水者够到救生圈，然后将其拖至岸边。

2. 竹竿

溺水者离岸（船）较近时，施救者可在岸边或船舷上将竹竿伸向溺水者，待溺水者抓住竹竿后，将其拖到岸（船）边。

3. 绳子

将绳子的一头系在漂浮物上，把绳子盘成圆形，施救者握住绳子的一端，然后将盘起来的绳子掷在溺水者的前方，使溺水者握住绳子，拉其上岸。

4. 漂浮物

施救者将泡沫塑料块、木板、游泳使用的扶板、浮球等漂浮物，抛给溺水者，溺水者得到漂浮物后借助其游向岸边。

（二）直接施救

1. 入水和接近溺水者

救护溺水者时，要以最快的方式入水，在不熟悉水情时，以脚先入水为宜。

入水后，目视目标快速接近，从后面接触溺水者，如正面接近目标，应果断地拉住其手臂或扭转臀部使其背向施救者，迅速将其脸部拖出水面或使其仰卧，以便拖带。

2. 水中解脱

溺水者在水中挣扎时，凡能抓住的东西，不会轻易放手。救护时施救者也容易被抓、抱，应设法解脱，以便顺利施救。

3. 水中拖带

水中拖带溺水者，多采用反蛙泳或侧泳技术。此时应时刻注意使溺水者脸部露出水面，包括仰式拖带法、侧式拖带法。

4. 出水和控水

溺水者处于昏迷状态时，全身是松弛的。出水时可采用从下往上拉的方法。控水时，使溺水者俯卧、腹高头低，并适当做推压动作，为倒清其肺、腹里的积水。已可采用仰卧肩背的方法。

5. 人工呼吸

把溺水者抬到平坦、松软和安静的地方后，松解衣裤，清除口鼻内的杂物，检查心跳和呼吸情况。人工呼吸时，可采用单人口对口或双人口对口的方式。单人施救操作时，胸外按压15次，口对口吹气2次；双人施救操作时，胸外按压5次，口对口吹气1次，反复进行。也可采用举臂压胸法和俯卧压背法等。

施救时，如溺水者唇色已转红润，每做10次，间歇5秒，检查一次心跳情况，直至溺水者恢复自主心跳和自主呼吸，并及时转送医院进一步观察治疗。

第二节　熟悉水性练习

熟悉水性是学习各种游泳姿势前的一个重要的过渡性学习。这个练习是初学者入门必经的阶段，为学习和掌握各种竞技游泳技术打下基础。

在熟悉水性的学习和练习中，重点应抓好呼吸和滑行这两个动作，并且尽可能选择在齐腰深的水里练习。在学习浮体的方法时，应与站立的方法一起学习，以防止初学时因站立失去平衡而呛水。

一、水中行走练习

目的是体会水的阻力，消除怕水心理，学会在水中行走时控制身体平衡。要求在齐腰深的水里，做各种方向的行走练习。

可采用以下练习方法：

（1）在水中手（单手或双手）扶池边向前、向后、向两侧行走。
（2）用两手保持平衡，向前、向后、向两侧行走。
（3）集体手拉手向前、向后、向两侧行走。
（4）各种方向的走、跑、跳、转身、跃起和下沉等。
（5）向上、向前、向后和向侧跳跃。

二、水中呼吸练习

目的是初步掌握游泳的呼吸方法、呼吸过程、呼吸节奏,适应头浸入水中的刺激,消除怕水心理,学会用口吸气的动作。要求吸气一定要用口,呼气一定要在水中,用鼻或口鼻一齐呼。吸—闭—呼要有节奏,连续做30次左右。

可采用以下练习方法:

(1)双手扶住水槽或在同伴的帮助下,用口吸气后闭气,然后慢慢下蹲把头全部浸入水中,停留片刻后起立,在水面换气。

(2)同上练习。要求把头浸入水中停留片刻后,在水中用鼻慢慢地呼气,一直呼到快完(但不能把气呼尽),然后起立在水面上用口吸气(吸气之前把最后一点气呼尽)。

(3)同上练习。要求吸气后把头浸入水中,稍闭气后立即用口鼻同时呼气,在口接近水面时用力把气吐完并立即用口在水面上吸气,吸气结束后立即把头再次浸入水中,连续做有节奏的吸、闭、呼的动作。

(4)两脚原地开立,按以上练习,要求独立完成连续吸、闭、呼的动作30次左右。稍休息后,重复此练习,但不同的是随头逐渐向前上抬(或向侧转)时开始加大呼气量。

呼吸是学习游泳的难点,练习呼吸应贯穿于学习的始终。

三、浮体与站立练习

目的是消除怕水心理,体会水的浮力,了解人在水中是可以漂浮起来的,学会浮体后站立的本领。掌握水中闭气要领,要求练习时尽量深吸气,在水中闭气的时间应尽可能长。站立时,两臂前伸向下按压水并抬头,以脚触池底站立。

可采用以下练习方法:

(1)抱膝浮体练习:原地站立,深吸气后,下蹲低头抱膝。双膝尽量靠近胸部,前脚掌蹬离池底,成低头抱膝团身姿势,自然漂浮于水中。站立时,两臂前伸,向下按压水并抬头,同时两腿伸直,以脚触池底站立,两臂自然放于体侧(图13-2-1)。

(2)展体浮体练习:两脚开立,两臂放松向前伸出,深吸气后身体前倒并低头,

图13-2-1

两脚轻轻蹬离池底，成俯卧姿势漂浮于水中，两臂、两腿自然伸直。站立时，收腹、收腿，两臂向下按压水并抬头，两腿伸直，脚触池底站立。

四、滑行练习

目的是体会水中的平衡和身体的滑行姿势。学会蹬池壁或蹬池底和身体成流线型的动作，保持身体平衡。要求滑行时臂和腿并拢伸直，头夹于两臂之间，身体成流线型。注意要有向前滑行的动力才能滑行得好，所以必须同时学会蹬壁或蹬池底的动作。

可采用以下练习方法：

（1）蹬池底滑行练习：两脚前后开立，两臂前上举。深吸气后上体前倒并屈膝，当头、肩浸入水中时前脚掌用力蹬池底，随后两脚并拢，使身体成流线型向前滑行。

（2）蹬壁滑行练习：背向池壁，一手拉水槽，一臂前伸，同时一脚站立，一脚贴池壁；深吸气后低头，上体在水中前倾成俯卧姿势，大小腿尽量收紧，臀部靠近池壁，两脚掌贴住池壁。与此同时，拉水槽的一臂向前伸出与前伸臂并拢，头夹于两臂之间，这时两脚用力蹬离池壁，成流线型向前滑行（图13-2-2）。

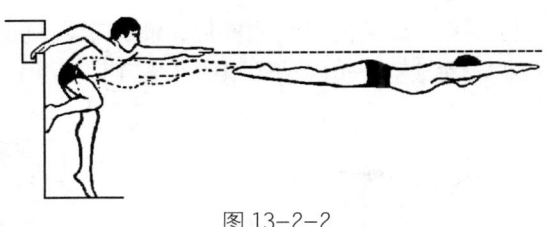

图 13-2-2

第三节　游泳基本技术

一、蛙泳

蛙泳整个动作与青蛙游水十分相似，所以取名为蛙泳。

蛙泳的特点是游时省力，容易学，游动时动作全部在水下，声音较小，头部可以露出水面呼吸，视野开阔。

（一）技术动作

1. 身体姿势

游蛙泳时，身体呈水平俯卧于水中，两臂向前伸直并拢，两腿自然向

扫一扫，查看蛙泳身体姿势示范

后伸直并拢，同时上体稍挺起，头略抬，使身体和前进方向成 5°～10° 角，这种流线型的姿势，既能减少前进的阻力，又可以充分发挥手、臂、腿的作用，加快游速。

2. 腿部动作

腿部蹬水动作是蛙泳推动身体前进和加快游速的主要动力来源。腿部动作可分为滑行、收腿、翻脚和蹬水 4 个动作阶段。

（1）滑行：是蛙泳的开始姿势，当身体借助惯性力向前滑行时，两腿并拢向后伸直，身体成水平姿势，下肢放松，只靠腿部肌肉的适当收缩，把脚跟稍稍提向水面，为收腿做好准备。

（2）收腿：是蹬腿的准备动作，路线要短，阻力要小，要为蹬水创造有利条件。收腿时，两腿稍微内旋，使脚跟分开，膝关节随腿的下沉向前，边收边分。收腿结束时，大腿和躯干之间角度为 130°～140°，小腿尽量靠近臀部（图 13-3-1），并藏于大腿的投影之中，两膝的距离约与肩同宽，两脚掌几乎是平行向前收，靠腿的内旋使脚跟分开与臀部同宽。

（3）翻脚：指从收腿到蹬夹水的一个过程，是收腿的继续、蹬水的开始。蹬水效果的好坏，取决于翻脚技术是否正确。

为了增长蹬夹的路线，随着收腿的结束，两脚应继续向臀部靠紧，大腿内旋使两膝内压的同时，小腿向外翻，接着脚尖也向两侧外翻，使脚掌内侧正对蹬水方向。整个翻脚的动作由内收腿、压膝、翻脚三个连贯动作组成（图 13-3-2）。

扫一扫，查看蛙泳腿部动作示范

图 13-3-1

图 13-3-2

（4）蹬夹水：翻脚后，立即以腰腹和大腿同时发力向后蹬水。先伸髋，再伸膝，以大、小腿内侧和脚掌向后做急速而有力的蹬夹动作。在蹬夹腿过程中，当两腿并拢时略向下压，以形成前后鞭打动作。蹬夹是推动身体前进的重要动力来源。

为了增长有效的蹬夹动作路线，要在两腿蹬直之后再伸直踝关节，而不要过早地伸直，否则会缩短蹬水的有效距离。因此，踝关节的灵活性对提高蹬水效果特别重要。

3. 臂部动作

蛙泳的臂部动作可分为滑行、抓水、划水、收手、伸臂 5 个连续的动作。

（1）滑行：伸臂结束后，身体向前滑行，这时两臂向前伸直，手指并拢，掌心向下，两手尽量接近水面，使身体在较高的位置上保持稳定，整个身体成流线型。

（2）抓水：是滑行后进入划水前的动作，如果立即开始做划水动作，其动作方向会向外下方，不仅不利于推进身体，还会造成身体过分起伏，所以从滑行到划水之间要有一个准备划水的抓水动作。抓水时，肩保持前伸，两臂内旋，使两臂和掌心转向斜外下方,屈手腕成150°~160°角。结束抓水时,两臂和水平面及前进方向夹角为15°~20°,肘关节伸直。

(3)划水:抓水后紧接着划水。划水路线是向后偏外下方,划至与前进方向约成80°角。划水时,肩部向前伸展,保持高抬肘的姿势。整个动作过程是肘高于手并前于肩,在手带动前臂和上臂向后划水的过程中,肘关节的角度为120°~130°。划水是用手掌加速内拨的动作,这个动作带动前臂收至超过垂直部位并开始降肘,掌心从外后转向内后急促拨水而结束划水,这也是蛙泳划水最有效的阶段。

扫一扫,查看蛙泳手臂动作示范

(4)收手:划水结束即开始收手。收手就是结束划水后,手掌在向内上移动的同时,上臂外旋,向前推肘的动作过程。收手时,要尽量把两臂收在身体的投影之中,以发挥划水造成的推进惯性作用,减少水对臂前移的阻力。

(5)伸臂:收手后继续推肘伸臂。推肘不是先伸肘关节,而是伸肩关节的同时伸肘关节。两手先向前上、再向前伸。两臂伸直后即恢复成滑行姿势。伸臂时不能有停顿的动作。

4. 呼吸和完整动作的配合

蛙泳的呼吸方法有两种:一种是早吸气,一种是晚吸气。早吸气在两臂抓水时抬头用力呼气,在划水过程中吸气,在收手过程中闭气低头,伸臂滑行时慢慢吐气。晚吸气是划水将要结束时才开始抬头用力呼气,在两臂结束划水和收手过程中,身体达到最高点时吸气,结束收手时闭气低头,在伸臂的后阶段直至划水过程中慢慢吐气。

一般优秀运动员多采用晚吸气的方法,因为这种方法能保持身体平衡,动作连贯,前进速度均匀,对提高成绩很有帮助。但是晚吸气动作要求严格,吸气时间比较短促。所以一般游泳爱好者和初学者,先从学习早吸气的方法开始为宜,它比较简单易学。

完整配合动作如图13-3-3所示。

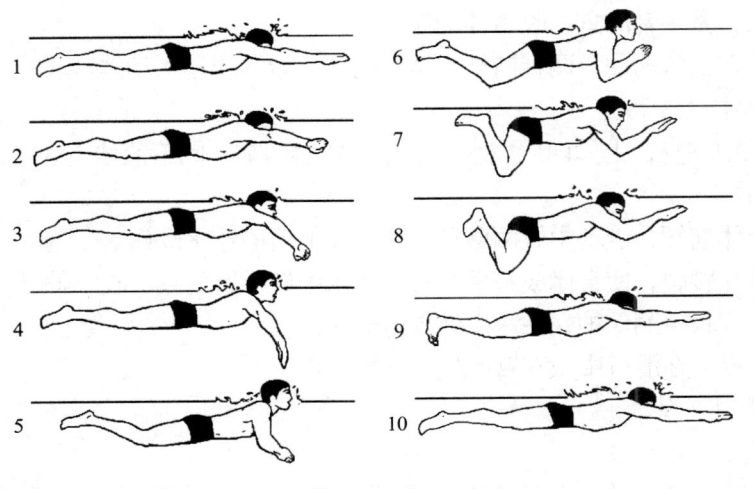

扫一扫,查看蛙泳完整配合技术动作示范

图13-3-3

（二）练习方法

1. 腿部动作练习

（1）陆上练习

① 模仿蛙泳腿。坐在凳上或池边上，上体稍后仰，两手撑在体后，两腿伸直并拢，髋关节展开，做蛙泳腿的收腿、翻脚、蹬夹水和停止动作。练习时，可先分解做，再连贯做。要求收腿时，大腿带动小腿，边收边分；翻脚时，脚翻向蹬水方向，膝稍内压；蹬夹水时，应向后弧形蹬夹；停止时，两腿并拢，伸直放松。

② 俯卧在凳子上做收、翻、蹬夹、停的动作。先做分解动作，再做连贯的完整动作。要求边想边做，开始可以由同伴帮助体会和纠正动作。重点体会翻脚和蹬夹水的路线及动作的节奏。

③ 单腿练习。一脚站立，一脚收缩，然后用手搬脚上翻，做蹬夹水练习。

（2）水中练习

① 一手抓住水槽，一手撑住池壁做收、翻、蹬夹和停等腿部动作练习。

② 扶池槽仰卧做蹬夹水动作。

③ 扶池槽俯卧做蹬夹水动作。

④ 扶池槽仰卧或俯卧由同伴帮助或纠正蹬夹水的动作。

⑤ 在水中由同伴托住腰腹后，做腿的蹬夹水动作。

⑥ 用救生圈或救生衣使身体浮起后，做蹬夹水动作。

⑦ 双手扶木板或其他浮体的前端，练习收、翻、蹬夹和停的腿部动作。

⑧ 由同伴拉着练习者前伸的手，牵引着做腿部的完整练习。

⑨ 自己蹬池壁滑行后，做蛙泳腿的练习。

2. 手臂动作练习

（1）陆上练习

① 原地站立，做手臂的划、收、伸动作。

② 原地站立，上体前屈，两臂前伸，掌心向下，做蛙泳划水动作。

（2）水中练习

① 在水中原地站立，上体前屈成水平姿势。然后两掌心向下前伸于水中，做划水、收手、前伸的动作。

② 在水中上体前倾，走动中做两臂划、收手和伸臂的连贯动作。

③ 由同伴托扶腰腹，使身体成水平姿势，在水中做手臂的划、收、伸动作。

④ 用救生衣或救生圈保护，在水中做划臂动作。

⑤ 自己蹬池壁，在滑行中做双臂的划水连贯动作。

3. 呼吸练习

（1）陆上练习

① 原地站立，双臂上举，当双臂左右分开时，抬头呼吸，随之低头，双手还原。

② 原地站立，上体前屈成水平姿势，两臂前伸，掌心向下，当两臂向左右分开时，即抬头呼吸，随之划水时低头。

（2）水中练习

① 在水中原地站立，上体前倾，头没入水中，两臂在水中伸直，当两臂向左右分开时，即抬头呼吸，随之划水低头。

② 在水中练习呼吸。由保护人帮助夹抱着双腿，使身体俯卧于水面，然后听保护人的口令做吐气、吸气的呼吸练习。

4. 完整配合技术练习

（1）陆上练习

原地站立，双臂上举，开始划臂并呼吸，继而低头继续划水，收手时单腿抬举。臂伸直，蹬夹腿。

（2）水中练习

① 在同伴托扶下练习完整的配合技术，做划手、呼吸、低头划水、收手收腿、伸臂蹬夹的动作。

② 采用浮体物（如救生衣、救生圈等）练习完整配合技术。可以自己一边默念划手、吸气、收手、收腿、伸臂、蹬腿，一边做上述动作练习。

③ 漂浮或俯卧后做一次划臂、两次或三次蹬腿、一次呼吸的配合动作。

④ 做一次划水、一次呼吸、一次蹬腿的练习。

二、爬泳

爬泳又称自由泳。由于这种姿势的两臂轮换划水很像爬行，所以称为爬泳。在自由泳比赛中，规则规定可以采用任何一种姿势。因为爬泳的速度最快，所以在自由泳比赛中，一般都采用爬泳这种姿势。

（一）技术动作

1. 身体姿势

游爬泳时，身体平直地俯卧在水中，身体的纵轴与水平面保持3°～5°角，微微抬起，这种平直的姿势能缩小前进时的截面，有助于减少阻力。颈部自然后屈，与水平面成20°～30°角，两眼注视前下方。两臂轮换前伸向后划水，两腿上下交替打水，身体保持平直，既不要收腹提臀，也不要挺胸塌腰，但在游进中身体可以绕身体纵轴有节奏地转动，这种转动一般在35°～45°角之间。

扫一扫，查看爬泳身体姿势动作示范

2. 腿部动作

爬泳的打腿，主要使身体保持平衡，有利于划水，在整个爬泳的配合技术中有着重要的作用。

扫一扫，查看爬泳腿部动作示范

爬泳的打腿是两腿不停地上下交替摆动。向下时，腿自然伸直，用髋关节发力，大腿带动小腿。打水的幅度，一般两腿间差距30~45厘米。向下打水时，动作要快而有力，向上提腿时应放松一些。在向下打水时，由于惯性作用，此时小腿和大腿仍继续向上移动，而使膝关节有些弯曲，弯曲程度一般在140°~160°角之间。在打水时，脚尖自然伸直，在向下打水时，两脚应自然向里转一些。

打水的次数，一般是一个完整的划臂动作配合6次打水，但也有人采用4次打水和2次打水，这要根据个人的特点来定。

3. 臂部动作

爬泳的臂部动作是产生推进力的主要动力。整个臂部动作可分为入水、抱水、划水、出水和空中移臂5个不可分割的部分。它们之间并没有明显的界限，而是一个完整的动作。

（1）入水：在完成空中移臂后，手应向前，自然放松地入水，入水点一般在身体纵轴和肩关节的前方延长线之间。入水时，手指自然伸直并拢，通过臂内旋使肘关节抬高，弯成130°~150°角，使肘关节处于最高点，掌心斜向外下方。这种姿势阻力较小。

（2）抱水：臂入水后，手掌从向斜外下方转向斜内后方，并开始屈腕、屈肘，保持高抬肘姿势。抱水时，上臂和水平面约为30°角，前臂与水平面约为60°角，手掌接近垂直对水，肘关节屈成150°左右的角，整个手臂像抱个圆球似的。

（3）划水：划水是整个臂部动作产生推进力的主要环节。在抱水的基础上，划水时臂与水面成35°~45°角。

划水时应采用屈臂划水，屈臂的程度可根据自己的身体条件而定。臂长、臂力弱的可以屈臂程度大些，反之则可以屈臂程度小些。

开始划水时，屈肘100°~120°角。此时前臂移动快于后臂，当划至肩下垂直面时，屈肘90°~120°角。前臂迅速向后推水至侧腿旁，结束划水。在划水过程中，手掌微凹。

（4）出水：划水结束后，臂借助推水后的速度惯性，利用肩三角肌、肩带肌的收缩及身体沿纵轴的转动，将肘部向上方提起，并迅速将臂部提出水面，这时臂部和手腕应柔和放松。

（5）空中移臂：是臂部在一个划水周期中的休息放松阶段。移臂时，肘稍屈，保持比肩和手部都要高的位置（图13-3-4），不要直臂侧向挥摆，也不要以手来带动臂成屈肘移臂，这样动作紧张，而且也不正确，还达不到放松的目的。

扫一扫，查看爬泳手臂动作示范

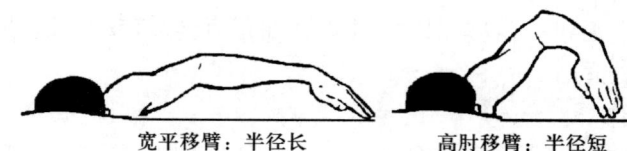

宽平移臂：半径长　　　高肘移臂：半径短

图13-3-4

（6）两臂配合：爬泳两臂是否协调配合，是前进速度均匀性的重要条件。两臂配合，通常有三种方法。

前交叉：是指一臂入水时，另一臂处在滑下阶段，这是一种带滑行阶段的技术（图 13-3-5 之 1）。

中交叉：是指一臂入水时，另一臂已经进入划水阶段的中间部分（图 13-3-5 之 2）。

后交叉：是指一臂入水时，另一臂已经进入划水阶段的后半部分（图 13-3-5 之 3）。

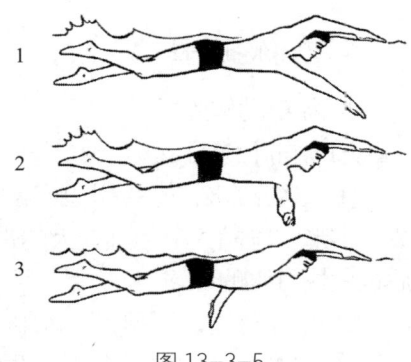

图 13-3-5

对一般游泳爱好者来说，以学习前交叉为宜，因为前交叉能更好地保持身体平衡，较易掌握呼吸技术，也可以节省体力，减少疲劳。

4. 呼吸与臂部动作的配合

爬泳的呼吸是利用头向左侧或右侧的转动，用嘴呼吸的。如以向右呼吸为例：右手入水以后，嘴和鼻开始慢慢地呼气，划臂划至肩下向右侧转头，呼气量开始增加，当右臂推水即将结束，呼气量进一步加大。右臂出水时，马上张嘴吸气。移臂到一半时，吸气就结束，并开始转头复原。此时，又闭气，继续转头和移臂，脸部向前下方。头部姿势稳定时，右臂又入水开始下一次呼吸。如此反复循环呼吸。

5. 呼吸和完整动作的配合

爬泳腿、臂、呼吸的配合动作，一般采用两手各划水一次，呼吸一次和两腿打水 6 次的配合方法。为了充分发挥手臂作用，提高游进速度，也有采用两臂各划一次水，呼吸一次和打腿 4 次的配合方法。

完整的配合动作如图 13-3-6 所示。

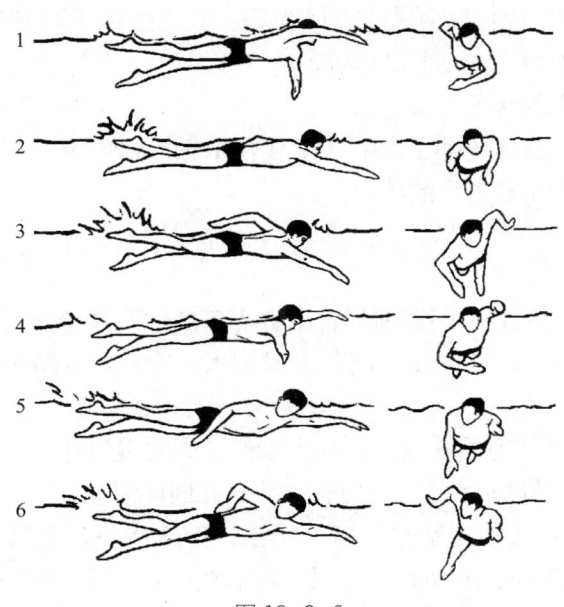

图 13-3-6

扫一扫，查看爬泳完整配合技术动作示范

第十三章 游泳 245

（二）练习方法

1. 腿部动作练习

（1）陆上练习

① 坐姿打水：坐在岸边或桌椅边上，两手合掌，两腿伸直，脚尖相对，脚跟分开成八字形。以髋关节为轴，大腿带动小腿，做上下交替打水动作。可以先做慢打水，然后再做快打水的练习。

② 坐在池边，两脚放入水中打水，要求同上。

③ 俯卧在池边或长凳上，两臂前伸或弯曲抱住固定物体，两腿自然并拢伸直，做上下打腿动作。

（2）水中练习

① 扶池槽打水。

② 手扶浮板或救生圈打水。

③ 脚蹬池壁滑行打水。打水方法按腿部动作要领做。

④ 练习者由同伴拉着，做原位或后退行走的打水练习。

2. 臂部动作练习

（1）陆上练习

① 身体站立，上体前屈，两臂伸直前平举，做单臂的抱水、划水、出水、空中移臂、入水的模仿动作。

② 双臂的配合：原地站立，上体前屈，两臂伸直前平举，做左/右臂抱水、划水、出水、空中移臂、入水模仿练习。

（2）水上练习

① 站立在水中，上体前倾，做手臂的划水练习。动作按臂部动作要领做。

② 上体前倾，入水做水中走动的动作练习。

③ 两腿夹板做臂的划水练习。

④ 由同伴扶住双脚，身体俯卧在水中，练习手臂划水动作。

⑤ 蹬池壁滑行后，做手臂划水的练习。

3. 呼吸动作练习

（1）陆上练习

① 臂腿配合：体前屈站立，两臂前伸，做脚尖不离地两膝轮流前屈的踏步，并与二次划水配合。口令配合：1~3踏步，同时左臂划水一次；4~6踏步，同时右臂划水一次。

② 单臂与呼吸配合：体前屈站立，做抱水动作，同时慢慢呼气，并向后划水、转头、用力呼气和吸气，然后做出水、入水动作。头转正时闭气。

③ 双臂和呼吸配合：体前屈站立，口令配合：1~3踏步，右臂划水一次，并配合吸气、闭气、吐气、还原；4~6踏步，左臂划水一次，同时吸气、闭气、吐气、

还原。

（2）水中练习

① 体前屈，脸部入水，在水中做呼气动作。转头时，用力吐气；吸气时，下颌靠近肩部，闭气还原。

② 水中站定，上体前屈成水平姿势，头部放在水里。开始时，可以练习一臂划水与呼吸的配合，再练习两臂同时划水与呼吸的配合，也可以模仿向前游泳的姿势，两脚向前走动进行练习。

③ 练习者双脚由同伴扶住，身体俯卧在水中，做呼吸与两臂配合的动作。

4. 爬泳的完整技术配合

（1）滑行打腿，一臂前伸，一臂划水。划时不要太快，但划水路线要长，以推水为主。

（2）滑行打腿，两臂分解配合。

（3）滑行打腿，两臂轮流划水，做前交叉配合。

（4）臂与呼吸配合，滑行打腿，单臂划水，向同侧转头呼吸。掌握技术后再做两侧呼吸。

（5）完整配合游。距离可以逐渐加长，在长游中改进和提高技术水平。

三、仰泳

仰泳是仰卧在水面上的一种游泳姿势。仰泳时，依靠两臂交替向后划水，两腿交替上下（向后）打水游进。它和爬泳的动作相似，只是身体仰卧，是中老年和游泳爱好者喜欢的一种游泳姿势。

1. 身体姿势

仰泳时，身体要自然伸展、仰卧在水中形成较好的流线型，头和肩稍高，腰腹和腿部保持水平，身体纵轴在水平面上形成 4°~6° 角，腹部和两腿均在水面下 10~15 厘米。

扫一扫，查看仰泳身体姿势示范

仰泳的头部姿势很重要。仰泳时，头应保持相对稳定，不要左右晃动，颈部肌肉要自然放松，从整个身体姿势看上去，好像平躺在床上一样。

2. 腿部动作

仰泳的腿部动作与爬泳相似，主要是保持身体平衡。仰泳时，腿部动作是以髋关节为轴、以大腿带动小腿、小腿带动脚的"鞭打"形式来完成的。它与爬泳不同的是，身体在水中的位置比爬泳低，腿的打水推动作用比爬泳要大。仰泳打水时，大腿动作幅度比爬泳小，但小腿的弯曲角度和打水幅度都要比爬泳大。

扫一扫，查看仰泳腿部动作示范

仰泳腿部动作可分为下压和上踢两个部分。前进时，主要靠向上踢水的动作，所以踢水时要脚背稍向内旋，并向后上方踢以加大踢水面。不要向两侧踢水，也不要使膝和脚踢出水面，降低踢水的效果。下压动作有一定的推进作用，但主要是为上踢动作做准备，起着使身体上升和保持平衡的作用。

3. 臂部动作

仰泳的臂部动作分为入水、抱水、划水、出水和空中移臂5个阶段。

（1）入水：入水时臂自然伸直，掌心朝外下方，手指首先入水，手稍内收，与小臂成150°～160°角。入水点在肩的前方延长线上。臂的入水动作要求轻松、自然，不应击水。其顺序是大臂先入水，小臂和手接着入水。

（2）抱水：手臂入水以后，躯干上部稍向入水臂一侧转动，直臂向前下方伸，同时转手腕对准水，成屈臂抱水姿势。这时大臂与前进方向构成约40°角，手掌离水约30厘米。

（3）划水：仰泳的划水动作是推进身体前进的主要动力。整个动作从屈臂抱水开始，向后划水到大腿侧下方为止。划水动作由拉水和推水两个部分组成。

拉水：拉水时，肘关节应屈成约150°角（使手掌和小臂都达到良好的对准水的姿势）。随着划水力量的加大，屈肘角度也应逐渐减少。当划至肩部垂直平面时，手掌离水面15厘米左右，小臂和大臂形成90°～110°角。

扫一扫，查看仰泳臂部动作示范

推水：推水时，应充分利用拉水的速度和划水面，使整个手臂同时用力向下方做推压的动作，并利用推水的惯性，使大臂带动小臂和手加速内旋推水，并以手的下压结束推水动作，这时手掌在大腿侧下方，离水面45～50厘米。

从仰泳的整个臂部动作可以看出，手掌因在不同部位时所处的深度不同，所以在整个划水动作中形成一个"S"形路线。

（4）出水：正确的出水动作是先压水后提肩，使肩露出水面后，由肩带动大臂、小臂和手依次出水。为了减少水的阻力，手出水时，手掌心应向内，大拇指向上。

（5）空中移臂：当臂提出水面后，应迅速沿着肩的垂直面向肩前移动。移臂时不要偏离，否则身体会左右摇摆，增加前进的阻力。当手臂移过垂直部位后，手掌即开始内旋，使掌心向外翻转，接入水动作。移臂时，臂要放松，移臂的后阶段，要注意肩关节充分伸展。仰泳时，两臂的动作始终是对角交替的。当一臂完成出水时，另一臂抱水；当一臂空中移臂时，另一臂则划水。

4. 仰泳的呼吸和完整的技术配合

仰泳的呼吸一般为两臂各划一次，呼吸一次，不要过于频繁地呼吸，不然会引起动作紊乱。一般一臂移臂时开始吸气，然后做短暂的闭气，另一臂再移臂时开始吐气，按此循环运行。

仰泳腿、臂、呼吸的完整配合，一般采用打腿6次、臂划水两次、呼吸一次的配合方法（图13-3-7）。

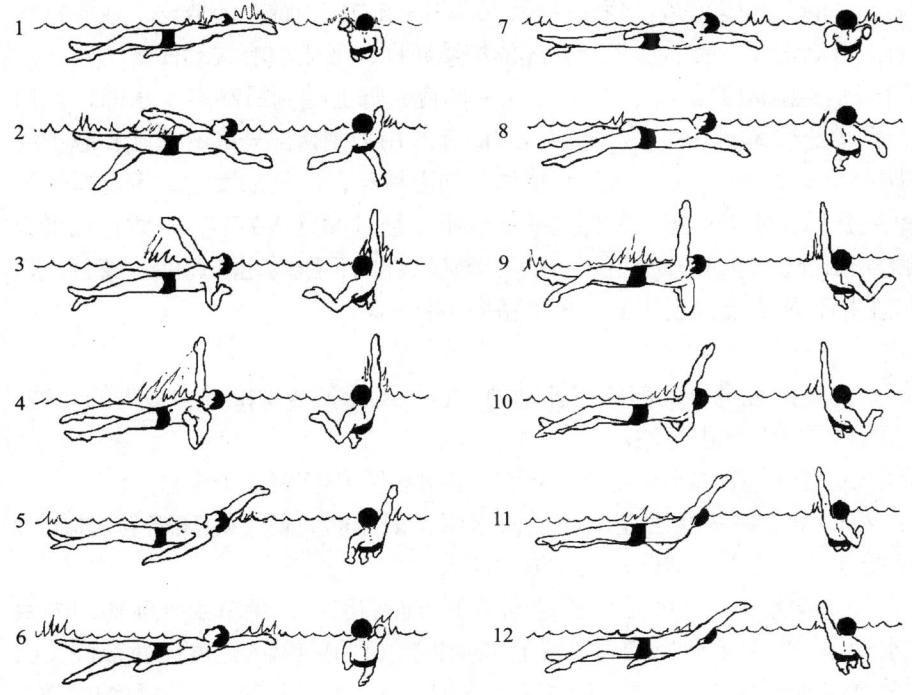

图 13-3-7

四、蝶泳

蝶泳是由蛙泳演变而来的,由于双臂出水时像蝴蝶飞行,所以被称为蝶泳。后来有人模仿海豚的波浪击水动作游动,所以又被称为海豚式游泳。由于海豚式游泳速度仅次于自由泳,所以在蝶泳比赛时,一般都采用这种泳姿。

1. 身体姿势

蝶泳时,身体俯卧在水中,两臂同时向前方入水,经抱水、划水至大腿处,然后提肘出水,在空中移臂后再入水;躯干以腰部发力,带动大腿、小腿及脚进行波浪形的鞭状打水。整个动作从头、颈、躯干到脚部沿着身体纵轴做传动式的起伏,形成波浪式动作。

蝶泳时要求身体姿势相对稳定,身体有节奏地起伏,以给臂和腿部动作提供有利的条件,但不要起伏太大,不然会破坏身体的水平游进和增加水对身体的阻力。

2. 躯干和腿部动作

蝶泳时,虽然身体的游进主要靠臂部动作,但是蝶泳的打水动作在游进中也起着十分重要的作用。它不但可以弥补臂部动作间断时速度下降的不足,而且还能使身体处于平衡,给臂和呼吸动作创造良好的条件。

躯干和腿部动作的开始姿势是：两腿并拢，脚掌稍加内旋，踝关节放松。在鞭打水时，从腰部发力，带动脊柱、髋、膝、踝各部位相继屈伸，形成波浪式动作。

向下打水时开始屈膝约 110° 角，髋关节几乎伸直，脚上抬到最高点至水面，然后向后下方打水，当小腿继续向下打水，腿部打水的反作用力使臀部升高，大腿和躯干约为 160° 角，脚跟距水面约 50 厘米，然后两腿伸直向上移动，由腰部发力，带动臀部下降。髋关节逐渐展开后，使脚后跟与臀部几乎成水平，经过伸直膝关节，身体也几乎成水平。这时在臀部带动下，大腿开始下压，膝关节随大腿的下压而逐渐弯曲。随着屈膝程度增加，脚向上抬到最高点接近水面，再准备向下打水。

3. 臂部动作

蝶泳的臂部动作是推进身体向前的主要动力，也是游泳姿势中推进力最大的一种。蝶泳臂部动作是两臂同时对称进行的。

蝶泳臂部动作过程也包括入水、抱水、划水、出水和空中移臂 5 个部分。

（1）入水：两臂经空中移臂后在肩前插入水中，入水时，两手距离略与肩同宽，掌心向两侧，手指向下，依手、前臂、上臂依次切入。

扫一扫，查看蝶泳手臂动作示范

（2）抱水：手入水后，迅速向前下方伸肩滑下，手掌由外侧转向内做抱水动作（肘关节保持最高位置）。抱水时，手和前臂的速度比肘部快，这时前臂与水面约成 45° 角，肘关节约屈成 150° 角，上臂与水平面约成 20° 角，两手掌距离略比肩宽。

（3）划水：划水时，两臂屈臂向后，靠上臂内旋，前臂和手加速向内后拉水。拉至与肩平直时，屈肘约 100° 角，然后继续向后推水直至大腿旁。划水时，两手臂的路线呈双"S"形。

（4）出水：推水结束后，手臂充分推直，然后借助其惯性，提肘，迅速将两臂和手提出水面。

（5）空中移臂：臂出水后，两臂经身体两侧和空中快速向前移动。移臂时，整个臂部动作要自然放松。

4. 呼吸与臂部动作的配合

当臂部入水后，用鼻和嘴慢慢吐气，两臂进入划水时，下颌微抬。划水到胸腹下方时抬头，嘴露出水面用力完成吐气，然后迅速张嘴吸气。两臂出水在空中移臂时闭气，头放平。

5. 臂、腿、呼吸的完整技术配合动作

蝶泳的动作配合比例为 2∶1∶1，即采用打腿两次、两臂划水一次、呼吸一次的方式。臂和腿的具体配合方法是：两臂入水时，做第一次打水，抱水时腿向上，当两臂推水结束，同时打水结束。也可以采用打腿一次、两臂划水一次、呼吸一次的配合，但一般游泳爱好者宜采用 2∶1∶1 的配合方法（图 13-3-8）。

扫一扫，查看蝶泳完整配合技术示范

图 13-3-8

第四节　游泳竞赛规则简介

一、比赛通则

1. 出发

（1）自由泳、蛙泳、蝶泳的各项比赛都应从出发台上出发；仰泳应在水中出发。当听到发令员发出长哨声信号后，运动员应站到出发台的后半部等候；仰泳运动员下水，面对出发台，两手握住握手器或池端水槽，两脚蹬池壁，两脚和脚趾不许露出水面或蹬在水槽上，当发令员发出第二声长哨声时，仰泳运动员在水中做好出发准备。当所有运动员都做好准备时，发令员发"各就位"口令，当所有运动员身体都处于稳定静止时，发令员发"出发信号"（鸣枪、鸣哨、电笛或口令）。运动员听到出发信号后才能做出发动作。

（2）运动员如在"出发信号"发出前出发，应判抢码犯规。第一次出发抢码犯规，发令员应召回运动员并组织重新出发。第一次出发抢码犯规以后，第二次出发无论哪个运动员抢码犯规（不论该运动员是第几次犯规），均取消其比赛资格或录取资格。如果在"出发信号"发出之后发现运动员抢码犯规，应继续比赛，在该组比赛结束后取消犯规运动员的录取资格。如果在"出发信号"发出前发现运动员抢码犯规，则不再发"出发信号"，取消抢码犯规运动员的比赛资格后，再次组织出发。

（3）如因裁判员的失误或器材失灵而导致运动员抢码犯规，发令员应将运动员召回重新出发，不作为一次抢码犯规。

2. 比赛和犯规

（1）运动员必须在自己的泳道内比赛完毕，否则即算犯规。

（2）游出本泳道或以其他方式干扰、阻碍其他运动员者应取消其录取资格。

（3）由于某运动员犯规而影响了被干扰、阻碍的运动员获得优良成绩时，则应准许受干扰阻碍的运动员补测成绩，或直接参加决赛。如在决赛中发生上述情况，应令该组重新决赛（犯规运动员除外）。

（4）在比赛中，运动员转身时必须使身体某一部分触及池壁。转身必须从池壁蹬出，不得在池底跨越或行走，否则即算犯规。

（5）在比赛中，除自由泳可在池底站立外，其他泳式（包括自由泳）均不得跨越或行走，否则即算犯规。

（6）在比赛中，运动员不得使用或穿戴任何有利于其速度、浮力的器具。

（7）每一个接力队应有4名队员，在接力比赛中，任何一名队员犯规即算该队犯规。

（8）接力比赛时，如本队的前一名运动员尚未触及池壁，而后一名运动员即离台出发，即算犯规。

二、各项泳式的比赛规定

1. 自由泳

（1）在自由泳比赛中，可采用任何泳式。

（2）转身和到达终点时，可用身体任何部位触及池壁。

2. 蛙泳

（1）身体应保持俯卧，两肩须与水面平行。

（2）两臂和两腿的所有动作应始终同时并在同一水平面上进行，不得有交替动作。

（3）每次转身和到达终点时，两手应在水面上或水面下同时触壁，两肩应保持水平位置。

（4）在蹬腿过程中，两脚必须做外翻动作，不允许做剪夹、上下交替打水或向下的海豚式打水动作。只要不做向下的海豚式打腿动作，允许两脚露出水面。

（5）在每次转身和到达终点时，两手应在水面、水上或水下同时触壁，触壁前两肩应与水面平行。在触壁前的最后一次向后划水动作结束后，头可以潜入水中，但在触壁前的一个完整或不完整的配合动作中，头应部分地露出水面。

（6）在每个以一次划臂和一次蹬腿顺序完成的完整动作周期内，运动员头的某一部分应露出水面。只有在出发和每次转身后，运动员可在全身没入水中时，做一次手臂充分的向后划至腿部的动作和一次蹬腿动作。

3. 蝶泳

（1）两臂要同时并对称地向后划水和提出水面经空中向前摆。

（2）身体应俯卧，两肩须与水面平行。

（3）两腿动作必须同时，允许做垂直上下打水，两脚或两腿可以不在同一水平面上，但不允许有交替动作。

（4）在每次转身和到达终点时，两手应在水面、水上或水下同时触壁，触壁前两肩应与水面平行。

（5）在出发和每次转身后，允许运动员在水下做一次或多次打水动作和一次划水动作，每次划水动作必须使身体升到水面。

4. 仰泳

（1）在出发入水、转身后和整个游程中，身体必须保持正常的仰卧姿势。

（2）正常仰卧姿势是指身体与水平面不超过 90°，头部位置不受此限。

（3）在整个游进过程中，运动员身体的某部分必须露出水面。在转身过程中，允许运动员完全潜入水中。但在出发和每次转身后，运动员潜泳距离不得超过 15 米，在 15 米前运动员的头必须露出水面。

（4）在转身过程中，当运动员肩的转动超过垂直面后，可进行一次连续单臂划水或双臂同时划水动作，并在该动作结束前开始滚翻。一旦改变仰卧姿势，就不允许做与连续转身动作无关的打水或划水动作。运动员必须呈仰卧姿势蹬离池壁。转身时，运动员身体的某部分必须触壁。

（5）运动员在到达终点时，必须以仰泳姿势触壁。

5. 混合泳

（1）个人混合泳须按照下列顺序进行比赛：蝶泳、仰泳、蛙泳、自由泳（蛙泳、仰泳及蝶泳以外的任何泳式）。

（2）混合泳接力须按照下列顺序进行比赛：仰泳、蛙泳、蝶泳、自由泳（蛙泳、仰泳及蝶泳以外的任何泳式）。

. # 第十四章
武术

第一节 武术概述

一、武术的起源

武术的起源可以追溯到远古先民的生产活动中。远古时期，人们为了生存不得不与兽斗，在狩猎的过程中逐渐学会了徒手和使用木棒、石头等器具击打野兽的方法。通过本能和无意识的身体动作积累，人类逐渐形成了比较合理的攻击技能与防守技能。此外，武舞也是原始社会时期人们集宗教祭祀、教育、娱乐以及搏斗训练为一体的活动方式，人们通过武舞来模拟在狩猎、战争场景中搏斗的动作，幻想产生一种超自然的力量来战胜对手。武舞现象既是对搏杀技能操练的一种形式，也是宣扬武威的一种手段。

随着狩猎工具的不断创新和生产力的发展，人类迈入了私有制的门槛。为了部落或民族利益，抑或为了满足贪欲，频繁爆发战争。大量的生产工具转化为互相残杀的武器，在人与兽斗的过程中积累起来的技能也随之转变为人与人之间的搏杀格斗。这一时期，人类在踢、打、摔、拿、劈、砍、击、刺等技术上不断地加以强化，积累了丰富的经验，同时也具有了创造锋利工具的能动性和使用工具的主动性。这种在战争中运用格斗技术的自觉性，标志着武术的初步形成。

二、武术的发展概况

在中国古代夏、商、周时期，田猎和武舞是武技训练的主要手段。据《礼记·月令》载："天子乃教于田猎，以习五戎。"五戎即弓矢、殳、矛、戈、戟5种兵器。田猎是训练对各种武器的使用及驭马驾车，是集身体、技术、战术为一体的综合训练。这一时期的武舞由原始时期的武舞发展而来，是将用于实战的格杀经验按一定程式来训练，是古代武术由感性认识向理性认识的升华、由支离破碎向系统化演进的象征。

春秋战国时期是我国封建社会转型的剧烈变化时代。频繁的战争推动了练兵习武的空前盛行，武术开始向多样化发展，手搏、角力在民间拥有广泛的市场，可用拳打脚踢、连摔带拿、运用奇巧战术来制胜对方。另外，在与文化的交融中，武术逐渐与养生相结合，逐渐形成了注重整体、强调精气、平衡阴阳的保健思想，这对武术的发展产生了重要影响。

近代中国，国势日渐衰弱，有许多爱国志士寻求救国救民的途径，提出了"强种强国"的思想。因此,武术被作为一种尚武强国的重要教育手段推向学校。一批武术家结合传统武术的内容与西方军事体操的特点,创编了《中华新武术》,为近代武术转型做了有益的尝试。

20世纪90年代,随着我国体育体制改革的深化,武术呈现出新的发展趋势。在1992年全国武术工作会议上,提出了编写大、中、小学的武术教材,倡导将民族体育和现代体育联系起来进行教学,这些措施对于武术在学校的开展起到了较大的促进作用。更令人关注的是,为建立规范的全民武术锻炼体系,1997年,原国家体委批准颁布实施了"中国武术段位制",该段位制将武术定为三级九段,为武术的发展作出了贡献。

1990年,在北京举行的第11届亚运会上,武术被列为正式比赛项目。1991年,又在北京举办了首届世界武术锦标赛。这标志着武术向世界性的竞赛转变取得成功。

通过多方筹措与不懈努力,中国武术以奥运会非正式比赛项目的方式进入了第29届奥运会,即"北京2008奥运会武术比赛",这表明作为中华民族传统体育项目的武术正逐渐被世界所接纳,竞技武术在世界的传播和影响已不容忽视,武术终于初步实现了竞技武术国际化的目标。

三、武术的特点

武术作为一项历史悠久的运动项目,汇聚了不同地域、不同民族的智慧,形成了拳种丰富、器械多样的运动形式。武术不同于其他任何体育项目,它具有浓厚的中国传统文化特点。

踢、打、摔、拿、击、刺、砍、劈等多种攻防动作是组成武术套路的主要内容,也是武术搏斗项目中经常使用的技术动作;武术自身的发展规律,集中体现了其技击性的本质;武术的习练讲究内外合一,形神兼备;在长期的历史演变中,武术又受到中国古代哲学、美学等方面的影响,形成了独具民族特色的运动形式。

四、武术的锻炼价值

长期坚持武术练习,能够加强人体肌肉韧带的伸展性,加大关节的运动幅度,提高人体的反应速度、力量、灵巧、耐力,增强人体的免疫力,对治疗多种慢性疾病和调节人体内环境平衡均有良好的医疗保健作用。同时,掌握搏斗运动的技法和规律,能促进攻防格斗的意识,既可以增强体质,也可以防身自卫。

武术在长期的发展过程中,继承和发扬了中华民族重礼仪、讲道德的优秀传统。"习武先习德""武训"说明武术历来十分注重武德教育。"尚武"与"崇德"是武术习练过程中的两个重点,可以培养习武者尊师重道、讲礼守信、宽以待人、严于律己、坚韧不拔的良好心理素质和高尚的道德情操。

武术运动也具有很高的观赏价值。武术套路动迅静定的节奏美,踢、打、摔、拿、跌巧妙结合的方法美、内外合一、形神兼备的和谐美，给人们带来了强烈的视觉震撼和精神冲击，极大地丰富了人们的文化生活。

五、武术的内容与分类

武术运动按照形式分类，可分为功法、套路和搏斗。

（一）功法

功法又称基本功，是以单个动作为主的练习，以提高武术套路和武术搏斗项目中身体某方面的能力。从锻炼的形式与功用来分，功法又可分为内功、外功、轻功和柔功。

1. 内功

通过站桩、静坐等练习方法，可使练习者达到精足、气壮、神明、内脏坚实、经络血脉通畅、内壮外强的功效。

2. 外功

通过击打、跌摔等练习方法，可使练习者达到强筋骨、壮体魄的功效。

3. 轻功

通过各种弹跳动作的练习，可使练习者达到蹦得高、跳得远的功效。

4. 柔功

通过压肩、压腿、下腰等练习方法，可使练习者达到提高肢体关节活动幅度和肌肉伸展能力的功效。

（二）套路

套路是指以技击动作为内容，以攻守进退、动静疾徐、刚柔虚实等矛盾运动的变化规律为依据编成的整套练习。按照套路运动形式，又可分为单练、对练和集体演练。

1. 单练

单练是单人演练的套路，包括徒手的拳术和器械练习。

（1）拳术：是徒手练习的套路运动。其主要的拳术有长拳、太极拳、南拳、形意拳、通背拳、八极拳、八卦掌、劈挂拳、翻子拳、地躺拳、少林拳、象形拳等。

（2）器械：是手持武术兵器练习的套路运动。器械的种类很多，可分为短器械、长器械、双器械和软器械4种。短器械主要有刀、剑、鞭等；长器械主要有枪、棍、大刀等；双器械主要有双刀、双剑、双钩、双枪等；软器械主要有三节棍、九节鞭、绳镖、流星锤等。

2. 对练

对练是两人或两人以上按照预定动作进行的假设性实战演练的套路形式，包括徒手对练、器械对练和徒手与器械的对练等。

3. 集体演练

集体演练是集体进行的徒手、器械和徒手与器械的演练。要求 6 人以上同时演练，队形整齐，动作协调一致，可变换队形并有音乐伴奏。

（三）搏斗

搏斗是两个人在一定条件下按照一定的规则进行斗智、较技、较力的对抗实战形式。

1. 散打

散打是以徒手的运动形式在擂台上进行的。使用踢、打、摔等方法制胜对方的竞技项目。

2. 推手

推手是以徒手的运动形式，使用掤、捋、挤、按、採、挒、肘、靠等技法，双方粘连粘随，通过肌肉感觉借劲发力将对方推出，以此决定胜负的竞技项目。

3. 短兵

短兵是两人手持一种特制的短器械，主要使用劈、砍、斩、刺等方法进行决胜负的竞技项目。

六、武术段位制简介

（一）武术段位制的概念

武术段位制，是中国武术协会制订并实施的一种全面评价习武者武术水平等级的制度。其设定的目的是为了增强人民体质，推动武术运动的发展，提高武术技术和理论水平，建立规范的全民武术锻炼体系。

（二）武术段位制的分级

根据个人从事武术锻炼和武术活动的年限，掌握武术技术和理论的水平、研究成果、武德修养，以及对武术发展所作出的贡献，设晋级和晋段两部分。

段前级：由低至高依次设置为：一级、二级、三级。

段位：分初段位、中段位、高段位，由低至高依次设置如下：

初段位：一段、二段、三段。

中段位：四段、五段、六段。

高段位：七段、八段、九段。

（三）晋段标准

（1）初段位的晋升：凡参加武术套路基础锻炼年满 8 周岁或参加武术散手基础训练年满 13 周岁（仅限男子），入段资格技术考评成绩合格，并接受武德教育者，可取得入段资格。凡取得入段资格达 1 年以上，在规定的考评中，演练一段的一套拳术或散手基本技术，成绩合格，遵守武德者，可申请晋升一段。

（2）中段位的晋升：凡获得一段达一年以上，在规定的考评中，演练二段的一套拳术，成绩合格，或在散手攻防组合技术考评中，成绩合格，遵守武德者，可申请晋升二段。凡获得二段达一年以上，在规定的考评中演练三段的一套拳术，一套器械（长短任选），每项成绩均合格，或在散手实战技术考评中，成绩合格，遵守武德者，可申请晋升三段。

（3）高段位的晋升：凡获得六段达6年以上，在工作业绩、武术理论研究、科研论著中取得一定成就，武德高尚者，可申请晋升七段。凡获得七段达5年以上，在工作业绩、武术理论研究、科研论著中取得突出成就，并对武术运动的发展作出较大贡献，武德高尚者，可申请晋升八段。凡获得八段以后，在工作业绩、武术科研论著、理论研究方面取得重大成就，并对武术运动的发展作出卓越贡献，影响极大，武德高尚者，可申请晋升九段。对武术事业的发展作出卓越贡献的知名人士，经国家体育总局武术运动管理中心审核后，可授予荣誉高段位。

第二节　武术基本功

一、手型和步型

（一）手型

1. 拳

五指握紧，拇指压在食指、中指的第二指节上。拳面要平，腕要直（图14-2-1）。

2. 掌

四指伸直并拢、向后伸张，拇指屈靠于虎口处或外展（图14-2-2）。

3. 勾

五指捏拢屈腕（图14-2-3）。

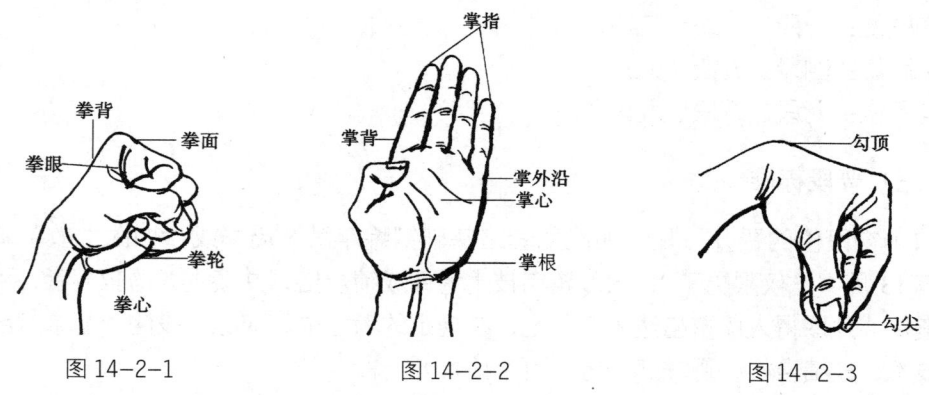

图14-2-1　　　　　图14-2-2　　　　　图14-2-3

（二）步型

1. 弓步

两脚前后开立一大步，为本人脚长的4~5倍，前腿屈膝，膝与脚尖垂直，后腿挺直，脚尖外撇约45°，两脚全脚着地。上体正对前方，眼平视，两手抱拳于腰间（图14-2-4）。弓右腿为右弓步，弓左腿为左弓步。

2. 马步

两脚平行开立（约为本人脚长的3倍），脚尖正对前方，屈膝半蹲，大腿接近水平，膝不超过脚尖，全脚着地，身体重心落于两腿之间，两手抱拳于腰间（图14-2-5）。

3. 仆步

两脚左右开立，一腿全蹲，大小腿靠紧，臀部接近脚跟，全脚掌着地，膝、脚尖外展（约45°）；另一腿伸直平仆，脚尖内扣，全脚着地。两手抱拳于腰间，眼向仆腿方向平视（图14-2-6）。仆左脚为左仆步，仆右脚为右仆步。

4. 虚步

两脚前后开立，后脚尖外展约45°，屈膝半蹲，左脚跟离地，脚面绷直，脚尖稍内扣，虚点地面，重心落于后腿上，两手叉腰，眼平视（图14-2-7）。左脚在前为左虚步，右脚在前为右虚步。

5. 歇步

两腿交叉靠拢全蹲，前脚全脚着地，脚尖外展，后脚前脚掌着地，臀部坐于后小腿接近脚跟处，两手抱拳于腰间（图14-2-8）。左脚在前为左歇步，右脚在前为右歇步。

图14-2-4　　　　图14-2-5　　　　图14-2-6　　　　图14-2-7　　　　图14-2-8

二、肩臂功

1. 压肩

（1）两人相对开立步站立，上体前倾，双方互扶肩部，用力向下振动压肩（图14-2-9）。

（2）并立步或开立步，面对肋木或一定高度的物体，两臂伸直，上体前倾，做下振压肩动作（图14-2-10）。

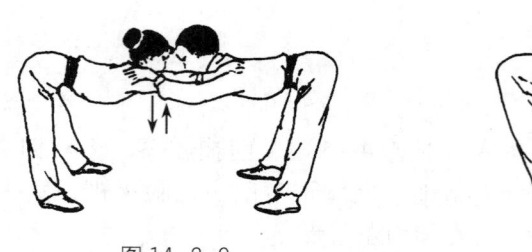 

图 14-2-9　　　　　　　图 14-2-10

2. 单臂绕环

弓步站立，一手按于膝上，另一臂伸直做向前、向后绕环动作（图 14-2-11）。

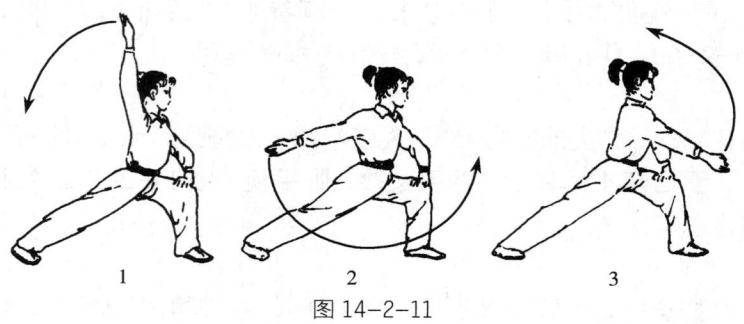

图 14-2-11

3. 双臂绕环

开立步站立，两臂同时或依次做向前、向后绕环动作（图 14-2-12）。

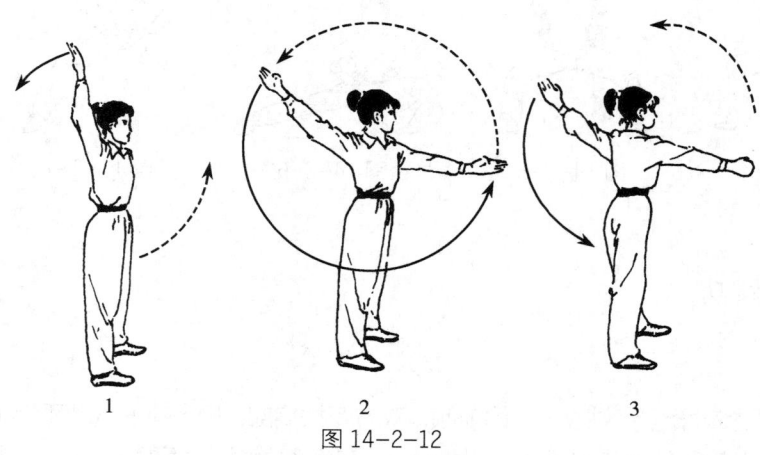

图 14-2-12

三、腿功

(一) 压腿

1. 正压腿

一腿前伸放于架上，脚尖勾紧，支撑腿脚跟着地，上体前俯，两手抱紧前脚掌，以下颌尽力接近脚尖。或者可利用肋木，一脚在肋木上，脚尖勾紧，两手按在膝上，两腿伸直，体前屈下压，两臂屈肘（图 14-2-13）。

2. 侧压腿

身体侧对肋木等物体，将一腿伸直，脚放于架上，脚尖勾紧；支撑腿挺直，脚内侧正对肋木，上体向被压腿侧侧屈（图 14-2-14）。

图 14-2-13　　　　　　　图 14-2-14

(二) 腿法

1. 正踢腿

并步，两臂侧平举，屈腕立掌或两手叉腰。一脚上前半步，直立支撑；另一腿脚尖勾紧轻快有力地向前额处踢起，下落成并腿直立（图 14-2-15）。

2. 侧踢腿

并步，两臂侧平举，屈腕立掌。右脚向前上半步，脚尖外撇，身体微右转，左脚尖勾紧，向左侧脑后踢起。同时，右臂上举，左臂屈肘立掌于右肩前或体前按掌，落下时脚跟靠拢支撑脚（图 14-2-16）。

图 14-2-15　　　　图 14-2-16

3. 外摆腿

并步，两手侧平举，屈腕立掌。一腿上半步，自然伸直，全脚着地；另一腿向异侧方踢起，经面前向同侧方做直腿摆动，落在支撑腿旁，眼平视前方（图 14-2-17）。

4. 里合腿

并步，两手侧平举，屈腕立掌。一腿上半步，自然伸直，全脚着地；另一腿向侧上方踢起，经面前向异侧方向（向内）扇面直腿摆动，落于支撑腿外侧（图 14-2-18）。

图 14-2-17　　　　　　　　　图 14-2-18

5. 弹腿

并步，两手叉腰，右腿屈膝摆起，大腿与腰平，右脚绷直。提膝接近水平时，猛力向前平踢，力达脚尖，高于腰平，左腿伸直或微屈支撑，眼视前方（图 14-2-19）。

6. 蹬腿

动作与弹腿相同，唯脚尖勾起，力点达于脚跟。

7. 侧踹腿

两脚左右交叉，右脚在前，微屈膝，接着右腿蹬直或稍屈支撑，左腿屈膝提起，脚尖勾起内扣，脚跟用力向左侧上方踹出，稍高于腰，上体向右侧倾，眼视左侧方（图 14-2-20）。

图 14-2-19　　　　　　　　　图 14-2-20

四、腰功

1. 俯腰

并步，两手五指交叉，两臂上举，手心翻上，上体前俯，两手尽量贴地。然后两手松开，抱住两脚跟腱使胸部贴近大腿。还可以向左、右两侧俯腰，两手在脚外侧贴触地面（图 14-2-21）。

2. 甩腰

开步，两臂上举，以腰髋为轴，上体做前后屈甩动，后屈时要抬头、挺胸、挺腹（图 14-2-22）。

3. 涮腰

两脚开立，略宽于肩，两臂自然下垂。以腰髋为轴，上体前倾，经右侧屈、后屈、左侧屈绕环一周，两臂随之绕动（图 14-2-23）。

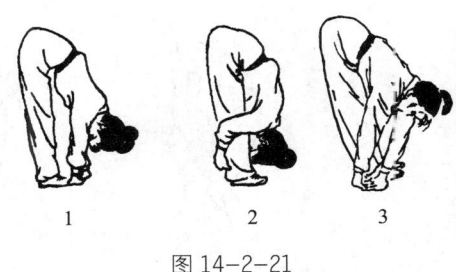

图 14-2-21

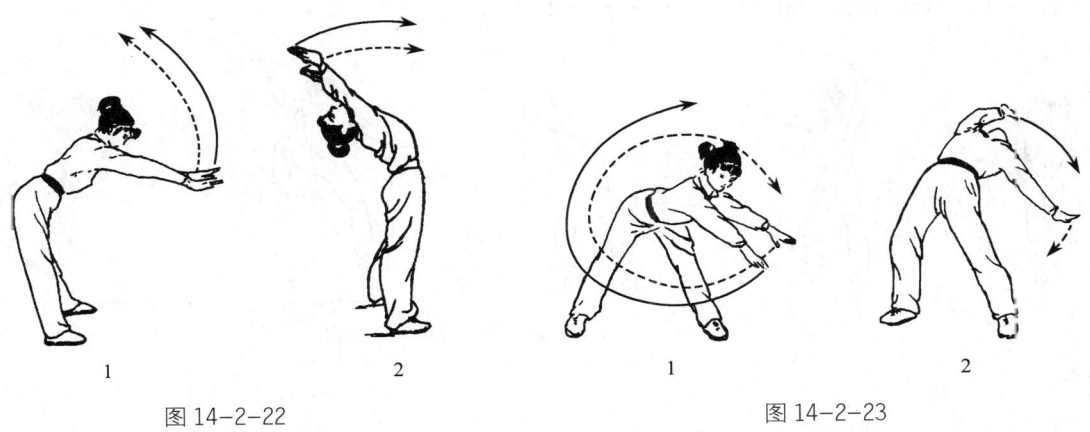

图 14-2-22　　　　　　　　　图 14-2-23

五、平衡

1. 提膝平衡

支撑腿直立站稳，上体正直，另一腿在体前屈膝提近胸，小腿斜垂里扣，脚面绷平内收（图 14-2-24）。

2. 望月平衡

支撑腿直立站稳，上体侧倾拧腰向支撑腿同侧方上翻，挺胸塌腰。后举腿在身后向支撑腿的同侧方上举，小腿屈收，脚面绷平（图 14-2-25）。

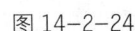

图 14-2-24　　　图 14-2-25

六、跳跃练习

1. 腾空飞脚

摆动腿高提，起跳腿上摆伸直，脚面绷平，脚高过肩，击手和拍脚连续快速、准确响亮（图 14-2-26）。

第十四章　武术　263

图 14-2-26

2. 旋风脚

摆动腿直摆或屈膝，起跳腿伸直，向内腾空转体270°，异侧手击拍脚掌，脚高过肩，击拍响亮，转体360°落地（图14-2-27）。

图 14-2-27

第三节　初级长拳三路

一、动作名称

组别	动作名称			
起势	1. 并步站立	2. 虚步亮掌	3. 并步对拳	
第一段	1. 弓步冲拳 5. 弹腿冲拳	2. 弹腿冲拳 6. 大跃步前穿	3. 马步冲拳 7. 弓步击掌	4. 弓步冲拳 8. 马步架掌
第二段	1. 虚步栽拳 5. 马步击掌	2. 提膝穿掌 6. 叉步双摆掌	3. 仆步穿掌 7. 弓步击掌	4. 虚步挑掌 8. 转身踢腿马步盘肘
第三段	1. 歇步抡砸拳 5. 马步冲拳	2. 仆步亮掌 6. 弓步下冲拳	3. 弓步劈掌 7. 叉步亮掌侧踹腿	4. 换跳步弓步冲拳 8. 虚步挑拳
第四段	1. 弓步顶肘 5. 歇步下冲拳	2. 转身左拍脚 6. 仆步抡劈拳	3. 右拍脚 7. 提膝挑掌	4. 腾空飞脚 8. 提膝劈掌弓步冲拳
收势	1. 虚步亮掌	2. 并步对拳	3. 并步站立	

二、动作说明及图解

起势：

1. 并步站立（图 14-3-1）

两脚并步站立，两臂垂于身体两侧，眼向前平视。

动作要点：头要端正，下颌微收，挺胸、塌腰、收腹。

2. 虚步亮掌（图 14-3-2）

右脚向右后方撤步成左弓步，右掌向右向上向前划弧，左臂屈肘，左掌提至腰侧，掌心向上，目视右掌。

右腿微屈，重心后移，左掌经胸前从右臂上向前穿出伸直，右臂屈肘，右掌收至腰侧，掌心向上，目视左掌。

重心继续后移，左脚稍向右移成左虚步，左臂内旋向左、向后划弧成勾手，右手继续向后向右向前上划弧，屈肘抖腕，在头前上方屈腕亮掌，目视左方。

动作要点：三个动作必须连贯。成虚步时，重心落于右腿上，左脚尖点地。

图 14-3-1

图 14-3-2

3. 并步对拳（图 14-3-3）

右腿蹬直，左腿提膝，上体姿势不变。

左脚向前落步，重心前移。左臂屈肘，左勾手变掌经左肋前伸，右臂外旋向前下落于左掌右侧，掌心向下。

右脚向前上一步，两臂下垂后摆。

左脚向右脚并步，两臂向外向上经胸前屈肘下按停于小腹前，目视左侧。

动作要点：并步后挺胸、塌腰；对拳、并步、转头要同时完成。

图 14-3-3

第一段：
1. 弓步冲拳（图14-3-4）

左脚向左上一步，脚尖向斜前方，右腿微屈，成半马步。左臂向上向左格打，右拳收至腰侧，拳心向上，目视左拳。右腿蹬直成左弓步，左拳收至腰侧，拳心向上，右拳向前冲出，高与肩平，目视右拳。

动作要点：成弓步时，右腿充分蹬直，脚跟不要离地；冲拳时，尽量转腰顺肩。

2. 弹腿冲拳（图14-3-5）

重心前移至左腿，右腿屈膝提起，猛力向前弹出伸直，高与腰平。右拳收至腰侧，左拳向前冲出，目视前方。

动作要点：支撑腿可微屈，弹出的腿要用爆发力，力点达于脚尖。

图14-3-4

图14-3-5

3. 马步冲拳（图14-3-6）

右脚向前落步，脚尖里扣，上体左转。左拳收至腰侧，两腿下蹲成马步，右拳向前冲出，目视右拳。

动作要点：成马步时，大腿要平，两脚平行，脚跟外蹬，挺胸、塌腰。

4. 弓步冲拳（图14-3-7）

上体右转90°，右脚尖外撇向斜前方，成半马步。右臂屈肘向右格打，目视右拳。左腿蹬直成右弓步，右拳收至腰侧；左拳向前冲出，目视左拳。

动作要点：与本节的弓步冲拳相同，唯左右相反。

图14-3-6

图14-3-7

5. 弹腿冲拳（图 14-3-8）

重心前移至右腿，左腿屈膝提起，猛力向前弹出伸直，高与腰平。左拳收至腰侧，右拳向前冲出，目视前方。

动作要点：与本节的弹腿冲拳相同。

6. 大跃步前穿（图 14-3-9）

左腿屈膝，右拳变掌以手背向下挂至左膝外侧，上体前倾，目视右手。

左脚向前落步，右掌继续向后挂，左拳变掌，向后向下伸直，目视左掌。

右腿屈膝向前提起，左腿立即猛力蹬地向前跃出，两掌向前向上划弧摆起，目视左掌。右腿落地全蹲，左腿随即落地向前铲出成仆步，右掌变拳抱于腰侧，左掌由上向右向下划弧成立掌，停于右胸前，目视左脚。

动作要点：跃步要远，落地要轻。

图 14-3-8　　　　　　　　　　　图 14-3-9

7. 弓步击掌（图 14-3-10）

右腿猛力蹬直成左弓步。左掌经左脚面向后划弧至身后成勾手，右拳由腰侧变掌向前推出，目视右掌。

动作要点：推掌、勾手与弓步一致；左手向后上勾时不要挟上臂；不要弓腰、突臀、上体前倾。

8. 马步架掌（图 14-3-11）

重心移至两腿中间，左脚脚尖里扣成马步，右臂向左侧平摆，同时左勾手变掌由后经左腰侧从右臂内向前上穿出，目视左手。

右掌立于左胸前，左臂向左上屈肘抖腕亮掌于头部左上方，目向右转视。

动作要点：马步同前。

图 14-3-10　　　　　　图 14-3-11

第二段：
1. 虚步栽掌（图 14-3-12）

右脚蹬地，左腿伸直，以前脚掌为轴向右后转体180°，右掌由左胸前向下经右腿外侧向后划弧成勾手，左臂随体转动并外旋，目视右手。

右脚向右落地，重心移至右腿上，下蹲成左虚步。左掌变拳下落于左膝上，拳心向后，右勾手变拳，屈肘向上架于头右上方，拳心向前，目视左方。

动作要点：右手勾挂要贴近右膝外侧，虚步右腿要蹲成水平。

2. 提膝穿掌（图 14-3-13）

右腿稍伸直，右拳变掌收至腰侧，左拳变掌由下向左向上划弧盖压于头上方，掌心向前。

右腿蹬直，左腿屈膝提起，右掌从腰侧经左臂内侧向右前上方穿出，左掌收至右胸前成立掌，目视右掌。

动作要点：支撑腿与右臂充分伸直。

3. 仆步穿掌（图 14-3-14）

右腿全蹲，左腿向左后方铲出成左仆步。右臂不动，左掌由右胸前向下经左腿内侧，向左脚面穿出，目随左掌转视。

动作要点：穿掌时，两臂要成一条直线，切忌右臂下垂。仆步左脚尖要向内扣紧。

图 14-3-12　　　　　图 14-3-13　　　　　图 14-3-14

4. 虚步挑掌（图 14-3-15）

右腿蹬直，重心前移至左腿，成左弓步。右掌稍下降，左掌随重心前移向前挑起。

右脚向左前方上步成右虚步，身体随上步左转180°，同时，左掌由前向上向后划弧成立掌，右掌由后向下向前挑起成立掌，目视右掌。

动作要点：上步要快，虚步要稳。

5. 马步击掌（图 14-3-16）

右脚落地，脚尖外撇，重心稍升高并右移，左掌变拳收至腰侧，右掌俯掌向外掳手。

左脚向前上一步，以右脚为轴向右后转体180°，两腿下蹲成马步。左掌从右臂上成立掌向左侧击出，右掌变拳收至腰侧，目视左掌。

动作要点：右手做掳手时，先使臂稍内旋，手掌向下向外转，接着臂外旋，掌心经下向上翻转，同时抓握成拳。收拳和击掌动作要同时进行。

图 14-3-15

图 14-3-16

6. 叉步双摆掌（图 14-3-17）

重心稍右移，两掌向下向右摆掌，目视右掌。

右脚向左腿后插步，两臂继续由右向上向左摆，停于身体左侧，均成立掌，右掌停于左肘窝处，目随双掌转视。

动作要点：两臂要划立圆，幅度要大，摆掌与后插步配合要一致。

7. 弓步击掌（图 14-3-18）

两腿不动。左掌收至腰侧，掌心向上，右掌向上向右划弧，掌心向下。

左腿后撤一步，成右弓步。右掌向下向后伸直摆动成反勾手，左掌成立掌向前推出，目视左掌。

动作要点：击左掌、右勾手与后撤左步、蹬腿成弓步要完整一致。

图 14-3-17

图 14-3-18

8. 转身踢腿马步盘肘（图 14-3-19）

两脚以前脚掌为轴向左后转体180°，左臂向上向前划半立圆，右臂向下向后划半圆。

上动不停，右臂由后向上向前划半圆，左臂由前向下向后划半立圆。

上动不停，右臂向下成反勾手，左臂向上成亮掌，右腿伸直向额前踢。

右脚向前落地，脚尖里扣。右手不动，左臂屈肘下落至胸前，目视左掌。

上体左转90°，两腿下蹲成马步，同时左掌向前向左平掳变拳收至腰侧，右勾手变拳，由体后向右向前平摆至体前时屈肘，拳心向下，目视肘尖。

动作要点：两臂抡动时要划立圆，动作连贯。盘肘时要快速有力，右肩前顺。

第十四章 武术

图 14-3-19

第三段：

1. 歇步抡砸拳（图 14-3-20）

重心稍升高，右脚尖外撇。右臂由胸前向上向右抡直，左拳向下向左，使臂抡直，目视右拳。

上动不停，两脚以前脚掌为轴向右后转体 180°。右臂向下向后抡摆，左臂向上向前随身体转动。

紧接上动，两腿全蹲成歇步。左臂随身体下蹲向下平砸，拳心向上，肘部微屈，右臂伸直向上举起，目视左拳。

动作要点：抡臂动作要连贯完成，划成立圆。歇步要两腿交叉全蹲，左腿大、小腿靠紧，臀部贴于左小腿外侧，膝关节在右小腿外侧，右脚尖外撇，全脚掌着地。

图 14-3-20

2. 仆步亮掌（图 14-3-21）

左脚由右腿后抽出上前一步成右弓步，左拳收至腰侧，右拳变掌向下经胸前向右横击掌，目视右掌。

右脚蹬地屈膝提起，上体右转。左拳变掌从右掌上向前穿出，右掌平收至左肘下。

右脚向右落步成左仆步，左掌向下向后划弧成反勾手，右掌向右向上划弧微屈，抖腕成亮掌，头随右手转动，亮掌时，目视左方。

动作要点：仆步时，左腿充分伸直、脚尖里扣，右腿全蹲，两脚脚掌全部着地。上体挺胸、塌腰、稍左转。

图 14-3-21

3. 弓步劈拳（图 14-3-22）

右腿蹬地立起，左腿收回并向左前方上步，右掌变拳收至腰侧，左勾手变掌由下向前上经胸前向左掳手。

右腿经左腿前方向左绕上一步，左腿蹬直成右弓步。左手向左平掳后再向前挥摆。右拳向后平摆，然后再向前向上做抡劈拳，左掌外旋扶右前臂，目视右拳。

动作要点：左右脚上步稍带弧形。

图 14-3-22

4. 换跳步弓步冲拳（图 14-3-23）

重心后移，右脚稍向后移动，右拳变掌，臂内旋，以掌背向下划弧挂至右膝内侧，左掌背贴靠右肘外侧，目视右掌。

右腿自然上摆，上体稍向左扭转，右掌挂至体左侧，左掌伸向右腋下，目随右掌转视。

右脚以全脚掌用力向下震踩，与此同时，左脚急速离地提起。右手由左向上向前掳盖而后变拳收至腰侧，左掌伸直向下向上向前屈肘下按，目视左掌。

左脚向前落步成左弓步，右拳向前冲出，左掌藏于右腋下，目视右拳。

动作要点：换跳步动作要连贯、协调。震脚时，腿要弯曲，全脚掌着地，左脚离地不要高。

图 14-3-23

第十四章 武术

5. 马步冲拳（图 14-3-24）

上体右转 90°，重心移至两腿中间成马步。右拳收至腰侧，左掌变拳向左冲出，目视左拳。

动作要点：马步与冲拳要同时进行。

6. 弓步下冲拳（图 14-3-25）

右脚蹬直，左腿弯曲，上体稍向左转，成左弓步。左拳向下经体前向上架于头左上方，右拳自腰侧向左前斜下方冲出，目视右拳。

动作要点：拧腰转髋蹬右脚成左弓步要与架冲拳同时完成，以求动作完整。

7. 叉步亮掌侧踹腿（图 14-3-26）

左拳变掌由头上下落于右手腕上，右拳变掌，两手交叉成十字，目视双手。

右脚蹬地并向左腿后插步，左掌由体前向下向后划弧成反勾手，右掌由前向右向上划弧抖腕亮掌，目视左侧。

重心移至右腿，左腿屈膝提起，向左上方猛力踹出，目视左侧。

动作要点：插步时上体稍向右倾斜，腿、臂的动作要一致。侧踹高度不能低于腰，大腿内旋，着力点在脚跟。

图 14-3-24

图 14-3-25

图 14-3-26

8. 虚步挑拳（图 14-3-27）

左脚在左侧落地，右掌变拳稍后移，左勾手变拳由体后向左上挑。

上体左转 180°，左拳继续向前向上划弧上挑，右拳向下向前划弧挂至右膝外侧，同时右膝提起，目视右拳。

右脚向左前方上步成右虚步，左拳向后划弧收至腰侧，右拳向前屈臂挑出，拳眼斜向上，与肩同高，目视右拳。

图 14-3-27

动作要点：臂前摆与右腿提摆要协调一致，右拳上挑与右脚前点成虚步要协调一致，力点达于虎口。

第四段：

1. 弓步顶肘（图 14-3-28）

重心升高，右脚踏实，右臂内旋向下直臂划弧以拳背下挂至右膝内侧，左拳不变，目视前下方。

左腿蹬直，右腿屈膝上抬。左拳变掌，右拳不变，两臂向前向上划弧摆起，目随右拳转视。

左脚蹬地起跳，身体腾空，两臂继续划弧至头上方。

右脚先落地，左脚向前落步，以前脚掌着地。同时两臂向右向下屈肘停于右胸前，右拳变掌，左掌变拳，右掌心贴靠左拳面。

左脚向左前上一步成左弓步，右掌推左拳，以左肘尖向左顶出，目视前方。

动作要点：交换步时不要过高，但要快。两臂抡摆时要成圆弧。

图 14-3-28

2. 转身左拍脚（图 14-3-29）

以两脚前脚掌为轴向右后转体 180°，右臂向上向右向下划弧抡摆，同时左拳变掌向下向后向前抡摆。

左腿伸直向前上踢起，左掌变拳收至腰侧，右掌由体后向上向前拍击脚面。

动作要点：右掌拍脚时手掌稍横过来，拍脚要准而响亮。

3. 右拍脚（图 14-3-30）

左脚向前落地，左拳变掌向下向后摆，右掌变拳收至腰侧。

右腿伸直向前上踢起，左拳变掌由后向上向前拍击右脚面。

动作要点：与本节的转身左拍脚相同。

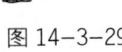

图 14-3-29　　　　　　　　　　图 14-3-30

4. 腾空飞脚（图 14-3-31）

右脚落地。

左脚向前摆起，右脚猛力蹬地跳起，左腿屈膝继续前上摆。同时右拳变掌向前向上摆起，左掌先上摆而后下降拍击右掌背。

右腿继续上摆，脚面绷平。右手拍击右脚面，左掌由体前向后上举。

动作要点：蹬地要向上冲，不要太向前冲，左膝尽量上提。击响要在腾空时完成，右臂伸直成水平。

5. 歇步下冲拳（图 14-3-32）

左、右脚先后相继落地。左掌变拳收至腰侧。

身体右转 90°，两腿全蹲成歇步。右掌抓握、外旋变拳收至腰侧，左拳由腰侧向前下方冲出，目视左拳。

动作要点：歇步要稳，冲拳要脆。

图 14-3-31　　　　　　　　　　　　图 14-3-32

6. 仆步抡劈拳（图 14-3-33）

重心升高，右臂由腰侧向体后伸直，左臂随身体重心升高向上摆起。

以右脚前脚掌为轴，左腿屈膝提起，上体左转 270°。左拳由前向后下划立圆一周，右拳由后向下向前上划立圆一周。

左腿向后落一步，屈膝全蹲成右仆步。右拳由上向下抡劈，左拳后上举，目视右拳。

动作要点：抡臂时一定要划立圆。

7. 提膝挑掌（图 14-3-34）

重心前移成右弓步，右拳变掌由下向上抡摆，左拳变掌稍下落，右掌心向左，左掌心向右。

左、右臂在垂直面上由前向后各划立圆一周，右臂伸直停于头上，掌心向左，左臂伸直停于身后成反勾手，同时右腿屈膝提起，目视前方。

动作要点：抡臂时要划立圆。

图 14-3-33　　　　　　　　　　图 14-3-34

8. 提膝劈掌弓步冲拳（图 14-3-35）

右掌由上向下猛劈伸直，停于右小腿内侧，左勾手变掌，屈臂向前停于右上臂内侧，掌心向左，目视右掌。

右脚向右后落地，身体右转 90°，同时左掌变拳收至腰侧，右臂内旋向右划弧做搂手。

上动不停，左腿蹬直成右弓步，右手抓握变拳收至腰侧，左拳由腰侧向左前方冲出，目视左拳。

动作要点：提膝劈掌重心要稳，搂手冲拳劲力要足。

图 14-3-35

收势：

1. 虚步亮掌（图 14-3-36）

右脚扣于左膝后，两拳变掌，两臂右上左下屈肘交叉于胸前，目视右掌。

右脚向右后落步，上体稍右转，同时右掌向上向右向下划弧停于左腋下，左掌向左向上划弧停于右臂上，目视左掌。

右腿下蹲成左虚步，左臂伸直向左向后划弧成反勾手，右臂伸直向下向右向上划弧抖腕亮掌，目视左方。

图 14-3-36

动作要点：扣腿时做舞花手；右脚后落时，两臂分摆，勾手亮举与虚步同时完成。

2. 并步对拳（图 14-3-37）

左腿后撤一步，同时两掌从两腰侧向前穿出伸直，掌心向上。

右腿后撤一步，同时两臂分别向体侧下摆。

左脚后退半步向右脚并拢。两臂由后向上经体前屈臂下按，两掌变拳，停于腹前，拳心向下，拳面相对。目视左方。

动作要点：同起势动作 3。

3. 并步站立（图 14-3-38）

两臂自然下垂，目视正前方。

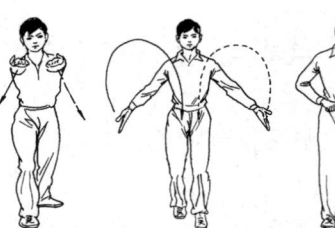

图 14-3-37

图 14-3-38

扫一扫，查看初级长拳三路完整动作示范

第四节　简化太极拳

简化太极拳是在 1956 年由国家体委运动司整理编定的套路。它取材于我国流传面和适应性最广泛的传统杨式太极拳，按照简练明确、删繁就简、突出重点的原则整编而成。此拳分为 8 组，共 24 个动作，故又称"二十四式太极拳"。全套动作结构合理、易学易懂，是初学者入门学习掌握的基础套路。练习者可连贯演练，也可以选择单式或分组练习。整个套路的动作练习，每一举手、一投足都应遵循以下几点：① 虚领顶劲；② 沉肩、坠肘、塌腕；③ 松腰胯；④ 上下相随；⑤ 立身中正；⑥ 节节贯穿；⑦ 以意导动；⑧ 连绵不断；⑨ 保持一身备五弓的绷劲；⑩ 意气少，内外合一。

一、动作名称

组别	动作名称		
第一组	1. 起势	2. 左右野马分鬃	3. 白鹤亮翅
第二组	4. 左右搂膝拗步	5. 手挥琵琶	6. 左右倒卷肱
第三组	7. 左揽雀尾	8. 右揽雀尾	
第四组	9. 单鞭	10. 云手	11. 单鞭

续表

组别	动作名称			
第五组	12. 高探马	13. 右蹬脚	14. 双峰贯耳	15. 转身左蹬脚
第六组	16. 左下势独立	17. 右下势独立		
第七组	18. 左右穿梭	19. 海底针	20. 闪通臂	
第八组	21. 转身搬拦捶	22. 如封似闭	23. 十字手	24. 收势

二、简化太极拳套路介绍

第一组：

1. 起势（图 14-4-1）

动作要点：两肩下沉，两肘松垂，屈膝松腰，两臂下落和身体下蹲的动作要协调一致。

2. 左右野马分鬃（图 14-4-2）

动作要点：两臂始终要保持弧形，身体转动时要以腰为轴，弓步动作与分手的速度要均匀一致；做弓步时，膝不要超过脚尖，后面的脚要向后蹬转，前后脚尖夹角成 45°～60°，两脚之间的横向距离保持在 10～30 厘米。

攻防含义：用一手化解对方攻击之手臂，另一手攻击对方。

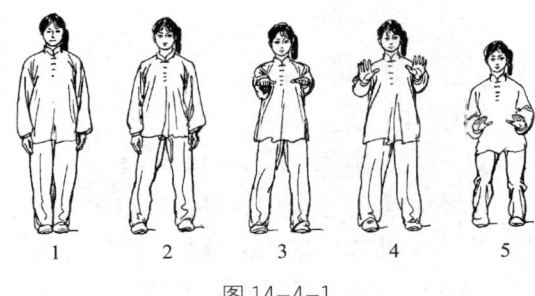

图 14-4-1

图 14-4-2

3. 白鹤亮翅（图 14-4-3）

动作要点：两臂上下保持半圆形，左膝微屈。身体重心后移，右手上提，微向左转腰，左手下按成左虚步。动作要协调一致，并注意以腰带臂。

攻防含义：可用右手防止对方的上面攻击，左手化解对方下部的攻击。

图 14-4-3

第二组：

4. 左右搂膝拗步（图 14-4-4）

动作要点：上步时，脚跟先着地，重心要稳；向前推手时，身体不可前俯后仰，要松腰松胯；推掌时要沉肩垂肘，坐腕舒掌，同时须与松腰、弓腿上下协调一致。

攻防含义：一手化开对方的进攻，另一手攻击对方。

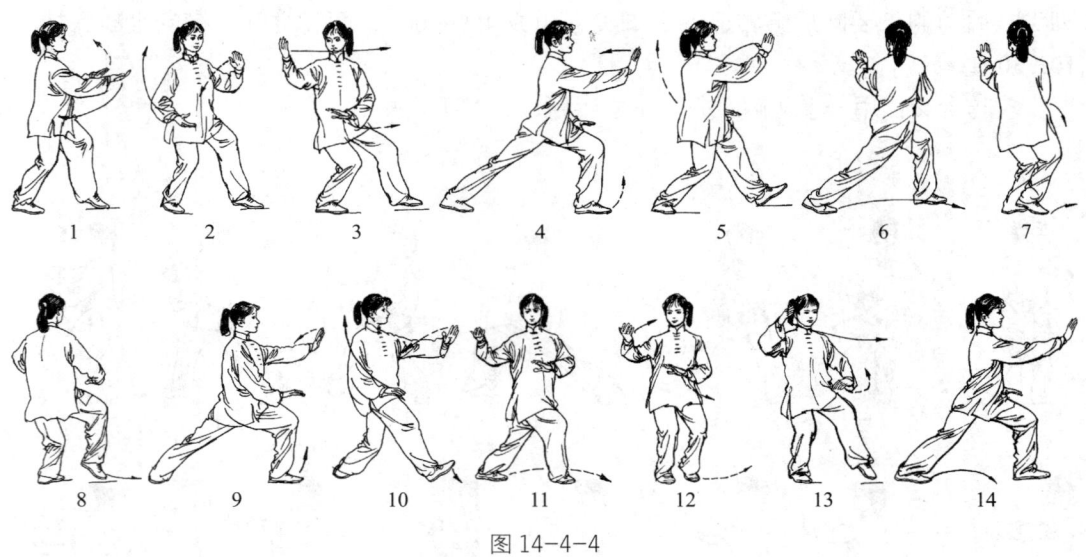

图 14-4-4

5. 手挥琵琶（图 14-4-5）

动作要点：定势时要沉肩垂肘，胸部放松；左手上起时不要直向上挑，要由左向上向前，微带弧形；右脚跟进时，脚掌先着地，再全脚踏实；身体重心后移和左手上起、右手回收要协调一致。

攻防含义：用右手防止对方的进攻，同时左手攻击对方。

图 14-4-5

6. 左右倒卷肱（图 14-4-6）

动作要点：两臂始终保持弧形，前推时要转腰松胯，两手的速度要一致，避免僵硬。退步时，脚掌先着地，再慢慢全脚踏实；同时，前脚随转体动作以脚掌为轴扭正。退左脚略向左后斜，退右脚略向右后斜。

攻防含义：化解对方的攻击。

图 14-4-6

第三组：

7. 左揽雀尾（图 14-4-7）

动作要点：掤出时，两臂均保持弧形，分手、松腰、弓腿三者必须协调一致；下捋时，上体不可前倾，臀部不要突出，两臂下捋须随腰旋转，仍走弧线，左脚全脚掌着地；向前挤时，上体要正直，挤的动作要与松腰、弓腿相一致；向前按时，两手须走曲线，手腕部高与肩平，两肘微屈下沉。

攻防含义：用左手向对方掤出，并用两手顺势捋拉对方，待对方失去重心或回撤时，挤按攻击对方。

图 14-4-7

8. 右揽雀尾（图 14-4-8）

动作要点：同左揽雀尾，唯左右方向相反。

图 14-4-8

第四组：

9. 单鞭（图 14-4-9）

动作要点：上体保持正直，松腰；定势时，右肘稍下垂，左肘与左膝上下相对，两肩下沉。

图 14-4-9

攻防含义：用右手化解对方的进攻，左手攻对方胸、面部。

10. 云手（图14-4-10）

动作要点：身体转动要以腰脊为轴，带动两臂，身体重心要平稳，不可忽高忽低；两臂转动要自然圆活，速度要缓慢均匀；移动时，脚掌先着地再踏实，脚尖向前；目随云手而移动。

攻防含义：用两手拨开对方的攻击。

图14-4-10

11. 单鞭（图14-4-11）

动作要点：与前"单鞭"相同。

图14-4-11

第十四章 武术 281

第五组：

12. 高探马（图 14-4-12）

动作要点：上体自然正直，双肩下沉，右肘微下垂；跟步移换重心时，身体不要有起伏。

攻防含义：左手撤防，用右手攻击对方。

图 14-4-12

13. 右蹬脚（图 14-4-13）

动作要点：支撑腿膝微屈，以保持身体重心稳定，上体不可前俯后仰；两手分开时，腕部与肩齐平，右臂和右腿上下相对；蹬脚时，右脚尖回勾，力达脚跟；分手和蹬脚须协调一致。

攻防含义：用两手向外分开对方的进攻，同时用右脚蹬击对方胸、腹部。

图 14-4-13

14. 双峰贯耳（图 14-4-14）

动作要点：定势时头颈正直，松腰松胯，两拳松握；沉肩垂肘，两臂保持弧形。

攻防含义：双拳下落化开对方攻击，随之双拳合击对方耳部。

图 14-4-14

15. 转身左蹬脚（图 14-4-15）

动作要点：左蹬脚与右蹬脚方向相差 180°，左手与左脚蹬出的方向要一致。

攻防含义：同右蹬脚，唯左右相反。

图 14-4-15

第六组：

16. 左下势独立（图 14-4-16）

动作要点：上体要正直，支撑腿膝微屈，提膝腿的脚尖自然下垂。

攻防含义：用右手牵带对方的进攻，并用右膝、右手进攻对方。

图 14-4-16

17. 右下势独立（图 14-4-17）

动作要点：与"左下势独立"相同，唯左右相反。

图 14-4-17

第七组：

18. 左右穿梭（图 14-4-18）

动作要点：两个定势分别面向右侧前方和左侧前方；手推出后，上体不可前俯；手上举时，不要耸肩；两手动作与弓步要协调一致。

攻防含义：一手向上架开对方的进攻，另一手推击对方。

图 14-4-18

19. 海底针（图 14-4-19）

动作要点：在右手向前下插掌时，手腕稍向上提，上体稍前倾，收腹敛臀。

攻防含义：化解对方的进攻，顺势进攻对方。

图 14-4-19

20. 闪通臂（图 14-4-20）

动作要点：定势时，上体不可过于侧倾，两臂均保持微屈。

攻防含义：右手上架，左手攻对方胸部。

图 14-4-20

第八组：
21. 转身搬拦捶（图14-4-21）

动作要点："搬"应先按后搬并与右腿伸落相配合；"拦"应以腰带臂平行绕动向前平拦；"捶"应与弓步配合，上下肢协调一致。

攻防含义：在两手搬、拦开对方的进攻后，右拳攻对方胸部。

图14-4-21

22. 如封似闭（图14-4-22）

动作要点：在身体后坐时，上体不要后仰，臀部不可凸出；在两手推出时，上体不得前倾。

攻防含义：用两手化解开对方的进攻后推击对方。

　1　　　　　　2　　　　　　3　　　　　4　　　　　　5

图14-4-22

23. 十字手（图14-4-23）

动作要点：在两手分开合抱时，上体不要前俯；站起后，身体自然正直，头微向上顶，下颌稍向后收；两臂环抱时须圆满舒适，沉肩垂肘。

攻防含义：可用两手推架对方的进攻。

　1　　　　　　　2　　　　　　　3　　　　　4

图14-4-23

第十四章　武术　285

24. 收势（图 14-4-24）

动作要点：在两手左右分开下落时，要注意全身放松，同时气也徐徐下沉（呼吸略加长）。呼吸平稳后，慢慢把左脚收到右脚旁。

1

2

3

图 14-4-24

扫一扫，查看二十四式简化太极拳动作示范

第五节　散打

一、简介

散打又称散手，在中国历代有诸多称谓，如相搏、手搏、白打、对拆和技击等。由于这种对抗多采用擂台形式——一种高于地面，见方的台子，所以在民间还被称为"打擂台"。散打在中国已有几千年的历史，一直为广大人民群众所喜爱。然而，现在开展的散打比赛与中国传统的散打却有着质的区别。

现在的散打是两人按照一定的规则，运用武术中的踢、打、摔和防守等技法，进行徒手对抗的现代竞技体育项目，它是中国武术的重要组成部分。现在的散打已不仅仅是对中国武术中传统的徒手格斗术进行单纯的继承和表现，而是在继承的基础上有了进一步发展和提高。其中最为突出的，就是把传统中注重"招法"的观念发展成为把体能、智能与技能结合起来的理念，进而突出了它的综合应用能力。

二、散手基本技术

（一）实战姿势

动作方法：两脚按开立步站立，两手握拳，左前右后，拳眼均朝上，左手臂弯曲，肘关节夹角在 90°～110° 之间，左拳与鼻同高；右手臂弯曲，肘关节夹角小于 90°，大小臂紧贴右侧肋部侧立，微收下颌，闭嘴合齿，面部、左肩、左拳正对对手。

要点：实战姿势是实战时的预备姿势，因此，要求进攻灵活，防守严密，移动方便，姿势不可太低，重心控制在两脚之间；两手紧护躯体，暴露给对手打击的有效部位尽量缩小。

（二）拳法

1. 左冲拳

动作方法：预备势为正架势，即左脚、左手在前（以下均同），右脚微蹬地面，重心微向前移动；同时左拳直线向前冲出，力达拳面（图14-5-1）。

动作要点：

（1）冲拳时，上体不可前倾，腰略向右转。

（2）拳面领先，大臂催前臂，臂微内旋，肘微屈。

（3）快击快攻，切勿停顿，迅速还原成预备势。

用法：左冲拳是一种直线进攻型动作，特点是距离对手较近，易发动，灵活性强，但相对力度较小，可以变换身体姿势，或左、右闪躲击打对方腰部以上任何部位。既可主动进攻，又能防守反击，而更多是以假乱真，虚招引诱对手，为接用其他方法"探路"，是进攻技术中最常见、最主要的动作之一。

2. 右冲拳

动作方法：由预备势开始，右脚微蹬地向内右转腰送肩的同时，右拳直线向前冲击，力达拳面，左拳变掌回收至右肩内侧（图14-5-2）。

动作要点：

（1）右冲拳的发力顺序是起于右脚，传送到腰、肩、肘，最后达于拳面。

（2）上体向左转动，以加大冲拳力量。

（3）还原时以腰带动肘，主动回收。

用法：右冲拳是主要进攻动作之一。其特点是攻击距离长，能充分利用蹬腿转腰的力量加大冲拳的力度，具有较强的威慑力。

3. 左掼拳

动作方法：上体微向右转，同时左拳向外约45°，向前向里横掼，臂微屈，拳心朝下，力达拳面或偏于拳眼侧，右拳护于右腮（图14-5-3）。

图14-5-1

图14-5-2

图14-5-3

第十四章 武术

动作要点：

（1）力从腰发，腰绕纵轴向右转动。

（2）掼拳发力时，臂微屈，肘尖抬至与肩平。

用法：左掼拳是一种横向型进攻动作，可以结合身体姿势的高、低变化击打对方侧面。上盘可击其太阳穴，中盘可击其腰肋部位。

4. 右掼拳

动作方法：预备姿势开始，右脚微蹬地并向内扣转，合胯并向左转腰，同时右拳向外约45°，向前、向里横掼，力达拳面或偏于拳眼侧，左拳变掌屈臂回收到腹前（图14-5-4）。

动作要点：

（1）右脚内扣，合胯转腰与掼拳发力要协调一致。

（2）掼拳发力时，肘尖微抬，使肩、肘、腕基本成水平。

图 14-5-4

用法：右掼拳也是一种横线型进攻动作，其特点是能充分借助右脚蹬地转腰的力量，力度较大。但因其进攻路线长，动作幅度宜小不宜大。此拳法多用于连击或防守反击。

（三）腿法

1. 左蹬腿

实战姿势站立，右腿直立或稍屈，左腿提膝抬起，勾脚，以脚跟领先向前蹬出，力达脚跟；亦可送髋，脚掌下压，力达脚前掌（图14-5-5）。

2. 右蹬腿

动作方法：身体重心前移，左腿直立或稍屈，身体稍左转，右腿屈膝前抬，勾脚，以脚跟领先向前蹬出，力达脚跟；亦可送髋，脚掌下压，力达脚前掌（图14-5-6）。

用法：散手中的蹬腿，除与套路中的要求相同外，还吸取了前点腿的优点，当击中对方时，脚踝发力，前脚掌下压，这样，蹬击后脚易将对方蹬开或使其倒地。

图 14-5-5

图 14-5-6

3. 左踹腿

动作方法：右腿直立或稍屈支撑，左腿屈膝抬起，小腿外摆，脚尖勾起，脚掌正对攻击目标，展髋，挺膝向前踹出，力达脚掌，上体可侧倾（图14-5-7）。

4. 右踹腿

动作方法：左腿直立或稍屈支撑，身体向左转180°，同时右腿屈膝前抬，小腿外摆，脚尖翘起，脚掌正对攻击目标，用力向前踹出，力达脚掌，上体可侧倾（图14-5-8）。

动作要点：上体、大腿、小腿、脚掌成一条直线，踹出时一定要以大腿推动小腿直线向前发力。

用法：踹腿是比赛中使用率较高的腿法之一，容易调整步法，因此，踹腿的使用变化较多。它做直线运动、速度快、力量大、不易防守，而且配合步法使用、变化多，易于在不同距离上使用。

图14-5-7　　　　　　　　　　　　图14-5-8

5. 左里合腿

动作方法：上体稍右转并侧倾，同时带动左腿收髋、扣膝，直腿向右上方横摆打腿，踝关节屈紧，力达脚背至小腿下端（图14-5-9）。

6. 右里合腿

动作方法：左膝外展，上体右转，收腹，带动右腿收髋、扣膝，直腿向前方横摆打腿，踝关节屈紧，力达脚背至小腿下端（图14-5-10）。

动作要点：以转体带动摆腿，动作连贯、快速。

用法：里合腿是在实战中使用较多的一种腿法。它以身带腿，速度快、力量大，使用得好能起到重创对手的作用。但因其弧形横摆，路线长、幅度大，较易被对手察觉和防守。实战中应注意动作快速、不带预兆。

图14-5-9　　　　　　　　　　　　图14-5-10

（四）摔法

1. 抱腿前顶

动作方法：甲出拳击乙头部时，乙上左步，下潜躲闪，两手抱甲双腿，屈肘，两手用力回拉，同时用左肩前顶甲大腿或腹部，将甲摔倒（图 14-5-11）。

动作要点：下潜快、抱腿紧、两臂后撤、肩顶有力。

用法：可用于主动进攻或防守反击。

图 14-5-11

2. 夹颈磕腿

动作方法：甲用左冲拳击乙头部，乙右前臂外格甲左臂，左手由甲右肩上穿过，屈肘夹甲颈部，同时左腿背步与右腿平行，随即左转体用左小腿向后横打甲左小腿，将甲打倒（图 14-5-12）。

动作要点：格挡迅速，夹颈有力，打腿、转身协调一致。

用法：在对手用冲（掼）拳击打时，防守反击。

图 14-5-12

3. 抱腿别腿

动作方法：甲站立或左侧弹腿时，乙将甲左腿抱住，并向甲的支撑腿后上左步，上体左转，长腰成右弓步，用左腿别甲右腿，同时用胸下压甲左腿（图 14-5-13）。

动作要点：抱腿准、有力，弓步转体协调，长腰压腿顺势。

用法：可用于主动进攻或防守反击。

图 14-5-13

4. 抱腿上托

动作方法：甲用蹬腿蹬乙胸部，乙两手立即抓握住甲左脚，屈臂上抬，两手上托其左脚后，向前上方推送使甲倒地（图14-5-14）。

图 14-5-14

动作要点：抓脚准，托推动作连贯一致。

用法：适用于防守反击对方的蹬腿动作。

（五）防守法

1. 接触防守

（1）拍挡

动作方法：正架预备势开始。左手（右手）以拳心或掌心为力点向里横向拍挡（图14-5-15）。

动作要点：前臂尽量垂直，拍挡幅度小，用力短促。

用法：防守对方直线型拳法或横向型腿法对上盘的攻击。

（2）挂挡

动作方法：右手（左手）屈臂向同侧头部或肩部挂挡（图14-5-16）。

动作要点：大小臂叠紧并贴于头侧，要含胸侧身，暴露面小。

用法：防守对方横向型的手法或腿法攻击上盘，如左右掼拳或左右横踢腿等。

（3）拍压

动作方法：左拳（右拳）变掌，以掌心或掌根为力点由上向前下拍压。

动作要点：拍压时臂要弯曲，手腕和掌要紧张用力，臂内旋，虎口、指尖均朝右（左）。

用法：防守对方正面的手法或腿法攻击中盘，如下冲拳、勾拳、撩拳及蹬踹腿等。

（4）外抄

动作方法：左（右）手臂外旋弯曲，上臂紧贴肋部，前臂水平，手心朝上；同时右（左）手屈臂紧贴腹部，立掌，手心朝外，手指向上（图14-5-17）。

动作要点：上臂紧护躯干，两手成钳子状。抱腿时，两手相合锁扣。

用法：抄抱对方横踢腿对中盘的进攻，如左右横踢腿等。

图 14-5-15

图 14-5-16

图 14-5-17

（5）里抄

动作方法：左（右）手臂微屈并外旋，紧贴腹前，手心朝上，同时右（左）手屈臂紧贴胸前，立掌，虎口朝上，掌心朝外。

动作要点：两臂紧贴体前，保护裆部、胸部和腹部，抱腿，右（左）手掌心朝下与左（右）手相锁合。

用法：抄抱对方直线腿法和横线腿法。如正面的蹬、踹腿和左横踢腿等。

2. 闪躲防守

（1）撤闪

动作方法：前脚由前向后收步，接近后脚时脚前掌着地，重心落于后腿（图14-5-18）。

动作要点：前脚回收迅速，虚点地面，上体正直，支撑要稳。

用法：防守对方以腿法攻击下盘部位，如低蹬腿、低踹、弹腿、低横踢或勾踢腿等（图14-5-19）。

（2）后闪

动作方法：重心后移，上体略后倾闪躲（图14-5-20）。

动作要点：后闪时下颌收紧，闭嘴合齿，后闪幅度不宜过大，重心落于后腿。

用法：防守对方拳法攻击上盘部位，为腿法反击做准备，因此常常配合前蹬腿防守反击。

（3）侧闪

动作方法：两膝微屈，俯身，上体向左侧或右侧闪躲（图14-5-21）。

动作要点：上体要含胸，侧身不转头，目视对方。

用法：向两侧闪躲对方用手法正面攻击上盘部位，如左右冲拳等。

（4）下躲闪

动作方法：屈膝、沉胯，重心下降，缩颈，弧形向下躲闪，两手紧护胸部。

动作要点：下躲闪时，膝关节、髋关节和颈部要同时弯曲、收缩，目视对手。

用法：防守对方手或脚横向攻击头部，如左右掼拳、高横踢腿等。

（5）提闪

动作方法：后膝微屈独支撑，前腿屈膝提起（图14-5-22）。

图14-5-18　　　图14-5-19　　　图14-5-20　　　图14-5-21　　　图14-5-22

动作要点：重心后移，提腿迅速，根据对方腿法进攻的路线及方位，膝关节分别有里合、外摆或垂直的变化。

用法：防守对方正面或横向腿法攻击下盘部位，如低踹腿、弹腿、低横打和勾踢腿等，若对方的腿法攻击的是大腿或腰腹部，则可用小腿阻挡或接触防守。

第六节　实用防身术

所谓"防身"，是运用各种手段对付他人对自身的人身攻击，确保自身的安全。防身技法是汲取武术与体育在健身、防卫上的功能和技法，从面临犯罪分子的袭击、抢劫、侵害的实际出发研究设计出来的。防卫技法近可以用手、肘，远可以用足、膝，此外，人体的其他各部位也都可以成为攻击对方的武器。

女性演练好防卫技法，不但能提高自我防卫能力，增强身体力量、速度、灵敏性和反应能力，同时对培养沉着、冷静、勇敢、果断的心理素质也具有良好的作用。

一、女子防身须知

侵犯女子者，又多是身材和力量较女子强壮的男子，其多有恶意，且有准备。因此，女子防身时应注意：

（1）顺其视我柔弱，佯装畏惧，乘其松懈，还击其要害。
（2）不与对方正面较量，多些避让、闪躲，然后看准机会，攻其不备。
（3）对方恶意来犯，我必须攻击其要害，解除其战斗力是最好的防身法。
（4）平时可练习一些解脱对手搂抱、扑按的自卫法。如有可能，最好进行对抗练习。

二、防卫基本攻击技术

（一）手法攻击

手法攻击是指利用各种手型、手法打击不法歹徒身体要害部位的方法，主要包括各种拳法、掌法和手指法等。

1. 直拳

出直拳时，腰部先发力，肩部放松，并向击打方向送出手臂，手臂伸直将拳猛击对方（图14-6-1）。直拳可用于攻击鼻子、眼睛、心窝、太阳穴。

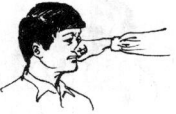

图14-6-1

2. 半拳

握拳时，第二指关节突前，掌心伸直，拇指置于食指侧面，腕部平直（图14-6-2）。打击方法同直拳。主要用于攻击颈喉部（图14-6-3）。

3. 爪

手指分开并外张，指节微屈（图14-6-4）。打击目标时，像鹰爪挖抠（图14-6-5）。主要攻击眼睛和脸部。

4. 勾手

五个手指的第一指节捏拢在一起，回屈手腕（图14-6-6）。击打技巧以啄击动作为主，攻击歹徒要害部位（图14-6-7）。主要攻击眼睛和裆部。

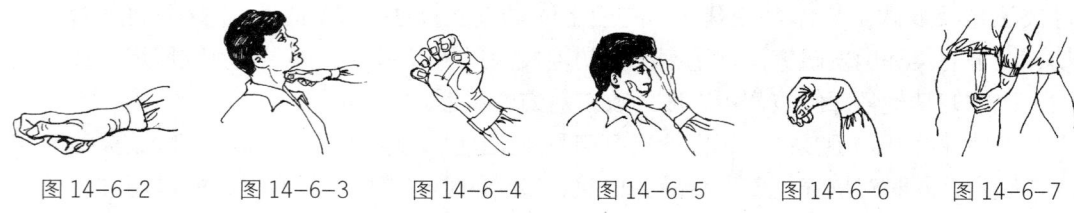

图14-6-2　　图14-6-3　　图14-6-4　　图14-6-5　　图14-6-6　　图14-6-7

（二）肘膝法攻击

1. 横肘

握拳，手臂抬平，腕关节保持伸直状态，拳心向下，手臂回屈夹紧，以腰发力，肩部放松，横向前摆动手臂，以肘尖部击打歹徒太阳穴、脸正面部和下颌骨处（图14-6-8）。

2. 挑肘

握拳，手臂屈肘夹紧，自然下垂，以腰发力，肩部放松，自然张开双臂，从侧面将手臂抬起以肘尖部挑击歹徒（图14-6-9）。主要从侧面袭击对方的下颌、胸窝和太阳穴。

3. 正顶膝

两腿前后或左右稍微分开站立，稳定重心。提腿之前，将重心移到另一腿支撑，猛蹬地，大腿发力屈膝提起，膝关节朝正前上方顶击（图14-6-10，图14-6-11）。主要攻击对方的裆部、腹部，或当对方屈体时，攻击其头部。

图14-6-8　　　　图14-6-9　　　　图14-6-10　　　　图14-6-11

（三）腿法攻击

1. 蹬腿

两脚前后或左右站立，重心稳定。一条腿屈膝提起，脚尖与膝关节正对前方，大腿抬起与腰同高（图 14-6-12）。发力时，抬起腿，脚跟向前平蹬，大小腿成一条直线。另一条腿伸直或微屈支撑（图 14-6-13），蹬腿时挺胸、直腹、转髋，动作突然，蹬腿要有爆发力。主要攻击胫骨、膝关节、大腿肌肉、小腹部。

2. 弹腿

两脚左右或前后站立，重心平稳。一条腿屈膝提起与地面平行，脚面绷直（图 14-6-14）。发力时，迅速挺膝，小腿快速前摆，以脚弓部为发力点向前弹出（图 14-6-15）。发力时，挺胸、直腰、收髋。主要攻击对方裆部、下巴。

图 14-6-12

图 14-6-13

图 14-6-14

图 14-6-15

3. 后磕腿

以磕右脚为例，两脚开立稍比肩宽，身体站稳。然后重心移到左腿作为支撑腿，将右脚尖回勾并向前摆出（图 14-6-16），然后以腰发力，猛力回收膝关节带动小腿后摆，用脚跟部位磕击歹徒（图 14-6-17）。主要对付从后搂抱的歹徒，以攻击胫骨、膝关节、裆部为主。

图 14-6-16

图 14-6-17

三、常见防身技法

（一）单腕被抓（图 14-6-18）

一是转动手臂从歹徒虎口处滑脱，二是从虎口滑脱时手臂屈肘收臂，加大力量。如果歹徒腕力较大，多数女性靠单臂动作是无法解脱的。所以，以侧身站为好，右脚向后撤一步，随之用左手虎口张开朝下，猛推歹徒右手腕，同时右手上提即可解脱（图 14-6-19）。

动作要领：推腕与提臂动作要协调一致，用力要猛，移动步法和身体加大解脱力量。

图 14-6-18　　　　　　　图 14-6-19

（二）左肩被对方右手正面抓住

当被歹徒用右手从正面抓住左肩时，佯装害怕（图 14-6-20），右手抓住歹徒右手，表情放松，不让对方察觉我方攻击意图，将左手握拳上举，随后身体稍向右转，注意身体右转时右手控制歹徒右手要牢固。上述动作不停，左臂屈肘垂直下砸，将歹徒右手腕折伤（图 14-6-21）。

动作要领：下砸要有爆发力，双腿可屈膝加强下击速度和力量。歹徒被迫下蹲屈体后，可以用膝或脚继续攻击。

 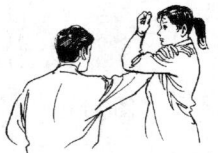

图 14-6-20　　　　　　　图 14-6-21

（三）左肩被对方右手从背后抓住

如果被歹徒用右手抓住左肩时，可用右手按住歹徒手背（图 14-6-22），左脚向后撤一步，身体向左转，同时握左拳抬起手臂随身体转动之际抡砸歹徒手臂（图 14-6-23），随之左手臂抡转顺势夹其右臂，左脚向前移动一步，用右手猛击歹徒喉结（图 14-6-24），然后右脚上步绊住对方双脚将其摔倒。

动作要领：砸时要狠、准、有爆发力，夹臂、击喉、上步绊摔一气呵成。

图 14-6-22　　　　图 14-6-23　　　　图 14-6-24

（四）单手摸前胸

当被歹徒用右手摸胸部时（图 14-6-25），应用右手抓住其右手背，同时左手也协助抓其右腕，然后挺胸稍上左步，将歹徒右手牢牢固定在胸前，随后身体猛向右转，折伤歹徒右手腕（图 14-6-26）。

动作要领：抓腕挺胸动作要快，转体折腕要有爆发力。

图 14-6-25

图 14-6-26

（五）头发被正面抓住

对付头发被抓，首先要采取措施减轻对方手腕的拉扯力。如果被歹徒用右手从前面抓住头发，赶快用右手抓紧歹徒右手掌，用左手握牢其右手腕，不让对方的右手恣意抓扯（图 14-6-27）。然后，右脚向后撤一大步，身体随之前俯，双手控牢歹徒右手，向下屈压其手腕，结合身体重心下降前俯动作，并向右侧猛扭身体，让歹徒右手腕被折受伤（图 14-6-28）。

动作要领：控腕要牢固，俯身屈压和扭身折腕动作要有爆发力。

图 14-6-27

图 14-6-28

（六）被正面双手掐颈

如果被歹徒用双手掐住脖子时，并往墙上或其他物体上推时（图 14-6-29），应借势将左脚向后退步，同时右臂向左抡转（图 14-6-30），靠较大的抡转力量折压歹徒左手腕关节，迫使其松手（图 14-6-31）。然后，将右臂再迅速向回挥动，用反背拳击打歹徒右太阳穴（图 14-6-32）。

动作要领：抡臂动作要快，上臂夹紧，反背拳要以爆发力出拳。

第十四章　武术　297

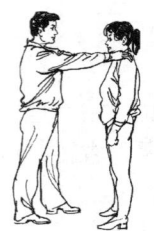   

图 14-6-29　　　　图 14-6-30　　　　图 14-6-31　　　　图 14-6-32

（七）被从侧面搂住脖子

如果被歹徒用左臂搂住脖子时（图14-6-33），不动声色，用左手抓住其左手背，使其不易察觉，抓手时可假装触摸，猛然抬起右臂用拐肘方法狠击歹徒面部（图14-6-34）。

另一种方法是用左手抓住歹徒左手后，用勾手方法扣其裆部（图14-6-35），上述肘击和扣裆可配合使用。

动作要领：拐肘、扣裆动作要狠准，有爆发力。

 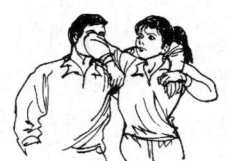 

图 14-6-33　　　　　图 14-6-34　　　　　图 14-6-35

（八）后衣领被抓

当被歹徒从背后用左手抓后衣领时（图14-6-36），应立刻左脚向前上步，同时身体向右后转身（图14-6-37），同时挥起左臂用砍掌方法猛砍歹徒右颈动脉（图14-6-38），然后顺势用双手搂其脖子下拉，以左膝正顶其裆部（图14-6-39）。

动作要领：转体快，砍掌有力，顶膝迅猛。

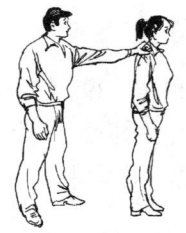   

图 14-6-36　　　　图 14-6-37　　　　图 14-6-38　　　　图 14-6-39

（九）倒地骑上

如果被歹徒摔倒在地上并骑压在身上，双手正掐脖子（图14-6-40）时，左手抓住歹徒右手腕，右手伸过来从上抓住歹徒右手背（图14-6-41），看准时机，右臂用力夹紧，同时身体向右侧翻滚，将歹徒右手腕反扭（图14-6-42），并借势将歹徒右臂背屈控制（图14-6-43）。

动作要领：翻身扭臂动作协调，夹臂要有爆发力。

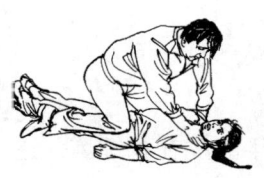   

图14-6-40　　　　图14-6-41　　　　图14-6-42　　　　图14-6-43

第十五章
跆拳道

第一节　跆拳道概述

一、跆拳道的起源与发展

跆拳道起源于朝鲜半岛三国时代，当时被称为花郎道，经千年的洗礼和锤炼，逐渐演变成为现今的跆拳道。跆拳道以腿为主，也被称为腿的艺术。"跆"（TAE）意为像风一样的踢脚，"拳"（KWON）代表拳法、擒拿，"道"（DO）是指方向、方法、尊师重道，三者合称为跆拳道（TAEKWONDO）。跆拳道是一项利用拳和脚进行的对抗性运动，通过竞赛、品势和功力检测等运动形式表现，可以使习练者增强体质，并培养坚韧不拔、尊师重道的良好品质。

由于跆拳道有着极大的锻炼价值和极高的安全性，在2000年悉尼奥运会上，跆拳道被列为正式比赛项目。现在，全球有上千万人在练习跆拳道，跆拳道已成为深入人心的时尚运动。

二、跆拳道的文化内涵

礼仪是跆拳道精神的具体表现，又称为"礼节"。礼仪的教育和熏陶是跆拳道运动的重要组成部分。每个人在练习跆拳道时，无不为其"道"所震撼。跆拳道注重培养人的一种"气"和"量"，即志气、勇气和胆量。"气"和"量"能够使人养成勇往直前、奋力拼搏、自强不息的精神，同时能使人产生坚定的自信心。在信心的作用下，又可以产生谦虚、纯朴的良好品质，在这种品质的影响下，会使人不知不觉地克服自己的缺点，谦让别人，以和平、友爱、团结的美德促进社会的和谐。

跆拳道以培养高尚情操、造就优秀品德为根基，在不断强健体魄的同时，更讲究个人心灵的感化，它追求通过格斗技击的演练形式和坚持不懈的努力，促进身心的发展，陶冶情操，磨炼意志，不断使人超越平凡，让生命更具永恒的活力，这正是跆拳道的精髓。

第二节 跆拳道基本技术与练习方法

一、实战姿势

左脚在前为左势，右脚在前为右势（以下以左势为例）。

动作规格：两脚前后开立与肩同宽，前脚尖45°斜向右前方，后脚跟抬起，膝关节微屈，重心落在两脚之间；上身自然直立，45°斜向右前方，双手握拳，拳心相对，两臂弯曲置于胸前；头部直立向前，目视正前方。

动作要领：身体自然，肌肉放松；膝关节松而不懈，富有弹性；心无杂念，以无意为有意。

二、基本步法

在跆拳道习练中，步法训练非常重要。能否合理运用腿法，准确和强有力地击打对方，主要是通过机动、灵活、稳固的步法来实现的。

1. 上步（图15-2-1）

动作方法：实战姿势（右势）站立，后脚朝前上一步，换为实战姿势（左势）。

动作要点：以前脚为轴，拧腰转髋迅速，上步时上体保持平稳。

动作特点：主要用于快速进攻，使自己处于有利的进攻位置。

2. 前跃步（图15-2-2）

动作方法：右架站立，两脚同时向前跃出一步，保持右架姿势。

动作要点：移动时两脚距离保持不变，两脚离地不要过高，滑步稳，跟步快。

动作特点：常用于调整与对手之间的距离，使自己处于有利的进攻位置。

图15-2-1

图15-2-2

3. 后跃步（图15-2-3）

动作方法：两脚同时向后撤一步。

动作要点：两脚稍离开地面即可，重心保持平稳。

动作特点：主要用于调整与对手之间的距离，躲闪对方进攻或配合技术反击。

4. 后撤步（图 15-2-4）

动作方法：左架站立，左脚迅速由前向后退一步，成右架站立。

动作要点：以后脚为轴，拧腰转髋迅速，退步时重心保持平稳。

动作特点：主要用以快速退防，从而使自己处在防守的最佳位置，由被动变为主动。

5. 跳换步（图 15-2-5）

动作方法：右架站立，两脚原地前后交换，换成左架站立。

动作要点：换步灵活，弹跳不宜太高。

动作特点：主要用调整实战姿势，使自己处于有利的进攻位置。

图 15-2-3　　　　　　图 15-2-4　　　　　　图 15-2-5

三、腿法

跆拳道以其灵活多变的腿法著称，仅腿法就有上千种之多，被世人称为踢的艺术。在这些腿法中，有很多是由一些基本的腿法组合而成的。在这里，仅介绍几种基本的腿法。

1. 前踢（图 15-2-6）

动作方法：

（1）左架站立，重心移至左脚。

（2）提膝时，膝盖朝前，脚面绷直，双手握拳自然垂放在身体两侧。

图 15-2-6

（3）髋关节前送，右大腿向前抬起，当大腿抬至水平或稍高时，向前弹出小腿，用脚面击打目标，脚面绷直。在小腿弹出的一瞬间，要有一个制动的过程，使小腿产生鞭打的效果。

（4）向右转髋，使右小腿折叠快收回原位，然后后撤，右腿还原。

动作要求：出腿要快速有力，直线攻击对手，攻击中段主要使用脚前掌，攻击上段主要使用脚尖。

2. 横踢（图15-2-7）

横踢是跆拳道比赛中运用率最高的腿法，横踢技术动作简单实用，是跆拳道技术的重点动作之一。

动作方法：

（1）左架站立，抬起右腿时，大小腿夹紧，从前方迅速提至腰部。

（2）提起右腿后，髋部略左转。为保持重心，躯干稍向左后倾，以配合快速转髋。通过腰、腿的力量，将小腿用力由外向内横踢出去。击打时，脚面稍绷直，但踝关节要放松。小腿弹出后，在弹直的一瞬间，要有一个制动的过程，使脚面产生鞭打的效果。

（3）提膝应尽量随着转髋同时进行，不能在完全转髋后再提膝，这样会造成膝盖过早偏向外侧。

（4）左脚应积极配合髋部的转动，转动时可稍有一点跷起。

动作要求：出腿要快速有力，受力点为脚背或脚前掌。攻击中注意不要踢到对方的手、肘等部位，以防止因踢到对方的手而使脚部受伤。

图15-2-7

3. 后踢（图15-2-8）

动作方法：

（1）左架站立，重心移至左腿。

（2）以左脚尖为轴，左脚跟外旋，身体向右后方转动，同时提起右腿，大小腿折叠。

（3）右腿向后平伸蹬出，在蹬直前膝盖稍外翻。

（4）用脚跟击打对方胸部和腹部。

（5）击打后右脚自然落下。

动作要求：身体的转体动作和后踢技术要连贯完成，受力点在脚后跟。

图 15-2-8

4. 劈腿（图 15-2-9）

劈腿是跆拳道技术中杀伤力较大的腿法之一，常作为跆拳道招牌性腿法动作。

动作方法：

（1）右架站立，重心移至右腿。

（2）提起左大腿，同时向右转髋，使左腿膝盖尽量与胸部贴近，身体重心向上。

（3）左脚高举过头，左腿伸直贴近身体，身体保持正直或稍前俯。

（4）左脚脚面稍绷直，左腿快速下压，用脚掌或脚后跟下砸对方的头部，身体重心前移至左腿上，身体稍后仰以控制重心。

（5）击打后，左脚自然落下。

动作要求：腾空转体和劈腿动作要连续完成，受力点在脚后跟或脚前掌。

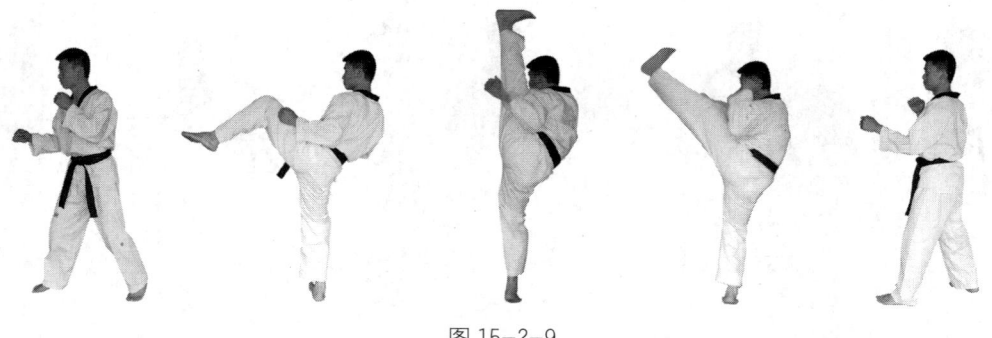

图 15-2-9

5. 后旋踢（图 15-2-10）

动作方法：

（1）左架站立，以左脚尖为轴，左脚跟外旋。

（2）身体向右后方转，同时提右腿，向斜后方蹬伸，头部向右后方转动。

（3）身体继续旋转，右腿向后划一个水平弧线，快速屈膝用脚掌击打对方头部。

（4）右脚自然落下，还原为左架站立。

动作要求：目视对方，后旋踢动作要连续完成，受力点在脚后跟或脚前掌。

图 15-2-10

6. 侧踢（图 15-2-11）

动作方法：

（1）左架站立，将重心移至左脚，同时左脚内旋。

（2）提右腿，大小腿折叠，同时左转髋，身体右侧侧对对方。

（3）勾脚面，右腿平蹬出去，用脚掌外侧攻击对方。

（4）右腿自然下落，并撤回原位。

动作要求：使用侧踢动作时，动作要快速有力，如双方相距较远，可用垫步移动接近对方。受力点在脚掌。

图 15-2-11

7. 双飞踢（图 15-2-12）

动作方法：

（1）右架站立，重心移至右脚，提起左腿使用横踢。

（2）在左脚未落地时立即用右腿横踢，也就是使用两个连续横踢。击打后，两脚自然落下。两腿交换之间，髋部要快速扭转。小腿弹出后，在弹直的一刹那，要有一个制动的过程，使脚产生鞭打的效果。

动作要求：双飞踢技术是跆拳道技术中最常用的一种连续攻击技术，两腿在攻击的瞬间要快速连贯完成，身体要在悬空状态下完成该技术，两腿的连续性和速度尤为重要。受力点在脚背和脚前掌。一般来说，在中远距离时是使用双飞踢的较好时机，双飞踢中的第一个横踢常常是为了找到合适的距离或破坏对方的进攻，以利于第二个横踢。双飞踢主要用于攻击对方的胸腹、两肋和面部。

图 15-2-12

8. 前横踢（图 15-2-13）

前横踢是跆拳道比赛中较为常用的动作之一，也是运动员得分的主要技术。

动作方法：

（1）右架站立，左脚向前垫步，将身体重心移至左腿。

（2）提起右脚，向前送腿，大小腿稍折叠。

（3）绷紧脚面，右膝向内，快速弹出小腿。

（4）右腿自然落下，两腿同时后撤一步，还原成右架准备姿势。

动作要求：打击要坚决果断，后脚一定要配合积极向前移动。右腿的小腿要快速弹出，尽量增加鞭打力量。

图 15-2-13

四、防守动作

在跆拳道比赛中，不允许使用抓、推、抢、拌、夹等方法防守，但可以用手臂或手刀去格挡。格挡技术按照防守方向来划分，可分为向上格挡、向（左右）斜下格挡和向（左右）斜上格挡三种。

1. 向上格挡（图 15-2-14）

利用手臂或手刀自下向上的格挡动作称为向上格挡。

动作方法：左架实战姿势站立。左（右）手握拳，

图 15-2-14

手臂沿身体正中线向上迅速上格。格挡时，前臂与地面平行，格挡的位置应在头部正上方，前臂外旋，以尺骨外侧接触对手的攻击腿。

动作要点：判断对手进攻要准确，上格要迅速有力。

2. 向（左右）斜下格挡（图15-2-15）

动作方法：左架实战姿势站立。左手握拳由上至下，用左前臂向左斜下方格挡，或是右手握拳，用右前臂向右斜下方格挡。

动作要点：应以前臂尺骨外侧接触对方的攻击腿。

3. 向（左右）斜上格挡（图15-2-16）

动作方法：左架实战姿势站立。左手握拳由下至上，用左前臂向左斜上方格挡，或是右手握拳，用右前臂向右斜上方格挡。

动作要点：动作迅速，以前臂尺骨或桡骨外侧格挡对方的攻击。

图 15-2-15　　　　　　　　　　　　图 15-2-16

第三节　跆拳道竞赛与裁判

一、跆拳道的场地

跆拳道的比赛场地为长12米、宽12米的水平、无障碍物的正方形场地。场地表面应为有弹性的垫子。场地中央长8米、宽8米的区域为比赛区，其余部分为警戒区。警戒区和比赛区表面用两种不同颜色区分，同色时用5厘米宽的白线划分。

二、跆拳道的服装

跆拳道的服装称作道服，其款式、颜色都是特定的。系扎道服用的腰带颜色各异，以其颜色可以区分运动员的段位级别，黑带是跆拳道高手的象征，是实力的体现，更是一种荣誉和责任。

三、跆拳道的比赛时间

跆拳道的每场比赛分为三局，每局比赛时间为三分钟，局间休息一分钟。青年锦标赛每场比赛为三局，每局比赛时间为两分钟，局间休息一分钟。

四、跆拳道比赛中允许使用的技术

跆拳道比赛中使用拳的技术时必须握紧拳，用拳正面的食指或中指部分击打；使用脚的技术时，必须用踝关节以下的脚前部击打。这里需要注意：指、掌、肘、膝等技术只适合于平时练习或品势表演中使用，在比赛中禁止使用；抓、搂、抱、推等动作在比赛中也是禁止使用的。如出现，将被判罚警告一次，警告两次将被扣1分。

五、跆拳道比赛中允许攻击的部位

跆拳道比赛中允许攻击的部位包括髋骨以上至锁骨以下以及两肋部，但背部没有护具保护的部位禁止攻击。头部两耳向前头颈的前部只允许用脚的技术攻击。

六、跆拳道比赛中如何得分

有效得分部位包括躯干中部（被护具包裹的躯干部位）和头部（头盔下沿线以上的所有头部部分）。

使用允许的技术，准确、有力地击中躯干或头部得分部位，即为得分一次。击中躯干得1分，旋转踢技术击中躯干得3分；击中头部得3分，旋转踢击中头部得4分。

七、跆拳道比赛的获胜方式

（1）击倒胜（KO胜）。
（2）主裁判终止比赛胜（RSC胜）。
（3）比分胜（PTF胜）。
（4）分差胜（PTG胜）。
（5）优势判定胜（SUP胜）。
（6）对方弃权胜（WDR胜）。
（7）对方失去资格胜（DSQ胜）。
（8）主裁判判罚犯规胜（PUN胜）。

第十六章
射箭运动

第一节　射箭运动概述

射箭运动是借助弓的弹力,有控制地瞄准一定的方向或目标,在一定的距离内比赛准确性或比赛远度的竞技体育运动项目。

射箭历史悠久,最早出现于旧石器时代的后期。世界上绝大多数的民族都曾使用过弓箭。处于原始社会的人类在狩猎方面,最伟大的发明就是弓箭,当时使用弓箭的最大目的是为了获取食物,维持生命,驱除猛兽的威胁。弓箭的发明,大大增强了人类征服大自然的能力,推动了社会文明的进步和发展。后来,弓箭变成了战争中可怕的武器。

现代射箭运动最早出现在英国。英格兰约克郡自1673年起就举行有方斯科顿银箭赛,并一直延续至今。1787年,英国成立了皇家射箭协会,这是世界上最早的射箭组织。18世纪初,射箭传入美国。1828年,费城射箭联合会成立。1844年,举办了第一届全英射箭锦标赛。1861年,英国射箭协会成立,并统一了射箭竞赛规程。1879年,全美射箭协会成立。同年,在芝加哥举行了第一届全美射箭比赛。1931年,以英国和法国为主,成立了国际射箭联合会。同年,在波兰的里沃夫举行了第一届世界射箭锦标赛。目前,在世界射箭运动中占优势的国家有美国、俄罗斯和韩国。

目前,国际射箭联合会规定的正式比赛项目有射准射箭、野外射箭、越野射箭、地靶射箭、滑雪射箭和射远射箭等。其中,射箭射准是国际射箭联合会开展的主要项目,分室外射准射箭和室内射准射箭。奥运会射箭比赛就是室外射准射箭项目。

第二节　射箭基本技术

射箭技术由准备动作、基本动作和结束动作三部分组成。

一、准备动作

准备动作包括审靶、站立、搭箭、推弓、钩弦和转头等动作。

（一）审靶

运动员进入训练或比赛场地后，首先要仔细观察自己所要射的箭靶，包括箭靶周围的环境，如风向、光线等，在思想上做好充分的准备。

射手必须聚精会神，努力排除心中的杂念，保持思想安静、意念集中和轻松舒适的心理。起射前要认真地思考和明确射箭的目的与意义。完成上述精神调整的阶段后，射手仪态应自然平静，动作沉稳，节奏清晰。

（二）站立

站立是射手在起射时两脚的姿势，是射箭最基础的准备动作，也是射箭技术稳定性的基础。站立是一个很简单的动作，却是射箭技术的重要环节。射箭的准确性在很大程度上取决于发射时射手身体的稳定性。因此，在学习射箭的初始阶段，最重要的是掌握准确和基本的平行站立姿势。

1. 站立姿势

站立时，两腿直立，两脚开立与肩同宽，身体重心置于两腿之间，上体保持自然挺直状态，两肩放松，呼吸平稳，身体感觉均衡和松弛。射箭时通常采用的站立姿势有侧立式、暴露式和隐蔽式三种（图16-2-1）。

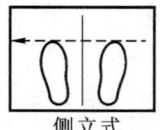
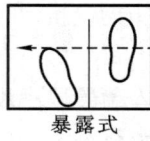
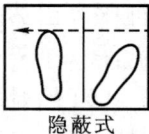

图16-2-1

（1）侧立式：又称为平行式站立法。两脚开立，与肩同宽或稍宽于肩，平行分立于起射线两侧，脚尖稍向外展。侧立式站立也是传统射箭采取的主流站立方法。

（2）暴露式：又称为斜向站立法。两脚开立，站在起射线两侧，右脚比左脚向前超出半脚以上，两脚之间的距离与肩同宽或稍宽于肩，上体稍向右转。

（3）隐蔽式：两脚开立，站在起射线两侧，右脚比左脚向后约1/3脚。

2. 躯干姿势

躯干姿势是保证站姿正确与否的基本因素之一。躯干姿势要稳定、一致、自然、轻松。身体应垂直于地面，躯干的任何面（沿任何轴）都不得过分屈曲或扭转。为有利于前、后用力保持平衡，体重应平均落于两脚之上。为提高身体的稳定程度，保证后背肌群的用力不受干扰，身体的重心应落于前脚掌。两脚自然伸直，两膝稳固不动，眼睛平视前方，将整个身体摆正放稳，尽可能保持自然姿势，两肩下沉，呼吸均匀，充实气力。

（三）搭箭

右手轻握弓，右手取箭放置于箭座上，主羽与弦成垂直方向，将箭尾搭至弦线上，右手食指、中指、无名指的第一指关节钩在弦上，箭尾在食指与中指之间，脸部自然朝向靶纸方向（图16-2-2）。搭箭是射箭技术动作的开始，主要有两种方法：

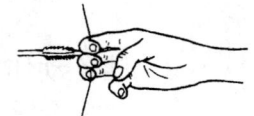

图16-2-2

(1) 先将箭尾槽压入弓弦箭口处,然后将箭杆压入制动片下和箭台上。
(2) 先将箭杆压入制动片下和箭台上,然后将箭尾槽压入弓弦箭口处。

(四) 推弓

握弓时要做到以推为主,以握为辅,要做到握而不死(图16-2-3)。握弓的位置是在一张弓的中心点,推弓手施加到这点上的压力对撒放时弓的运动方向将产生巨大影响。因而要做到高度一致,弓把与手的接触面应尽量小,推弓的施力点要始终落在弓把的同一位置上;弓与手的压力方向应通过腕关节桡侧,并尽量靠近关节中心;推弓手的手指屈肌尽量不参与用力,保持放松状态。这是保证推弓点准确无误的重要前提,同时也是保证握弓手稳定的重要条件。

图 16-2-3

(五) 钩弦

拇指钩弦法是中国传统射箭的最大特点,在中国射箭历史上一直处于主流地位。这种特殊的钩弦法能够适应不同的起射环境,无论是站立静态射箭还是移动步射箭,甚至是在飞奔的马上、战车上发射,拇指钩弦法都可以完美地射出每一支箭。拇指钩弦法在保证稳定性的同时也能提供强有力的拉弦力。

佩戴好扳指后,钩住弦试试感觉,扳指的根部可以卡住弓弦,弓弦的压力通过扳指的根部传送到指腹,使拇指通过压住指腹就可以实现扣弦。拇指第一关节处弯曲,钩住弓弦,拇指指腹(也可以食指与中指一起)压住拇指,形成锁加,同时食指第二关节侧面与箭杆接触,可以给其施加一个横向力,这个横向力能够保证箭尾在松动,甚至残缺的情况下也能与弦牢牢接触,这可以确保射手在颠簸抖动的环境下也能顺利将箭射出,不会因为颠簸而导致掉箭。钩弦手的动作结构必须符合生物力学的要求,即钩弦点、腕关节的中心点和拉弓臂肘关节的中心点必须在一条直线上。

(六) 转头

在完成推弓和钩弦动作后,将头自然地转向靶面,眼睛自然平视箭靶,颈部动作自然放松,调整呼吸,安静,意念集中。

准备动作使注意力高度集中,做好射箭前的一切准备,完成后即进入基本动作。

二、基本动作

射箭基本动作由举弓、开弓、靠弦、继续用力、瞄准、撒放和射箭余势几个环节组成。

(一) 举弓

举弓是引弦前的预拉动作。左手轻推弓,右手钩弦,头部自然转向靶的方向,眼睛平视目标。两臂从垂直举至水平，弓垂直于地面，箭接近水平，拉弓臂肘关节与之在一条水平线上，两肩自然下沉，引弦至满弓的 1/3 处。举弓的高度一般以拉弓臂的前臂在眼睛水平线上为宜。

（二）开弓

开弓是借助持弓臂的伸展和拉弓臂肩带（肩胛骨）内收的力量将弓拉开，在举弓稳定以后，利用两肩带肌的力量，采用前撑后拉的方法，沿最短距离将弓拉开（图 16-2-4）。

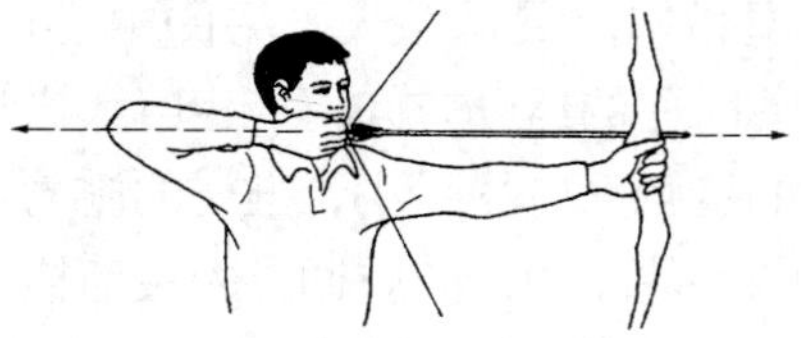

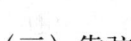

在开弓过程中，要排除杂念，保持举弓后的稳定过程和最初站立时的身体位置，维持身体的均衡感。眼睛不要离开目标，以检查箭头是否偏离了目标的垂直线，是否已接近目标，以使在弓弦到位的同时，箭头也进入目标区域。

图 16-2-4

（三）靠弦

在所有基本技术中，靠弦是最重要的技术之一。靠弦是射手钩弦手在下颌部位的定位动作。靠弦的方法主要有颌下正中定位法和颌下根部定位法两种。

（1）颌下正中定位法：拉弓手食指靠在颌骨下面，弓弦正对鼻子、嘴和下巴的中央。

（2）颌下根部定位法：拉弓手食指靠在颌骨根部，弓弦靠在鼻子、嘴和下巴右侧中部。

靠弦动作应用背部肌群带动肘部完成，而不是用手臂的肌肉完成，否则侧额外的力就会施加在手腕上，使钩弦手变得紧张，不能做到稳定的靠位动作。肘部在靠弦之前应高于箭杆的延伸线，靠弦动作完成后，肘关节应保持相应的高度。

（四）继续用力

继续用力是指开弓后各部分肌肉不间断持续用力的过程，并随着瞄准的进行而不断地加强。继续用力时，持弓臂的内旋前撑力持续加强，拉弓臂的后背肌群持续柔和用力，即所谓"舒展两肩"的用力；或持弓臂的前撑力持续加强的同时，拉弓臂肘关节沿箭的延长线迅速向后移动。继续用力要求均匀与不停顿，它是射箭技术的关键环节之一，对整个射箭技术的有效完成具有非常重要的作用。

（五）瞄准

瞄准时，使用一只眼睛（左手持弓用右眼瞄准，右手持弓用左眼瞄准），通过弓弦的一侧，使眼睛、准星和靶心在一条直线上，形成瞄准基线（图 16-2-5）。瞄准可分为定点标准（以箭头对准定点标准的方法）和标准器标准（将标准器准星对准靶心）。

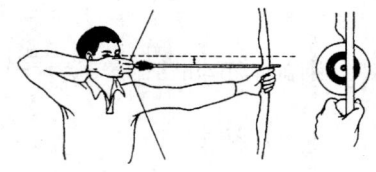

图 16-2-5

（六）撒放

撒放动作是在持续用力至满弓、制动片落下的瞬间进行的技术动作。它是由持弓臂的前撑力和拉弓臂的后拉力产生的两个方向相反、平衡、协调的力量，以力的作用点（即钩弦的靠点为中心，左右分开的过程），持弓臂随着箭射出的方向，沿着射箭面向前运动，拉弓臂则向后运动。

（七）射箭余势

这是射箭动作的最后一个姿势，基本要求是：
（1）推弓手仍然保持开满弓时的姿势，不要上下左右晃动。
（2）拉弓手受撒放后反弹力的作用自然退后，以指尖轻碰到颈部位置为佳。
（3）应保持每一次的射箭余势动作相同。
射箭后余势应保持2～3秒钟，随即恢复成自然站立，然后进入下一次的射箭练习。

第三节　射箭比赛战术

一、掌握赛场主动权的战术

决赛阶段由两名运动员交替发射，每人的发射时间为20秒。比赛中，要积极主动地掌握比赛节奏，不要受对手影响。

二、发射顺序战术

在淘汰赛和决赛掷币选择发射顺序时，大部分运动员都会选择后射，这在国际大赛上尤为明显。

选择先射还是后射取决于运动员的心理类型。选择先射的运动员一般具有射第一支箭就能兴奋起来的心理品质。如果运动员属于能在开始领先，并保持下去，在射最后一支箭时也不紧张这种类型，那么应选择先射；如果运动员进入状态比较慢，需要"动员"一下才能进入状态，那么应选择后射；如果运动员想利用对手射出去的箭试一下风向、风力，那么也应选择后射。由此可见，选择后射的有利条件多于先射。

根据比赛规则，发射顺序是由掷币决定，因此存在很大的偶然因素。在训练中，可根据运动员的特点，有针对性地制定战术，准备两套方案，做好充分的心理准备。

三、团体赛队员上场顺序的战术

淘汰赛团体比赛时，三名运动员要轮流上场，但上场的顺序可由该队自行决定。在比赛中，一般都采用这样的做法：第一个上场的运动员一般成绩稳定、经验丰富，或者拥有果断、敢打敢拼的作风，他可起到稳定军心的作用，并为队友试瞄点、测风向；第二个上场的运动员尽量打高成绩，拉开两队的距离；第三个上场的运动员的适应能力较强，心理品质较好。仔细分析每一位队员的心理和技术特征，是成功运用这一战术的关键。

四、团体赛队员一次上场射箭支数的战术

团体比赛时，一个队在2分钟内射6支箭，队员轮流上场，每人射2支箭，每名队员一次可射1支箭、2支箭后再轮换下一名运动员。每个队可根据各自的情况进行安排。同时还要充分考虑各种可能出现的情况，如器材故障、队员伤病、裁判因素和环境因素等，并在训练中熟练应对各种变化的配合。

第四节　射箭运动训练

一、技术训练

技术的掌握与提高是通过训练获得的。在训练过程中，要处理好技术与训练的关系，采用不同组合的训练方法进行训练，是实现训练目的的重要手段。

1. 利用橡皮筋进行基本技术的训练

这种训练不是简单地模仿射箭动作，而是体会规范动作肌肉用力的本体感觉，对完善技术动作和获得最佳用力感觉可起到良好的作用。通常，先利用橡皮筋寻找和体会正确的用力感觉，然后再进行持弓练习。利用橡皮筋训练时，应注意与射一支箭的时间节奏相同，每拉一次橡皮筋的时间一般不少于5秒钟。训练中，按起射动作的全过程进行，包括全身放松和注意力集中的过程、举弓的稳定过程、动作与用力到位的过程、撒放过程、动作暂留过程等。努力做到动作跟着思维走，动作程序与心理程序同步。

2. 拉弓训练

拉弓训练必须严格按照技术规格、动作程序和时间节奏进行，即要有完整的举弓、开弓、靠弦、瞄准与继续用力的过程。每一次的拉弓时间一般不少于5秒钟。拉弓训练一般安排在训练课的开始，在拉放橡皮筋的训练后进行，这样有助于动作进入正常状态，

清晰感觉肌肉用力。

3. 撒放基本功训练

撒放基本功训练是指在靶前 5~10 米对靶进行的射箭训练。根据需要，可将靶设在标准高度，也可以设在特殊高度，以便模仿远距离的发射仰角。撒放训练必须严格按射一支箭的动作程序、技术规格和起射节奏进行。由于离靶距离很近，练习时没有命中目标的实际效果，运动员可以不进行瞄准，而把更多的注意力集中在动作感觉上，最大限度地体会动作和各部位肌肉的正确用力感觉，强化技术动作，调控技术状态。

撒放训练一般安排在训练课和比赛的开始，运动员通过一定量的撒放训练体验技术动作的过程，特别是体会用力的感觉，以进入良好的训练和比赛状态。训练及比赛后，也可安排撒放训练，目的是让运动员重新找回或强化正确的技术动作，以最佳竞技状态结束训练和比赛，形成训练过程的良性循环。

4. 在比赛射程上对草靶训练

在比赛射程上对不贴靶纸的箭靶进行发射训练。瞄准时对准靶的中心部位。由于受到箭靶的制约，必须把箭射在靶上。运动员把注意力用于加强体验正确的技术动作的同时，不要进行瞄准。这种训练方法可锻炼运动员在一定目标的限制下，坚持规范动作，体会正确的肌肉用力感觉。

5. 对环靶训练

由于在靶上贴了环靶，运动员可通过中靶箭数的环数来检验自己的技术动作和用力感觉。可根据箭命中环靶的位置，对技术动作进行鉴别，细分出命中高环区和低环区的箭是什么样的技术动作和用力感觉。对环靶进行射箭训练应将注意力集中在动作和用力上，减少外界的干扰，经过多次反复训练，使正确的技术与精确的命中率建立起牢固的联系，不断提高技术能力。

6. 提高拉弓稳定能力的训练

拉弓稳定能力的训练是指拉满弓，并保持准备发射的姿势，目的在于提高拉弓的稳定能力，强化规范动作和合理的肌肉用力感。

拉弓稳定训练的方法有预先有时间指标的拉弓训练，如每分钟拉弓 15 秒；还可以是预先没有时间指标的拉弓训练，即拉到极限再坚持 3~5 秒。

训练时，应坚持在规范动作的基础上进行，同时还要注意适度。

7. 有环数要求的记分射箭训练

由于有环数的要求，运动员的训练更接近实战，在心理上会产生一定的压力，这种心理负荷会对技术的发挥产生影响。因此，在有环数要求的条件下，发挥出正确的技术动作，是提高运动员心理素质和竞技能力的有效手段。

8. 对抗式训练

对抗式训练也称为模拟训练。为提高运动员参加比赛的能力，尤其是提高适应淘汰赛的能力，在日常训练中，应适时安排对抗性训练，以提高运动员的竞争意识和竞争能力。安排这类训练时，可严格按淘汰赛比赛规则进行单淘汰，也可根据实际情况，采用循环淘汰、双败淘汰和复活淘汰等方法。

二、心理训练

1. 放松训练

放松训练是通过有效的放松手段来控制或降低运动员身心紧张程度的训练。

（1）呼吸调节：做几次深呼吸，可缓解紧张情绪。深呼吸是通过放慢呼吸频率、加大呼吸量来调节有关的生理机能，从而影响心理状态、达到身心稳定的目的。

（2）表象放松：表象放松是在大脑中想象轻松舒适的情境，如自己在草地、森林、海滩、田野和阳光下，这种想象有助于缓解高度紧张的情绪。

（3）音乐放松：在运动员疲劳、紧张、消沉和情绪波动时，音乐是一种实现自我调节的有效方法。

（4）穴位按压调节：手指按压穴位可作为调节神经系统的方法。按压刺激一般持续 3~10 分钟，按压刺激后会感到精神舒爽，视觉注意集中程度提高。通常选用的穴位有太阳、印堂、百会、风池和内观。

（5）微笑：微笑有助于缓解内心的紧张。赛前进行微笑放松练习，能使运动员充满信心地走上起射线，精力集中地完成技术动作。

（6）自身放松：通过暗示或自我暗示对心理施加影响，可以调节大脑的兴奋水平。练习的方法是舒适地坐在一把椅子上，在他人或自我指导语的暗示下，从四肢到心脏，再到腹部等缓缓地进行，达到全身放松的目的。

2. 表象训练

表象训练也称为意象训练、念动训练。赛前或训练前进行成功的表象训练，可帮助运动员逐渐进入最佳竞技状态。这种训练不受时间、场地等外界因素的限制，能有效地对常规训练方法进行强化和补充。

3. 注意训练

注意能力，尤其是注意的稳定性和注意范围的控制能力是射箭运动员心理素质的核心内容。注意训练主要包括注意的集中、注意的选择与分配等。其中，注意的集中训练是一种主要的方法。通常，集中注意力训练可采用静坐守点方式，如注视某一物体，或听觉集中于某一声音，或将注意力集中在身体的某一部位（如丹田）。

4. 积极思维训练

在任何时候射箭运动员都要采取积极的思维方式，避免消极的思维方式，多用"我能""我会""我可以"的表达方式。训练的方法可以采用积极的自我语言暗示，从开始有意识地提醒自己遵守到形成习惯。

三、体能训练

体能训练的基本内容是充分发展与射箭密切相关的力量、耐力、柔韧、平衡和协调等基本运动素质，促进运动员身体形态和机能的改善，为提高运动员健康水平奠定良好的基础。

1. 力量

力量素质包含三个方面：力量储备、肌肉耐力和平稳用力。力量储备是运动员开弓的绝对能力，这一能力越强，开弓就会越轻松。肌肉耐力越好，运动员在技术训练和比赛中持续运动的能力就越强。平稳用力的能力是指运动员在完成射箭动作过程中肌肉内部和各肌群之间相互配合的能力。

射箭运动员肌肉力量训练的重点是手臂、肩带、腰腹、腰背和腿部肌肉群的训练，特别应重视下肢的力量训练。力量练习的方法要注意符合射箭专项的要求，以较小的重量、多次重复、匀速用力为主，做到动力性练习与静力性练习相结合。

2. 耐力

射箭比赛具有时间长、连续性强的特征，因此必须具备良好的耐力素质。

耐力训练有肌肉耐力训练、心血管耐力训练和中枢神经抗疲劳能力的训练。专项肌肉耐力以轻重量、多次数、各种运动形式的负重练习、拉弓稳定性的极限训练为有效手段。以持续训练法为主，常采用的方法有匀速和变速的长跑、游泳、骑自行车等。中枢神经抗疲劳能力在大运动量的训练和高强度的比赛中能够得到加强。

3. 柔韧

良好的柔韧素质是掌握射箭技术、防止慢性损伤的重要保证。射箭运动侧重肩、肘关节的柔韧和灵活性，以及上肢、肩带肌肉、背部肌肉、胸部肌肉、颈部肌肉、腰部肌肉的弹性和伸展性。柔韧素质训练方法有主动性练习和被动性练习，两种练习都包含动力性练习和静力性练习。练习时都是利用加大动作的幅度，即拉长肌肉、韧带的原理来进行练习。拉伸的强度：停留时间以 8~10 秒为宜，重复 8~10 次。

4. 平衡能力

射箭运动员应充分重视平衡能力训练。训练以静态平衡为主，动态平衡为辅。

构成平衡机能的生理学基础是前庭感觉、本体感觉、视觉、皮肤感觉及中枢神经系统的调节。研究表明，通过训练，可使前庭功能的稳定性大幅度提高，并促进射箭专项稳定性的提高。

5. 协调能力

协调能力包括神经的协调、肌肉的协调和动觉的协调。根据运动员的具体情况及训练条件，可以通过球类活动、体操练习、有氧操等，发展运动员的协调能力。

第五节　射箭竞赛规则简介

一、比赛场地器材及有关规定

1. 传统弓

必须是裸弓，不包含任何延伸器材、瞄准标记、可以作为瞄准的记号、刮痕或被压过的痕迹，不能安装瞄准窗、箭台、可具箭台功能的任何物件、张弓指示器和稳定器材等辅助设备。

2. 箭杆

必须使用竹、木等天然材料；箭尾必须使用竹、木、角、骨等天然材料，箭头可用金属制作；箭羽必须使用天然材料或天然羽毛。不得使用碳素箭、铝合金箭等。

3. 箭

包括一支带箭头的箭杆、箭尾、箭羽和箭标识。每名运动员须在其使用的每支箭的箭杆上标明自己的姓名和参赛单位，可采用首字母标明。在同一场比赛中必须使用完全相同的箭支，箭羽的样式和颜色、箭尾和箭标识都须相同，箭杆的最大直径不能超过9.3 毫米，箭头的最大直径不得超过 9.4 毫米。箭标向箭头延伸的长度从箭尾部测量值不超过 40 厘米。

4. 弓弦

可采用不同颜色和材质，可安装护弦线保护拉弓的手指，还可加装箭口与箭尾端相配，为确定此点的位置，弓弦的两端各有一个圆环。不允许安装唇珠或鼻珠。弦上缠线部分在拉满弓时，不得超过运动员本人的鼻尖。不得通过在弓弦上安装窥视孔、做记号或其他方式辅助瞄准。

5. 眼镜

可使用普通眼镜、射箭眼镜和太阳镜，但不得装有微孔棱镜、微孔眼镜或类似装置，也不能标示有助瞄准的记号。

6. 射法

作为中国传统射箭比赛，应明确规定用中国传统主流射法，即后手（钩弦手）用拇指钩弦，可以使用扳指、手套、护手皮片或胶布带等保护拇指钩弦，用于拉弓和撒放，前提是其不能具有辅助拉弓和撒放的作用。

7. 未经裁判员检查过的弓箭器材比赛时禁止使用

8. 比赛靶纸

女子 20 米、30 米用 80 厘米五色十环靶，40 米、50 来用 122 厘米五色十环靶纸。
男子 30 米、40 米用 80 厘米五色十环靶，50 米、60 米用 122 厘米五色十环靶纸。

9. 比赛场地

射箭场地应为草地，排水系统畅通。下雨时不泥泞，刮风时不扬土。整个场地要求平整，长至少120米，宽度可根据比赛的规模而定。

射箭场地上有纵横垂直与平行的，线宽不得超过5厘米的多条直线：

起射线：即起点线、发射线。比赛时，运动员两脚分跨或双脚同踏的直线。

限制线：起射线后最少5米处，与起射线平行的直线，也称候射线。未轮到发射的运动员不得超越此线。

终点线：箭靶放置位置，与起点线平行的一条直线。根据比赛不同距离设置。

靶道线：从起射线到终点线之间所画的垂直线。两线之间的区域为箭道。每个箭道内可放两个或三个箭靶（淘汰赛通常放两个）。

1米线：起射线后1米处与起点线平行的一条直线。用于淘汰赛团体比赛。未轮到发射的运动员提前进入此线将受惩罚。

3米线：起射线前3米，与起点线平行的一条直线，线宽3厘米，用以判断运动员失手射出的箭是否为"没有被射出"而被允许重射。

靶中心线（点）：起射线上，对准靶的中心标出的1米短线或点。为运动员确定站位提供方便。

按不同的功能，射箭场分为几个区域：

发射区：起射线和限制线之间的区域，未轮到发射的运动员不得进入此区域。

器材区：限制线后，运动员放置器材的区域，宽度为2米。

休息区：器材区、摄影区之后，运动员、教练员、随队官员休息的区域。

危险区：靶后及距离箭道10米之内的区域。比赛发射期间任何人不得进入。

二、比赛办法

1. 距离

（1）排名赛

女子：20米、30米、40米、50米。

男子：30米、40米、50米、60米。

（2）淘汰赛，决赛

女子30米，男子40米。

2. 组别

男子、女子分组参加比赛。

3. 赛制

（1）排名赛每人每个射程射36支箭，个人排名以射手4个射程共144支箭的累积环数从高到低排序，进入淘汰赛。团体以一个代表队中3名最高成绩射手的成绩累积环数，从高到低排序，进入淘汰赛。

（2）个人淘汰赛采取局胜制，射程女子30米，男子40米（均用122厘米五色十环靶纸）。射手每组射 3 支箭，射 5 组，共 15 支箭。成绩高者进入下一轮比赛。胜 1 局得 2 分，平局各得 1 分，输 1 局得 0 分。打破平分的方法：5 局后平分，进行附加赛。附加赛每人射 1 支箭，环数相同时，运动员所射箭支距离靶心近者胜。

（3）团体淘汰赛采取局胜制，射程女子 30 米，男子 40 米。每队 3 名运动员参加，每名射手每组射 2 支箭，射 4 组，共 24 支箭。成绩高的队进入下一轮比赛。胜 1 局得 2 分，平局各得 1 分，输 1 局得 0 分。打破平分的方法：5 局后平分，进行附加赛。3 名射手每人各射 1 支箭，箭支数为 3 支，累加环数相同时，运动员所射箭支距离靶心近者胜。

4. 发射方法

计时信号灯：射箭比赛场上应设置红、绿、黄三种颜色的信号灯，同时还有倒计时的数字钟。这种装置的正式名称是"计时器信号灯"，简称"计时器"或"信号灯"。根据比赛赛制和比赛阶段的需要，计时器或放在赛场的两边，或放在运动员的前面。

计时器由发令长控制，红灯亮时，任何人不得发射；绿灯亮时，相关的人（队）可以发射。运动员根据这些信号在自己的发射时限之内比赛。具体使用方法如下：

红灯：红灯亮时，同时伴有两声音响，为运动员进入射线的时间，时长 10 秒。

绿灯：10 秒钟后，当红灯变为绿灯时伴有一声音响，这是发射信号。

黄灯：当绿灯变为黄灯时，无音响，提醒运动员离时限结束还剩若干秒。除决赛时交替发射外，时限结束前 30 秒钟发出该警示信号。

当黄灯再变为红灯时，伴有两声音响，表明发射时限已到，正在发射的运动员即使一支箭也没射出也要停止发射，退出起射线，未射出的箭视为脱靶。

若红灯亮时，伴有三声音响，表明运动员或代理人、裁判员可上靶判环、计分取箭。

个人比赛：

（1）排名赛：统一发射。每名运动员应以 3 支箭或 6 支箭为一组。

排名赛女子 20 米、30 米，每组 3 支箭，时限 2 分钟；40 米、50 米，每组 6 支箭，时限 4 分钟。

排名赛男子 30 米、40 米，每组 3 支箭，时限 2 分钟；50 米、60 米，每组 6 支箭，时限 4 分钟。

如果 4 名运动员在同一箭靶，轮射顺序如下：AB-CD，CD-AB，AB-CD 等。

靶位安排，按报名表用电脑编排。

（2）淘汰赛：统一发射。每名运动员 3 支箭为一组，时限 2 分钟，采用局胜制，共 5 局。5 局后平分进行附加赛，1 支箭 40 秒。

（3）决赛：交替发射，每名运动员 3 支箭一组，1 支箭交替，20 秒。采用局胜制，共 5 局。5 局后平分进行附加赛，1 支箭 20 秒。

团体比赛：

（1）淘汰赛：统一发射。每名运动员2支箭，每队6支箭。同队的队员要按顺序发射一组，时限2分钟，采用局胜制，共4局。4局后平分进行附加赛，每队射3支箭（每人射1支箭），时限1分钟。

（2）决赛：交替发射，每名运动员2支箭，每队6支箭，同队的队员要按顺序2支箭一交替，时限2分钟。采用局胜制，共4局。4局后平分进行附加赛，每队射3支箭（每人射1支箭），时限1分钟。

5. 服装

少数民族队着本民族服装，其他队运动员必须着本队统一服装。

6. 计分办法

（1）配备足够数量的计分员，保证每靶有一名计分员。

（2）计分员要在计分表上正确的靶位号旁按照顺序计分，每支箭的环值由其所属运动员从高到低顺序报出。同组的其他运动员负责核实报出的每支箭的环值，如有异议，由负责该靶的裁判员作出最终判定。在箭尚未拔出之前，发现计分表上的错误可予以改正，裁判员、计分员、运动员须在计分表上签名确认。

（3）在靶上所有箭支的环值被记录下来且经过核实之前，任何人不得碰触箭支、靶纸。

（4）每次计分完毕，箭已从靶上拔下时，运动员应标好计分区的所有箭孔。箭靶有反弹落地或悬挂在靶上的箭，为反弹箭。反弹落地箭判定方法：若所有其他箭孔已经标好，只有一个箭孔未标或中靶点可被识别，则将按靶纸上的标记计算环值；如有两个以上（含两个）未标箭孔，则按环值最低的箭孔计算环值；如有悬挂箭，则按照其命中靶纸的位置计环值。

（5）如果出现反弹箭或穿透箭，应依照以下方式计分：如果同一发射组（同一靶位）的所有运动员认同发生了反弹箭或穿透箭，他们可认定该箭的环值：

一支箭射中另一支中靶箭的箭尾并嵌进箭尾，按已中靶的箭的环值计算。

一支箭射中另一支箭后，箭杆又偏离嵌进环靶，按在靶纸上的位置计环值。

一支箭射中另一支箭又反弹落地，按射中的靶的环值计算，前提是射坏的箭可被识别。

（6）如果运动员未收回所有箭，他可用其他的箭继续比赛，但须在开始发射前通告裁判员。

（7）箭射中他人的箭靶，应计作本轮比赛的一部分并被判为脱靶。

（8）脱靶箭在计分表上用"M"表示。

7. 对犯规的惩罚

（1）如果发现运动员使用不符合传统弓比赛规定的器材，可取消其比赛成绩。如果发现运动员使用不符合传统弓比赛规定的技术动作，可取消其比赛成绩。

（2）如果被证明有关运动员系故意违反规则和规定，将被取消比赛资格。其所获名次也应相应被取消。

（3）不允许存在违反体育道德的行为。运动员本人或被视为协助其他任何人的此类行为会导致该名运动员或上述人员被取消参赛资格，可能还会导致其无法参加后续比赛。

（4）任何人未经授权篡改或伪造成绩或故意责成他人篡改或伪造成绩的，都应被取消参赛资格。

（5）如果一名运动员多次在计分前取回箭靶上的箭支，将被取消参赛资格。

（6）如果一名运动员开弓时坚持使用裁判员认为有危险的技术动作，总裁判长或发令长应要求其立即停止比赛，同时取消其参赛资格。

（7）器材故障如无法在15分钟内完成修复，运动员将失去该组尚未发射的箭数，以及他的小组在上述时限后至他重新回到小组这段时间其他队员发射的箭数。

（8）在比赛中，如果运动员在裁判员发令停止比赛后仍将箭射出，则该运动员或团队将丧失靶上环值最高的一箭。

（9）未射中计分区或射中他人箭靶的箭将计入该组比赛，判为脱靶。

（10）赛场内、练习区和热身区均不得吸烟（比赛设立特定吸烟区除外）。

（11）任何运动员未经其他运动员同意，不得触碰其器材。

（12）后一组的运动员应在候射区内等待发射，直到前一组运动员完成发射并离开，发射位置无人时才能上前。

（13）比赛进行中，只有轮到发射的运动员才可进入发射位置。

（14）在同组所有运动员完成比赛之前，除非裁判员授权，任何运动员均不得靠近箭靶。

（15）在靶上所有箭支的环值记录完毕之前，任何人不得碰触箭支、靶纸和环靶或靶架。

（16）运动员开弓时不得使用裁判员认为万一失手会造成箭飞到安全区或安全设置以外（脱靶区、护栏网、挡墙等）的危险技术动作。

三、疑问和争议

（1）运动员如对环值存有疑问，应在拔箭之前通知。

（2）裁判员的判决为最终判决。

（3）拔箭之前，计分表上的任何错误可予以更正，但该靶的所有运动员必须就更正事宜达成一致。此项更正应由该靶所有运动员见证并签字确认。其他任何有关计分表分值的争议必须交由裁判员裁定。

（4）如果赛场器材存在缺陷、靶纸被严重磨损或存在其他损坏，运动员或领队可向裁判员提出申诉，请求更换或修理缺陷器材。

（5）任何有关比赛进程及运动员行为的问题都必须在下一阶段的比赛开始之前向

裁判员提出。

（6）如对已公布的成绩存有异议，应立即向裁判员提出，不得拖延；务必在颁奖之前提出，以便进行更正。

四、申诉

如果运动员对裁判员的判罚有异议，可向仲裁委员会提出申诉。如果争议问题影响到运动员的奖杯或奖牌归属问题，则不得在仲裁委员会作出裁决之前颁发。

第十七章 健美操

第一节 健美操概述

一、健美操的概念

健美操在国外被称为"有氧体操"（aerobics），是有氧运动的一种。它通常徒手或采用轻器械进行练习，是在氧气供应充足的情况下，以人体有氧系统供能为主的一种运动形式。健美操的运动特征是持续一定时间、中低强度的全身性运动，主要锻炼练习者的心肺功能。近几十年来，随着遍及全球的健身热和娱乐体育的发展，健美操风靡世界，特别是20世纪80年代以来，健美操以其强大的生命力在全世界范围内迅猛开展起来。目前，健美操不仅是我国大、中、小学体育教学的重要内容，也是全民健身运动的重要组成部分。

二、健美操的分类

健美操运动可分为健身性健美操、表演性健美操和竞技性健美操三大类（图17-1-1）。

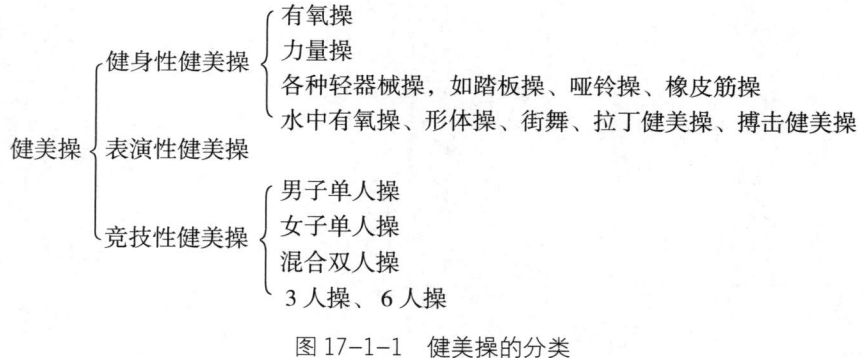

图17-1-1 健美操的分类

三、健美操的特点

1. 高度的艺术性
健美操是融体操、舞蹈、音乐于一体，追求健与美的运动项目。因此，健美操属于健美体育范畴，具有高度的艺术性。

健美操的艺术性主要体现在其"健、力、美"的项目特征上。"健康、力量、美丽"是人类所追求的完美身体状态，而无论是健身性健美操，还是竞技性健美操，无不处处表现出"健、力、美"的特征，并展现出高度的艺术性。

健美操运动动作协调、流畅、有弹性，练习者不仅可以锻炼身体、增强体质，还可以从中得到美的享受，提高艺术修养。健美操运动员在比赛中所表现出的健美的体魄、高超的技术、流畅的动作和充沛的体力等，往往给观众留下深刻的印象。

2. 强烈的节奏感

健美操动作具有强烈的节奏感，可通过音乐充分表现出来。音乐是健美操运动不可缺少的组成部分。健美操音乐的特点是节奏强劲有力、旋律优美，具有烘托气氛、激发人们热情的作用。健美操运动与音乐巧妙结合后，产生强烈的节奏感使得健美操更具有感染力。

3. 广泛的适应性

健美操练习形式多种多样，运动量可随时调整，对场地器材的要求也不高。因此，不同年龄、性别，不同身体素质和技术水平的人都适宜参与。各类人群都能从健美操练习中找到适合自己的运动方式，从中得到乐趣。

四、有氧健美操的种类

1. 搏击健美操

搏击健美操是融合音乐、舞蹈、拳击、搏击等特点而形成的健美操。搏击健美操是健美操的又一发展，与拳击不同，前者的目标是健身，后者的目标是击败对手。搏击健美操不易受伤，更适合大众参与。

搏击健美操不是一项竞技运动，而是对搏击和健美操的补充，练习搏击健美操可以提高自信心、肌肉的协调性以及必要的技巧与柔韧性。

2. 拉丁舞风格的有氧健美操

最早的有氧健美操都带有拉丁舞风格，如爵士舞风格的有氧健美操、萨尔萨有氧健美操。萨尔萨有氧健美操是一种节奏明快的拉丁舞风格的有氧健美操，汲取了曼波舞、恰恰恰、探戈和桑巴舞的风格。这些有氧舞蹈的共同特点是髋部动作很多，姿态优美。

3. 朋克、街舞风格的有氧健美操

朋克、街舞风格的有氧舞蹈与朋克音乐和街舞音乐有很大的关系，这些音乐比较欢快，使人激情洋溢。朋克、街舞风格的健美操是带有自由舞和黑人舞风格的有氧舞蹈，动作放松、自由多变，能够提高锻炼者的协调性，从而达到健身的目的。

4. 水中有氧健美操

水中有氧健美操可以在很短时间内达到塑造健美体形的目的，它是健美操和游泳的结合，很适合缺乏锻炼的肥胖人群。

5. 健身球有氧健美操

健身球是一项新兴、有趣、独特的体育健身运动。由于健身球在提高某些肌肉力量、柔韧等（腰背肌、骨盆肌）方面的作用明显，近年来，这项运动被广泛推广。

健身球的用途和优点较多，适合大多数人锻炼（包括需要康复治疗的人）。健身球对脊柱和骨盆有良好的锻炼效果，对患者肌肉损伤的康复和腰背部疾病疗效显著。健身球在锻炼时比较安全，不容易出现损伤，可以提高锻炼者的柔韧性、肌肉力量、平衡感及心肺功能。

第二节　健美操的基本动作

一、基本步伐

健美操基本步伐是体现健美操练习者下肢动作基本姿态的主要手段。根据动作的特点及运动强度，健美操的基本步伐分为以下 12 大类：

（一）踏步类

踏步类动作运动强度较低，要求在运动过程中至少有一只脚与地面保持接触。常见的步伐有 4 种：

1. 踏步（图 17-2-1）

种类：脚尖不离地的踏步、脚离地的踏步、高抬腿的大幅度踏步。

形式：原地踏步、移动踏步、转体踏步。

方向：向前、向后、向左、向右的踏步。

技术要点：落地时，由脚尖过渡到脚跟着地；屈膝时，胯微收，两臂自然前后摆动。

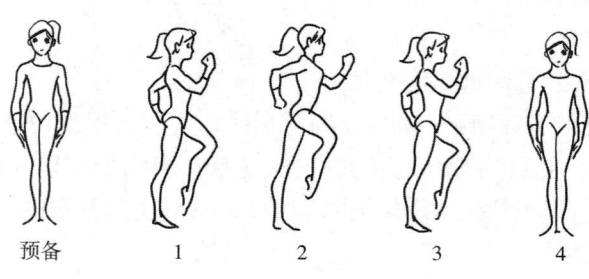

图 17-2-1

2. 走步

种类：一种。

形式：一种。

方向：前走、后走、斜向走、弧形走。

技术要点：基本同踏步。

3. "V"字步（图17-2-2）

种类：正"V"字步、倒"V"字步。

形式：平移、转体正"V"字步、小幅度跳正"V"字步和倒"V"字步。

方向：左、右腿的正"V"字步和倒"V"字步。

技术要点：一脚迈出，另一脚随之迈出，两脚成一条直线，脚间距离略比肩宽，两膝自然弯曲，然后依次收回。

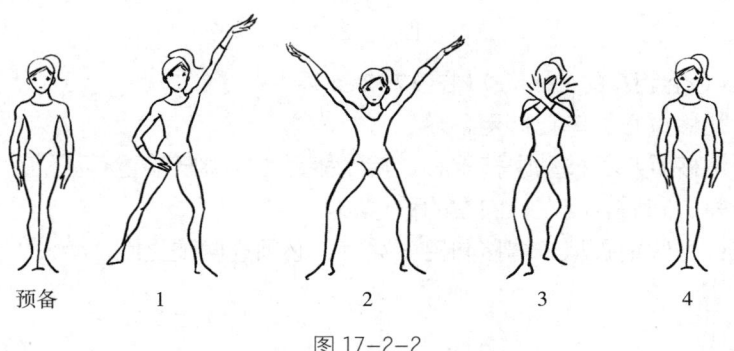

预备　　　1　　　　2　　　　3　　　　4

图17-2-2

4. 恰恰步（水兵步）（图17-2-3）

种类：一种。

形式：平移和转体的恰恰步。

方向：向前、向后、向侧的恰恰步。

技术要点：在2拍节奏中，快速踏步3次。

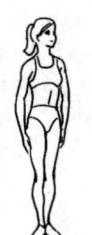

图17-2-3

（二）并步类

1. 点地（图 17-2-4）

种类：脚尖点地、脚跟点地。

形式：原位点地、移动点地、转体点地。

方向：脚尖向前、向侧、向后、向斜方的点地，脚跟向前、向侧、向斜方的点地。

技术要点：点地时，动作要有弹性，腿自然伸直。

图 17-2-4

2. 移重心（经半蹲左右移动）（图 17-2-5）

种类：双腿移重心、单腿移重心。

形式：原地移重心、移动中移重心、转体移重心、跳跃移重心。

方向：向前、向后、向左、向右的移重心。

技术要点：身体重心从一端移向另一端时，必须经两腿之间。

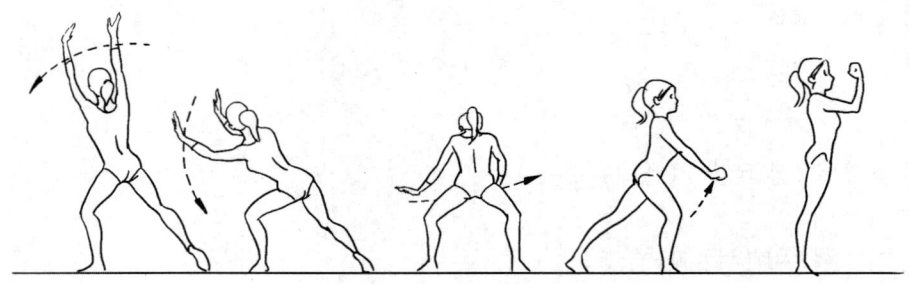

图 17-2-5

3. 并步（图 17-2-6）

种类：两腿同时屈的并步和一伸一屈的并步。

形式：原位的并步、移动的并步（"之"字步）、转体的并步。

方向：向前、向后、向左、向右的并步。

技术要点：一脚并于另一脚，重心要随之移动，两膝自然屈伸。

4. 交叉步（图 17-2-7）

形式：平移的交叉步、转向的交叉步、小幅度跳的交叉步。

方向：向前、向后、向侧的交叉步。

技术要点：一脚迈出，另一脚在前或在后交叉，重心随之移动。

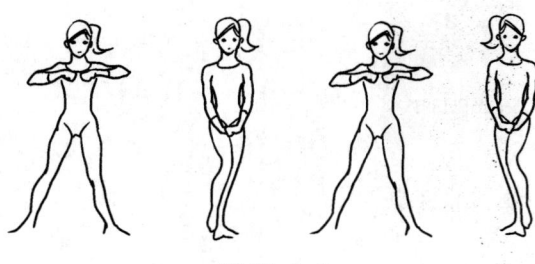
图 17-2-6

图 17-2-7

(三) 弓步类（图 17-2-8）

种类：静力性弓步、动力性弓步。
形式：左右弓步、移重心的弓步、移动的弓步、转体的弓步、跳的弓步。
方向：上步弓步、后撤弓步、侧伸弓步。
技术要点：一腿屈膝，脚尖与膝垂直，另一腿伸直，重心落于两腿之间。

(四) 半蹲类（图 17-2-9）

种类：小分腿半蹲和大分腿半蹲。
形式：向侧一次半蹲、向侧两次半蹲、转体的半蹲。
方向：向侧（左和右）的半蹲。
技术要点：半蹲时，立腰。

图 17-2-8

图 17-2-9

(五) 吸腿类（图 17-2-10）

形式：原地的吸腿及跳、移动和转体的吸腿。
方向：向侧、向前的吸腿。
技术要点：大腿用力上提，小腿自然下垂。

图 17-2-10

第十七章 健美操

（六）弹踢类（图 17-2-11）

形式：原地的弹踢腿及跳、移动和转体的弹踢腿。
方向：向前、向侧、向后的弹踢腿。
技术要点：大腿抬起至一定角度后，小腿自然伸直。

（七）开合跳（图 17-2-12）

种类：双起双落的开合跳、单起双落的开合跳。
形式：原地的开合跳、移动的开合跳、转体的开合跳。
方向：向前的开合跳。
技术要点：开合跳分腿时，两脚自然外开，膝关节沿脚尖方向弯曲。跳起与落地时，注意屈膝缓冲。

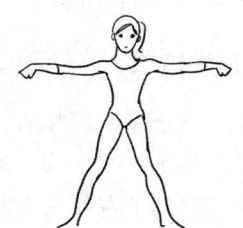

图 17-2-11　　　　　　　　　　　　图 17-2-12

（八）踢腿类（图 17-2-13）

种类：弹动踢腿和直踢腿。
形式：弹动踢腿及跳、移动的（弹）踢腿、转体的（弹）踢腿。
方向：向前、向侧、向斜前的（弹）踢腿。
技术要点：腿上踢时，须加速用力；立腰，上体尽量保持不动。

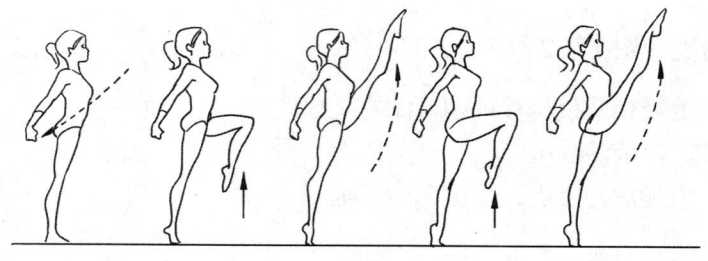

图 17-2-13

（九）后踢腿跳

形式：原位的后踢腿跳、移动的后踢腿跳、转体的后踢腿跳。
方向：向后的后踢腿跳。
技术要点：髋和膝在一条直线上，或后踢时，小腿尽量叠于大腿。

（十）点跳

形式：原位的点跳、移动的点跳、转体的点跳。
方向：向侧、向前、向后的点跳。
技术要点：点地时，身体重心在一条腿上。

（十一）摆腿跳（图17-2-14）

形式：原位的摆腿跳、移动的摆腿跳、转体的摆腿跳。
方向：向侧、向前、向后的点跳。
技术要点：摆腿时，上体顺势前倾、后倒或侧倾。

图 17-2-14

（十二）并跳

形式：移动的并跳、转体的并跳。
方向：向前、向后的并跳。
技术要点：一腿迈出蹬地，另一腿并步，身体重心随之跟上。

二、基本徒手动作

健美操基本徒手动作是根据人体关节活动特点而确定的。常见的基本动作有头颈动作、上肢动作、肩部动作、胸部动作、腰部动作、髋部动作、躯干动作和地上基本姿态。

（一）头颈动作（图17-2-15）

形式：头颈可做屈、伸、平移、侧绕及环绕。

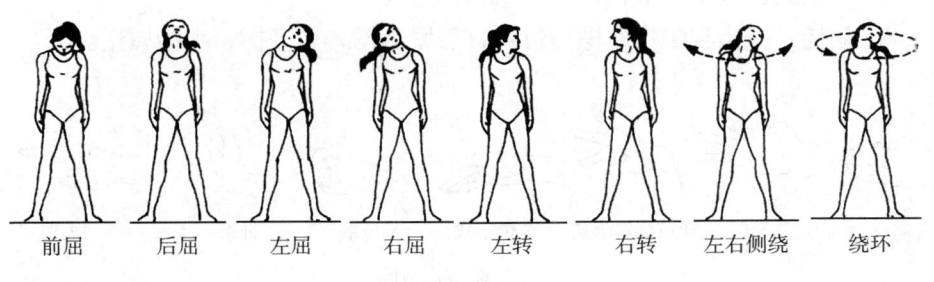

图 17-2-15

方向：向前、向后、向左、向右的屈和平移，向左、向右的转和绕、绕环。

技术要点：做各种形式的头颈动作时，节奏一定要慢，上体保持正直。

（二）肩部动作（图17-2-16）

形式：单肩、双肩均可做提肩、沉肩、收肩、展肩、侧绕、绕环和振肩。

方向：向前、向后的侧绕和绕环。

技术要点：提肩、沉肩时，两肩在额状面尽量上下运动，收肩、展肩幅度要大且保持水平，振肩动作要有速度、力度和弹性。

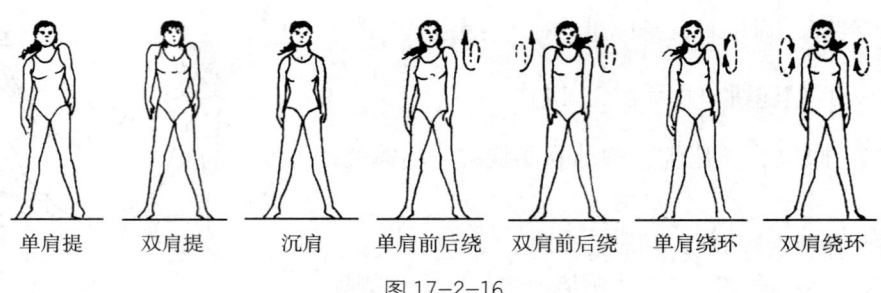

单肩提　　双肩提　　沉肩　　单肩前后绕　　双肩前后绕　　单肩绕环　　双肩绕环

图17-2-16

（三）上肢动作

1. 手形（图17-2-17）

健美操的手形有多种，它是从爵士舞、芭蕾舞、西班牙舞、迪斯科、武术等中借鉴和发展来的。手形的恰当运用，可以使手臂动作更加生动活泼。常见的手形有：

（1）合掌：五指伸直并拢。

（2）分掌：五指用力伸直张开。

（3）西班牙舞手式：五指用力，小指、无名指、中指自掌指关节处依次屈，拇指稍内扣。

（4）芭蕾手式：后三指并拢，稍内收，拇指内扣。

（5）拳：握拳，拇指在外。

（6）推拳（屈指掌式）：手掌用力上翘，五指用力弯曲。

（7）一指式：握拳，食指伸直或拇指伸直。

（8）响指：拇指与中指摩擦后打响，靠紧食指，无名指、小指屈指。

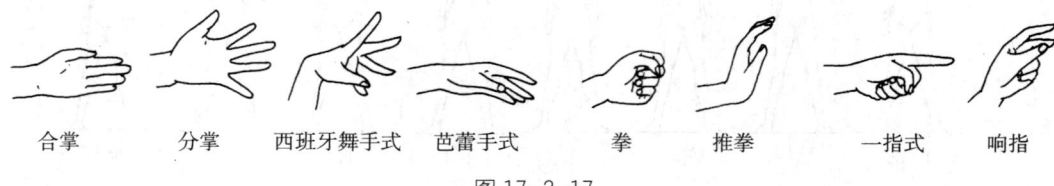

合掌　　分掌　　西班牙舞手式　　芭蕾手式　　拳　　推拳　　一指式　　响指

图17-2-17

2. 臂动作（图 17-2-18）

形式：举（直臂举和屈臂举，单臂举和双臂举）、屈伸（同时屈伸、依次屈伸）、摆动（同时摆动、依次摆动、交叉摆动）、绕及绕环（同时绕，单臂绕和双臂绕，小绕、中绕、大绕）、振动等。

方向：向前、向后、向左、向右、向上、向下等。

技术要点：做臂的举和屈伸时，肩要下沉；做臂的摆动、绕及绕环时，肩要拉开用力。

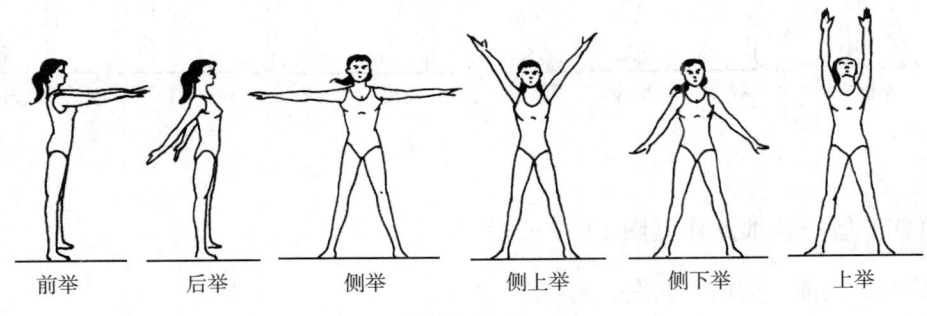

前举　　后举　　侧举　　侧上举　　侧下举　　上举

图 17-2-18

3. 胸部动作（图 17-2-19）

形式：含胸、展胸、振胸。

技术要点：练习时，收腹、立腰。

4. 腰部动作（图 17-2-20）

形式：腰的屈、转、绕和绕环。

方向：向前、向后、向左、向右。

技术要点：腰前屈、转时，上体立直；腰绕和绕环时，速度放慢。

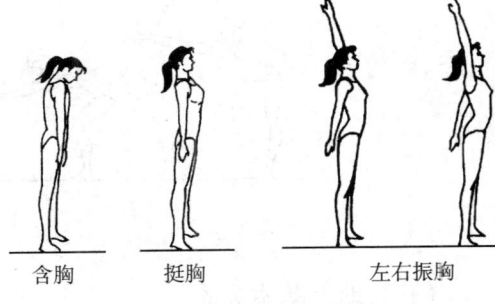

含胸　　挺胸　　　　左右振胸

图 17-2-19

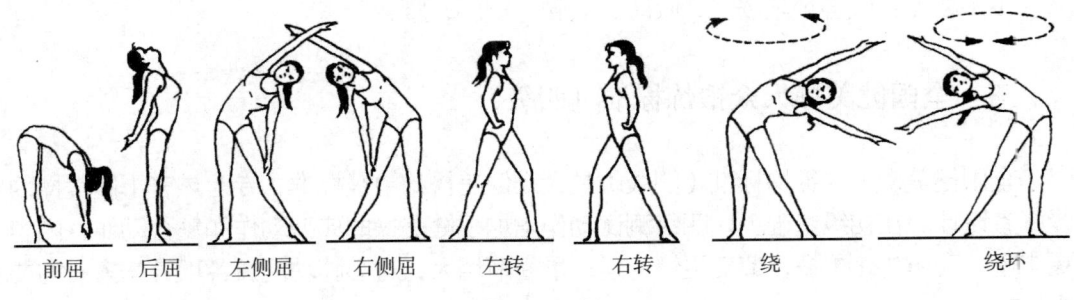

前屈　　后屈　　左侧屈　　右侧屈　　左转　　右转　　绕　　　绕环

图 17-2-20

第十七章　健美操　333

5. 髋部动作（图 17-2-21）

形式：顶髋、提髋、摆髋、绕和绕环。

方向：向前、向后、向左、向右。

技术要点：进行髋部练习时，上体放松。

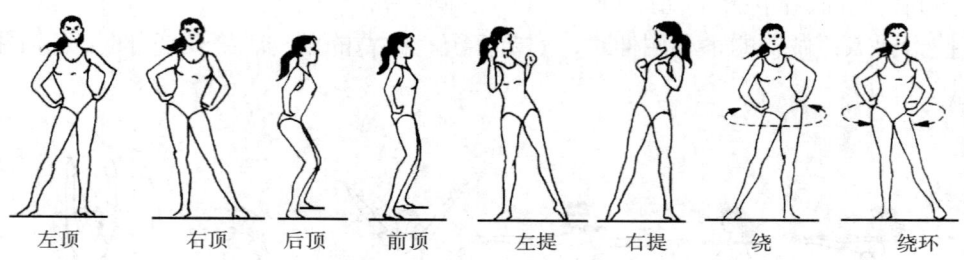

左顶　　右顶　　后顶　　前顶　　左提　　右提　　绕　　绕环

图 17-2-21

（四）躯干波浪动作（图 17-2-22）

方向：向前、向后、向左、向右。

技术要点：做波浪时，动作协调连贯。

图 17-2-22

（五）地上基本姿态

形式：坐（直角坐、分腿坐、跪坐、盘腿坐）、卧（仰卧、俯卧、侧卧）、撑（仰撑、俯撑、跪撑）等。

技术要点：做各种坐姿时，收腹、立腰、挺胸，腰背紧张。

三、全国健美操大众锻炼标准（四级）

全国健美操大众锻炼标准（四级）是大众健美操的中级标准，专为热衷于健美操的爱好者设计。在初级基础上，四级测试动作增加了健美操的典型动作和复合动作，内容更丰富，动作变化更多，节奏更快，运动量逐渐增大，对心肺功能及各项身体素质的要求均较高。

1. 前奏（4×8 拍）

1 拍：站立；2—8 拍：踏步。重复做 4 次。

2. A 段（8×8 拍）

（1）1—4 拍：左脚开始，依此成开立、还原；5—8 拍：踏步。还原成并立时稍屈膝、含胸。

（2）1—4 拍：左脚开始向前迈步，右脚跟上，然后还原，两臂依次在胸前前屈；3—4 拍：两臂同时向下振动两次；5—8 拍：左右侧并步，两臂经肩侧屈上举。注意膝关节的弹性，并腿时稍屈膝。

（3）1—4 拍：向左两次侧并步；5—8 拍：向右两次侧并步。

（4）1—4 拍：左脚开始"V"字步；5—8 拍：再做一次"V"字步，同时左右击掌。"V"字步每次要还原到原位。

（5）—（8）同（1）—（4）。

3. B 段（8×8 拍）

（1）1—4 拍：走 4 步，两臂经侧向上、向前做体前大绕环一周半，头上击掌，经侧举还原，前后移动应体现步伐的流动性；5—8 拍：左脚开始，脚跟点地，两臂经胸前小臂上屈、胸前平屈、侧平举，还原至体侧。注意主力腿的弹性。

（2）1—4 拍：后退 4 步；5—8 拍：左腿开始吸腿跳，两臂动作同上。

（3）—（8）同（1）—（4），重复三遍。

4. C 段（8×8 拍）

（1）1—2 拍：右转 90°，左脚上步成分腿半蹲，两臂由右经上举绕至侧举，在胸前平屈，分腿半蹲时，重心应在两脚之间；3—4 拍：左转 90°，左脚落于右脚后，重心后移，右脚原地垫一步，臂后摆；5—8 拍：不加转体，动作同 1—4 拍。

（2）1—4 拍：向左侧交叉步两臂前后摆动；5—8 拍：右脚原地小跳 4 次，同时左腿摆至左侧下举、右前下举、左侧下举，然后还原。

（3）—（4）同（1）—（2），方向相反。

（5）—（8）同（1）—（4）。

5. D 段（12×8 拍）

（1）经左腿小跳、右腿侧摆，右、左腿依此向左跨三步，右手撑地，左转 90° 成体前屈，两手触脚。向侧跨步时，重心逐渐下降，手臂水平摆动。

（2）1—4 拍：上体后倒成仰卧，两臂胸前平屈，依次上下摆动；5—8 拍：分腿、屈膝，两臂经体侧至头后屈。

（3）—（6）4 次仰卧起坐，上体抬起和下落要匀速，4 拍上，4 拍下，除腹肌外其他部位均不参与运动。

（7）仰卧向右翻转 180° 成跪俯撑。收腹，臀部稍翘，头颈自然前伸，起落要匀速。

（8）—（11）4 次跪地俯卧撑。

（12）1—4 拍：上体后移成跪；5—8 拍：左脚向右前方上步，右脚并于左脚站起，手臂在头两侧垂直上下交换。

6. E段（4×8拍）

（1）1—4拍：左脚开始侧弓步，臂经屈肘至侧上举，拳心向下。弓步时，脚跟应有弹性地着地、还原；5—8拍：左脚开始向后弓步，两臂屈肘上摆。

（2）同（1）。

（3）1—4拍：左脚开始向前走4步，两小臂依次向前绕环；5—8拍：开合跳两次，左右臂在体侧依次向上屈伸。

（4）同（3），但1—4拍向后退，两臂向后绕环。

7. F段（4×8拍）

（1）左脚开始向前跑4步，经半蹲小分腿跳，落地缓冲。小分腿跳时要求收腹拔背，四肢在同一垂直面内。

（2）1—2拍：左脚向右前方上步，右脚在后原地垫一步；3—4拍：左脚向侧并步跳；5—8拍：右脚向后弧形跑。

（3）—（4）同（1）—（2），方向相反。

8. G段（8×8拍）

（1）1—4拍：左脚开始踏步；5—8拍：左脚开始侧点地，两臂经体前交叉摆至侧下举。点地时注意膝关节的弹动，最后一拍动作为下一拍的准备动作。

（2）左脚开始向侧弹踢两次。

（3）左脚开始向左前方、右前方做上步并步，两臂随之前摆击掌。要求上步并步动作应经弓步向前并步。

（4）左脚开始向左后方、右后方做侧滑步，两臂自然向侧、向内摆动。

（5）—（8）与（1）—（4）动作相同，方向相反。

9. H段（12×8拍）

（1）1—2拍：左转90°右脚上步，左脚提膝；3—8拍：重心后倒成直角坐，再左转90°成侧卧。重心后倒时左脚先着地，再双手撑地。

（2）1—4拍：右腿侧摆一次。侧摆腿不超过45°；5—8拍：右腿后摆一次，右臂前举。后摆腿时避免脊柱和头后屈。

（3）同（2）。

（4）右腿屈膝、侧摆、屈膝、还原。

（5）同（4），但最后两拍右转180°成右侧卧。

（6）—（9）同（2）—（5），换左腿做。

（10）左转180°，右脚上步站起。

（11）1—2拍：左腿侧步，右腿后屈，同时转体180°。在做侧步屈膝时大腿屈伸要有力，富有弹性；3—4拍：右腿侧步，左腿后屈；5—8拍：动作同1—4拍。

（12）1—4拍：左脚开始做侧步后屈半蹲；5—6拍：双手在左侧击掌三次；7—8拍：两腿伸直，上体稍右转，左臂前举，右臂头后屈。

四级测试动作如图 17-2-23 所示。

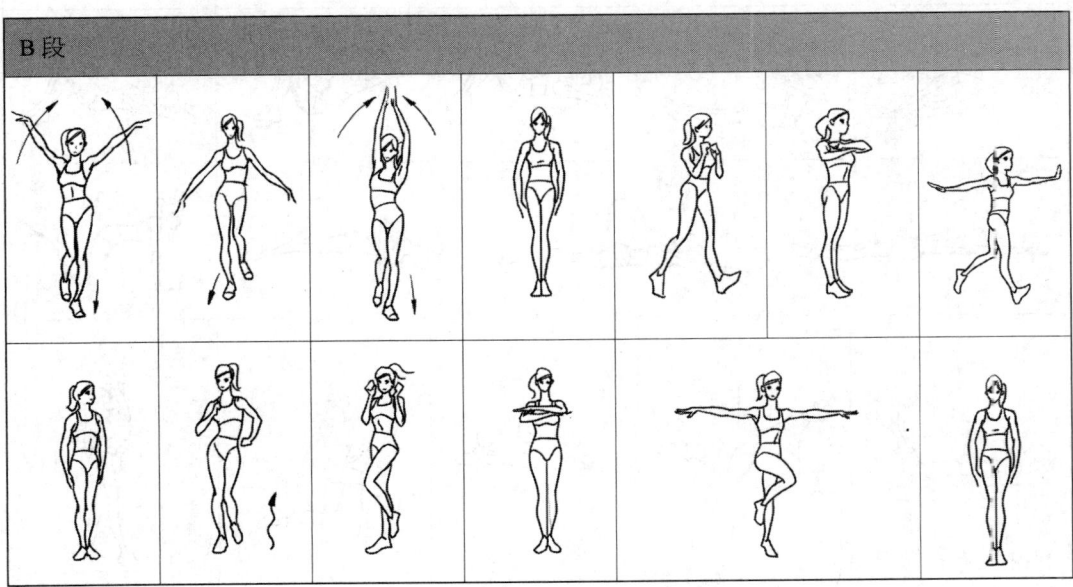

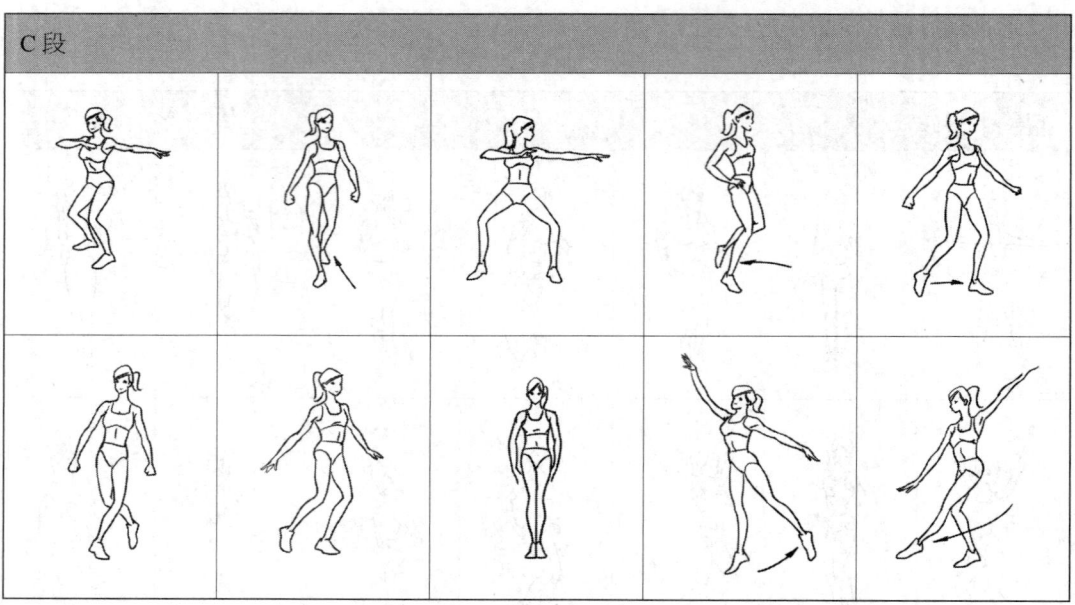

338 运动技能篇

E 段

F 段

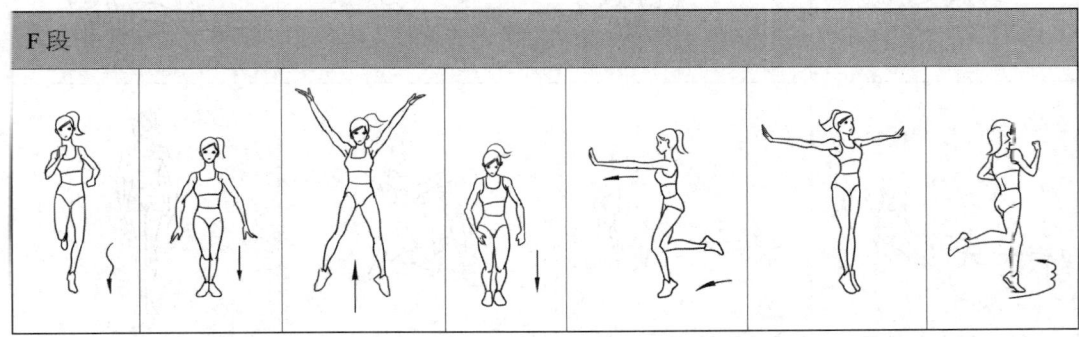

G 段

第十七章 健美操

图 17-2-23

第三节　健美操健身锻炼指导

一、健美操锻炼时的生理负荷

健美操锻炼的最终目的是为了取得最佳的锻炼效果。从生理学角度看，只有适宜的负荷刺激才能达到增强体质的目的。负荷过大，刺激量超过了身体所承受的范围，不但不能强身健体，反而对身体有害；负荷过小，不能引起身体的适应性变化，也起不到强身健体的作用。因此，科学地确定锻炼负荷，是获得健美操锻炼效果的前提。

通过锻炼时的心率确定运动负荷：

1. 没有训练基础的人

$$220（次／分钟）－年龄＝最高极限心率$$

2. 有训练基础的人

$$205（次／分钟）－年龄的一半＝最高极限心率$$

以上是计算运动强度的极限指标。美国健身研究协会推荐的健身指标区是：最大心率 ×（65%～80%）。心率在上述指标范围内属于有氧运动，故称为健身指标区。百分比的指数越高，对身体的影响就越大，锻炼的效果就越明显。如果百分比指数超过上述范围则是无氧训练，但运动强度过低对身体的健身效果又不显著。因此，只有确定适合于自己的负荷，才能收到最佳的锻炼效果。

二、健美操的自我监督体系

健美操的自我监督是指在健美操锻炼时对自己的身体健康状况自我观察的一种方法。它不但能使锻炼者科学地参加体育锻炼，而且也是自我评价运动负荷大小的有效方式。

自我监督的内容包括自我感觉和自我监测两个方面。

（一）自我感觉

1. 良好的自我感觉

经常参加健美操锻炼，会感觉身体轻松、心情愉快、性格开朗、食欲好、睡眠沉且无梦、精力充沛、记忆力提高、身体充满活力、皮肤富有光泽和弹性。锻炼后身体有轻微的疼痛，但清晨起床后症状逐渐消失并有强烈的活动欲望，这些都是良好的身体反应。

2. 不良的自我感觉

在健美操锻炼过程中，若出现下列现象，应引起重视并及时进行调整：

（1）当锻炼过程中出现头痛、恶心、头晕、气喘、胸痛、心悸或其他部位的疼痛时，可能是缺乏热身运动，身体没有及时地适应或运动量过大造成的，此时，应逐渐减小运动量或采用放松走动等形式给予调整、缓冲。若不良感觉持续时间较长，应停止运动或请医生诊疗。

（2）若锻炼后出现精神萎靡不振、四肢软弱无力、倦怠、容易激动，则可能是教学方法不当或疲劳的征象。可休息1~3天或调整锻炼负荷、缩短锻炼时间，当症状全部消失后，再循序渐进地恢复正常训练。

（3）健美操锻炼后，若出现失眠、屡醒、多梦、嗜睡、清晨起床后头晕昏沉和食欲减退等症状，则说明：① 初学者还没有适应这种运动；② 运动量过大，应作适当的调整，但不宜停止锻炼。

（4）近期锻炼突然大量排汗，若已排除是运动量过大造成的，则可能是身体功能状况不良、健康状况下降的反应，此时应及时调整运动强度和时间，注意观察身体变化，必要时应到医院进行检查。

（二）自我监测

在健美操锻炼中，脉搏和体重是监测人体机能状况的重要生理指标。

1. 脉搏

脉搏与健美操锻炼者的训练水平有关。经常参加健美操锻炼的人，安静时的脉搏较慢。当训练水平提高或下降时，脉搏也将发生相应的变化。

在自我监督中，检查心率变化的规律时，还必须注意年龄、性别差异和体温状况。中国学生体质健康调查组的调查研究表明：我国18~20岁的城市青年学生的心率，男生平均为75.2次/分钟，女生为77.5次/分钟。心率与体温的关系也非常密切，体温每升高1 ℃，心率增加8~12次/分钟。大学生应注意自身心率的变化，建立纵向比较生理指标的方法，在运动中通过历史对照监控身体机能变化。

2. 体重

系统地参加健美操锻炼后，体重的变化可分为三个阶段：

第一阶段：体重有逐渐下降的趋势，这是机体失去多余水分和脂肪的缘故。该阶段可持续3~4周或更长时间。肥胖或缺乏锻炼者，体重下降幅度会更大一些。

第二阶段：体重稳定阶段，运动后减轻的体重完全恢复。这个阶段可能持续5周以上。

第三阶段：即由于肌肉等组织逐渐发达，体重有所增加并保持在一定的水平上。

进行自我监测时，每周可测量体重1~2次，应在同一时间内进行（最好在早晨）。此外，还可测定运动前后的差值，以观察运动对机体的影响。如果出现体重持续性下降，同时身体有其他异常征兆出现时，可能是由于过度训练或患有慢性消耗性疾病所致，应查明原因或及时去医院诊疗。

三、健美操锻炼的注意事项

（一）月经期的锻炼

月经期是否能参加健美操锻炼，因人而异。最好根据健身者的健康状况、身体训练水平以及月经期对健美操活动的适应程度而定。

一般情况下，身体健康、月经正常者，在月经期是可以进行健美操锻炼的，但应注意运动量和伸拉动作幅度不宜过大，避免过多的跳跃运动及垫上动作。当身体逐渐适应运动后，再逐渐增加锻炼的时间及强度。

（二）饮食

参加健美操锻炼，必须注意运动前后的饮食卫生。一般进食后间隔 1.5~2.5 小时才可进行健美操锻炼，因为进食后的一定时间内，胃中食物充盈，膈肌上顶，影响呼吸，不利于运动。而且此时运动可使消化器官的血液供应减少，机能减弱，这不仅影响食物的消化，还易发生腹痛、呕吐等症状。若休息时间短，可进食少一些，运动前的一餐进食不宜过多，而且应吃易于消化、含有较多糖、维生素和磷的食物，尽量少吃含脂肪及有刺激性和过敏性的食物，运动后应休息 30 分钟以上再进食。

（三）饮水

进行健美操锻炼，不仅会消耗大量热能，同时也会失去大量的水分。当失水量为体重的 4%~5% 时，会引起机体轻度脱水。所以，在健美操锻炼过程中，应注意及时补充体内流失的水分，保证身体健康和正常的机体需要。

补充水的方法最好是少量多次，运动中每 15~20 分钟饮食 100~150 毫升。这样既可以随时保持体内水的平衡，又不会增加心脏和胃的负担。一次性大量饮水可使血液稀释和血容量增加，还会增加心脏的负担。此外，大量的水进入胃中，由于不能及时被机体吸收，会造成水在胃中潴留，稀释胃液，影响消化。若大量饮水后继续运动，容易引起运动者呕吐或其他不良反应。

一般在开始运动前 10~15 分钟，可饮 400~600 毫升水，以增加体内水的临时储备，对维持运动时的生理机能有良好作用。运动后饮水也应采用少量多次的方法。

（四）着装

参加健美操锻炼，应穿专门的健美操服装，或穿着有足够弹性、纯棉质地、柔软的服装，这不仅便于完成健美操动作，也可提高锻炼的安全性。

参加健美操锻炼，应穿着大小合适、轻松柔软、弹性及通气性能良好的运动鞋，切忌穿高跟鞋或厚底鞋进行运动。

第十八章 体育舞蹈

第一节 体育舞蹈概述

一、体育舞蹈的起源与发展

体育舞蹈起源于欧洲、拉丁美洲，原名称作"社交舞"，英文为"Ballroom Dancing"，为欧洲贵族在宫廷举行的交谊舞会。社交舞早在14—15世纪已在意大利出现，16世纪传入法国，并于1768年在巴黎开办了第一家交际舞厅。法国大革命后，社交舞流传民间至今。第二次世界大战后，美国人将该舞蹈散播到全球各地，并形成一股跳舞热潮，至今不衰。

1924年，由英国发起的欧美舞蹈界人士在广泛研究传统宫廷舞、交谊舞及拉美国家的各式土风舞的基础上，对此进行了规范和美化，于1925年正式颁布了华尔兹、探戈、狐步、快步4种舞的舞步，总称为摩登舞。并将此种舞蹈首先在欧洲推广并进行比赛，继而又推广到世界各国，受到了许多国家的欢迎和喜爱。

1950年，由英国ICBD（世界舞蹈组织）主办了首届世界性的大赛"Blackpool Dance Festival 1950"（黑池舞蹈节），并把规范后的舞蹈命名为国际标准交谊舞。以后每年的5月底，都会在英国的"黑池"举办一届世界性的大赛。随后，摩登舞中又增加了维也纳华尔兹。

1960年，非洲和拉美一些国家的民间舞经过规范加工后又增加了拉丁舞的比赛。

经过不断发展，"社交舞"逐渐从"社交"发展为"竞技"，将单一的舞种发展为摩登舞、拉丁舞两大系列10个舞种，并在1904年成立了"英国皇家舞蹈教师协会"。这个组织将当时欧美流行的舞姿、舞步、方向等整理成统一标准，并制定了有关舞蹈理论、技巧、音乐、服装等竞技的标准，公布为"国际标准交谊舞舞厅舞"，为世界各国所遵循，英国的黑池甚至成了"国际标准舞"的圣地。

目前，国际上有两个国际体育舞蹈组织：世界舞蹈及体育舞蹈理事会和国际体育舞蹈联合会。

世界舞蹈及体育舞蹈理事会，简称WDDSC（World Dance and Dancesport Council），1950年9月22日在英国苏格兰的爱丁堡成立，注册地为英国伦敦。

国际体育舞蹈联合会，简称IDSF（International Dance Sport Federation），1935年成立于布拉格，注册地为瑞士洛桑，1997年获得国际奥委会的正式承认。

国际标准交谊舞于 20 世纪 30 年代传入中国。我国自 1986 年正式引进后，发展迅速。1991 年 5 月，中国体育舞蹈运动协会成立。中国现在是世界舞蹈及体育舞蹈理事会（WDDSC）的准会员，国际体育舞蹈联合会（IDSF）的正式会员。

目前，世界各国将国际标准舞易名为"体育舞蹈"，成为体育运动项目。国际体育舞蹈联合会于 1997 年 9 月 4 日正式成为国际奥林匹克委员会会员，2000 年体育舞蹈成为悉尼奥运会表演项目。

体育舞蹈的锻炼价值

1. 具有强身祛病、延年益寿的健身价值。
2. 提高音乐修养及艺术鉴赏力。
3. 规范行为举止，实现美育教育的价值。
4. 沟通思想，联络情感，促进人们友好交往。

二、体育舞蹈的内容、分类和特点

体育舞蹈分为两大类：普通体育舞蹈和国际体育舞蹈。

（一）普通体育舞蹈

普通体育舞蹈特点在于普及性、流行性、实用性和自娱性。内容单纯，动作简单，人数不限，形式不拘一格。尤其紧跟时尚，能迅速、敏感地反映大众精神面貌的更新变异。它包括体育教学舞蹈、实用性舞蹈和社交性舞蹈。

1. 体育教学舞蹈

体育教学舞蹈被列入教学大纲、为完成教学任务服务的一类舞蹈，它在教学中占有一定的比例。其内容是教学大纲所规定的，多以基本步伐和基本动作为主，以培养学生的节奏感和协调性。

2. 实用性体育舞蹈

实用性体育舞蹈根据练习者不同的需求有针对性地选择内容，如健身舞、减肥舞、庆典舞等。

3. 社交性体育舞蹈

社交性体育舞蹈是群众文化生活中最广泛、最具有普及性的舞蹈。其主要目的是进行交往、增进友谊、联络情感，如交谊舞、集体舞等。

（二）国际体育舞蹈

国际体育舞蹈又称为国际标准交谊舞，是一项带有竞技性的艺术型体育项目。20 世纪 20 年代，英国率先将其进行了规范化，形成了现代舞 5 项（华尔兹舞、探戈舞、狐步舞、快步舞和维也纳华尔兹舞）和拉丁舞 5 项（伦巴舞、恰恰恰舞、桑巴舞、牛仔舞和斗牛舞）。国际体育舞蹈具有内容美、形式美、技艺美等特点。它以生活中美的典型、美的传说为题材，通过人体运动时的艺术、情感的动态性的操作过程表现人的本质，塑造各种难度造型，成为风靡世界的体育艺术表演项目。

国际体育舞蹈的风格和特点：

1. 华尔兹舞

华尔兹舞原为德国和奥地利的一种农民舞蹈，16 世纪传入法国，成为一种宫廷舞蹈。18 世纪末在英国舞厅出现，19 世纪末 20 世纪初流传于美国波士顿，故又称为"波士顿华尔兹"。后又传到欧洲大陆，并在英国得到了很好的发展和创新，所以又称为"英国华尔兹"，即当代标准华尔兹。

华尔兹舞的风格特点：舞态雍容华贵，舞步婉转流畅，旋转起伏似行云流水，富于抒情浪漫情调，被称为"舞中之后"。它的音乐是 3/4 拍，每分钟 29 小节，华尔兹舞没有快慢步之分，一般每小节三步，第一拍是重音，第二拍弱音，第三拍最弱音。

2. 探戈舞

探戈舞起源于阿根廷，后流传于欧美各国。探戈舞不同于其他现代舞，有其独特的风格。探戈舞刚劲顿挫，潇洒奔放，动静交织，有一种阳刚之美，被称为"舞中之王"。它的音乐是 2/4 拍，每分钟约 33 小节，基本节奏为慢、慢、快、快、慢。每个慢步只占音乐的 1 拍，而快步只占 1/2 拍。

3. 狐步舞

狐步舞起源于英国，是一种模仿狐狸行走姿态的舞蹈。舞步平缓舒展，平稳大方，动作严谨，轻松悠闲，舞态洒脱，如行云流水，有一种安详的流动感。它的音乐为 4/4 拍，每小节 4 拍，每分钟 30 小节。基本节奏为慢、慢、快、快、慢。每个慢步用 2 拍，快步用 1 拍。音乐的第 1、3 拍为重音，2、4 拍为弱音。

4. 快步舞

快步舞起源于英国，特点是音乐明亮欢快，动作轻松活泼，跳跃转动洋溢着青春活力，被称为"快乐舞蹈"。由于快步舞的音乐速度快，动作轻盈、飘逸、快速、平稳，因而要求舞者具备良好的基本功和身体素质。它的音乐为 4/4 拍，每分钟 50 节左右，基本节奏为慢、慢、快、快、慢，每个慢步用 2 拍，快步用 1 拍。音乐的第 1、3 拍为重音，2、4 拍为弱音。

5. 维也纳华尔兹舞

维也纳华尔兹舞最早起源于奥地利，由阿尔卑斯山地区的农民舞蹈演变而成，19 世纪传到欧洲宫廷，并流行于欧美各大城市，历经百年不衰。维也纳华尔兹舞曲轻快明朗、优美动人、动作流畅、典雅大方、热烈活泼、旋转性强，又被称为"快华尔兹"。它的音乐为 3/4 拍，每小节 3 拍，每分钟约 56 小节，基本节奏同华尔兹舞。

6. 伦巴舞

伦巴舞起源于古巴的民间舞,是一种具有独特魅力的舞蹈。它的音乐缠绵,舞蹈风格柔媚而抒情,舞态婀娜多姿,以表达情侣之间的爱情为主题,被称为"拉丁舞之魂"。它的音乐为 4/4 拍,每分钟 29 小节左右,基本节奏为快、快、慢,每个快步占 1 拍,慢步占 2 拍。而舞者的前进步和后退步都踩在每小节的第二拍(弱拍)上。

7. 恰恰恰舞

恰恰恰舞起源于古巴,是在伦巴舞的基础上发展变化而来,具有独特风趣的一种快乐舞蹈,其动作是模仿一对企鹅在生活中的各种姿态而创造出来的。恰恰恰舞活泼欢快,热情奔放,舞态花哨利落。它的音乐为 4/4 拍,每小节 4 拍,每分钟 33 小节,基本节奏为慢、慢、快、快、慢。2 个慢步占 2 拍,3 个快步占 2 拍。

8. 桑巴舞

桑巴舞起源于巴西。其风格是活泼自由,动作摇曳好似风吹杨柳、随风摆荡。特点是髋的韵律摆动和膝、踝关节的弹性摆动比较突出。它的音乐为 2/4 拍或 4/4 拍,每小节 2 拍,每分钟 48~56 小节,基本节奏是二快一慢,两个快步占 1 拍,一个慢步占 1 拍。

9. 斗牛舞

斗牛舞亦称帕索多布里舞,起源于西班牙,是模仿斗牛士的舞蹈。男士好似斗牛士,具有傲岸神气、不可一世、勇猛顽强的英勇气概,女士好似斗牛士手中的红斗篷,舞蹈动作刚劲有力、威武雄壮,配上激昂有力的音乐,使人精神振奋、斗志昂扬。斗牛舞的音乐为 2/4 拍,有时也可以是 3/4 拍和 6/8 拍,每分钟 60~62 小节,步法是一步一拍,节奏匀速。

10. 牛仔舞

牛仔舞也称为捷舞,源于美国西南部。其特点是步幅较小,频率较快,风格活泼、欢快,舞步多变,有跳跃感,要求腰髋部自然扭摆。音乐为 4/4 拍,每分钟 40~46 小节,基本节奏为慢、慢、快、快、慢,一个慢步占 1 拍,两个快步占 1 拍。

第二节　体育舞蹈基础知识

一、舞程线、方位与角度、赛场

(一)舞程线

舞程线指跳舞者的行进路线,是舞场中的"交通规则"。体育舞蹈规定,舞者必须沿着逆时针方向行进,这个路线叫作舞程线(图 18-2-1)。

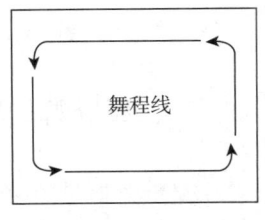

图 18-2-1

（二）方位与角度

跳舞时，每个舞步从开始到结束，所站立的方位、角度都有严格的规定。

1. 方位

跳舞时，为了便于在舞蹈进行中正确辨别方位和检查旋转的角度，根据国际上记录各种舞蹈的惯例，在舞场上要规定一定的方位。在一般情况下，多以乐队演奏台的一面为规定方位的基点，它为"1"点，每向顺时针方向移动45°则变动一个方位，依次类推，共有8个点。因此，一个场地的4个面为1、3、5、7点，而4个角为2、4、6、8点（图18-2-2）。

2. 角度

旋转时，以每转360°为一周，旋转45°为1/8周，旋转90°为1/4周，旋转135°为3/8周，旋转180°为1/2周，旋转225°为5/8周，旋转270°为3/4周，旋转315°为7/8周。

在体育舞蹈中，共规定有8条线，以舞者面对的舞程线行进而言，正面是舞程线，右肩旁称为壁线，左肩旁称中央线，右斜角称壁斜线，左斜角称中央斜线，右斜后角称逆壁斜线，左斜后角称逆中央斜线。只要沿着舞程线的圆周在行进，则无论行进到哪一点，上述规律都是适用的。

3. 赛场

体育舞蹈比赛的赛场应平整光滑，面积为23米×15米，赛场两条长边线为A线和C线，两端为B线和D线。比赛选手所编套路，应按两条线的长短不同，编排合适的动作，不断沿两条线按舞程线方向循环而进。比赛时，选手如有较长时间的原地动作或造型，应安排在舞池较中心的地方，不可以长时滞留而影响其他选手的行进（图18-2-3）。

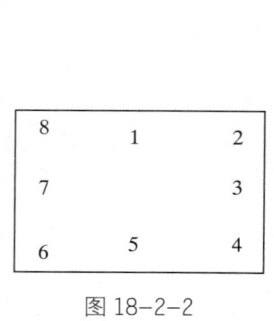

图18-2-2

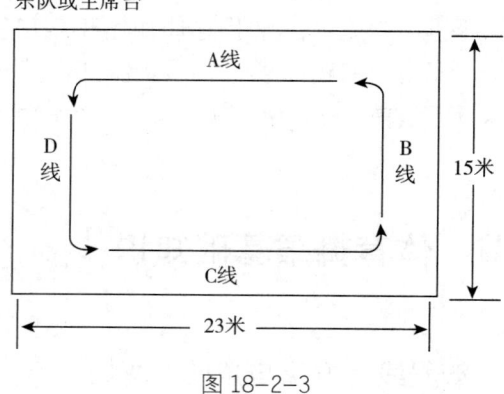

图18-2-3

二、摩登舞的舞姿及握持姿态

握持姿态是舞者起舞前所组合成的站立姿势、握抱方式和身体姿态。体育舞蹈中，现代舞（除探戈舞）的握持姿势基本相同。

（一）标准姿态

男女舞伴双足并合，脚尖正对前方，相对平行而立，互相将自己的右脚尖对准对方的双脚中线，间距为2~3寸，女伴偏向男伴左旁约1/3，男女舞伴的头均向左转，女伴转45°并稍向左后倾斜，男伴转25°，越过对方右肩上方向前平看。肩平、背直、腰挺、膝松弛，女伴胸腰微向后倾约25°，右腰以上稍左倾成一弧线。

（二）舞伴间的握持

（1）男伴左手与女伴右手相握（第一接触点），男伴左上臂平抬，肘略低于肩，小臂内弯，与上臂成90°（也可略大于90°），腕部上抬，与女伴相握的手臂成90°（也可略大于90°），腕部上抬，与女伴手相握，高度与女伴的右耳峰齐，相握的手置于两人身体中间，不可向前握向后拉，使女伴手臂自然弯曲成圆弧状。

（2）男伴右上臂平抬、小臂内弯，右手五指合拢扶抱到女伴左肩胛骨外侧，用掌部轻托女伴。

（3）女伴左手虎口张开，放在男伴上臂三角肌的部位，拇指在其内侧，其他四指在外侧，腕部和小臂放平，腕骨不要突起。

（4）男伴的右小臂与女伴左上臂相接触，整个右臂将女伴左臂自然地架起。

（5）男女伴的右髋部互相轻贴，这是体育舞蹈中引导女伴的重要部分。

通过以上5个接触点，男女伴形成了挺拔自然的握持姿势。男女伴身体组合成一个框架结构，互相引导，互相制约。这是体育舞蹈的一个基本姿势，在舞步的运行中应保持稳定的舞姿。

三、摩登舞基本技巧

1. 反身动作

左脚前进时，右肩和右胯前送；右脚前进时，左肩和左胯前送。这样使运步的方向和身体成一种交叉状态，这就叫作反身动作。

反身动作可以使男女舞伴始终保持最佳的持握姿势，同时可以加大动作的幅度，因此非常重要。

2. 升降动作

各种舞步都有身体上升或下降的变化，只是升降程度和要求不一。

升降动作是指踝关节的屈伸，膝关节应保持松弛，不做升降，身体应保持垂直，鼻、胸、髋、膝和脚尖5点成一线。

3. 摆荡动作

摆荡动作是指舞者在运步过程中，伴随动作的升降和音乐的节奏，使身体的一侧肌肉拉长，好像荡秋千一样摆起，从而加大动作的幅度。摆荡动作是指躯干的摆荡应借助于反身动作和升降动作完成。

4. 倾斜动作

倾斜动作是指舞者在左右横步和转身动作的第一步中的身体倾斜状态。舞者大步横移时总是腰胯连同脚步横移，然后腰胯以上部分为保持重心平稳而逐渐跟随，这样就形成了一个符合物理规律的自然倾斜动作。

四、拉丁舞基本知识

1. 拉丁舞舞程向与舞程线

伦巴舞、恰恰恰舞、捷舞在起舞时，可沿逆时针方向行进，也可以从场地中央开始向场地 4 个角的方向行进。桑巴舞和斗牛舞在表演和比赛时以面对观众或评委起舞为最佳。拉丁舞在表演或自娱时，起舞的方向和路线可根据舞蹈编排的需要或舞厅场地条件灵活变化。

2. 拉丁舞髋的韵律摆动

拉丁舞在整个舞蹈过程中突出表现了男女双方髋的韵律摆动。髋部动作是以腰部摆动带动髋的韵律性摆动。髋部摆动时，腰部要放松，上体保持正直，两臂在体侧自然摆动。在髋部向侧顶送时，要防止上体向异侧倾斜。如伦巴舞髋的摆动要平稳，没有上下起伏的动作，腰部带动髋而摆动；恰恰恰舞的腰部摆动的感觉和伦巴舞相似，只是节奏较快；桑巴舞的髋部摆动与其他舞区别较大，髋的摆动是绕横轴环形摆动，整个身体的韵律动作也从髋和腹的环形前后绕动而摆动，胸和头自然前后摆动。动作中腰部要特别放松，膝、踝关节保持弹性以增强身体的协调性；牛仔舞在顶髋时，上体与髋同时摆动；斗牛舞的髋韵律摆比其他舞种摆动幅度小，随着舞步的移动，髋与上体同时自然摆动。

3. 拉丁舞的步伐

拉丁舞的步伐多为擦地滑行，运步中开胯，腿部微屈，膝、踝关节的弹性表现突出，脚尖着地增强了舞蹈的快速节奏，充实了舞蹈本身的欢快特点。

第三节 排舞

一、排舞概述

（一）排舞的概念

排舞（line dance）是在音乐伴奏下通过重复的固定舞步动作来愉悦身心的国际性体育运动。它以音乐为核心，通过风格各异的舞步组合循环，来展现世界各国民间舞蹈的多元文化魅力。排舞已经风靡世界，受到不同国家、性别及年龄人们的参与和喜爱。

目前，我国许多大中小学校已经将排舞列入学校体育教学大纲，成为学生体育课、课间操、课余体育锻炼和学校庆典表演的重要内容；许多工矿企业已经将排舞列入工人工间操、业余锻炼和节假庆典表演的重要内容。它对培养学生的音乐素养、提高学生的身体素质、促进学生了解世界文化、培养学生的文明礼仪具有重要的意义。

（二）排舞的分类

1. 按照舞步组合结构分类

按照舞步组合的结构可分为4大类：

（1）完整型排舞：不断重复固定的舞步组合。这种类型的排舞，无论是舞步动作，还是方向变化都较为简单，因此多数属于初级水平的排舞。

（2）组合型排舞：由两个或更多的舞步组合构成，而且每一舞步组合的节拍数不一定相同。这种类型的排舞，并不按照一定的规律进行循环，有些组合重复，有些组合并不一定重复。

（3）间奏型排舞：在固定的舞步组合外，还有一个或多个不一定相同的间奏舞步。间奏舞步一般不超过一个8拍。通常，这一类型的排舞在学习时较难记忆，因此属于中等难度级别的排舞。

（4）表演型排舞：这种类型的排舞，舞步较为复杂，并且没有固定的舞步组合，属于最高难度级别的排舞。

2. 按照舞步组合变化的方向分类

按照舞步组合变化的方向可分为4大类：

（1）一个方向的排舞：面向12点一个方向跳完所有的舞步组合。

（2）两个方向的排舞：舞步组合结束后在相反的方向又开始重复这一舞步组合。即面向12点钟的舞步组合结束后，面向6点钟又开始重复这一舞步组合。

（3）三个方向的排舞：出现在间奏型排舞中。每完成一次舞步组合，都会按顺时针（或逆时针方向）进行变化，在第三次舞步组合完成后，由于音乐节奏的关系又会回到舞蹈的初始方向。

（4）4个方向的排舞：每完成一次舞步组合，都在一个新的方向开始动作。一般按顺时针12点、3点、6点、9点进行方向的变化，也可以按逆时针进行方向的变化。

（三）排舞的特点

1. 文化传承与文化创新的循环性

创新是排舞传承的根本动力，是保证排舞不断发展的重要法宝。从最初的方块舞、圆圈舞、宫廷舞到现在的东方舞、爵士舞、街舞，再到现在流行的排舞，充分体现了排舞对舞蹈文化、民族文化、音乐文化、体育文化的传承和创新。在多元文化的交融和撞击中形成了今天这样丰富多样的排舞风格，而每一种风格也展现了一个民族的文化风采。桑巴风格的排舞展现了巴西文化，踢踏风格的排舞展现了爱尔兰文化，爵士风格的排舞展现了美国文化，探戈风格的排舞展现了阿根廷文化，街舞风格的排舞展现了流行文化，藏族风格的排舞展现了中国藏族文化等。排舞正是在对舞蹈文化、民族文化、音乐文化、体育文化传承的基础上不断创新、不断推进，并且特别注重健身与娱乐的交汇，形成了独具特色的运动项目。传承中有创新，创新中不断传承，两者独立而统一，推动了排舞运动协调发展。

2. 舞蹈元素与音乐风格的融合性

从排舞的产生与发展可知，排舞最初来源于方块舞、圆圈舞、欧洲宫廷舞和当时流行的迪斯科舞蹈以及美国西部乡村的民族、民间舞蹈。随着时代的发展，排舞融入了越来越多时尚的舞蹈和音乐元素，在多种舞蹈和音乐元素组合、变化和不断创新之下形成了今天如此丰富多样的排舞曲目。在构成排舞的诸多要素中，舞步和音乐是最为重要的。可以说音乐是排舞的灵魂，舞步是音乐的外在表现形式。音乐节奏、旋律、和声与舞步、造型和组合的浑然一体，使音乐通过排舞诠释变成了"看"得见的艺术，而排舞通过音乐的表达也变成了"听"得见的艺术。

3. 舞步规范与自由形式的共存性

排舞是根据不同的音乐元素来表现不同舞种风格的一项健身运动，虽然排舞每首曲目的舞步全世界完全统一，并有固定的名称和节拍数，但对身体及手臂的动作并无统一的要求。练习者可以根据个人喜好及对音乐的理解，诠释属于自己的舞蹈。无论是完整型、组合型、间奏型还是表演型的排舞曲目，其舞步组合的不断循环，身体动作随韵律的不断变化，练习者可以在排舞的规范和自由中，尽情发挥自己的想象，充分展示自己的个性特征和诠释排舞文化内涵。

4. 网络传播途径的充分运用

排舞得以全面迅速的发展，得益于网络传播平台的运用。全世界的排舞专家和爱好者充分利用网络传播平台，把创编好的曲目通过互联网上传到国际排舞协会的网站进行审批，国际排舞协会通过互联网发布审批通过的曲目，全世界的排舞爱好者通过互联网学习排舞曲目。依靠网络平台，不断推出新的排舞视频、文字和图片作品，有利于宣传、推广和普及排舞，对排舞的全面发展起着十分积极的推动作用。因此，我们必须以积极的态度、创新的精神，利用网络平台大力发展和传播健康向上的排舞文化，切实把排舞网站建设好、利用好、管理好。

二、排舞基本术语

排舞术语是排舞理论和技术等方面的专门用语。它以简明、扼要的词汇，准确而又形象地反映出排舞的舞步形式和技术特征。

（一）动作方向术语

动作方向术语是指人体或人体某一部分运动的指向或位置。为了正确的辨别身体方向和检查动作旋转的角度，方便理解和记忆套路动作，国际排舞协会规定以时钟的方向作为运动方向。因此，动作方向的参照体前者是时钟，后者是人体（图18-3-1）。

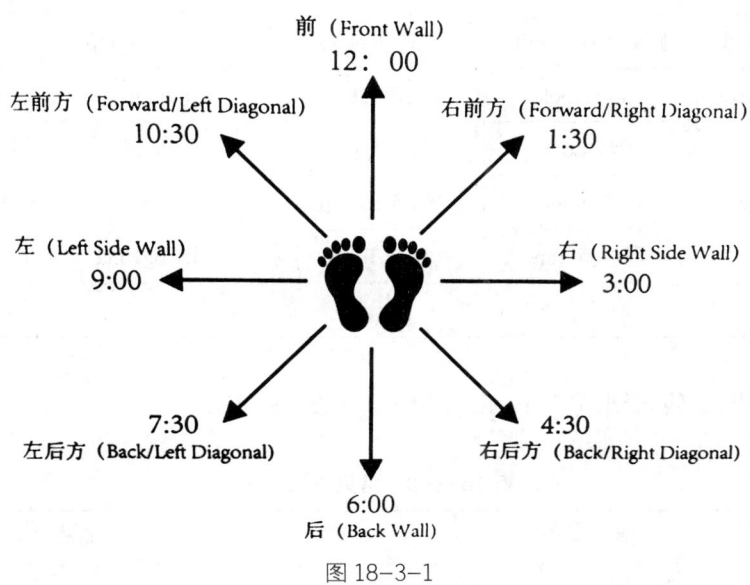

图 18-3-1

（二）基本名词术语（表18-3-1）

表 18-3-1　基本名词术语

排舞 Line Dance	编舞者 Choreographer	音乐名 Music	演唱者 Singer
每分钟拍数 BPM	拍子 Count	方向/遍 Wall	舞蹈水平 Level
初级 Beginner	中级 Intermediate	高级 Advance	前奏/介绍 Count In/Intro
开始 Start	舞蹈顺序 Sequence	小节/章节 Section	段落/部分 Part
结束 End	间奏 Tag/Bridge	从头开始 Restart	重复 Repeat
步伐 Step	脚 Foot（Ft）	右脚 Right（Rf）	左脚 Left（Lf）
脚尖 Toe	脚跟 Heel	归位 Home	原地 In Place
前面 Front	后面 Back	侧面 Side	斜角 Diagonal
头 Head	手 Hand	面向 Face	膝盖 Knee
切分音 Syncopated	顺时针 Clockwise（CW）	逆时针 Counter-Clockwise（CCW）	

（三）动作术语（Standing Step）（表18-3-2）

表18-3-2　动 作 术 语

刷地 Brush/Scuff	退 Back	击掌 Clap	交叉 Cross	拖步 Drag
扇步 Fan	进 Forward	轻弹 Flick	跟弹 Heel Bounce	跟点 Heel Dig
跟磨 Heel Grind	跟开 Heel Split	跟拍 Heel Tap	顶髋 Hip Bump	抬/吸起 Hitch
停顿 Hold/Freeze	勾提 Hook	单足跳 Hop	跳 Jump	踢 Kick
提起 Lift	锁步 Lock	弓步 Lunge	点 Point	抖肩 Shimmy
滑冰步 Skate	滑步 Slide	踏步 Stomp	摇摆 Sway	扫步 Sweep
旋步 Swivel	踢踏步 Tap	触点 Touch	并步 Together	转 Turn
扭转 Twist				

（四）常见步伐术语（Traveling Step）（表18-3-3）

表18-3-3　常见步伐术语

编号	舞步名称	节拍	基本类型
1	抛锚/支撑步 Anchor step	1 & 2	右抛锚/支撑步；左抛锚/支撑步
2	平衡步 Balance step（waltz）	123	右前进平衡步
			左前进平衡步
			右后退平衡步
			左后退平衡步
3	恰恰步 Cha cha cha Shuffle Chase	1 & 2	进恰恰
			退恰恰
			左恰恰
			右恰恰
4	海岸步 Coaster step	1 & 2	右海岸步
			左海岸步
			反向海岸步
			海岸交叉步

续表

编号	舞步名称	节拍	基本类型
5	藤步 Grapeving/vine	1—4	右藤步
			左藤步
			藤转
6	爵士盒步 Jazz box	1—4	右爵士盒步
			左爵士盒步
7	跳 Jump	1	双脚跳
			爵士跳
		12	开合跳
8	锁步 Lock	1 & 2	前锁步
			后锁步
9	曼波步 Mambo step	1 & 2	前漫步
			后漫步
			左漫步
			右漫步
			漫步交叉步
10	摇摆 Rock	12	前摇摆
			后摇摆
			左摇摆
			右摇摆
11	摇椅步 Rocking chair	1—4	右摇椅步
			反向摇椅步
12	伦巴盒步 Rumba box	1—8	右伦巴盒步
			左伦巴盒步
13	水手步 Sailor step	1 & 2	右水手步
			左水手步
			水手交叉步

续表

编号	舞步名称	节拍	基本类型
14	骆驼步 Camel step	1-4	骆驼步
15	剪刀步 Scissors step	1 & 2	右剪刀步
			左剪刀步
16	趾踵步 Strut	1 & 2	尖趾步
			跟趾步
17	糖果步 Sugar step	123	右糖果步
			左糖果步
18	旋步 Swivel	12	右旋步
			左旋步
			跟旋步
19	开关步 Switch	1 & 2	脚尖开关步
			脚跟开关步
20	闪亮步 Twinkle（Waltz）	123	右闪亮步
			左闪亮步
21	跟掌交叉步 Heel ball cross	1 & 2	右跟掌交叉步
			左跟掌交叉步
22	纺织步 Weave	123	右纺织步
			左纺织步
23	踢换脚 Kick ball change	1 & 2	踢换脚
			踢换点
			踢换旁点
			踢换交叉步
			踢旁点

（五）转体术语（Turning Step）（表18-3-4）

表18-3-4 转体术语

编号	舞步名称	节拍	基本类型
1	定轴转 Pivot turn	12	1/4 定轴转
			1/2 定轴转
			3/4 定轴转
2	交叉转 Cross unwind turn	12	右叉转
			左叉转
3	藤转 Rolling vine	1-4	右藤转
			左藤转
4	蒙特利转 Monterey turn	1-4	1/4 蒙特利转
			1/2 蒙特利转
5	三连步转 Triple	1 & 2	三步转 180°~360°
6	划桨转 Paddle turn	1-4	右爵士盒步
			左爵士盒步
7	全转 Full turn	12	左进全转
			右进全转
8	螺旋转 Spiral turn	12	右螺旋转
			左螺旋转

三、排舞运动舞谱的编写

（一）中文舞谱的编写方法

1. 对曲目进行整体描述

即介绍曲目的名称、创编者、舞步组合的节拍数、曲目的方向变化、难度级别、选用音乐的出处等。

2. 编写舞步术语和舞码

舞步术语指每一个8拍或每四个3拍主要完成的舞步动作。

舞码指每一个8拍的节奏口令。

3. 逐拍对舞步进行描述

根据舞步术语和舞码，逐拍对舞步进行描述。编写时按照 A-B-C 的顺序编写。A

表示身体部位，B 表示动作方向，C 表示动作方法。

4. 编写间奏舞步

为保证音乐的完整性，有的曲目需要创编间奏动作使之与音乐协调融合，应特别说明间奏的节拍数及间奏的节拍和方向等。

（二）英文舞谱的编写方法

用英文编写舞谱时，要注意中英文表达方式的不同。编写舞步时，英文按照 C-B-A 的顺序编写。

（三）编写舞谱的注意事项

舞谱用语简单易懂，熟悉英文的表达方式，舞步记写要前后一致，舞步和身体动作不同时记写，熟悉各类舞步动作。

第十九章
瑜伽

第一节 瑜伽概述

一、瑜伽的起源与发展

瑜伽（Yoga）是人类智慧的结晶，产生于公元前300年左右，是东方最古老的强身术之一。瑜伽一词源于梵文的音译，意思是结合、联合，这也是瑜伽的宗旨和目的。瑜伽起源于印度，是一种非常古老的能量知识修炼方法，集哲学、科学和艺术于一身。瑜伽的基础建立在古印度哲学上，古代的瑜伽信徒发展了瑜伽体系，因为他们深信通过运动身体和调控呼吸，可以完全控制心智和情感，保持健康的身体。瑜伽修持者开始只有少数人，一般在寺院、乡间小舍、喜马拉雅山洞穴和茂密森林中心地带修持，由瑜伽师讲授给那些愿意接受的门徒。后来，瑜伽逐步在印度普通人中间流传开来。而今的瑜伽，已经是印度人民几千年来从实践中总结出的人体科学的修炼法，再也不是只限于少数隐居人才有的秘密。在印度，现在很难区分瑜伽与印度教的关系，在寺庙中、在生活中、在许多领域，两者的关系都彼此融合。因为心理、生理和精神上的戒律已经使瑜伽成为印度文化中的一个重要组成部分。

瑜伽有一套从肉体到精神极其完备的修持方法。目前，瑜伽已在全世界广泛传播。当今的瑜伽不仅只属于哲学和宗教的范畴，它有着更广泛的含义，千年不衰，有着强大的生命力。

从广义上讲，瑜伽是哲学。从狭义上讲，瑜伽是一种精神和肉体结合的运动。瑜伽作为修行和练功的方法，分为不同的体系，如哈他瑜伽、语音冥想瑜伽、八分支法瑜伽等。其中有些着重于身体，有些着重于心智和精神等。人的思想意识和健康之间是有联系的。在健身界最受关注的是哈他瑜伽，它注重身体健康和力量，通过集中意念、调整呼吸并配合不同身体姿势的练习，来加强与改善人体各个部位的功能，达到增进身体、心智和精神健康的目的。

二、瑜伽的功效

瑜伽讲究自然、平衡与协调，动作柔和缓慢，是一种安全、有效的塑身练习方法。瑜伽姿势包含伸展、力量、耐力和强化心肺功能的练习，能够伸展肌肉，提高关节灵活度，增强身体的柔韧性，提高平衡感，消除多余脂肪，塑造优美的形体。通过练习瑜伽呼吸法，能够改善呼吸系统、神经系统、内分泌系统的功能，增强人的身体素质和免疫力，消除疲劳，安定神经，减轻压力。

　　瑜伽对神经系统，包括自主神经系统能产生非常有益的影响。通过练习瑜伽，不仅能保持神经系统的健康，而且还能使功能异常的神经系统恢复正常。此外，还能使交感神经系统和副交感神经系统保持平衡。瑜伽练习对内分泌腺体也十分有益，能使各种内分泌腺体得到按摩，刺激心脏，从而保持健康状态。

　　瑜伽姿势、呼吸练习和瑜伽冥想功对于呼吸系统也有非常好的影响。人的呼吸系统越是健康，就越能预防像肺结核、支气管炎和肺气肿等各类呼吸系统疾病。此外，瑜伽功法对于血液循环系统、消化系统和皮肤也很有益处。

三、瑜伽与呼吸

　　呼吸是人最重要的机能，但是人们对呼吸的了解却很少，经常以不正确的方法进行呼吸。在日常的生活中，我们的呼吸一般是随意和不规律的，大多数人呼吸浅短、缺乏规律。研究表明，人的身体状况在很大程度上依赖于呼吸的规律性，甚至呼吸方式可以高度地反映出一个人的情绪情感。当人们在心烦意乱的时候，如沮丧、悲痛或抑郁时，呼吸就会变得很慢和没有规律；而在狂怒、焦虑和紧张不安时，呼吸则会变得迅速、表浅和混乱。呼吸随年龄增长会产生变化，年龄越大，呼吸越浅弱。正确地呼吸可使人头脑灵活，体力充沛，感觉越活越年轻。普通人每分钟呼吸 15～16 次，坐禅时呼吸只有 5～6 次，修持得法者每分钟呼吸只有 1～2 次，甚至可达到像龟蛇一样微呼微吸，不消耗能量。瑜伽理论认为，人一生的呼吸量是有一定限度的，呼吸又快又匆忙，容易影响寿命。相反，呼吸缓慢、犹如在品尝空气的人，可获得长寿。调整呼吸是生存的基本因素，也是健康的必要基础。瑜伽练习强调用鼻呼吸，平和缓慢的深呼吸可以让紧张的身心松弛下来。不同的瑜伽体位练习有其相应的呼吸方式，有时要求保持某种姿势时需要自然的呼吸，有时则要配合动作屏息数秒钟。

（一）呼吸法

1. 基本呼吸方式

　　人们日常的呼吸方式通常有三种：胸式呼吸、腹式呼吸和混合呼吸。

　　（1）胸式呼吸：胸式呼吸时，膈肌静止，肋间肌扩张胸廓，呼吸完全是通过附着在肋骨上的肋间肌的运动进行的，呼吸量不大，即腹部不动，胸部动。

　　（2）腹式呼吸：是膈肌收缩和向下降产生腹壁向外扩张的运动，因此，呼吸的量较大，即胸部不动，腹部动。

　　（3）混合呼吸：指胸式呼吸加上腹式呼吸，因此呼吸量更大。

2. 瑜伽完全呼吸法

瑜伽完全呼吸法也叫作横膈膜呼吸法。练习时，可采取感觉最舒适的姿势，仰卧、静坐、站立均可。卧或站时，双脚适度分开，双眼轻闭，一手置于胸部，另一手置于腹部上方，以便感觉横膈膜以及腹肌的活动。先以鼻腔缓慢、细长地吸气和呼气，不可出声振动或停息，然后加大正常呼吸的过程。当吸气时，横膈膜下移，腹部像气球一样慢慢鼓起，接着空气继续进入，胸部也慢慢鼓起。然后呼气，横膈膜上推，尽量把气吐尽，排出肺部，分多次吐，胸部下降，腹部下降，接着有意识地收缩腹部，使腹肌向内瘪。这种呼吸是借助横膈膜的收缩和下压形成吸气动作的，吸气时，会发觉腹壁和肋骨下部向外推出，胸部只有轻微移动。

横膈膜呼吸法对身体有三大功效：

（1）横膈膜呼吸不同于浅短的呼吸，能使能量充满整个肺部，供应身体充足的氧气，并将体内的废气、浊气和二氧化碳呼出体外。

（2）横膈膜上下移动，犹如温和的按摩，能促进脏腑的血液循环，增强其机能。

（3）横膈膜呼吸法能以最少的力得到大量的新鲜空气，是极其有效的呼吸方法。

（二）调息法

1. 单鼻孔呼吸法

按简易坐或莲花坐的坐姿坐好，右手轻轻握拳，伸出拇指、食指和中指，将食指和中指并拢放于眉心，先用大拇指按住右侧鼻孔，用左鼻孔吸气，然后慢慢呼气，使气完全呼出。松开大拇指，用无名指按住左鼻孔。然后再用以上方法让右鼻孔呼吸。重复练习。

2. 左右鼻孔交替呼吸法

按简易坐或莲花坐的坐姿坐好，右手轻轻握拳，伸出拇指、食指和中指，将食指和中指并拢放于眉心，先用大拇指按住右鼻孔，通过左鼻孔吸气，然后用无名指按住左鼻孔并屏息数十秒钟，松开大拇指，用右鼻孔慢慢呼气，使气完全呼出，再从右鼻孔吸气，左鼻孔呼气。重复练习。

3. Kapalabhati 呼吸法

Kapalabhati 是"闪光的头顶"的意思，意指能给面容增色增光。按简易坐或莲花坐的坐姿坐好，做几次深呼吸使身体放松。先深呼气，面部放松，嘴合拢，躯干挺直不要前倾，尽力用腹肌呼气，就像有人拳击腹部，横膈膜快速上升，把气推向肺部；吸气，腹肌放松，横膈膜下沉还原。反复做这个练习，每组至少做 25 次快速呼吸，组与组之间做几次深呼吸放松。

第二节 瑜伽体位练习

瑜伽的"体位"在梵文中叫作"阿萨那"，中文也有译为"体式"的。体位练习一般分为单人体位练习和双人体位练习两类。无论是哪一类，一定要严格遵照体位的要求来循序渐进地练习。这里针对初学瑜伽者编了一组初级瑜伽动作，分别介绍动作的预备姿势、练习步骤、练习效果和注意事项。

一、放松姿势

1. 仰卧放松功

仰卧放松功俗称"尸体式"，在练习这个姿势时，整个身体应做到像尸体一样虚静无为。

预备姿势：背部贴地仰卧，两手放在身体两侧，手心向上，两脚舒适地分开。

练习步骤：闭上双眼，全身放松，自然而规律地呼吸，让意识集中在呼吸上，计呼吸数，在心里默念"一吸""一呼""二吸""二呼"……保持这一姿势5分钟或者更长（图19-2-1）。

练习效果：可以消除全身的疲劳和紧张，有助于使交感神经和副交感神经保持平衡，为身体带来新的活力。仰卧放松功也是一个很好的睡眠姿势，对缓解消化不良、失眠等症都有好处。

2. 俯卧放松功

预备姿势：俯卧地上，额头贴地，两臂放于体侧，手心向上（下颌可用干净毛巾垫着）。

练习步骤：

（1）两手臂从体侧尽量向前伸展，置于头顶前方的地板上，手心朝下。

（2）闭上双眼，全身放松，让呼吸变得自然而有节奏。

（3）意识集中在呼吸上，计呼吸数，在心里默念"一吸""一呼""二吸""二呼"……保持这一姿势5分钟或者更长（图19-2-2）。

图19-2-1　　　　　　　　　　图19-2-2

练习效果：可以伸展和放松背部、双肩和双臂，对腰椎间盘突出、颈项强直、驼背、圆肩者尤其有益。它和仰卧放松功一样，可以使整个身心都得到放松，是一个极佳的放松姿势。

二、站立进行的姿势

1. 擎天式

预备姿势：挺直身躯站立，两臂下垂，放于身体两侧，两脚稍微分开。

练习步骤：

（1）两手十指交叉，翻腕向上，高举过头顶，目视交叉的两手。

（2）缓缓吸气，两脚跟同时提起，用脚尖挺立，好像自己正被往上拉，完全伸展整个身体，屏住呼吸，保持这个姿势几秒钟。

（3）呼气，两脚跟慢慢着地，双臂收回，重复练习4~6次。

变式：

（1）按"擎天式"站好，双臂举过头顶。

（2）当两脚挺立、较好保持平衡时，可抬起一条腿向前或向后伸，使之与地面平行，保持这一姿势数秒，然后换另一条腿重复做动作（图19-2-3）。

练习效果：擎天式及其变式能发展腹直肌群，按摩肠胃部，对消除便秘症状有一定效果。可以促进脊骨的成长，预防脊椎变形。此外，还可以美化身体线条，改变身材比例，给人以身材修长的感觉。

2. 转腰式

预备姿势：按基本的站立姿势站好，全身放松。

练习步骤：

（1）两脚分开，略比肩宽，十指在脐前交叉，吸气，两臂高举过头，旋转手腕，使两手掌心向上。

（2）呼气，向前俯身，直到两腿和背部垂直为止，目视双手。

（3）吸气，将上身躯干尽量转向左侧（图19-2-4），然后呼气，将上身躯干尽量转向右侧。重复做4次。

（4）吸气，把上体收回正中位置，然后回复到直立姿势，垂下双臂，放开两手，休息片刻后，重复练习3~5次。

练习效果：可以加强双肩、肘、腰、背和髋等关节，矫正脊柱强直，此外，还可以轻柔地按摩腹部器官，有助于减少腰围的脂肪。

3. 三角侧屈式

预备姿势：基本站立姿势，调整呼吸。

练习步骤：

（1）挺直身躯站立，两脚尽量舒适地分开，脚尖略朝向外。两臂向两侧平伸，成一条直线，手心向下，这就是"基本三角式"（图19-2-5）。

（2）呼气，慢慢向右侧屈体，右手贴着右小腿向下滑动，尽量扶住右脚踝或右脚，

图 19-2-3　　　　图 19-2-4

图 19-2-5

第十九章　瑜伽　363

此时左手臂指向上方，两臂成一直线，保持这一姿势 10 秒钟，保持自然呼吸。

（3）吸气，两臂转动，慢慢回复到基本三角式，然后向左边做同样的练习。左右两边各做 5 次。

练习效果：三角侧屈式是一个提高身体柔韧性的极佳姿势，它可以伸展并收紧侧腰部，加强腿部力量，刺激并按摩腹部器脏，有助于消化，同时还能强化颈部、脊椎、髋关节、肩关节等多个部位。

4. 战士第一式

预备姿势：保持基本的站立姿势，两脚并拢，两臂放于体侧，自然呼吸。

练习步骤：

（1）双掌在胸前合十，举过头顶并尽量向上伸展，然后缓缓吸气，两腿分开，比肩稍宽。

（2）呼气，将右脚和上身躯体向右侧转 90°，左脚略转向右方。接着右膝弯曲，直到大腿与地面平行，而小腿则与地面垂直。

（3）左腿尽力向后伸，膝部挺直。头向上方仰起，目视合十的双掌，自然呼吸，保持这个姿势 15~20 秒钟（图 19-2-6）。

（4）左脚上前一步，与右脚并拢，两臂收回体侧，然后回复到预备姿势，稍休息，在另一方向重复这一练习。

练习效果：该式可以扩展胸膛，使呼吸变得均匀而绵长，对肺部颇有益处。它能按摩腹部器官，增强人的平衡力和注意力，并且对脊柱、踝、膝、髋和肩等部位都有很好的锻炼效果。

5. 战士第二式

预备姿势：挺直身躯站立，两脚并拢，自然呼吸。

练习步骤：

（1）深吸一口气，两脚尽力分开，两臂向两侧平举，与地面平行，成为"三角式"（图 19-2-7）。

（2）左膝挺直，右脚向右转 90°，左侧肢体略向右转。

（3）右膝屈曲，直至大腿与地面平行，小腿垂直于地面。然后将两手向身体两侧尽量伸展，头转向右方，目视右手手指尖，深吸气，保持这一姿势 10~20 秒钟。

图 19-2-6

图 19-2-7

（4）吸气，躯干和重心向中央移动，回复到"三角式"，然后转向左方，换另一方向重复这一练习。

练习效果：该式能有效地锻炼双腿、背部与腹部，增强大小腿肌肉的力量，并且可以活动肩关节，增强了各关节的柔韧性。

6. 幻椅式

预备姿势：保持基本站立姿势，身体挺直，目视前方，全身放松。

练习步骤：

（1）吸气，两掌在胸前合十，高举于头顶。

（2）呼气，双膝屈曲，放低躯干，想象正准备坐在一张椅子上，自然呼吸，保持这一姿势10~20秒钟（图19-2-8）。

（3）缓缓吸气，膝盖伸直，两臂自然下垂返回到预备姿势。

练习效果：可强化脊柱活力，强健两腿和背部的肌肉群，增进体态的平衡和稳定，矫正不良姿势。该姿势也可以扩展胸部，增强双踝，强壮腹部器官，同时还能消除肩部的酸痛和僵硬，给予心脏柔和的按摩。

图 19-2-8

三、坐（跪）地进行的姿势

1. 猫伸展式

预备姿势：跪坐在地面上，双手放在大腿上，自然呼吸。

练习步骤：

（1）抬臀部，两手掌于膝盖前方着地，双膝和小腿着地，呈动物爬行的姿态。

（2）吸气，抬头，臀部上提，双手直撑于地，收缩背部肌肉，保持这一姿势5秒钟（图19-2-9）。

（3）呼气，小腹后缩，垂下头，背部拱成圆形，再保持这一姿势5秒钟（图19-2-10）。

（4）两臂伸直，垂直于地面，恢复到先前动物爬行的姿态。重复做这个练习4~8次。

练习效果：该式可以活化整个脊柱，放松肩部和颈部，收紧腹肌，减缓痛经，改善

图 19-2-9

图 19-2-10

月经不调和子宫下垂。它还有助于消除腰、腹部四周多余的脂肪，使身材更苗条。

2. 虎式

预备姿势：跪坐于地，臀部落于两脚跟上，上身挺直。

练习步骤：

（1）上身躯干前倾，双手撑住地板，臀部抬高，像爬行动物一样四肢着地。

（2）目视前方，缓缓吸气，左小腿贴地不动，把右腿笔直地向后上方伸展（图19-2-11）。

（3）吸气结束后闭气，右膝弯曲，膝盖向下方收回，但不着地。抬头，目视上方，保持这一姿势5秒钟。

（4）呼气，把屈膝的右腿向上挨近胸部，同时头部低下，目视下方，鼻尽量靠右膝，背部向上挺成拱形。

（5）把右腿伸向后上方，重复整个动作。每条腿各做3~5次。

练习效果：该式可以锻炼大腿后侧及臀部肌肉，使脊柱得到充分的伸展，同时可以放松坐骨神经。还可以减少腰部、髋部、大腿区域的脂肪，尤其适合女性练习。

3. 推磨式

预备姿势：坐于地上，两腿向前伸展，两手放于大腿上，自然呼吸。

练习步骤：

（1）上身自腰部向前屈体，手指交叉，手臂伸直，两臂按顺时针方向做圆周水平运动，想象自己正在推动石磨（图19-2-12）。

（2）做完10圈顺时针方向的推磨动作后，停下，再继续做10圈逆时针方向的推磨动作（图19-2-13）。

（3）身体回到中央位置，挺直上身，回复预备姿势，休息。

练习效果：该式可以伸展和放松肩部和腹部的肌肉，按摩腹部的脏器，促进消化。此外，这一姿势还能按摩子宫，对孕妇来说，也是一个很好的练习。

图 19-2-11　　　　　　图 19-2-12　　　　　　图 19-2-13

4. 顶峰式

预备姿势：跪坐于地，臀部落于两脚跟上，两手放在大腿上，自然呼吸，放松全身。

练习步骤：

（1）上身躯干前俯，两手掌心在膝盖前方撑地。

（2）保持手臂姿势不动，抬高臀部，两膝着地，跪在地板上。

（3）吸气，两腿伸直，将臀部向上顶。

（4）颈项伸直，低头处于两臂之间，整个身体成三角形。脚后跟落在地上，自然呼吸，保持这一姿势约1分钟（图19-2-14）。

练习效果：该式有助于减少臀部及大腿的皮下脂肪，使肌肉更结实，还能强壮坐骨神经，消除肩周炎，此外，还能促进头部血液循环，消除疲劳，使人精力旺盛。

5. 山式

预备姿势：莲花坐姿势。

练习步骤：

（1）十指在胸前自然交叉，手背向外。

（2）手臂伸直，向上伸展，高过头顶。

（3）头向后仰，掌心转向上方，背部挺直，两臂尽量向上伸展。自然呼吸，保持这一姿势1分钟（图19-2-15）。

（4）放下双手，回到预备姿势。改变两腿的位置，更换莲花坐姿，重复这一练习。

练习效果：该姿势可以扩展胸部，使肩部得到舒展，有助于消除肩背部的酸痛。并以一种轻柔的方式按摩腹部器官，有助于消化。此外，山式采用的莲花坐姿有助于保持心平气和。

图19-2-14

图19-2-15

四、卧地进行的姿势

1. 船式

预备姿势：仰卧在地面上，两脚并拢，两手置于身体两侧，手心向里，自然呼吸。

练习步骤：

（1）吸气，双手、双脚和上身躯干同时上提，离地约0.5米，双臂向前伸直，并平行于地面，双腿用力伸直。

（2）闭气，全身绷紧，两眼注视脚尖，保持这一姿势20～30秒（图19-2-16）。

（3）双腿、躯干还原，缓缓呼气，全身放松，回到预备姿势，重复做这个练习3～5次，然后再做"瑜伽休息术"，以增强其效果。

图19-2-16

变式：

当身体从地面抬高时，可握紧双拳，使全身肌肉处于一种紧张状态，然后再呼气，还原成预备姿势，再做一遍"仰卧放松功"。

练习效果：可以使全身的肌肉和关节都得到放松，缓解人的紧张情绪，增强背部力量，同时还可以促进肠胃蠕动，增强消化系统的功能。

2. 卧英雄式

预备姿势："霹雳坐"姿势。

练习步骤：

（1）呼气，叉开两脚，臀部着地。

（2）吸气，上半身往后仰，先将右肘着地，继而左肘着地，指尖指向脚的方向。

（3）两肘逐渐向臀部方向移动，然后成仰卧姿势，两手置于体侧伸直，双膝并拢贴地。自然呼吸，保持这一姿势5~10秒（图19-2-17）。

（4）双手抓住脚踝，肩肘靠着地面撑起，身体重量置于双肘上，抬头挺背，逐步恢复到预备姿势，稍休息，再重复做这一姿势3~5次。

练习效果：通过身体后仰，可以刺激肾脏功能，使肾处于血液的滋养之中。此外，该姿势还可以滋补肠胃、肝、脾和腹部的其他器官，对于患消化不良、胃炎、便秘、痔疮等疾病的患者很有益处。同时，还可辅助治疗脊椎和关节疾病，并增强性功能。

3. 简弓式

预备姿势：额头贴地俯卧，双臂在身侧伸直，手指指向脚部。两脚脚跟并拢，自然呼吸。

练习步骤：

（1）双腿弯曲，脚跟靠近臀部，两手分别向同侧脚踝靠拢。

（2）缓慢而均匀地吸气，然后屏住呼吸，头部向上抬伸。

（3）两小腿向头部方向用力，两手臂伸直握小腿，直至力所能及的最大限度，此时胸部和头部都将向上抬起。仰望天空，屏住呼吸，保持这一姿势5~10秒（图19-2-18）。

（4）呼气，两手放开脚踝，头部和胸部、双腿慢慢还原，回到预备姿势。稍休息，再重复练习。

练习效果：该式能促进肾上腺、甲状腺、脑下垂体及性腺的细胞活动，使之正常分泌各自激素。它对关节、脊柱、肺部、胸部和腹部疾病也有一定缓解功效。此外，还可缓解女性月经失调症状。

图19-2-17

图19-2-18

4. 手枕式

预备姿势：背部贴地仰卧，双臂在身侧伸直，脚跟并拢，手掌贴于大腿外侧，自然呼吸。

练习步骤：

（1）身体右转呈右侧卧式，右侧大臂着地，抬头，弯曲左肘，用右掌托住脸的侧面。

（2）深吸一口气，左腿向上举起，左手抓住左脚大脚趾。

（3）呼气，伸直左臂和左腿，左膝绷直。自然呼吸，保持这一姿势 10～30 秒（图 19-2-19）。

（4）左膝弯曲，左腿和左臂放回原处，恢复成右侧卧式，然后放下左手，转身回到预备姿势。接下来做左侧卧式，重复这一练习。

练习效果：该式能促进腰部脂肪的消耗，减少腰部脂肪堆积。此外，它还可以拉伸腿后侧的韧带，对肩部、背部和骨盆区域都非常有益。

图 19-2-19

五、平衡的姿势

1. 平衡式

预备姿势：基本站立姿势，全身放松，自然呼吸。

练习步骤：

（1）右腿直立，左腿自膝盖处弯曲，上抬左脚跟，脚尖朝上。左手抓住左脚，尽力使左脚跟紧贴臀部。

（2）右臂伸直，手指并拢，自下而上慢慢抬起，直至高举过头，手掌面向前方，自然呼吸，保持这一姿势 10～20 秒（图 19-2-20）。

（3）右臂慢慢放下，手掌始终保持绷紧，然后左手松开，左腿落地。休息 10 秒钟，换异侧练习。每边各做 3 次。

练习效果：该式能活动人体主要关节，消除关节的僵直和疼痛。它还能促进血液循环，强健肌肉，对膝盖、脚踝、肩关节、腕关节、手掌和手指各部位关节的病痛，均有良好的辅助治疗作用。

图 19-2-20

2. 树式

预备姿势：挺直身躯站立，两臂下垂于体侧，自然呼吸。

练习步骤：

（1）右腿站立，左腿自膝关节处弯曲，把左腿抬至右侧大腿上，脚后跟和脚底的外侧搁置在右大腿上部。

（2）双手从身体两侧向头部抬起，当抬至头部上方时，双手合十放在头上，手腕贴着头顶。

（3）尽力将弯曲的臂肘向后伸展，使两臂肘处于同一直线上。目视前方，右腿绷紧，全身处于紧张状态，自然呼吸，想象自己如一棵顶天立地的大树，保持这一姿势10秒（图19-2-21）。

（4）放开手掌，将两臂放回身体两侧，然后抓住左腿脚趾，把脚轻轻抬起放回地面，回到预备姿势，全身放松。

（5）休息数秒钟后，两腿交替，重复练习这一姿势4~6次。

练习效果：树式对于脚踝、脚趾、膝盖、髋关节、肩关节、肘关节和双手都有很好的锻炼效果，它使身体的大小关节均得到活动，促进了关节的血液循环，从而使人体的关节功能日渐强化。

图 19-2-21

第二十章 定向运动

第一节 定向运动概述

定向运动是一项参赛者借助地图和指北针,在尽可能短的时间内到达若干个被分别标记在地图上和实地中检查点的运动。

按照运动模式,国际定向运动联合会将定向运动划分为徒步定向、滑雪定向、山地自行车定向和轮椅定向。其中,徒步定向也被称为定向越野。

一、定向运动的起源

定向(orienteering)一词最早出现在1886年的瑞典,意思是在地图和指北针的帮助下,穿越未知的地带。地处北欧斯堪的纳维亚半岛的瑞典,国土崎岖不平,覆盖着一望无际的森林,散布着无数的湖泊、城镇和村庄,人们主要利用隐现在林中湖畔的小径来往于各地。因而,人们必须学会并具备精确辨别方向的能力,否则会有迷失方向的危险。这样,地图和指北针就成为人们行走和生活的必需品。生活在半岛上的居民、军队,便成了定向运动的先驱者。

最初的"定向"只是一项军事活动,军人们把在山地里辨别方向、选择道路和越野行进作为军事训练的内容。后来,在瑞典和挪威的军营中,士兵利用军用地图先后组织了最初的该类体育竞赛。

1897年10月31日,在挪威组织了第一次面向民众的定向比赛,当时参赛的人数仅有8人。其后,在挪威还举行了一些小规模的定向比赛。

定向运动从军营走向社会,始于20世纪初。瑞典的一位童子军领袖吉兰特(Ernst Killander)于1918年组织了一次名为"寻宝游戏"的活动,给定向运动赋予了游戏的特性,这引起了人们的极大兴趣。从此,该项活动在北欧广泛开展起来。1919年3月25日,一次影响深远的定向比赛在斯德哥尔摩南部城市纳卡(Nacka)的林中举行,参赛人数达到217人。这项比赛的组织模式与规格标志着定向运动作为一项独立的体育项目的诞生。时任瑞典斯德哥尔摩体育联合会主席的吉兰特也被人们视作"定向运动之父"。

二、定向运动的发展

20世纪30年代，定向运动已在瑞典、挪威、芬兰和丹麦等国有了较好的发展。1932年，举行了第一次世界定向锦标赛。

1943年，定向运动传入英国。1946年，美国引进了定向运动。在随后的20年间，加拿大、澳大利亚、法国、德国、日本等国都相继开展了这项运动。从此，定向越野在西方国家得到了蓬勃的发展。

1961年5月，国际定向运动联合会（IOF）在丹麦首都哥本哈根成立。在这次成立会上，确定了定向运动正式的比赛项目，制定了一系列的比赛规则与技术规范。国际定向运动联合会的成立，标志着定向运动进入了崭新的发展时期。目前，国际定向运动联合会已拥有包括中国在内的70多个成员国和地区，是国际体育联合会总会之一，同时定向越野也是国际承认的奥林匹克体育项目。

目前，全世界有400多万名定向运动爱好者。据悉，在北欧，热爱定向运动的人数已经超过了"世界第一运动"足球的爱好者。在瑞典800多万人口中，定向运动爱好者就高达150万人，全国有700多个定向运动俱乐部，每年组织1 000多场定向比赛，每次参赛人数都是成千上万，最多时达4万多人。所有瑞典学校的学生和军人都必须学习定向运动，并将它列为一门必修课程。定向运动已成为许多瑞典人的一种生活方式。

目前，定向运动在我国也初具规模，并且呈现出强劲的发展势头。早在1992年7月，国际定向运动联合会就批准中国以"中国定向运动委员会"的名义加入了该组织，成为正式会员。1995年，"中国定向运动委员会"正式更名为"中国定向运动协会"，简称"中国定协"。此后，中国定向运动协会积极推动定向运动在国内的发展，每年在全国范围内组织"全国定向运动锦标赛"和"全国城市定向运动系列赛"。2003年，中国大学生体育协会定向运动分会的成立，对我国定向运动的发展，尤其是高校定向运动的发展起到了积极的推动作用，全国学生定向越野锦标赛已连续举行了8届。近年来，定向运动在高校如雨后春笋般地陆续开展了起来，各校纷纷建立了定向运动俱乐部并开设选项课，还举行了各种各样的定向比赛。

三、定向运动的锻炼价值

定向运动是一项智力与体力相结合的运动。参加各种各样的定向运动，既可提高体适能水平，又可以增长知识和技能，改善心理素质，培养团队精神，特别是社会化水平、自立、自信和独立解决问题的能力。现在，定向通常被人们看作军人、野外勘测者、徒步旅行者、登山者、探险者所必须具备的一种重要的生存能力。随着越来越多的人参与以回归自然为主题的户外运动，定向又成了一种必须掌握的生存技能。

第二节　定向运动基础知识

一、定向运动的装备

定向运动的基本装备有定向地图、指北针、点标旗和点签计时系统等（图20-2-1）。

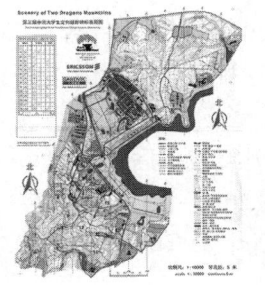   

　　定向地图　　　　　指北针　　　　　　点标旗　　　　　点签计时系统

图 20-2-1

一条完整的定向运动路线包括一个起点（用三角形表示）、一个终点（用双圆圈表示）和若干个检查点（用单圆圈表示），这些检查点用数字标明顺序（图20-2-2）。

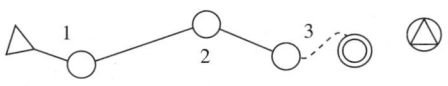

图 20-2-2

二、定向地图的识别

地图所表现的是地球上的物体和现象在平面上的缩写。定向地图是为了开展定向运动专门制作的，它要求对读图和选择路线有影响的因素都要表示出来，如地貌、地表状况、可奔跑性、水系、建筑群与独立房屋、道路网、其他线状地物以及对判定方向与确定点位有用的地物等。

（一）比例尺

比例尺是地图上某线段的长度与相应实地水平距离之比。比例尺越大，图上量测的精度就越高；比例尺越小，图上量测的精度就越低。例如，比例尺为 1∶10 000 的地图是指地图上所标示的实地面积在地图上被缩小了 10 000 倍，也说明地图上 1 毫米的距离在实地的距离为 10 000 毫米（10 米）。在定向运动中，量算实地距离是比例尺的主要作用。

（二）定向地图上的地物符号

地面上的各种地物是用形状不同、大小不一、色彩有别的符号表示的。它们不仅具有确定客观事物的空间位置、分布特点以及数量、质量特征的基本功能，还具有相互联系和共同表达地理环境诸要素总体特征的特殊功能。

1. 符号的分类（按符号所代表的事物情况来分）：

（1）面状符号：地面事物呈面状分布。当实际面积较大，按地图比例尺缩小后，仍能表示出其分布范围时，可用面状符号表示（图20-2-3），如大的湖泊、大片森林、沼泽等。这种符号能表示事物的分布位置、形状和大小。一般又把这种符号称为依比例符号。

（2）线状符号：地面上呈带状或线状延伸的事物，按地图比例尺缩小后，长度可依比例表示。宽度不能依比例表示时，在图上用线状符号表示（图20-2-4），如道路、输电线、河流等。由于这种符号仅能表示事物的分布位置、长度和形状，但不能表示其宽度，所以一般又把这种符号称为半依比例符号。

（3）点状符号：客观事物在地面上所占的面积较小，在图上不能按比例尺表示其分布范围时，则用点状符号表示（图20-2-5），如表示居民点的房屋、小塔形建筑、石块、小树等。由于它只能表示分布位置，不能表示事物的形状和大小，所以一般又称这种符号为不依比例符号。

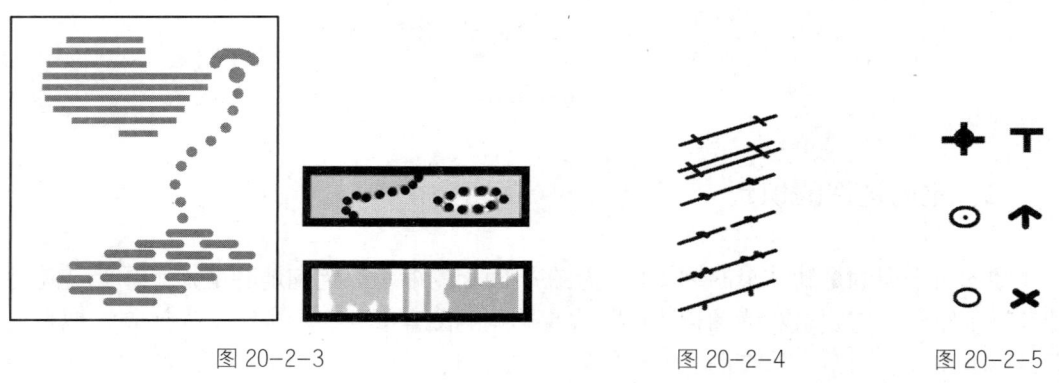

图 20-2-3　　　　　　图 20-2-4　　　　　　图 20-2-5

2. 符号的构成要素：

（1）符号的图形：主要用于表达地理事物性质上的差别。面状符号的图形与事物的实际形状相似；线状符号的图形为不同线形，如双线、单线、实线、虚线和点线等。个体符号的图形多为简单的几何图形或象形图形。

符号图形具有图案化和系统化的特点。所谓图案化，就是符号图形有些类似于事物本身的形状，如图 20-2-6 所示。图案化的图形既形象又简单、规则，因而便于根据符号图形联想实际事物的形状。

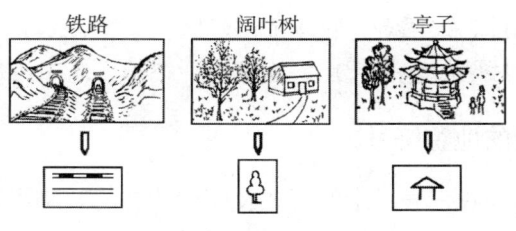

图 20-2-6

符号图形系统化,是指各种符号图形具有内在的联系,通过图形的变化,可以把事物的量和质等特征表现出来。符号图形系统化表现为同类事物符号图形相类似。例如,道路一般分为铁路、公路及其他道路,分别以黑白相间的双线、普通双线及单线、虚线、点线等表示其差异(图 20-2-7)。

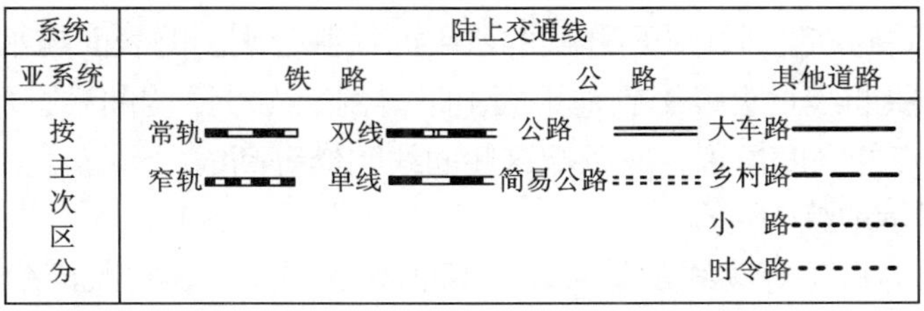

图 20-2-7

(2)符号的大小:主要反映事物的重要程度及数量差异。一般来说,表示重要的、数量多的事物的符号大些;反之,则符号小些。

为了完整而详细地表示出地形,同时又能保证定向地图清晰易读,国际定联规定了定向图符号的最小尺寸以及当它们相互靠近时的关系处理原则与最小间隔。符号的大小、线条的粗细、符号间最小距离的规定,都是以日光条件下的正常视力和当今的印刷技术水平为依据制定的。

(3)符号的颜色:主要表示事物的质量差异、数量差异和区分事物的重要程度。一般用不同颜色表示质量的差异,如用蓝色表示水系,用绿色表示植物;用同一(或相邻)颜色的深浅表示数量变化,如用深浅不同的绿色表示森林,颜色越深,则表示森林越密,越不易通过。

根据定向比赛的特殊需要,国际定向联合会对定向地图上颜色的使用规定如下:
黑色——代表任何人造物体、小路、岩石、悬崖峭壁和大石头等。
棕色——表示等高线和主干道及坚硬的路面。
蓝色——表示任何有水的地方。
白色——表示容易通过的林区。
绿色——表示浓密、不易通过的森林,绿色越深,越难通过。
黄绿色——表示禁入的民宅、私家花园或草坪。

黄色——表示开阔地,如田野、牧场或空旷区。

紫色——表示比赛线路,包括起点、检查点、终点。

(三)定向地图上的地貌符号

定向地图是利用等高线来表示山的形态及起伏状态的。利用等高线,不仅可以了解地面上各处的高差、地势起伏的特征,还可以根据地图上等高线的密度和图像分析地貌特征,如山脉的走向、斜坡的坡度和方向,了解哪里是山脊,哪里是谷坑和凹地等,而且还可以进行高程、面积、坡度等的计算。

能熟练地应用等高线图形理解地貌是从事定向运动的基础。在地物稀少的地方及森林中,地貌是主要的甚至是唯一的行进参照物。

1. 等高线显示地貌的原理

等高线是地面上高程相等的点所连成的闭合曲线。使用"平截法",假设把一座山从底到顶,按相同的高度,用一层一层的水平面横截,则山的表面与水平面相交得到一组曲线,再将这些曲线垂直投影到地平面上,得到一圈一圈的曲线图形(图20-2-8)。因为每条线上各点的高度恒等,所以把这些曲线叫作等高线。

2. 等高线显示地貌的特点

(1)地图上的每条等高线都是实地等高线的水平投影,它既描绘出地貌的水平轮廓,也表示出地貌的起伏。

(2)等高线是闭合的曲线,同条等高线上的任何点的高度都相等。

(3)在同一地图上,等高线多,山高;等高线少,山低;等高线稀,坡缓;等高线密,坡陡。

(4)在同一地图上,等高线间隔大,坡缓;等高线间隔小,坡陡。

(5)地图上等高线的弯曲形状与相应的实地地貌相似。

3. 示坡线

指顺着下坡方向绘制并与等高线垂直相交的小短线(图20-2-9)。示坡线通常被绘在等高线特征最明显的弯曲处,如山顶、鞍部或凹地底部。示坡线可以帮助读图者了解山的起伏,即哪里是上坡,哪里是下坡。顺着示坡线的方向为下坡,逆着示坡线的方向为上坡。

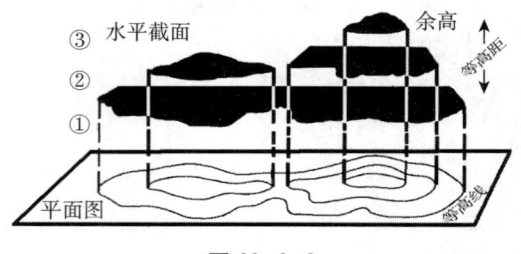

图 20-2-8

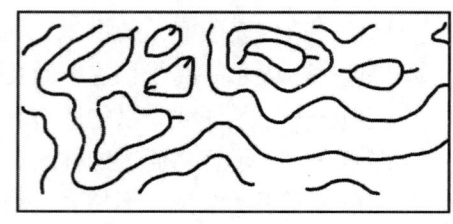

图 20-2-9

4. 等高距

是各相邻等高线的高程差，常用"↑↓"表示，它的大小在很大程度上决定了地貌表示的详略（图20-2-10）。同一地形，等高距越小，则等高线越密，地貌显示就越详尽；相反，等高距越大，则等高线越稀，地貌显示就越简略。国际定联规定，定向地图的标准比例尺为1∶15 000，等高距为5米。在大面积的平缓地形，其他地物不多的情况下，也可以采用25米的等高距。

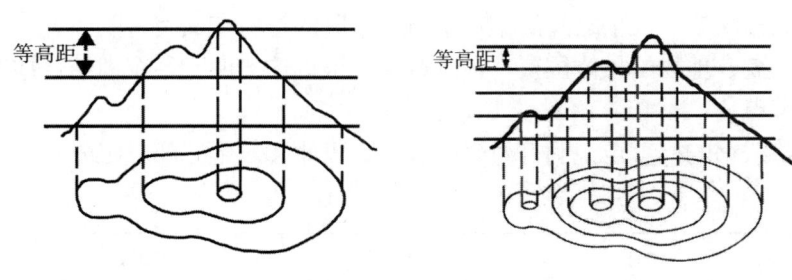

图 20-2-10

（四）定向地图的方位与磁方位角

定向地图的方位是上北下南、左西右东。图上绘有若干条相等距离的、平行的、北端带有箭头的红色线条，这就是磁北方向线（简称磁北线）。磁北线所指的方向即地图的北方。可以利用这条线确定地图的方位、标定地图、量测磁方位角、估算距离等。

磁方位角也是定向运动中的一个重要参数，这一参数对确定方位有很大的帮助。什么是磁方位角呢？在应用地图的过程中，往往需要从图上判断两点的相对位置。如果仅有两点之间的水平距离，而没有方位关系，显然无法确定两点的相对位置。而要确定两点之间的方位关系，则必须规定起始方向，然后求出两点间的连线与起始方向之间的夹角，以此确定两点的相对位置。这就需要用方位角来表示，它是指从起始方向北端算起，顺时针转至目标方向线间的水平角（图20-2-11），角值变化范围为0°～360°。起始方向为真子午线，其方位角称为真方位角；起始方向为磁子午线，则其方位角称为磁方位角。在定向地图中，都以磁北为起始方向，故所用的方位角均为磁方位角。

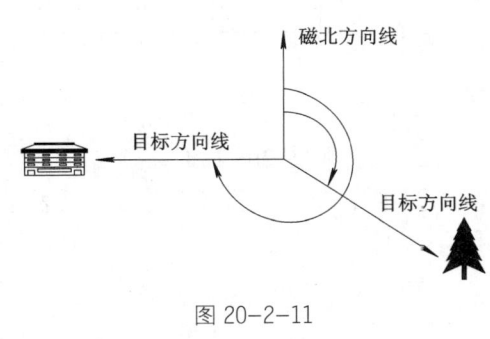

图 20-2-11

（五）在定向地图上的图例注记

在定向地图上的图例注记，除了上面介绍过的比例尺注记、等高距注记，还有图例说明、检查点说明以及图名和出版单位说明等。

图例说明可以帮助理解地图所表示的事物。它采用的是国际语言符号，所有符号在全球通用。根据国际定向联合会制定的《国际定向图制图规范》(ISOM 2000)，定向地图上的语言符号分为地貌、岩石与石块、水系与淤泥地、植被、人工地物、技术符号、线路符号7个类别。

在定向地图的一侧，还可以看到一个以符号表的形式（有时也附有文字）出现的《检查点说明》（图 20-2-12）。它是根据国际定联颁发的一套"明确地指示检查点特征物、检查点点标与该特征物之间的相对位置关系"的符号和文字说明系统，用以说明检查点点标在地貌、地物的具体位置。在比赛中，根据这一说明系统，结合地图，可以迅速地找到检查点。

一条完整线路的检查点说明符号表由表头、表体和表尾三部分组成。

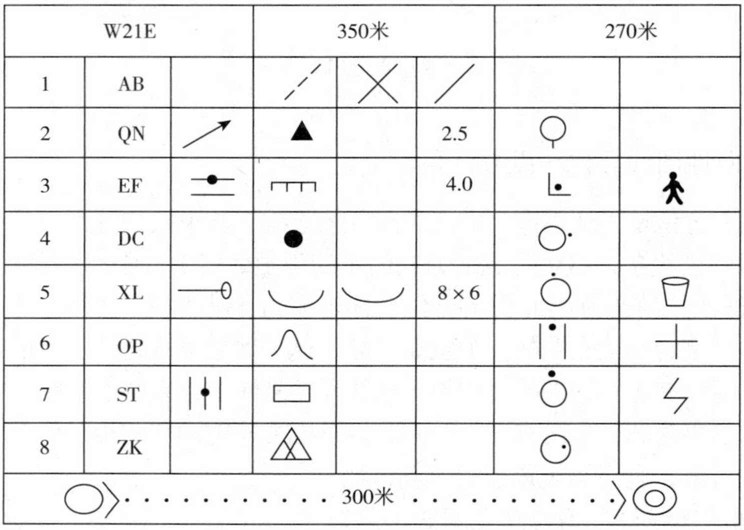

图 20-2-12

1. 表头（图 20-2-13）

图中甲表示组别（分组），乙表示路线长度（单位：米），丙表示总爬高量（单位：米）。

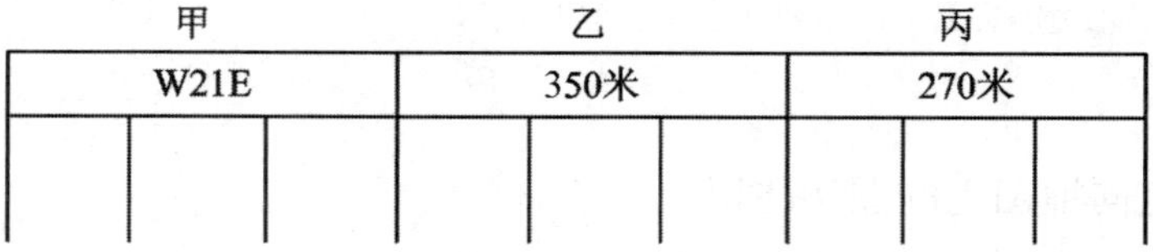

图 20-2-13

2. 表体（图 20-2-14）

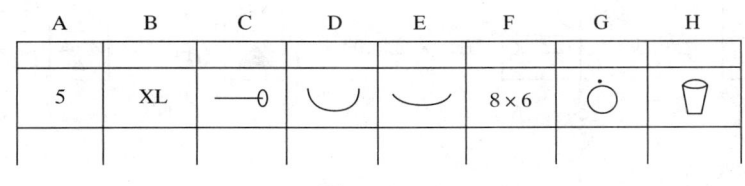

图 20-2-14

A 栏：检查点序号（按比赛路线的顺序）。
B 栏：检查点点标代号。
C 栏：检查点所在地物（地貌）的方位。
D 栏：检查点所在地物（地貌）的名称。
E 栏：检查点所在地物（地貌）的外观特征。
F 栏：检查点所在地物（地貌）的大小。
G 栏：检查点标志与地物（地貌）的相对位置。
H 栏：其他情况。

3. 表尾

表尾标出的是所有标识路段（必经路线）的长度与类型，包括赛程的、最后检查点至终点的（图 20-2-15）。

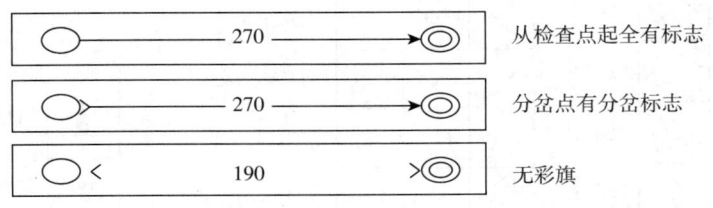

图 20-2-15

4. 表体中 C 栏至 H 栏内容释义

C 栏：检查点所在地物（地貌）的方位（图 20-2-16）。
D 栏：检查点所在地物（地貌）的名称（图 20-2-17 至图 20-2-23）。
E 栏：检查点所在地物（地貌）的外观特征（图 20-2-24）。
F 栏：检查点所在地物（地貌）的大小（图 20-2-25）。
G 栏：检查点标志与地物（地貌）的相对位置（图 20-2-26）。
H 栏：其他情况（图 20-2-27）。

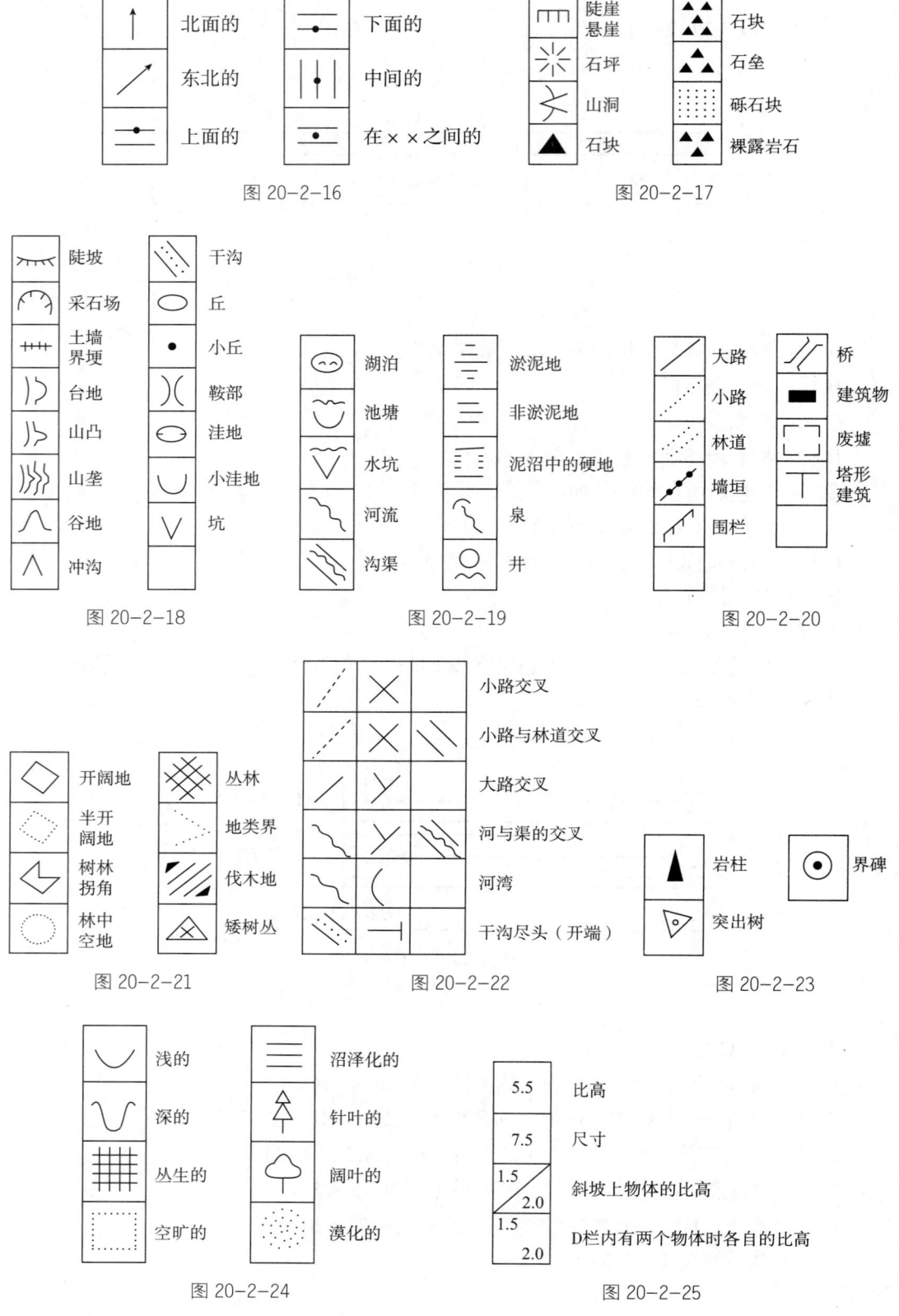

图 20-2-16　　图 20-2-17

图 20-2-18　　图 20-2-19　　图 20-2-20

图 20-2-21　　图 20-2-22　　图 20-2-23

图 20-2-24　　图 20-2-25

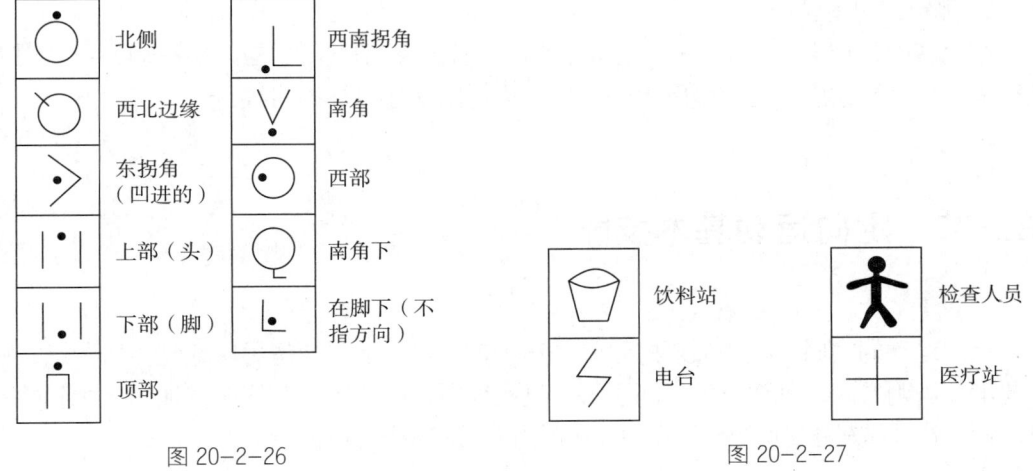

图 20-2-26   图 20-2-27

三、指北针的使用方法

1. 用指北针给地图定向（标定地图）

（1）将地图与指北针置于水平状态，前进方向箭头朝向地图上方，与地图上磁北线平行（图 20-2-28）。

（2）转动地图和指北针，使磁针北端对正磁北线。

2. 用指北针确定目标点的方向

（1）指北针与地图水平放置，使直尺边垂直于站立点至目标点的连线，前进方向箭头朝向目标方向（图 20-2-29）。

（2）水平转动指北针与地图，身体也随之转动，直至指北针上的红色指针与地图上表示南北方向的指北线都和北方平行。

（3）这时指北针上的方向箭头所指方向就是行进的正确方向。

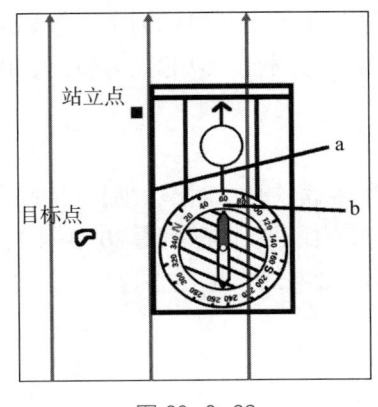

图 20-2-28

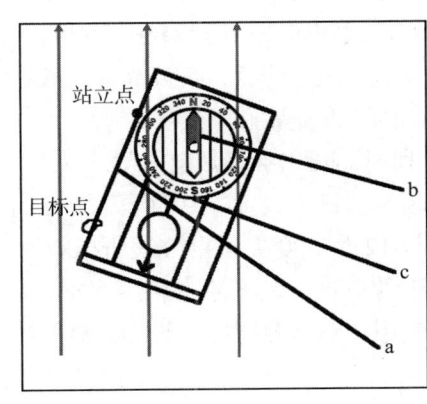

图 20-2-29

3. 测定自己的位置

在比赛中，初学者容易忽略自己的位置。遇到这种情况时，应保持冷静，可利用地理环境及指北针找出自己在地图上的位置，再定出前往目标的路线。

第三节　定向运动基本技能

定向运动的实质就是用最短的时间到达规定的目标点。要想尽快地到达目标点，首先要学会辨明方向、判定方位，即了解自己实地所在的位置，并能够在地图上找到站立点位置，在此基础上确定目标点的方向和位置，迅速找到目标点。

一、实地判定方位

实地判定方位是指在实地辨明方向。了解实地的方位是使用地图的前提。在野外，可帮助我们辨明方向的工具很多，白天可利用太阳和手表来辨明方向，晚上可利用星体来辨明方向，还可以利用地物特征、建筑物、风向等来判定方位。

1. 利用指北针判定方位

将指北针放平，待磁针完全静止后，磁针的红色一端（即 N 端）代表北面，蓝色一端（即 S 端）代表南面。如果测定方位的人面向北，则他的左为西、右为东、背后为南。

如果想测某一点的方位，可将罗盘上的零刻度对准目标，待罗盘水平静止后，N 端所指的刻度便是测量点至目标的方位。如磁针 N 端指向 36°，则表示目标在测量位置的北偏东 36°。

2. 利用地物判定方位

在有地物和植物生长的野外，可以根据日常生活习惯和自然客观规律判定方位。如在北半球，我们居住的房屋或用于朝拜的庙宇大门通常都朝南开设；树木一般朝南的一侧枝叶茂盛，色泽鲜艳，树皮光泽；长在石头上的青苔喜阴湿，以北面为多旺；积雪多半是朝南的一面先融化。

3. 利用太阳和手表判定方位

在晴朗的日子，上午 9 时至下午 4 时之间，可用手表的时针对准太阳，此时手表上的时针与 12 时刻度夹角平分线所指向的方向为南方，相反为北方（图 20-3-1）。但应注意以下几点：一是要注意将手表平置；二是在南、北纬 20° 30′ 之间的地区，中午前后不宜使用；三是要把标准时间换算为当地时间。

二、标定地图

给地图定向就是标定地图,使地图的方位与实地的方位一致。通过标定地图,可以将地图上的地物地貌符号与实地的地物地貌一一对应,这不仅可以迅速查看地图,了解实地地物的分布和地貌的起伏以及它们之间的关系,还可以根据地图上的路线选择具体的实地运动路线。这一技能将贯穿整个运动过程。图 20-3-2 就是一张被定向了的地图,湖泊位于地图的右边,运动场和学校位于地图的左边。常用标定地图的方法有概略标定、利用指北针标定、利用地物标定。

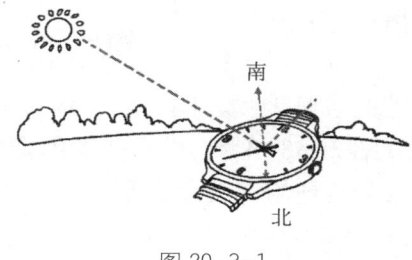

图 20-3-1

1. 概略标定地图

地图上的方位是:上北、下南、左西、右东。当我们在实地正确地辨别了方向之后,只要将越野图的上方对向实地的北方,地图即已标定。这种方法简单、易学,是定向比赛中最常用的方法。

2. 利用指北针标定地图

在定向地图上标有磁北线,用红色粗线条标出,箭头指向地图的上方。利用指北针标定地图时,通过转动地图,使指北针上的红色指针与磁北线的方向吻合或平行。由于指北针上的指针和地图上的磁北线都是红色的,所以也称此方法为"红对红"或"北对北"(图 20-3-3)。

图 20-3-2

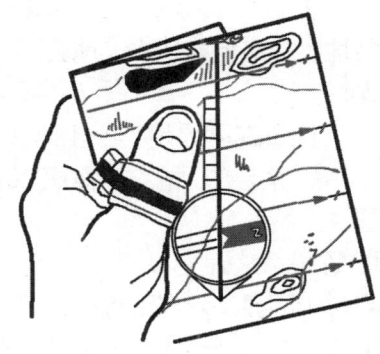

图 20-3-3

3. 利用地物标定地图

（1）利用直长地物标定地图：直长地物是指较长的线状地物，如铁路、公路、土垣、沟渠、高压线等。

方法：首先在图上找到这段直长地物；然后转动地图，使图上的直长地物与实地的直长地物方向一致；再对照两侧地形，使图与实地各地形点的关系位置相符。如图 20-3-4 所示，利用路边的沟渠来标定地图时，平移且转动地图，使图上的沟渠与实地的沟渠大致重合。

（2）利用明显的地形点标定地图：明显的地形点是指与地图上地物符号对应的明显地物，如小桥、亭子、独立的建筑等。

方法：首先选择一个图上与实地都有的明显地物，然后转动地图，使图上的站立点至目标的连线与实地的站立点至目标的连线相重合（图 20-3-5）。

图 20-3-4

图 20-3-5

三、确定站立点在地图上的位置

确定站立点在地图上的位置是从事定向运动的一项基本技能。其主要方法是：通过标定地图，将地图与实地的地物、地貌逐一对照，来确定自己的方位。

1. 直接确定

当自己所处位置在明显地形点上时，只要从地图上找出该地形点，站立点即可确定。这是最常用的确定方位的方法。图 20-3-6 表示定向者可利用道路交会点来确定自己所在的位置。

2. 利用位置关系来确定

当站立点位于明显地形点附近时，可以利用相对位置关系来确定。利用位置关系法确定站立点主要依据两个要素：一是站立点至明显点的方向，二是站立点至明显点的距离。在地形起伏明显的地方，还可以结合高差情况予以判定。如图 20-3-7 所示，定向者站立于小河北岸、村舍正右方，左距北上偏定向运动公路 150 米远处。依照这样的方位关系，可在地形图上定出站立点的位置。

图 20-3-6

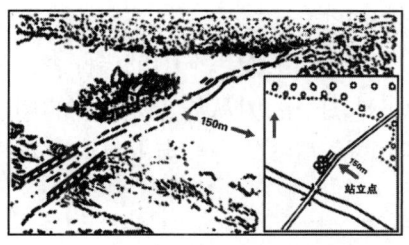
图 20-3-7

3. 利用"交会法"确定

当站立点附近无明显地形点时,可以利用"交会法"确定站立点位置。按不同情况,它又可以具体分为 90° 法、截线法、连线法、后方交会法和磁方位角交会法。这些方法的优点是不需要判断或测量距离也能确定出较为准确的站立点位置。这对于初学者学习、巩固使用定向图是很有意义的。下面介绍几种常用的方法:

(1) 90° 法:当待测点位于线状地形(包括道路、沟渠、山背线、谷底线、坡度变换线等)上时,如果在与运动方向相垂直的方向上能够找出一个明显地形点,那么线状地形符号与垂直方向线的交点即为站立点(图 20-3-8)。

图 20-3-8

(2) 连线法:当待测点位于线状地形上,同时待测的位置恰好是在某两个明显地形点的连线上,可以利用这种方法确定站立点(图 20-3-9)。

(3) 后方交会法:在待测点上无线状地物可利用,地图与实地相应地都有两个以上的明显地形点,而且地形较开阔、视线良好的情况下,可以采用这种方法确定站立点(图 20-3-10)。

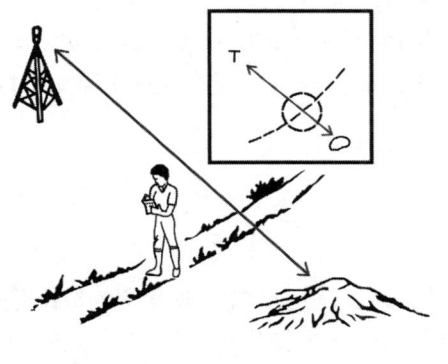
图 20-3-9

图 20-3-10

标定地图后：

（1）在地图上取一个山顶为标志，与实地相应山顶在地图上作一直线。

（2）地图上的树丛与实地相应的树丛在地图上作一连线。

（3）两条直线的交会点就是站立点。

第四节　定向运动（越野）竞赛规则简介

一、竞赛路线符号

（1）起点用等边三角形，检查点用圆圈，终点用两个同心圆。必经路线必须用虚线表示。

（2）三角形或圆圈的中心点表示起、终点及检查点的准确位置，但中心点不必绘出。

（3）检查点按规定顺序注记编号，编号数字字头朝向磁北方向，编号数字应以不压盖图上重要目标为宜。

（4）除必经路线外，起点到检查点及检查点之间按编号顺序用直线连接；遇有重要目标又不能避开时，连线应断开或画得更细些。

（5）竞赛路线、起点、检查点、终点符号、检查点编号一律用红紫色套印或标绘。

二、检查点标志

（1）检查点标志应悬挂在图上标明的地点，一般距地面 80～120 厘米，实际位置应与检查点说明一致。

（2）检查点标志应有代号，代号用英文字母和两位阿拉伯数字表示，数字从 31 开始选用，字母和数字为黑色字体，高 5～10 厘米，笔画粗 5～10 毫米。

（3）检查点标志的设置应使运动员在寻找时具有一定的难度，但无须隐藏。

（4）每个检查点应有电子打卡计时系统，基层竞赛如没有电子打卡计时系统可用打印器，但是打印器的图案不能重复。

三、检查卡

（1）检查卡是运动员通过检查点的记录载体，是运动员完成竞赛的成绩证。

（2）电子打卡计时系统检查卡又称指卡，运动员使用指卡时必须是按顺序触及放置在检查点上的点标打卡器，当指卡插入点标打卡器中成绩就会自动记录。

（3）运动员打卡，下列情况不影响成绩：① 在寻找过程中，打到非自己路线的检查点，但已按本组规定的路线和顺序完成竞赛；② 如运动员打卡顺序错误，可以按顺序重新打卡一遍。

（4）运动员回到终点应将检查卡交给终点裁判员，读取竞赛成绩。

（5）基层竞赛中采用传统的检查卡，检查卡可用耐用的纸张制成，大小不得超过10厘米×21厘米。运动员通过检查点时，在卡片的空格内打上清楚的标记，若标记打错位置，可在备用格中打上正确标记，但到终点交还时，需向终点裁判说明。

四、抽签和出发表

（1）在竞赛中，运动员按相等的时间间隔依次出发。在接力赛中，同组第一棒的运动员可以同时出发。

（2）出发顺序可采用人工或计算机抽签排定，但必须是在总裁判长的监督下进行。采用何种抽签形式由竞赛委员会决定。

（3）抽签顺序结束应编印出发顺序表，并应在组委会召开的裁判长及教练联席会议前公布此表。

（4）所有报名参加竞赛的运动员和运动队都编排出发顺序。如有缺席，出发顺序不变。

（5）来自同一运动队的队员不能编排连续出发。

五、警告

（1）代表队成员擅自出入预备区，但未造成后果。
（2）在出发区提前取图和抢先出发者。
（3）在比赛区域内蓄意帮助或获取他人帮助，但未造成后果。
（4）在比赛中妨碍裁判员正常工作。
（5）完成赛事者以任何形式向其他运动员传递赛场信息。
（6）出发后未到终点报到者。
（7）一次检录不到者。
（8）未按大会要求佩戴比赛标志者。

六、成绩无效

（1）受到两次警告者。
（2）在比赛中丢失检查卡、地图或号码布者。
（3）因各种原因退出比赛者。

（4）竞赛中超过组委会规定的终点关闭时间。
（5）未按规定读取成绩者。
（6）未通过全部检查点，即检查卡片上打印器图案不全者。
（7）检查卡打印器图案模糊不清，无法辨认者。

七、取消竞赛资格

（1）冒名顶替参加竞赛者。
（2）在定向越野竞赛中使用交通工具者。
（3）不符合分组年龄标准或谎报年龄、弄虚作假者。
（4）蓄意破坏点标、打卡器或其他竞赛设备者。
（5）有意妨碍他人竞赛者。

第二十一章
海洋休闲运动

第一节 龙舟

一、龙舟概述

赛龙舟是我国端午节民间的一项重要活动,是中国民间传统水上体育娱乐项目。提起龙舟的起源,人们自然就会想起屈原,其实,龙舟作为一种文化,它的出现比屈原所处的年代要早得多。早在 7 000 年前,我国先民就已用独木刳成木舟,并加上木桨划舟。以龙为图腾的吴越先民,为了强求自己与图腾之间的联络,常在自己的身体和日常用具上刻画图腾的形象,求得图腾的保护。

后来为安全起见,人们采用与文身相同的办法,在木舟身上饰以龙形,以避蛟龙之害,这就是早期龙舟的雏形了。而龙舟一词,最早见于先秦古书《穆天子传》中的记载:"天子乘鸟舟,龙舟浮于大沼。"

几千年来,龙舟运动经久不衰,深受广大人民群众喜爱。龙舟运动根据各地区的风俗和文化底蕴的不同,形成了以湖南、湖北长江流域为代表的"长江龙",以宁夏、甘肃、内蒙古等黄河流域为代表的"黄河龙",以广东珠江三角洲地区为代表的"珠江龙"以及以北京、天津、苏杭等为代表的"京杭运河龙"等,并出现了南舟北移、从乡村到城市、从社会到学校的现象。

在长期的发展过程中,龙舟运动在具有广泛的群众性基础上,其竞技性也有了很大程度的提高,经历了由各地域分散发展到有专门的组织机构管理,由各地域、各民族特色到规则统一、器材规格统一、竞速竞技方式统一的演变,形成了木制龙舟、玻璃钢龙舟或混合材料龙舟等各种材质并存,直道竞速、环绕赛、拉力赛、拔河赛、往返赛等竞赛方式多样,大众龙舟赛事与竞技龙舟赛事并存的格局。

现代龙舟运动是一项集众多划手依靠单片桨叶的划桨作为推进方式,运用肌肉力量向后划水,推动舟船前进的运动。标准比赛龙舟配备有龙头、龙尾、舵桨和锣鼓等。龙舟的造型众多,有凤舟、象牙舟、龟舟、虎头舟、牛头舟、天鹅舟和蛇舟等。1984 年,龙舟被国家体委列为全国比赛项目。1985年，中国龙舟协会成立。1991年，国际龙舟联合会在中国香港成立，成员包括来自亚洲、欧洲、美洲、非洲和澳洲五大洲的众多国家与地区。1995年，由国际龙舟联合会主办的第一届世界龙舟锦标赛在中国湖南岳阳举行，此后每两年举行一届。

二、基本技术

（一）鼓手技术

鼓手是全队中最重要的队员，一般情况下由鼓手担任全队的队长一职。在比赛中，由鼓手调动情绪和实施教练员的战术意图，指挥全队完成比赛。一个好的鼓手可以调动划手的积极性，鼓舞全队的士气，增强取胜的自信心。

1. 敲鼓

鼓手在敲鼓的过程中可采用单手击鼓或双手击鼓的方式。鼓声也可变化出许多花样，但是，无论怎样敲鼓，都是为了使划手的划桨动作做到整齐划一。现在通常的配合方法就是鼓手敲划手跟，即划手插桨入水的一瞬间恰好落在鼓声节奏上，俗称"入水鼓"。也有一些其他的配合方法，如划桨结束时的一瞬间落在鼓的节奏上，俗称"出水鼓"。无论是"出水鼓"还是"入水鼓"，在训练中都要有事先的约定和要求，让划手充分理解鼓的节奏和变化，这样才能使全队划桨动作做到整齐划一、节奏一致。

2. 鼓声的节奏和力度

鼓手击鼓的节奏和力度的大小对划手的影响非常大。鼓手有力的击鼓和加快的节奏能有效地刺激划手中枢神经的兴奋性，以此来调动情绪，使划手奋力划水，提高船速。反之，如果鼓手击鼓无力、节奏无变化，就会让全队没有激情，使划手很容易产生厌倦，在训练中，也会使训练的质量大打折扣。因此，在训练中适当变换击鼓节奏和力度，可以调动划手的积极性，提高训练的质量。在比赛中，如果两只船齐头并进、势均力敌时，鼓手的击鼓力度就显得尤为重要了。因此，在平时的训练中，鼓手要把握好击鼓的节奏和力度，这样才能率领全队更好地完成训练和比赛。

3. 技术关键点

鼓手作为划桨节奏的控制者、战术实施的指挥者，必须在平时训练中形成良好的个人影响力，同时善于把握和观察船上每个队员的个人能力和实时状态，在比赛关键时刻能作出正确的判断。

（二）舵手技术

1. 舵手的基本姿势

现代龙舟比赛中，舵手掌舵的基本姿势主要有坐姿、跪姿及站姿三种。

（1）坐姿：身体正对或侧对前方，坐在舵手位置，两脚置于左右舱，稳定支撑身体；右手握住舵柄，左手扶住舵杆，使舵叶平面垂直于水面，两眼注视前方。这种姿势是目前舵手普遍采用的姿势。

（2）跪姿：身体面对侧前方，左小腿横在龙舟尾部舵手位置，以左膝关节和左脚掌顶住两侧船舷，右脚踏在船舱内，稳定支撑住身体；右手握住舵柄，左手扶住舵杆，使舵叶平面垂直于水面，两眼注视前方。这种姿势多在玻璃钢船比赛时采用。

（3）站姿：

① 身体侧对前进方向，右脚前左脚后，头右转目视前方；右手握住舵柄，左手扶住舵杆，使舵叶平面垂直于水面，时刻观察周围情况。这种姿势的最大优点是视野宽阔，便于舵手观察，多在顺风时所采用。

② 采用单手站立式，即舵手身体面对正前方，两脚开立，稳定支撑身体，左手握住舵杆顶部（紧靠舵柄），使舵叶与水面垂直，两眼注视前方。这种姿势适用于顺风而且浪小的情况下，对舵手的要求比较高，舵手必须及时观察船方向的变化，适时做出调整，一旦出现紧急情况，需马上改变掌舵的姿势。

2. 舵手的操作技术

（1）点式技术：舵入水后很快就提出水面称为点式技术。这种技术适用于龙舟在行驶过程中无明显的侧风和左右划手力量均衡，船的行驶方向改变较小时。具体操作方法：舵手坐在船尾，右手紧握舵柄，左手握住舵杆，将桨叶压离水面，全神贯注、敏锐地感觉船体方向细微的变化，当船稍有偏航时，马上采用点式技术将船修正。例如，船在行驶过程中，当感觉到船在向左偏出时，舵手应马上将舵叶压入水中并向外推出后压起，反复几次后将船的方向修正，然后将舵压离水面。这种技术在船稍有偏航时采用效果较好，且产生的阻力小，对船速的影响不大。如果船继续向左偏航，可采用有节奏的点式打舵技术，即舵叶连续入水推起，桨叶入水的角度根据偏航的大小及舵手的力量大小灵活掌握，这样可以在保持船速的情况下不偏航。如果舵手注意力不集中、技术较差，或者船体偏航很大时再修正航向，就会产生很大的阻力，而且由于船速产生的惯性，会使船偏航时离心力较大，此时舵手需将舵叶压入水中用力外推，这样会给船一个横向的力，而且舵叶在水中的时间变长，产生的阻力就增加，这对船速有很大的影响。因此，舵手在行驶过程中，注意力要集中，应时刻观察和感觉行驶方向的变化并及时进行修正。

（2）拨式技术：当船偏离航向较大时，选中水中的一个点，迅速将舵叶下压并横向推（拉）舵杆的打舵方式称为拨式技术。具体操作方法：如果船在行驶过程中偏向左侧，此时舵手可用右手握紧舵柄，左手握住舵杆，先内收舵柄后上抬，将舵叶压入水中后向外推出，以此来修正船的方向。这项技术一般应用于在风平浪静的情况下龙舟掉头、靠岸，以及龙舟进入航道时摆正航向等。在有风浪的情况下，一般不宜采用此技术，否则掉头和靠岸很难保持船的平稳；在船行驶过程中一般也不宜采用此项技术，因为采用这项技术阻力比点式技术大许多，也很难保持船的平稳。

（3）拖式技术：船在行驶过程中，舵叶始终在水中控制方向称为拖式技术。当船体方向改变很大时可采用此项技术，适合于初学者使用。

这项技术可有效地控制方向。在有风浪的情况下，采用此技术掉头、靠岸比较平稳。但是由于舵长时间拖在水中，产生的摩擦阻力较大。船偏航越大，舵与前进方向的角度也就越大，因此在比赛中不宜采用此项技术。

当龙舟掉头或靠岸，或者需要大幅度、急速改变方向时，可先采用拨式技术；当船的运行状况快要达到要求时，则应采用拖式技术，以保持船的平稳。

一般来说，在训练和比赛中，不论舵手采用何种技术，都要尽可能减少船的阻力，以保持船速。舵手要熟练掌握这些技能，根据赛场的实际情况灵活运用这些技术，使划手的力量尽可能多地用在提高船速上。

（三）划手技术

1. 桨位的安排

任何一支龙舟队在刚下水时都面临着桨位安排的问题。桨位安排的好坏，会直接影响到全队的比赛成绩。因此，合理安排桨位显得至关重要。安排桨位总的原则是将力量大、节奏感和跟桨能力强的队员安排在前舱，身体矮小的队员在舟艇的前后，身体高大的队员在中间。

2. 基本划桨技术

（1）选桨：

① 桨长：因队员的身高、手臂长度、坐高、力量、桨位等不同，可根据表21-1-1来选择划桨的长度，以达到最佳划水效果。一般来说，可以队员的形态来决定划桨的长度，但不能超出竞赛规则规定的长度和桨叶宽度。

表 21-1-1　身高与桨长

身高（米）	桨长（米）
1.80 以上	1.25～1.30
1.75～1.80	1.20～1.25
1.70～1.75	1.15～1.20
1.65～1.70	1.10～1.15
1.60～1.65	1.05～1.10

② 材质：目前，材质最好的桨是用碳铝合金制作的桨，其次是全碳纤维桨，再次是白标木桨，最后是水曲柳桨。竞赛用桨必须根据竞赛规程要求选择使用。

③ 质量：桨以质量轻、强度高、韧性适中、桨面薄、桨杆细、握桨感觉舒适、握桨处呈前椭圆状为好，尤其要注意桨杆与桨叶的连接处的质量，要完整连接，用最好的材料。

（2）基本姿态：

① 坐姿：髋关节紧贴船舷，外侧腿紧蹬前隔舱板底部，内侧腿弯曲后收于座板下

隔舱板，前脚紧紧抵住船舱底部，臀部坐在座板的前沿上。

采用转体技术划法，在划高桨频时，内侧腿放前、放后、放内侧均可；而采用下腰技术划法时，若内侧腿放在前面，在划高桨频时，身体重心则会往上抬，不利于发力。采用转髋加下腰相结合的技术划法，有利于提高船速。

② 握桨：以右排桨手为例，右手握桨即为拉桨手，或称为下方手。通常下方手握于桨颈处上一个把位，距桨颈 10~15 厘米，大拇指与食指紧握桨柄，大拇指顶住桨柄，或在桨柄下方握住桨柄，这样便于提桨出水。握桨时，双手不要握得太紧，要稍稍放松。

③ 插桨动作：指双手松弛握桨，桨向前方伸出，下方手臂尽量向前伸直，向左转体的同时右跨，腰、背、肩往前送。

插桨动作要点：

桨入水要及时、轻快、准确。

尽可能前伸，在最远处抓满桨水。

④ 拉桨动作：指发力应从骶髋部开始，上方手应保持稳定支撑，用适度的力往下压，使桨稳稳抓住水。

拉桨动作要点：

拉桨与插桨应衔接紧凑、连贯、一气呵成。

上方手要压住桨柄，保持划桨高度与深度。

通过骶髋、腰、腿的有序快速发力和躯干的旋转、抬体带动手臂快速拉桨。

拉桨时，要顺水推舟，使人、船、桨、水合一，稳稳抓住水，带舟艇快速移动。

⑤ 出桨：指躯干直立或稍前倾，桨拉至膝盖后结束拉桨出水，上方手臂伸直或稍弯曲，保持桨柄在肩部高度，并与肩部同时向后引，髋、腰、躯干向外、向前反弹回桨带桨出水。

出桨动作要点：

拉桨与出桨要连贯、迅速、简捷、干净、协调，顺其自然。

桨出水动作是通过上方手臂伸直或稍曲，保持桨柄在肩部高度，并与肩部同时后引，髋、腰、腿、躯干向外、向前反弹回桨，下方手臂稍屈向外、向前带桨出水。

拉桨完毕瞬间，腿、腰、背、肩及臂都要处于放松状态。

⑥ 回桨动作：指出桨以后，双手松弛握桨，腿、腰、背、肩、臂都要放松，桨下缘贴近水面，桨叶外侧边朝前方，向前呈小弧形到达插桨位置。

回桨动作要点：

应贴近水面，以直线或小弧线回桨。

回桨速度与舟艇的行驶速度一致。

如遇风大、浪高时，可适当提高回桨高度。

（3）划手划桨动作的关键：

坐姿稳定，三点支撑，前脚支撑发力，后脚支撑协调用力。

顺势前传、前伸平稳回桨，轻快入水、送髋、蹬腿、下腰、转体、抬体加速拉桨，向后引肩，向外、向前转髋、转腰、送背带肘带桨出水。

保持上方手和下方手的水平高度，保持回桨的幅度和入水的远度，保持拉桨的深度和加速度。

第二节　赛艇

一、赛艇运动简介

赛艇是由一名或多名划手坐在舟艇上，背向舟艇前进的方向，运用其肌肉力量，通过桨和桨架简单杠杆作用进行划水，使舟艇前进的一项水上运动。舟艇上可以有舵手，也可以无舵手。赛艇运动多在空气清新、阳光充足的大自然水域中进行。参与赛艇运动，能有效提高人体的心血管系统和呼吸系统功能，增强全身肌肉力量，调节神经系统平衡，有利于提高人体的健康水平。赛艇运动员的肺活量在各项体育项目中占第一位，可达 7 000 毫升，有人把赛艇运动称为"肺部体操"。

赛艇运动起源于英国。17 世纪时，泰晤士河的船工们经常举行划船比赛。1715 年，为庆祝英王加冕，英国首次举行了赛艇比赛。1775 年，英国制定了赛艇竞赛规则。同年，成立了赛艇俱乐部。1811 年，伊顿公学首次举行了 8 人赛艇比赛。1829 年，牛津大学、剑桥大学首次举行了校际赛艇比赛。1890 年，英国制定了类似现代赛艇的竞赛规则。1892 年，在意大利都灵成立了国际赛艇联合会，当时有 6 个会员，并于当年举行了第一届欧洲赛艇锦标赛。赛艇是奥运会传统比赛项目之一。在 1896 年举行的第 1 届现代奥运会上，赛艇就被列为正式比赛项目，但由于天气恶劣而临时取消。在 1900 年第 2 届奥运会上，男子赛艇被列为比赛项目，当时设 6 个单项，但当时的比赛规则不完善，比赛的距离、航道和比赛细则都不明确。1934 年，国际赛艇联合会规定比赛必须在 2 000 米的直道上举行，宽度至少可容纳三条艇比赛。1962 年，在瑞士举行了第 1 届世界赛艇锦标赛。从 1975 年起，每年都举办一届世界赛艇锦标赛。1973 年，中国被国际赛艇联合会接纳为会员。在 1976 年第 21 届奥运会上，女子赛艇被列为正式比赛项目。

目前，赛艇运动项目较多。国际赛艇联合会设立的世界赛艇锦标赛有 23 个项目，分 4 个级别，即男子公开级、轻量级，女子公开级、轻量级。每一个级别又按运动形式分单桨和双桨；按参加人数分单人、双人、4 人、8 人赛艇，有些项目还分有舵手和无舵手。

为了简化,各项目名称用字母、数字和符号的组合来表示:"M"为男子,"W"为女子,"L"为轻量级,数字为划手人数,"×"为双桨,"+"为单桨有舵手,"-"为单桨无舵手。因此,赛艇运动根据划手人数、体重、操桨方式及有无舵手,可分成8种赛艇比赛项目。

赛艇比赛开始时,各艇在起航线排齐。发令员发令后,各艇以最快的速度划向终点,以艇首到达终点的先后判定比赛胜负。在天然水域比赛时,天气情况对比赛成绩会产生影响,甚至前后两组比赛时的天气也会发生变化,因此,比赛成绩也不具有绝对的可比性,所以赛艇比赛成绩没有世界纪录。

赛艇是一项古老而优雅的集体项目,在世界各地受到男女老少的喜爱。世界上许多著名的大学,如英国的剑桥大学、牛津大学,美国的耶鲁大学、哈佛大学,澳大利亚的墨尔本大学、悉尼大学,日本的早稻田大学、庆应大学,以及我国的清华大学、北京大学、复旦大学、上海交通大学都有赛艇队。

二、奥运会赛艇比赛项目

目前,奥运会赛艇比赛共设14个项目。其中男子8项,包括4项单桨比赛和4项双桨比赛:单人单桨、双人双桨、轻量级双人双桨、4人双桨、双人单桨、4人单桨、轻量级4人单桨,8人单桨有舵手(唯一有舵手的项目)。女子比赛有6个比赛项目,包括4项双桨比赛和2项单桨比赛:单人双桨、双人双桨、轻量级双人双桨、4人双桨、双人单桨、8人单桨有舵手(唯一有舵手的项目)。

三、赛艇比赛欣赏

赛艇比赛在空旷的户外水域进行。观众以蓝天为顶,以大地为看台,既可以看碧水中轻盈的舟艇如离弦之箭划过航道,看运动员整齐划一的划桨动作,听舟艇撞线时的汽笛,又能亲近自然,呼吸新鲜的空气。所以,看赛艇比赛就像是一次户外的狂欢。

赛艇比赛的编排系统非常科学,根据不同的艇数,淘汰赛设有预赛、复赛、半决赛和决赛。任何一条艇都有两次机会进入决赛:预赛第一名,或者是通过复赛前名次进入。

赛艇的比赛规则类似于田径的径赛,但作为运用器材的水上竞速项目又有其独特之处。比赛过程中,只要不影响到别的艇,可以划到别的航道。划手在比赛过程中落水,该艇可以继续比赛,但舵手落水则该艇终止比赛。

赛艇比赛的看点主要有运动员的动作是否整齐划一、协调自然,桨叶出水是否轻盈、入水是否快捷,艇滑行时的起伏是否流畅,桨叶在水下的做功距离,运动员的身材是否相称,桨频与船速的关系等。

赛艇比赛对观众的限制较少，观众可以放声呐喊，擂鼓助威。但在观看比赛前一定要做好防晒准备，避免晒伤皮肤。

第三节　帆船

一、帆船运动简介

帆船是一项依靠自然风力作用于船帆上，由运动员操纵船艇前进，使之达到预定目的地的一项水上运动。

比赛用的帆船是由船体、桅杆、舵、稳向板、帆、索具等部件构成的小而轻的单桅艇。由于比赛帆船的船体轻巧、航速快，因此也有人称它为快艇。

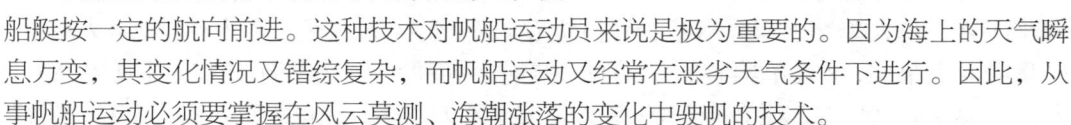

帆船运动员要善于利用不同方向的风，使船艇按一定的航向前进。这种技术对帆船运动员来说是极为重要的。因为海上的天气瞬息万变，其变化情况又错综复杂，而帆船运动又经常在恶劣天气条件下进行。因此，从事帆船运动必须要掌握在风云莫测、海潮涨落的变化中驶帆的技术。

帆船前进的动力是风，然而风的变化是瞬息万变的，运动员在驾驶帆船时，不仅要反应迅速，会看风使舵、随机应变，而且要有很好的体质和体力。帆船的种类很多，其特点是船小帆大、稳定性差、艇速快。运动员在船上要经受风浪的颠簸，而且拉帆时还需要一定的力量。有时为了压船舷，运动员要两脚蹬住船舷，身体在艇外做静力性的蹬拉，这对体力的要求是很高的。因此，帆船运动员必须具备健壮的体魄、充沛的体力和良好的耐力。

二、帆船运动简史

早在几千年前，人们在生产劳动中发现风可以推动小船前进，就用一两根木棍在船上撑起一块兽皮或编织物招风，这便是帆船的雏形。随着生产的发展和工具的改革，帆船制作得也越来越精致。

公元 608 年，隋炀帝就曾派人驶帆船利用十月的北风，顺风南下至马来西亚。明朝时，郑和七下西洋，其船队中的大型帆船长达 120~130 米，宽 15~20 米。18 世纪初，蒸汽机逐渐取代了帆船，帆船也就逐渐变成了人们的娱乐工具。

1775 年起，帆船运动开始有了世界性的比赛。1812 年，英国创建了皇家帆船中队。

1844年，美国成立了纽约帆船俱乐部。1870年，美国和英国举行了第1届著名的横渡大西洋的美洲杯帆船比赛。1900年，在法国马黎举行的第2届奥运会上，帆船运动被列为正式比赛项目，以吨位分级进行比赛。1907年，国际帆船联合会成立。自1908年第4届奥运会起，帆船比赛改为以艇身的长度分级。在1948年第14届至1956年第16届奥运会期间，除"8米"型、"12米"型外，又加进了一些由设计人命名的艇型。最近几届奥运会的帆船比赛，由于船型又有变化，比赛项目也随之有了变化。

我国虽然是帆船古国，但真正开展这项运动却是在新中国成立以后。1958年，在武汉的东湖举行过帆船表演赛。1979年，在青岛举行过6单位帆船比赛。1980年举行了第1届全国帆船锦标赛。1987年第6届全运会帆船比赛进行了4个级别的竞争。

三、帆船运动的种类

帆船运动被列为奥运会正式比赛项目后，这项运动在世界各地开展极为普遍，尤其是欧洲、美洲和大洋洲等地，帆船运动有着广泛的群众基础。一些临海国家，其海湾大都有专门的帆船港口和驶帆的海域。帆船的式样也越来越多，五花八门。

帆船虽然种类繁多，形状和颜色各异，但归纳起来可以分成三大类：

第一类是龙骨艇：船体的长度从6.5米到22米不等，船体中下部有一块突出的铁舵或铅舵，用来稳定船体，这可以减小船体的横向移动。龙骨艇的艇身比较大，稳定性能好，帆力也强。小的龙骨艇要2~3人操纵，而大的龙骨艇则需要15人或更多的人来驾驶。由于这种艇吃水深，所以只能在深水中行驶和比赛。

第二类是稳向板艇：在船体中部有个槽，以安放稳向板。稳向板好像鱼腹下的鳍，不过艇上的稳向板根据需要可以上下移动。这种艇小巧灵活，可以在浅水行驶，只要1~2人操纵。船体最大的长6米，最小的只有2米。

第三类是多体艇：是指利用间隔一定距离的两个或两个以上的瘦形船体，通过上部的强力构架连成一体的船舶。在1 000多种帆船中，被国际帆船联合会承认的级别只有30多种，而被选为奥运会比赛项目的就更是少数。如第23届奥运会帆船比赛共7块金牌，它们是龙骨艇中的"索林型"和"星型"，稳向板艇中的"470型""芬兰人型"和"飞行荷兰人型"，多体艇中的"托纳多型"及"文德格兰德"帆板。

四、帆船比赛简介

1. 奥运会帆船比赛

奥运会是帆船运动最重要的赛事。参赛船数受到严格限制，每个国家在每个级别中不论有多少船获得参赛资格，最终只允许一条船参赛。

2. 美洲杯帆船赛

美洲杯帆船赛是帆船赛中影响最大、声望最高的赛事，与奥运会、世界杯足球赛以及一级方程式赛车并称为"世界范围内影响最大的四项传统体育赛事"。美洲杯帆船赛由美洲杯管理公司（ACM）运作管理，目前这项赛事的电视转播已覆盖全球200多个国家和地区，观众累计达29亿。美洲杯帆船赛起源于19世纪中叶，迄今已有160多年的历史。1870年，美国和英国首次举行了横渡大西洋的美洲杯帆船赛。

3. 沃尔沃环球帆船赛

沃尔沃环球帆船赛是世界上历时最长的职业体育赛事，也是全球顶尖的离岸帆船赛事，并与美洲杯帆船赛和奥运会帆船比赛并称为世界三大帆船赛事。沃尔沃环球帆船赛的前身是起源于1973年的怀特布莱德环球帆船赛（Whitbread Round the World Race），2001年更名为"沃尔沃环球帆船赛"。

4. 克利伯环球帆船赛

克利伯环球帆船赛是"世界上最具影响力的航海赛事"和"规模最大的业余环球航海赛事"，自1996年由罗宾·诺克斯－约翰斯顿爵士创立以来，航程长达35 000海里的克利伯环球帆船赛已经成为世界上最著名的环球航海赛事之一。

5. 劳力士悉尼至霍巴特帆船赛

悉尼至霍巴特帆船赛全程628海里，首次举办于1945年，每年举办一次，与法斯特耐特帆船赛和纽波特至百慕大帆船赛并称为全球三大经典离岸帆船赛事，同时也一直是澳大利亚夏季体育赛事的焦点。这项拥有70多年历史的比赛，至今已经吸引了超过4.5万名参赛者，其中不乏世界名人，比如英国前首相希思、传媒大亨默多克等。

6. 百慕大帆船赛

百慕大帆船赛是帆船史上著名的比赛之一。1906年，美国人托马斯·弗莱明·戴设计制造了一条小型帆船，表演了安全渡海到百慕大的远航，从此兴起了从纽约到百慕大的越海比赛。

7. 旺代环球帆船赛

旺代环球帆船赛创建于1989年，自从1992年开始每四年举办一届，被公认为是条件最艰苦的长航比赛。参赛帆船从法国旺代省的Les Sables d'Olonne起航，驶向非洲海岸，途经好望角，环绕南极大陆，跨越合恩角，经过南美海岸，最后返回法国大陆。它被称为航海界的"珠穆朗玛峰"，是全世界唯一的单人不间断环球航行。

8. 横渡太平洋帆船赛

世界上最为古老的帆船赛事之一，可追溯到1906年。该项赛事每两年举办一次，已持续举办了一个多世纪。世界各地的帆船精英汇聚于此，在2 215海里（4 102千米）的比赛中相互较量，各显其能。该项赛事从洛杉矶出发到夏威夷首府檀香山结束，在这段充满传奇的航线上，涌现出一批批挑战速度的勇士。

五、帆船比赛欣赏

帆船是风、水、人、船四者完美结合的运动。欣赏帆船比赛，主要看速度、看人、看船与自然的配合情况。帆船是海上壮丽的风景线，然而驾帆船出海却是一项非常需要体力的运动，它对船员在艰苦环境中的耐受力要求很高。因此，欣赏运动员耐力和意志品质也是观看帆船比赛的一个重要方面。由于帆船竞赛是在自然条件下进行的，直接受到气象水文条件的影响，因此，规定的竞赛轮次可能完不成，故帆船比赛没有绝对的纪录，只有最好成绩。

帆船比赛受项目特点所限，比赛场地一般离岸较远，所以观众在岸上很难看到比赛中的细节；即使自己有船也只能在划定的比赛区域之外观看，而且每个级别都要比好几天才能分出胜负，所以到现场看比赛，不妨当作一次海滨假日之旅。在蔚蓝的大海上，林立的桅帆在阳光的映照下，会让眼前的风景更加生动，而运动员驭风破浪的矫健身姿也会给人以运动之美的愉悦享受。观众可以很放松地在岸边看比赛，肉眼看不到的细节也往往可以通过场边的大屏幕来弥补。在第29届奥运会上，组委会将比赛场地设置得尽量靠近岸边。观看比赛时，观众可以带上国旗，当自己喜爱的队靠近时，可以放声呐喊为他们助威。

第四节　桨板

一、桨板运动简介

桨板英文简称SUP（Stand-Up Paddling），意思是站立在板子上划水。20世纪60年代，这项运动起源于美国夏威夷。当时，冲浪教练为了管理众多的学员，直立站在冲浪板上以获得更好的视野，便于观察周遭情况，也利于应对远处过来的涌浪，由此形成了桨板运动。近年来，桨板运动在全球普及开来，逐渐成为一项简单易学、老少皆宜的运动。

二、桨板基本技术

（一）握桨技术

桨分为把手、柄、桨面三个部分，一般桨可以调节高度。

握桨姿势：对于初学者，高度大致是拿着桨可以举拳握住，或者高出身高20～30厘米，使桨叶的斜面入水。

（二）脚绳系法

脚绳在桨板的尾部，在滑行的过程中，脚绳一般系在右脚踝，主要是为了防止摔入水中桨板不会被水冲走，桨板同时也是救生浮物。当人摔入水中时，应尽量向两侧摔，不要向前后摔。

（三）划桨技术

以左手为例，左手握桨即为拉桨手，或称为下方手。右手（推桨手）正握桨把（手柄）。双手不要握得太紧，稍稍放松。左手尽可能前伸，右手前推，左手往后拉，同时躯干向侧后方用力，推动桨板向前进。

（四）操向技术

1. 向划桨侧转动

当没有足够空间进行大范围的转弯时，可用桨做"J"形运动并轻微拖拽桨板靠近板尾来控制板的方向。

2. 与划桨侧反向转动

与向划桨侧转动相比，向划桨侧反向转动更为简单且对速度的影响较小。划桨运动员应当向划桨侧倾斜桨板，同时桨做一个大写的"C"形划动，抓水/入水需要向前靠近船首，然后将桨向板的反方向转动。

三、桨板安全注意事项

1. 下水前检查设备

下水前，需要花一点时间看看尾舵是否松动，脚绳是否老化、损坏，桨是否有问题，尤其是桨叶是否有裂纹，是否有缺口。如果是充气板，还要检查一下板是否漏气。

2. 系脚绳

下水前要系好脚绳，以防止落水时人和板分离。

3. 观察海况

虽然事先可以通过各种方式了解到所去海域礁石、潮汐、水流、风力和风向的基本情况，但是海况瞬息万变，所以每次下海前最好还是到实地观察一下，尤其是去陌生海域。一要看风向，二要看水流，三要看礁石。

4. 不要一个人下海

下海前，最好结伴同行，这样可以互相照应。

5. 远离礁石

礁石上一般都长满了贝壳和藻类，又滑又锋利，对人和板都是巨大的威胁，而且礁石区的水流一般都会比较乱，浪也较大，所以尽量不要靠近礁石。

6. 远离航道

在航道上划板很危险，大船在远处根本看不到你，大船的周围也存在盲点。此外，船只航行经过带起来的浪也很危险，尤其是大船。所以，划板时要尽量远离航道，如果一定要穿越航道，一定要抓准时机快速通过。

7. 台风天不要下海

台风天一定不要下海，以免发生危险。

8. 小心岸边浪

岸边浪有时候很大，下海和靠岸时对人和板都是巨大的威胁。无论靠岸还是下海，不要让自己处在板的前面，人应站在板和浪中间，这样可以避免被板撞伤。

9. 小心快艇、摩托艇以及其他水面船只

划板时，一定要注意周围的快艇、摩托艇及其他船只，以免发生危险。

10. 小心游泳者

夏天，海里游泳的人很多。遇到游泳者最好主动避让，以免桨或者板伤到人。

11. 小心危险的海洋生物

划板时要留心危险的海洋生物，如水母、鲨鱼等。上岸时，也要留意沙滩上的贝壳、石子和玻璃碴，谨防扎破脚。

12. 防晒和防脱水

海上的紫外线要比岸上强很多，划板时要注意做好防晒保护。此外，划板时也应注意及时补充水分，渴了千万不能喝海水。

13. 不要勉强

划板时要量力而行，出现头晕、抽筋等任何不适，要立即停下来休息，并向周围的同伴求助。

第五节 皮划艇

一、皮划艇简介

皮划艇运动是在比赛航道内用人力划桨使皮艇或划艇前进的竞技活动，比赛分单人艇、双人艇和 4 人艇三种。皮艇运动员坐在艇内，用双叶桨在艇的左右侧交替连续划动；划艇运动员则单膝跪在艇内，用单叶桨在艇的一舷划桨。皮划艇有静水项目和激流项目之分。在天然或人工湖面进行的比赛，称静

水项目；在水流湍急的河道进行的比赛，称激流项目。比赛项目有男子 500 米、1 000 米，女子 500 米，以艇首抵达终点的先后定名次。另有皮艇回旋、急流皮艇等项目。

现代皮划艇运动诞生于 1865 年，苏格兰人麦克·格雷戈以独木舟为原型，制造出第一条皮划艇——"诺布·诺依"号。1866 年，他创建了英国皇家皮划艇俱乐部，并举办了首次皮划艇比赛。1924 年 1 月，由丹麦、瑞典、法国和奥地利发起，在丹麦首都哥本哈根成立了"国际划艇联合会"。同年，皮划艇作为表演项目进入奥运会。在 1936 年第 11 届奥运会上，皮划艇被列为正式比赛项目，共进行了 9 项比赛。此后，皮划艇的比赛项目不断变化，目前奥运会共设有 12 个项目。

早在 2 000 多年前，中国就有了与皮划艇运动十分相似的"划龙舟"比赛。现代皮划艇运动于 1930 年前后传入中国。英国人首先在上海设立了"划船总会"，后来俄国人又在东北设立了"水上俱乐部"，那时的皮划艇运动是专供外国人娱乐的。

1952 年底，中国首次制造出自己的皮划艇。1954 年，在北京市举行的水上运动会上，设立了男子 1 000 米和女子 500 米皮艇比赛项目。"文化大革命"期间，皮划艇运动被迫停止开展，直至 1972 年才得以恢复。1974 年，我国加入国际划艇联合会。1975 年，皮划艇被列为全运会正式项目，同年我国开始参加世界划艇锦标赛。在 2004 年雅典奥运会上，我国选手孟关良和杨文军获得了男子 500 米双人划艇金牌，标志着中国皮划艇运动部分项目已步入世界先进行列。

二、皮划艇基本技术

皮划艇的基本技术包括选桨、握桨、艇上坐姿、划桨的一个循环动作、呼吸、起航及多人艇的配合等技术。

（一）皮艇基本技术

1. 选桨和握桨

皮艇运动员选桨时，两手正握桨杆、对称地放在头顶上。上臂与两肩平行，肘关节屈曲成 90°，这时两手距离桨颈 15 厘米左右，如再加上两端桨叶的长度，即为该运动员较适宜的桨长。握桨时，可以用右手操纵转桨，左手成空握。也可以左手操纵转桨，右手成空握。握桨的距离十分关键，肘部弯曲 90°，若角度稍大或稍小对划桨技术也无影响。

2. 坐姿

运动员坐在皮艇里的姿势必须要很舒服，应特别注意臀部的位置，因为要通过臀部将力量传导为艇前进的动力。桨手的躯干应采用垂直姿势或向前倾斜 5°～10°，两膝弯曲的角度为 120°～130°，两腿交替做蹬腿动作，头部正直，颈部放松，两眼正视前方。

3. 划桨技术

（1）入水和抓水：以左桨划水为例，桨叶入水时，上方手应在额头的高度，躯干旋转约 70°，左膝弯曲使臀部稍微向前移动，而右膝微伸直。这时左肩下斜，左臂充分前伸与手成一直线，右手在头旁，离右耳 20～25 厘米。桨叶入水应贴近船体，桨叶与水平面成 40°～50°，入水点应超过自己的脚尖。在入水阶段，桨叶的运动方向是向前、向下、向外。

（2）拉桨：抓水和拉桨之间没有停顿。拉桨时腰部发力，躯干加速用力向左牵拉转动，左脚撑住脚蹬板。而右臂微屈肘，努力控制划桨的有效垂直部位。划桨至大腿中部，左臂开始屈肘准备出水。在拉桨过程中，桨叶的运动方向是向后、向下、向外。

（3）出水：当桨叶到达与髋部水平的位置时，在下方手手臂的引导下，通过拉桨侧手腕的轻微转动，使桨叶在艇的侧方轻快离水。向上快速提拉出水侧的手至前额位置，使桨向上方快速摆动，然后划手充分扭转控制桨的手腕，为桨在艇的另一侧的入水做好准备姿势。

（4）放松阶段：在放松阶段，肩部应保持低姿，身体大部分肌肉都需要放松。桨手旋转桨杆同时呼气，然后紧接着吸气。

（二）划艇基本技术

1. 选桨和握桨

由于单人划艇与双人划艇用桨的长度不同，故运动员要根据用途选桨。一般单人划艇桨的长度同运动员的身高齐平，双人划艇桨的长度与运动员的眉梢齐平。握桨时，上方手（推桨手）正握桨把（手柄），下方手（拉桨手）握在距桨颈 15～20 厘米处。

2. 划艇的姿势

通常把支撑腿的脚、跪撑腿的膝和脚这三点平稳地放在一个钝角的三个顶点上。支撑腿的脚趾朝划桨一侧稍微向内转，膝盖正对前方。支撑脚与跪撑腿的脚和膝构成 15°～20° 的夹角。跪腿的大腿基本垂直于水平面，小腿向对侧偏移，与艇的纵轴成 8°～25° 夹角。跪垫高 7～10 厘米，跪腿的小腿与大腿成 100°～120° 夹角，脚掌着地，搁在舱底板上，脚趾蜷曲。身材高大或体重大的桨手，应跪在划艇重心偏后的位置，而体重轻的桨手则应跪在重心偏前的位置。

3. 划艇划桨技术

（1）入水：指从桨叶尖端触水面到桨叶全部浸入水中的阶段。入水时，运动员的躯干前倾，转体伸肩。两臂伸直，推桨臂的肘部抬高，稍微后移，手在头的上方。桨杆与水面约成 45° 快速插入水中。

（2）拉桨：入水后，推桨手迅速前推并撑住，使桨叶抓水。拉桨手的肩后移，利用抬体和转体的力量直臂向后拉桨。拉桨时，腰背挺直，臀部肌肉紧张，拉至跪撑腿时开始屈臂。拉桨手的手腕先向内转，同时肘部向外翻，到上体抬至接近垂直时拉桨结束。

（3）操向（转拨桨）：在单人艇上，由于桨手始终在艇的一侧划桨，力的作用会造成艇的转动。因此，在每一桨结束时，桨手用"J"形划法来控制艇的方向。桨手的推桨手下压和转动"T"形桨把，拉桨手手腕内转上提，顺时针转动桨杆，将桨叶面转到与艇的纵轴线成 30°～40°，这时好像桨手把水推离船艇，从而使船艇回到直线航向上。

（4）出水：紧接着操向动作结束，两臂继续向前上提桨，桨叶即迅速从水中提出。这时桨叶的运动方向是向前、向上、向外。出水动作必须快而轻柔，不挑拨水花。桨叶与水面约成 135°。

（5）恢复：桨叶出水后，运动员上身挺直，开始转动上体，并把桨继续向前上方推出，此时要注意肌肉的放松和呼吸节奏的调整，以更好地保持动作的协调和连贯。

（6）稳定：在稳定阶段，运动员全身肌肉再度紧张，屏住呼吸准备下一次桨叶入水。

三、皮划艇运动安全常识

（一）救援措施

1. 人船救援措施（人与船在一起时）

（1）倒卷吸住自救（水浅时适用）：翻船后脱离船身，将划桨推入水底利用水的浮力将自己推出水面。

（2）抛绳救援：朝溺水者头部上方投掷绳子将其拉出水面。

2. 被石头卡住时的应对措施

（1）左右摇晃船体。

（2）顶桨。

（3）让队友抛出绳子进行救援。

3. 落水时的应对措施

（1）岸边对水域救人：一人于岸上拉住抛绳做保护，另一人拉抛绳的一端跳入水中救人；或将绳抛向被救者头部正上方，让其套住自己，拉其上岸。

（2）水域救援：① 划船靠近落水者让其抓住船尾顺水流漂至靠岸；② 划船靠近落水者，将抛绳的一端固定在落水者身上，快速划船靠岸后，下船拉抛绳让被救者自然靠岸。

4. 自救措施

（1）如果擅长游泳且水流不太急，应选择最近的安全点上岸。

（2）拉住水草、树木或抱住河中的大石块。

（3）抓住船或趴在船沿上跟船一起漂浮。

（二）安全注意事项

（1）活动期间必须穿戴好救生装备。

（2）应采用简单的求救信号，确保所有队员明白及懂得辨别。

（3）确保救生艇随队出发，并携带后备划桨。

（4）不在繁忙的水域内进行活动，并严守水上防止船只相撞的规则。

（5）如有艇倾覆，除非正在漂向危险的障碍物，否则不应弃艇而去，应立即采取应急措施。

(6) 切勿超载。

(7) 切勿航行到筋疲力尽的程度。

(8) 天黑后,切勿继续划艇。

(9) 如风势强劲,不要离岸太远;如已出航,应顺风势或水势划桨前进,到达安全的口岸后立即上岸。

(10) 初学者切勿在吹离岸风时航行。

(11) 在寒冷的天气下,穿上紧身的潜水衣;在炎热的天气下,应慎防中暑。

(12) 选择责任感强、对活动水域及计划了解的人担任留守工作。

(13) 行程计划必须完整周详,并让每位队员彻底了解。

(14) 保证完整的装备及充足的食品、衣物及急救设备。

(15) 活动前或进入水域后,须随时注意气象变化和自然环境变化。

(16) 在面临危机与疲劳等压力时,要随时注意自己及队友的心理变化,并设法调节,保证情绪稳定。

第六节 沙滩排球

一、沙滩排球概述

沙滩排球最早出现在20世纪40年代美国的加利福尼亚州。起初,人们把游泳、冲浪与打排球结合起来,享受海边娱乐的乐趣。后来,这种海滩娱乐形式被越来越多崇尚户外运动的人所喜爱,并逐渐风靡美洲的巴西、阿根廷,大洋洲的澳大利亚、新西兰以及地中海沿岸国家。随着时间的推移,参与沙滩排球的人数越来越多,并逐渐演变成一种竞技体育运动,深受人们的喜爱。1947年,诞生了男子两人沙滩排球的正式比赛。1976年,在美国加利福尼亚的帕里塞德斯海滩举行了首次沙滩排球正式比赛。1979年,职业沙滩排球赛开始出现。1987年,全美职业沙滩排球协会成立。同年,在巴西举行了首届世界沙滩排球锦标赛。1989年,国际排联创立了两人制男子沙滩排球巡回赛,并取得了巨大成功。1996年,沙滩排球成为奥运会正式比赛项目。自此,沙滩排球在全世界范围内得到蓬勃发展。

我国的沙滩排球运动起步较晚。1994年,我国举办了首届全国沙滩排球巡回赛。

1997年，沙滩排球被列为第 8 届全运会正式比赛项目。1998 年 8 月，国际排球联合会沙滩排球巡回赛第一站首次在中国大连举行。2003 年，在世界沙滩排球巡回赛印尼站和意大利站上，我国首次获得两站女子比赛的世界冠军。在 2006 年世界沙滩排球巡回赛上海金山站上，我国再次获得女子比赛的冠军。

2008 年第 29 届北京奥运会规定，男、女各 24 个队参加比赛，每队两名运动员，每个协会最多 4 个队（男、女各两个队）。在本届奥运会上，我国两支女子沙滩排球队田佳/王洁、薛晨/张希分别获得第二和第三的好成绩。在 2012 年伦敦奥运会上，我国女子沙滩排球队组合薛晨/张希取得了第四名的好成绩。

沙滩排球有最性感的参赛者、最自然的场地、最放松的观众、最随意的气氛和最火辣的服装，以其竞技性、艺术性、观赏性、趣味性的完美统一，被誉为"21 世纪最杰出的运动"。

二、沙滩排球场地设施与用球

沙滩排球比赛场地包括比赛场区和无障碍区。比赛场区为 16 米 ×8 米的长方形。场地边线外和端线外的无障碍区至少宽 5 米，最多 6 米，比赛场地上空的无障碍空间至少高 12.5 米。

比赛场地的地面是水平的沙滩，沙滩必须至少 40 厘米深，其中没有石块、壳类及其他可能造成运动员损伤的杂物。比赛场区上所有的界线宽为 5~8 厘米，界线与沙滩的颜色需有明显的区别，并且由抗拉力材料的带子制成。

沙滩排球比赛的球网设在场地中央中心线的垂直上空，男子网高 2.43 米，女子网高 2.24 米。沙滩排球比赛所使用的球由柔软和不吸水的材料制成外壳（皮革、人造皮革或类似材料），以适合室外条件，即使在下雨时也能进行比赛。球内装橡胶或类似材料制成的球胆，颜色是黄色、白色、橙色、粉红色等明亮的浅色。球的圆周为 66~68 厘米，重量为 260~280 克，气压为 0.175~0.225 千克/平方厘米。

三、基本技术

沙滩排球技术可分为无球技术和有球技术两大类。无球技术包括准备姿势和移动，有球技术包括发球、垫球、传球、扣球、拦网。

1. 准备姿势与移动

由于沙滩排球的场地沙地松软，人在沙地上运动时重心不易稳定，一般采取稍蹲或半蹲准备姿势。移动是为了接近球，保持好人与球的位置关系，以便于击球。常采用的移动方法有滑步、交叉步、跨步、跑步和综合步法。

2. 发球

发球位置在球场两边端线延长线和底线之间的任一点。发球是比赛的开始。好的发球能够直接得分或破坏对方的战术组织，打乱对方的计划，给对方造成较大的威胁。室外的阳光、风向同样会影响发球的效果。沙滩排球比赛中常见的发球主要有低手发球、高位发球、跳发球、勾手发飘球和发侧旋转球。

3. 垫球

垫球多用两小臂前部组成的平面迎击球，是控制范围最大、运用最灵活的技术，在防守中主要用于接发球、接扣球、接拦回球以及接各种困难球。进攻中有意识地将球垫入对方空当处，可以起到突然进攻的效果。同时，在组织进攻中广泛采用垫传技术，也可以为同伴创造进攻机会。常用的垫球技术包括正面双手垫球、体侧双手垫球、侧卧垫球和挡球等。当较高的球飞到队员头顶时，队员可采取上手垫球或挡球技术。

4. 扣球和吊球

扣球是最主要的得分手段，扣球要求快、准、狠。扣球时，要注意时间的把握，当身体跃至最高点时，以手掌的下部触球，再以全手掌盖住球体，并以全身力量将球往下扣击。在沙滩排球中，得分并不取决于扣球的力量，而是良好的进攻位置。常用的扣球技术有正面扣球、勾手扣球和单脚起跳扣球等。除扣球外，还可以采用吊球得分。但是在沙滩排球比赛中，规则规定队员不允许用张开的手指吊球完成进攻性击球，因此，吊球一般采用握拳式或半握拳式。

5. 传球（托球）

传球是沙滩排球与室内排球区别较大的技术。若在本场区内传球，可以运用正面双手传球、侧面双手传球、背传球及跳传球；若攻击性传球，则只能运用正面双手传球与背传球技术，因为规则规定队员双手传球的轨迹必须垂直于双肩的连线。因此，沙滩排球队员很多都采用垫传球技术。

6. 拦网

拦网是沙滩排球比赛中攻防兼顾的一项重要技术，也是得分的重要手段。选择准确的拦网时机是拦网成功的关键。拦网需要与队友进行密切的配合，拦防队友无法防守到的区域。同时，拦网需要准确地判断对手的意图。

四、基本战术

沙滩排球战术可分为个人战术和集体战术。

1. 个人战术（表 21-6-1）

表 21-6-1　沙滩排球个人战术要点

分类	要　点
发球个人战术	1. 控制球的落点，变化球的线路 2. 根据不同的风向，采用不同的发球技术 3. 变化发球的节奏

续表

分类	要点
一传个人战术	1. 组织二次球进攻 2. 变化进攻的位置 3. 控制比赛的节奏
二传个人战术	1. 根据临场状况，控制比赛的节奏 2. 根据对手的情况，选择有效的进攻位置 3. 善于抓住对手防守漏洞，进行二次球进攻
扣球个人战术	1. 根据对方的防守站位，变化扣球线路 2. 根据临场情况，变化扣球力量 3. 根据传球状况选择不同的扣球手法
拦网个人战术	1. 选择有效的起跳时机，虚实结合 2. 与防守队员形成默契，控制对方进攻区域 3. 拦网的自我保护
防守个人战术	1. 与拦网队员形成默契，重点防守拦网不能控制的区域 2. 观察对方，加强防守的预判 3. 有意识地直接组织进攻或直接将球垫到对方空当

2. 集体战术（表21-6-2）

表21-6-2　沙滩排球集体战术要点

分类	要点
接发球及进攻战术	1. 根据一传到位情况加快进攻节奏，在对方形成防守体系前组织进攻 2. 根据对方防守位置，有意识地组织近网球，吊对方空当 3. 二次进攻战术
防守及进攻战术	1. 无拦网时，根据对方进攻情况，采用两人前后交错站位并组织有效反击 2. 有拦网时，避开拦网区域进行防守，防守成功后采用打吊结合进行反攻 3. 拦网注意虚实结合，拦网后迅速后撤，准备进攻

五、沙滩排球规则简介

国际排联组织的两人制沙滩排球比赛，比赛规则与室内排球比赛规则有所不同：

（1）一个队由两名队员组成。每队的两名队员必须始终在场上，没有换人。当发球队员击球时，除发球队员外，双方队员都必须在本场区内，可随意站立，没有固定的位置，没有位置错误或轮转错误，但有发球次序错误。一局比赛每队首次发球时，记录员启示发球次序，比赛中，启示员应展示发球队员 1 号或 2 号的号码牌，指明该队的发球次序。记录员发现发球次序错误，应在发球击球后立即通知裁判员。

（2）每队最多可击球三次，拦网触手也计一次击球，第三次必须将球从球网上空击回至对方场区。

（3）队员不得用手指吊球的动作来完成进攻性击球。

（4）队员用上手传球完成进攻性击球时，传球轨迹不能垂直于双肩连线，否则为犯规。

（5）用上手传球防守重扣球时，允许球在手中有短暂的停滞。当双方队员网上同时触球时可以"持球"。

（6）在不妨碍对方比赛的情况下，允许队员穿入对方空间、场区和无障碍区。

（7）任何队员在本场区空间都可以对任何高度的球进行进攻性击球。

（8）每局比赛中，每队最多可请求 2 次暂停，每次暂停时间为 30 秒，只有队长可向裁判员提出暂停请求。

（9）比赛中，前两局当双方得分相加为 7 或 7 的倍数时，由记录员通知裁判员，随即双方交换场区；第三局决胜局，当双方得分相加为 5 或 6 的倍数时，双方交换场区。

（10）三局两胜制比赛时，所有局间休息时间均为 2 分钟。

（11）队员在比赛过程中受伤，可给予 5 分钟的受伤暂停时间，但一场比赛中最多给予同一名队员一次受伤暂停机会。队员 5 分钟内没有恢复，则宣布该队为阵容不完整。

主要参考文献

［1］易剑东. 体育文化学［M］. 北京：北京体育大学出版社，2006.

［2］王岗. 体育的文化真实［M］. 北京：北京体育大学出版社，2007.

［3］杨文轩. 体育原理导论［M］. 北京：北京体育大学出版社，1996.

［4］卢元镇. 中国体育社会学［M］. 北京：北京体育大学出版社，2001.

［5］卢元镇. 体育社会学（第三版）［M］. 北京：高等教育出版社，2010.

［6］曲金良. 海洋文化概论［M］. 青岛：青岛海洋大学出版社，1999.

［7］季浏，殷恒婵，颜军. 体育心理学（第二版）［M］. 北京：高等教育出版社，2010.

［8］姚鸿恩. 体育保健学（第四版）［M］. 北京：高等教育出版社，2006.

［9］罗时铭，谭华. 奥林匹克学（第二版）［M］. 北京：高等教育出版社，2007.

［10］王维群. 营养学［M］. 北京：高等教育出版社，2001.

［11］全国体育学院教材委员会编. 运动医学［M］. 北京：人民体育出版社，2000.

［12］中国毽球协会. 毽球竞赛规则与裁判法［M］. 北京：人民体育出版社，2001.

［13］孙麒麟，顾圣益. 体育与健康教程（第五版）［M］. 北京：高等教育出版社，2013.

［14］蔡志坚. 大学体育［M］. 北京：高等教育出版社，2010.

［15］彭雪涵，王萍丽，汪焱. 大学体育［M］. 北京：高等教育出版社，2014.

［16］邢登江，刘国庆. 大学体育［M］. 北京：北京航空航天大学出版社，2004.

［17］毛振明. 大学生体育文化与实技教程［M］. 沈阳：东北大学出版社，2013.

［18］蒋宁，关正春，何德富. 大学体育与健康教程［M］. 天津：南开大学出版社，2012.

［19］李仪. 大学体育与健康教程［M］. 北京：高等教育出版社，2012.

［20］陈立国，刘相林. 新编大学体育（实践）［M］. 北京：高等教育出版社，2008.

［21］李重申，李金梅. 体育实践教程（第二版）［M］. 北京：高等教育出版社，2010.

［22］编写组. 乒乓球　手球　垒球　羽毛球（第二版）［M］. 北京：高等教育出版社，2007.

［23］刘传进，朱礼金. 体育与健康（第二版）［M］. 北京：高等教育出版社，2015.

[24] 王崇喜. 球类运动——足球（第三版）[M]. 北京：高等教育出版社，2014.
[25] 苏丕仁. 乒乓球运动教程[M]. 北京：高等教育出版社，2003.
[26] 陶志翔. 网球运动教程[M]. 北京：高等教育出版社，2003.
[27] 梅雪雄. 游泳（第三版）[M]. 北京：高等教育出版社，2007.
[28] 黄宽柔，姜桂萍. 健美操 体育舞蹈[M]. 北京：高等教育出版社，2006.
[29] 黄汉升. 球类运动——排球（第三版）[M]. 北京：高等教育出版社，2015.
[30] 中国排球协会审定. 排球竞赛规则[M]. 北京：人民体育出版社，2012.
[31] 羽毛球竞赛规则[M]. 北京：人民体育出版社，2010.
[32] 肖杰. 学打羽毛球[M]. 北京：北京体育大学出版社，2005.
[33] 徐开才. 射艺[M]. 桂林：广西师范大学出版社，2015.
[34] 鲍明晓. 蓝色引擎助推海洋体育[J]. 浙江体育科学，2011（4）.
[35] 郑婕，李明. 海洋体育文化概念及内涵解析[J]. 体育学刊，2012，19（4）.
[36] 黄文浪. 海洋体育项目市场化发展的可行性研究[J]. 浙江体育科学，2011（4）.
[37] 滕海颖，龚聿金. 论海洋体育的分类与开发[J]. 浙江海洋学院学报，2004（3）.
[38] 陈惠娜，彭业仁，唐桂黔. 海洋体育休闲旅游在我国发展的社会文化背景分析[J]. 安徽体育科技，2010，31（4）.
[39] 何雁. 逐步唱红的海南体育产业[J]. 今日海南，2008（10）.
[40] 江军，过建春. 青岛滨海旅游发展对策研究[J]. 全国商情（经济理论研究），2009，16（6）.
[41] 张广海，刘佳. 青岛市海洋旅游资源及其功能区划[J]. 资源科学，2006，32（3）.
[42] 叶林海. 厦门体育旅游文化产业发展与探究[J]. 体育科学研究，2010，14（1）.
[43] 谢军，陈少坚. 闽台民俗体育的渊源与作用诠释[J]. 体育科学研究，2010（4）.
[44] 钟晨，孟凡强. 农村体育文化的内涵、外延与建设理念[J]. 山东体育学院学报，2010（8）.
[45] 王丽梅. 闽台文化的同质性及其保护、发展[J]. 河北北方学院学报（社会科学版），2009（6）.
[46] 饶坚，唐春芳. 论体育欣赏的特性[J]. 北京体育大学学报，2005（12）.

郑重声明

高等教育出版社依法对本书享有专有出版权。任何未经许可的复制、销售行为均违反《中华人民共和国著作权法》，其行为人将承担相应的民事责任和行政责任；构成犯罪的，将被依法追究刑事责任。为了维护市场秩序，保护读者的合法权益，避免读者误用盗版书造成不良后果，我社将配合行政执法部门和司法机关对违法犯罪的单位和个人进行严厉打击。社会各界人士如发现上述侵权行为，希望及时举报，我社将奖励举报有功人员。

反盗版举报电话　（010）58581999　58582371
反盗版举报邮箱　dd@hep.com.cn
通信地址　北京市西城区德外大街4号
　　　　　高等教育出版社法律事务部
邮政编码　100120

防伪查询说明

用户购书后刮开封底防伪涂层，使用手机微信等软件扫描二维码，会跳转至防伪查询网页，获得所购图书详细信息。

防伪客服电话
（010）58582300